U0827516

世图心理

博客：http://blog.sina.com.cn/bjwpcpsy
微博：http://weibo.com/wpcpsy

Attachment Vol.1

依恋三部曲 第一卷

依恋

Attachment

[英] 约翰·鲍尔比（John Bowlby） 著

汪智艳 王婷婷 译

易春丽 审校

世界图书出版公司

北京·广州·上海·西安

图书在版编目（CIP）数据

依恋三部曲. 第一卷，依恋 /（英）约翰·鲍尔比（John Bowlby）著；汪智艳，王婷婷译. —
北京：世界图书出版有限公司北京分公司，2017.6（2025.2重印）
书名原文：Attachment Vol.1
ISBN 978-7-5192-2927-6

Ⅰ.①依… Ⅱ.①约… ②汪… ③王… Ⅲ.①婴幼儿心理学—通俗读物 Ⅳ.① B844.12-49

中国版本图书馆 CIP 数据核字（2017）第 110091 号

书　　名　依恋三部曲·第一卷　依恋
　　　　　YILIAN SANBUQU·DI-YI JUAN YILIAN

著　　者　[英] 约翰·鲍尔比
译　　者　汪智艳　王婷婷
审　　校　易春丽
责任编辑　李晓庆
装帧设计　蔡　彬

出版发行　世界图书出版有限公司北京分公司
地　　址　北京市东城区朝内大街 137 号
邮　　编　100010
电　　话　010-64038355（发行）　64037380（客服）　64033507（总编室）
网　　址　http://www.wpcbj.com.cn
邮　　箱　wpcbjst@vip.163.com
销　　售　新华书店
印　　刷　三河市国英印务有限公司
开　　本　787mm × 1092mm　1/16
印　　张　26
字　　数　397 千字
版　　次　2017 年 6 月第 1 版　2025 年 2 月第 8 次印刷
版权登记　01-2014-6722
国际书号　ISBN 978-7-5192-2927-6
定　　价　75.00 元

中文版序一

动机

我在2000年之前从发展心理学教科书上了解到依恋理论，当时并不知道依恋理论的奠基人约翰·鲍尔比（John Bowlby）是心理治疗领域精神分析方向的专家。直到2004年秋天参加一场南京脑科医院组织的关于依恋理论的培训，当时主办方邀请了四位英国专家，培训中专家放了四段母婴分离的录像，这几段录像很有震撼性，一下子就吸引了我的注意。我后来找到了约翰·鲍尔比的这三本关于依恋理论的书，当时没有任何译本，我一直都想把英文版好好读完，可惜在没有压力的情况下把这么专业的英文书读完还挺难的。

这三本书是约翰·鲍尔比在二十世纪四五十年代开始的研究，他花了三十多年将各方面的研究成果转化成三本最为经典的关于依恋理论的著作。这些书里包括对精神分析理论的呈现、反思和批评。弗洛伊德用的是回顾性的方法，在成年病人的叙述中追溯其早年的创伤性经历，而约翰·鲍尔比与之相反，用的是前瞻性的方法，对早期依恋关系的质量对个体后续发展的影响进行了追踪。约翰·鲍尔比在他的书中通过多角度来论证他的依恋理论，比如通过比较心理学的研究（通过对动物的研究来推演人类的行为）、发展心理学中对幼儿与父母分离的研究，还有生理基础方面的研究，以及临床实践。这些大家都可以通过自己读这三本书来具体了解，我就不赘述了。

我一直希望这三本书能被翻译成中文，这样可以促进依恋理论的推广与应用。当世界图书出版公司的编辑找到我让我做审校的时候，我很高兴地接受了，我知道这可以使我好好读完这三本依恋理论的最为经典的书籍。说起来我在十多年前曾为世界图书出版公司的萨提亚家庭治疗系列图书做审校，深知审校的痛苦，在完成那几本书的审校后发誓再也不做这种事情，可是等到依恋这三本书送到我面前时，由于书的吸引力，我义无反顾地接受了这个审校工作。这次的审校工作花费了大半年的时间。由于参与翻译的工作者很多，翻译的水平参差不齐，这使得审校有时候是一种纯欣赏，有时候就是一种痛苦的折磨。这套书审校完成后我很欣慰自己终于好好读完了这些经典，也发誓不再做审校工作，不知道要多久才能好了伤疤忘了疼，再有可以吸引我的书。

录像

不知道是不是因为天分，我对亲子互动的行为异常敏感，也很喜欢对各种视频进行分析和解读。因此，2004年看到的约翰·鲍尔比的依恋录像至今还对我有很大的冲击，所以我在这里还是要介绍一下当初我所了解的两个重要的录像，以及这两个录像的深远影响。约翰·鲍尔比就如同一个摄影记者，以不干预的方式进入观察环境。

第一个录像看到的是一个三四岁的小女孩和她妈妈的分离。在二十世纪四五十年代的英国，小朋友住院的时候不准妈妈陪床。那个录像里小女孩住院大概七天，每天妈妈会有短暂的时间来探视小女孩。随着时间的推移，小女孩和妈妈见面后需要越来越多的时间才能和妈妈进入一种比较好的互动状态。等到小女孩出院的时候，我们看到的是两个一大一小的背影孤独地走出医院，没有任何母女之间的亲昵互动。

据说这个录像被拿到国会山给议员看过之后，改变了英国不准父母在医院陪床的规定。我还记得九十年代我在国内儿科医院实习的时候，家长也是不可以陪床的，家长白天可以在医院，晚上必须离开，相信这种住院方式在中国对儿童也是有损害的。

第二个录像也是关于分离的，时间是九天。这个录像中的小男孩两三岁，他的妈妈要生小宝宝了。在那个年代，英国和中国不同的地方是，他们没有亲戚帮忙也没有邻居帮忙，爸爸没有假期还要上班。妈妈要生的时候正好是晚上，小男孩在睡梦中就被临时送到了一个养育院，早上一睁眼就在养育院里了，谁也不认识。他试图去获得保育员的注意，但是因为保育员有很多工作要做，对小男孩的情感需求缺乏足够的关注。刚开始小孩子还试图和成年人接触，后来就绝望了，他没有办法获得保育员如父母般的照顾，等到他妈妈生完孩子几天后来接他的时候，妈妈抱起他，而小男孩在妈妈的怀里扭动着、挣扎着，就如同他妈妈是个魔鬼一般，他妈妈看起来很伤心。这对母子在精神分析师的指导下关系慢慢修复，但是即使这样，妈妈报告小男孩在随后的岁月里还是偶尔会莫名的情绪不稳定。

第二个录像比第一个录像还震撼，它改变了英国的这种生育模式。英国此后开始推行新的模式来帮助孩子应对母亲去生育这几天的分离。

第三个录像是又一个妈妈准备生孩子了，在生孩子之前妈妈带着她的大孩子去熟悉一个寄养家庭，妈妈准备在生育的那几天把孩子托付给寄养家庭，在生产之前经常带着孩子到寄养家庭中去玩，还让孩子带着自己的安抚物，就是他最喜欢的一个玩具，妈妈要让孩子对寄养家庭熟悉并且对待在寄养家庭中一段时间有心理准备。

中国近年来因为对儿童养育的重视开始有些亲子关系类节目，很多真人秀电视节目对研究依恋都是有帮助的。我们实验室最喜欢研究和分析的是《爸爸回来了》。这个节目中，孩子和妈妈分离两天，然后由爸爸替代照顾，非常有研究依恋的味道，可惜因为有些观众觉得那些参与节目的真人秀家庭在炫富，结果节目不再继续做了。当然也有其他真人秀，例如《宝宝抱抱》《妈妈是超人》《爸爸去哪儿》，这些以纪录片方式录制的亲子关系类节目都可以成为很好的分析养育技巧和依恋关系的研究资料。

我的临床经验

我曾经为一个自闭症儿童做咨询，孩子的妈妈生儿子的时候是剖宫产，因为儿子的头太大了，自然分娩可能会有极大的危险。头太大就是一个最重要的信号，人类必须为头大付出沉重的代价，头大是智力发展的优势，但是为了减少母婴的危险，人类婴儿需要提早出生。相对很多动物一出生就具有很多技能来说，人类婴儿更为脆弱，他们必须依赖养育者的喂养和保护才能够生存，他们不仅需要养育者提供奶水，还需要养育者提供衣服和住所保护他们不受到伤害，他们不得不把自己交付给养育者，而养育者的养育水平决定一个儿童心理发展的质量，儿童需要和养育者形成安全的依恋关系才能更健康地成长。

中国和西方文化对于分离的态度其实是有很大不同的。当年研究者研究分离与依恋的启示来自第二次世界大战，伦敦儿童大撤离导致的亲子分离，为依恋相关研究提供了背景，西方这种亲子分离比较少见。但是在中国文化下，亲子分离是大家习以为常的，我小时候还常常羡慕那些由爷爷奶奶或姥姥姥爷照顾的孩子，不用上幼儿园，父母把孩子送到农村，等上小学再接回来，没觉得这会有什么问题。目前，中国的大批农村留守儿童也是中国传统跨际养育的一种放大版本，另外一群我在临床工作中看到的高级留守儿童的情况是父母出国留学了，生完孩子就把孩子送回国由亲戚抚养，而不是父母自己抚养。在临床工作中，我一般不接成人的咨询，但是会给咨询师做督导，这些咨询师的大学生案例中大致有一半以上有早年和父母分离的经历，当然这可能只是我的主观感受。

就我的临床经验来说，并不是只要有分离，孩子就会出问题，通常是很多因素结合起来才会出问题甚至使问题放大。首先是孩子本身的个性特征和气质类型，会出问题的孩子多半都是比较敏感的，尤其是在幼儿期需要父母给予更多照顾的。其次就是寄养家庭和孩子的父母是不是都对孩子很好。如果两边都不好是最糟糕的，这对孩子来说是灾难性的；如果寄养家庭很好而父母是缺乏养育能力的，那么对儿童来说回归家庭时的转变就是巨大的创伤。最后，在孩子被寄养出去和回归家庭这个过程中，父母是否做好了足够的准备让孩子能够适应，孩子回归时有必须哀悼的丧失，包括对之前依恋对象的失去，还面临重新建立亲密依恋的未知旅程。

在我最初做咨询师的时候，我认为分离都是不好的，后来发现，有些送孩子去寄养的父母在做出寄养行为的时候是不具有抚养能力的，在孩子回来的时候，他们破坏性的养育方式更说明他们不具有养育能力，或许他们把孩子送出去是更好的选择。记得一个来访者说起她爸爸有暴力倾向，她家三个孩子都被寄养，她的寄养时间最短，她的弟弟妹妹都比她寄养时间长，他们在心理方面要比她更适应一些。因此我们也不能一概而论，认为分离都是坏事情。对于不具有抚养能力的父母来说，能够把孩子寄放到有抚养能力的家庭中，对孩子来说也是一种祝福。但是作为临床工作者，我还是强调父母应该学习一些科学的养育技能，并且要对自身童年的创伤或者不适做出修正，这样才能在养育过程中让孩子最大可能地受益。

在这个序接近尾声时，笔者想根据多年的临床经验提出一些相关的建议。第一，大家应该做好准备再生育，要有计划，很多父母并不喜欢孩子，也没准备好要好好照顾孩子，就把孩子带到了这个世界，然后让他们留守，这是何其残忍。生育是一件该负责任的事情，不是盲目的。我坚持认为媒体应该倡导负责任的生育，成为父母之前要先评估自己是否在身体上、物质上、精神上具有养育能力，不然面对几千万留守儿童，多少咨询师都无法替代他们做孩子需要的有质量的父母。第二，如果一定要把孩子寄养的话，还是等孩子稍微大一些再寄养，因为越小的孩子心智化水平越低，他们越难以理解父母为什么会把他们寄养在别人家，或者父母为什么要离开，幼儿通常觉得他们自己是非常重要的，而父母的离去在毁掉他们的这种自我感觉，他们会认为自己不重要，或者以为自己犯了什么错误父母在惩罚他们所以才离开。第三，如果父母必须要离开，那么父母最好能让孩子提前知道自己要离开，以及什么时候会回来，即使只有一方离开，对孩子也是沉重的打击，所以在离开前的交接和适应是非常重要的，并且如果有可能的话，给孩子找一个替代者或许能有一定的帮助。第四，孩子回归，或者父母回归家庭后，需要亲子之间的再适应，父母应该以先建立良好的依恋关系为主，很多家长误以为矫正孩子的不良行为（有时候未必是不良行为，而是父母看不惯的行为）就是爱，在孩子和父母没有建立足够好的依恋关系的情况下，这些矫正会让孩子认为父母是不接纳他们的，而且会认为父母在攻击他们而不是在养育他们。

和父母的正常分离是儿童成长过程中必然会经历的，儿童随着年龄的增长，会越来越独立，最后脱离父母的羽翼。但是，和父母过早分离，而且分离时间过长，分离过于突然，是儿童无法理解的，这些都可能给儿童造成严重的心理创伤。约翰·鲍尔比的依恋研究关注母婴分离对儿童造成的影响，希望这套书的出版能够让中国的父母重视儿童的早期养育，也期待这套书中的理念能够推动中国研究，能向大众普及相关的科学育儿的理念，增加大家对婴儿以及对母婴关系的理解。

致谢

最后，作为本套书翻译工作的组织者和审校者，在此对所有译者和校对者表示感谢。第一卷的翻译者：汪智艳、王婷婷；第二卷的翻译者：万巨玲、肖丹、周晨琛、周兆璇、李娟娟、杨诗露、王秋蕴；第三卷的翻译者：白建磊、付琳、赵萌、梁恺欣、王益婷。校对：王秋蕴、黄慧、牛安然、王忆豪。本次翻译我们进行了两至三轮校对，部分翻译由译者互相校对，另外由本科生进行了一轮校对，我作为把关者进行了最后一轮校对，希望能把最好的作品呈现在读者面前。

易春丽　博士

北京大学心理与认知科学院讲师

中文版序二

每个人的心中都有一个温暖的母亲

约翰·鲍尔比（John Bowlby）与依恋理论的渊源发端于他21岁时，那时，他在一个少年管教所接触了两名因早年母亲照料不良而出现严重行为问题的少年，他们给他留下了很深的印象。十年后，他系统地对44名缺乏母亲照料的问题青少年（主要是小偷）进行了观察，他们的共同点在于缺乏早期照顾，缺乏情感。又过了十年，他将研究重点集中在母婴关系上，并鼓励同事詹姆斯·罗伯逊（James Robertson）对18—24个月大的婴儿进行了为期4年的摄像观察，这些婴儿都在早期失去了他们的母亲，这些观察材料有力地佐证了鲍尔比的依恋理论。

长期以来，鲍尔比及其理论遭到精神分析界的排斥，因为它颠覆了精神分析学派的一些重要观点，比如驱力理论。鲍尔比有点和解地称自己的理论为第二驱力理论，因为驱力理论认为人的冲突来自潜意识中不同心理结构的不可调和以及压抑失败，而他的理论则强调驱力的起因及对象是客体，作为客体的母亲与孩子的分离导致孩子驱力投注失败。反对依恋理论的人认为，把人类自我发展的复杂过程简单地归结于躯体的分离是对精神分析的背叛和侮辱。杰瑞米·福尔摩斯（1995）指出，“鲍尔比的依恋理论如此杰出地指导了临床工作，却被排斥数十年之久，这有点像斯大林时代对待异见人士的态度！”

王朔写的剧本《看上去很美》被导演王小帅拍得真实无比，一个离开父母的孩子在幼儿园里体验到的来自老师的不和善与很多恐惧的幻想合在一起构成了童年的回忆。我儿子很大的时候（7岁）晚上起夜还要母亲陪他上厕所。在一篇作文中我们发现了他这样做的原因。原来，在进厕所的墙上挂着一个旅游买回来的牛头，儿子每次夜里起来都感到牛瞪着他，只有妈妈陪着时他会感到安全些，母亲在此时变成了孩子的安全基地。

现在，越来越多的母亲生孩子后变成了全职母亲，很多年轻的妈妈想亲自来带孩子，而不让月嫂、保姆甚至自己的父母干预。这是让孩子内心感到安全的明智选择。

一次我和一个学生谈话时，她的大孩子打电话来，哭着闹着要见妈妈。孩子已经四岁，是双胞胎中的老大。他不断地哭着要看妈妈在干什么，要看妈妈待的房间是什么样子。我的学生用了二十分钟才让孩子平静下去挂掉电话，可不到一分钟他又打过来，我的学生仍然很温柔地接了电话，直到孩子自己挂掉电话，在那之前他反复确认妈妈不要挂电话。我看着这一幕，好奇地问，老二性格如何，她回答，老二特别豁达和体贴，对分离能接受。妈妈其实很清楚，这两兄弟的差别可能来自老大刚出生就因窒息而被送到保温箱待了一周，可能是这种早期分离导致老大的敏感和缺乏安全感。

在中国经济高速发展的这三十年里，很多孩子在和父母频繁分离的环境中长大，临床上的表现就是他们不再信任亲密关系，也不允许自己走进亲密关系，或者进入婚姻关系后又急着逃离。

心理治疗是一个很慢很慢地建立关系的过程，很多传统文化，比如烹调、京剧、昆曲、吟诗作画，都是慢慢地和环境中的物建立关系的过程。除了慢以外，早期不分开也是父母对孩子的重要承诺，“我爱你，我永远不会离开你”，这些恋人的承诺原型来自母亲对孩子说过的话。

阅读鲍尔比的系列书籍能帮助我们重新认识并重视父母和孩子在一起的意义，虽然分离在这个快速的社会里显得稀松平常。

木心先生曾写道：

记得早先少年时，
大家诚诚恳恳，
说一句是一句。
清早上火车站，
长街黑暗无行人，
卖豆浆的小店冒着热气。
从前的日色变得慢，
车，马，邮件都慢，
一生只够爱一个人。
从前的锁也好看，
钥匙精美有样子，
你锁了，
人家就懂了。

从更大的意义上来讲，一切我们儿时的人和物都构成了我们的回忆，也构建了我们。因此，那些急速远离我们而去的人和物形成了人们弥漫的焦虑的来源，一个慢下来的社会对我们的存在是有意义的。

慢下来，意味着人们可以从容地在一起闲聊而不是急功近利，意味着我们可以保留一些建筑而不是强拆抹去人们的一切记忆。慢下来，也意味着孩子和父母之间有感情，而非仅仅是责任和义务。

施琪嘉

武汉心理卫生研究所所长　德中心理治疗研究院主席

2017年4月于北京

中文版序三

自从闻得易春丽博士启动翻译约翰·鲍尔比（John Bowlby）的经典著作“依恋三部曲”，我立即将这三本书列入教学参考书单，为临床训练和从事研究的专业同道们记下一笔，并翘首以盼图书刊印流通之时。

易博士选择我，一名国际精神分析协会的精神分析师为鲍尔比的书作序，透射出依恋研究与精神分析领域日益交汇之势。

一直以来，临床精神分析的传统是设置在富有思辨意味的元心理学框架之上的，既不着力于体验的证实，亦非以实证方法相校验。正因如此，依恋理论与精神分析的典型冲突反而成就了前者作为后者的一个逆向视角，为精神分析理论提供系统观察实验之参照，并进而将社会性体验放置在至关重要的位置上，通过提供特定的依恋框架来支撑临床治疗与预防。

鲍尔比提出的依恋理论阐释了儿童与依恋对象发生联结的本质，不是经由表象来判断，而是强调实际经验的重要性。同时，内部工作模型的提出，为之后玛丽·梅因（Mary Main）等人探索依恋视角下的内在心理表征状态（对自我与他人的期待与认识），以及代际间传递机制铺就了坚实的路基。

无论一位精神分析师的分析取向如何，我们都相信早期的依恋关系对个体发展的决定性影响，婴儿与照顾者形成的亲密情感联结构架了其早期内心世界的风貌，其内在情感图景在很大程度上也是在早期照料关系所赋予的体验之中被锻造出来的，一个人的早期生活及成年之后所经历的种种情绪困扰、临床病理症状无外乎是外在与内在关系问题的表达。

依恋关系提供了一个安全基地，也提供了心智涌现的基础与背景。在当代精神分析、婴儿观察及依恋神经科学研究丛林中，丹尼尔·斯特恩（Daniel Stern）强调主体整合性生活经验；比阿特丽斯·毕比（Beatrice Beebe）则对“容纳的环境”“安全的背景”等概念开展母婴互动微观分析研究；琳达·梅耶斯（Linda Mayes）将“足够好的父母”的概念延伸到对父母表征的研究领域；与此同时，皮特·冯纳吉（Peter Fonagy）团队的众多研究者们力证依恋系统不仅仅是为了生存、进化、繁衍，而是延展到更为广阔的社会沟通领域，为社会化进程和社会学习能力的发展制定了路径。

依恋这个无限活跃的领域总是不乏令人关注的热点。2009年的国际精神分析协会年度研究方法研讨会上，我看到大量依恋功能水平、情绪调节与心智加工的研究题目；2015年第七届国际依恋大会上，特定情境下为人母的敏感性对依恋类型的影响及其缺陷的神经生物学机制等报告令人着迷；2017年由纽约一处情绪和依恋研究的先锋系所举办的国际依恋大会上，早期依恋体验与发展性结果之间的关系以及对发展性障碍的亲子干预模型等研究更让我兴味盎然。正如皮特·冯纳吉指出的，“依恋理论学者常常会划分依恋类型，将这些分类作为理论的入口，而不是以大量的观察行为簇。如果研究者停止关注这些行为簇背后的机制或者过程，问题就会出现。精神分析的视角也许会鼓励我们更少地在类别范畴内加以思考，而更多地在依恋安全型的尺度上给以关注”，依恋领域与精神分析的交叉研究日渐硕果累累。

在诊室之内却又是另外一番景象。20世纪40年代鲍尔比开始在英国伦敦塔维斯托克诊所工作的时候，以及80年代玛丽·梅因开始在伦敦大学学院讲授依恋测评方法的时候，他们或许都未曾预料到依恋理论会以如此多样的方式被应用在临床心理治疗中。自2012年中英精神分析取向儿童青少年心理治疗学院制项目被引进中国以来，数百位学员在五年的时间里有幸聆听到多位著名英方学者分享的临床经验，他们的细腻描绘给临床工作者们勾勒出另一番感悟依恋理论的天地。

“在父母在场的情况下直接对婴儿做出回应的时候，婴儿会有一种在不知晓的状态下感受着的喜悦。”

——弗朗西丝·汤姆森·萨洛（Frances Thomson Salo）

“安全基地不是一个地方、一个人或者一件事，而是一种联合创造的心理的状态，是一种两人之间的、婴儿与母亲间的心理的状态，在这种状态里婴儿的期待和母亲感觉其所能提供的是一致的。在这种适当的心理状态里，母亲能或多或少地回应她的婴儿，她能明白婴儿在寻找什么。”

——薇薇安·格林（Viviane Green）

“如果一个孩子逐渐相信，呼唤会招来一个关心他的成年人，并且对他的求助给以恰当的回应，孩子内心就会开始发展出一种基本的安全感。对于某些母亲而言，由于她们自身的情绪资源耗尽，养育和保护冲动不会活跃起来，尤其是在她们内心缺乏一个可以被唤起的、关爱的父母的声音的时候。因为没有充满生气的、被深深爱着的记忆，当她们还是小孩子的时候，没办法相信有一个足够好的成年人在情感上是乐于帮助他们的。”

——阿曼达·琼斯（Amanda Jones）

“家长倾向于重新活现和重新创造他们曾经历过的养育，然而也会带入他们曾经‘希望’得到的养育，这些潜意识的愿望会发展起来，将他们自己的孩子创造成他们自己曾经的样子，或者曾经希望的样子。在唤起过去的这个部分时，孩子可能会代表家长的潜意识自体的一部分——被爱或被讨厌的部分。育儿过程包含家长自己的过去，因为育儿过程已经由他们自己被养育和作为孩子的经验所塑造了。”

——莱斯莉·考德威尔（Lesley Caldwell）

最后，我要感谢易博士，在我求学的最初几年，多承她不吝赐教，令我对依恋领域有了一些粗浅的认识，并一直保有兴趣，特别是她不懈以临床观察和质性访谈的研究方法开展亲子互动研究，更是开创了国内混合研究之先河。因而，我非常高兴看到这三本书得以付印，相信会为更多探索依恋领域的同道带来乐趣，中英培训项目的学员也将会得益于这三部译著，详加研读。

王倩

IPA精神分析师

2017年5月

前言

1956年， 我刚刚开始这项工作， 那时候对于自己将要做的事情还毫无概念。我那时候的目标还仅限于观察在母亲暂时离开时年幼孩子的反应，进行一些理论上的讨论。这些观察研究的材料来自我的同事，詹姆斯・罗伯逊，当时我们正准备共同发表它们。对这些现象做出理论上的讨论显然是很值得的，这形成了本书的第二部分。。

然而事情却朝着另一个方向发展了。随着理论研究的发展，我逐渐意识到当初我随意开始进入的是一片并不亚于弗洛伊德在六十年前开始耕耘的领域，其中蕴含着所有他曾遭遇并努力克服的相似的崎岖和艰险——爱与恨，焦虑与防御，依恋与丧失。而我之所以被蒙蔽，是因为我的疑问的出发点与弗洛伊德当时进入并被后来的分析师追随的角度完全不同。一片熟悉的风景如果从一个全新的角度去观察，看起来就会相去甚远。我不仅在一开始被蒙蔽，后来的进展也是相当缓慢。而且，我感到同行们也常常很难理解我想要做什么。因此，如果把我的想法放到一个历史发展的角度来看，或许会有点帮助。

1950年，世界卫生组织希望我针对孤儿的心理健康问题提供一些建议。这项任务为我提供了一个宝贵的机会，得以结识儿童养育和儿童精神病学领域的领导性人物并阅读了不少文献。正如我在最终报告的前言中写到的那样，其中，最令我感到冲击的是，“儿童心理健康领域中的基本原则和实践中的保护性措施呈现出高度的一致性”。在报告的第一部分，我呈现了证据并呈现了这个原则：“人们认为对心理健康来说最基本的要素是婴幼儿体验到与母亲（或者稳定的母亲替代者）之间拥有温暖、亲密和持续的关系，在这一关系中双方都感到满意和享受。”根据这一原则，在报告的第二部分，我也强调了，对于这些与家庭分离的儿童的心理健康来说，被保护是必要的。

这份报告的出现是相当适时的。它帮助人们看到了现存的问题，促进了养育方法上的改善，并且引发了讨论和研究。但是，正如当时的一位审稿人指出的那样，这个报告至少有一个重大的局限。基于研究证据，报告中呈现了很多母亲被剥夺带来的负面影响以及可以用来预防或者缓解这些负面影响的实践方法，但是却几乎没有阐述这些负面影响是如何形成的。在母亲被剥夺这一大前提下，所包含的各个事件是如何导致各种精神病性紊乱的？其形成机制如何？为何会以这样的方式发展？其他会影响到结果的变量有哪些？它们是如何起作用的？这些都是这份报告没有涉及或者极少涉及的问题。

沉默背后的原因是无知——我自己以及其他人的——这是在撰写报告的几个月时间里无法改变的现实。我希望，这一鸿沟总有一天能够被填补，尽管我尚不清楚会在什么时候，以什么样的方式。

在这一思维框架下，我开始认真地关注我的同事詹姆斯·罗伯逊所做观察研究的结果。在哈雷·斯图尔特信托基金一小笔信托基金的资助下，他在1948年加入了我的研究项目，旨在系统地探索儿童早期与母亲的分离对人格发展的影响。当时这一领域总体上来说仍是处女地，他在一项长期的调查研究中，对大量幼儿在离开家之前、期间以及之后进行了观察，这些儿童大部分都是两到三岁，他们不仅离开了母亲，而且，他们在医院或者全托保育园里生活的几周到几个月不等的时间段中，没有一个稳定的母亲替代者。在这项工作中，他所看到的孩子们离开家后强烈的悲伤和痛苦以及他们回到家之后出现问题的程度和持续时间给他留下了深刻的印象。阅读过他的报告或者观看过他拍摄的一个小女孩的录像的人无不为之动容。然而，当时人们对这些现象包含了什么样的意义和结论并没有达成一致。有些人对这些观察的效度有所质疑；有些人认可这些行为反应的出现，但将它们归因于母亲人物丧失之外的几乎任何因素；还有一些人认可丧失是一个相关的变量，但是认为要降低它的影响并不是非常困难，也就是说丧失引发的后果和病理症状并不如我们假设的那样严重。

我和我的同事则持有不同的观点。我们对观察所得的效度很有信心，所有的证据都指向母亲人物的丧失是一个主导变量，即使不是唯一的一个。而且，我们的经验也表明即使其他环境因素是有利的，这一因素所引起的痛苦和紊乱也比通常人们看到的要多。实际上，我们认为，当一个超过6个月大的孩子与母亲分离并被陌生人照顾时，造成他反抗、绝望以及疏离等典型反应的主要原因在于"在一个高度依赖高度脆弱的发展阶段丧失了母亲的照顾"。从经验性的观察来看，我们认为幼儿对母亲的爱和存在的渴望与他们对食物的渴望相当，也因此，母亲不在场会不可避免地造成一种强有力的丧失和愤怒感。我们对孩子在离开一段时间后回到家中时与母亲关系的巨大变化尤其关注。我们发现，一方面，孩子会出现"对母亲强烈的依赖，可能持续数周，数月甚至数年"，另一方面，也会出现孩子"对母亲作为一个爱的客体的拒绝，可能是暂时性的也可能是长期的"。后面一种状态，我们后来称之为疏离，我们认为这是儿童压抑对母亲的感受的结果。

因此，我们得到这样一个结论，无论作为唯一因素还是与其他未证实的变量共同作用，母亲人物的丧失都会引发对心理病理症状的产生具有最重要影响的反应和过程。不仅如此，我们认为，那些仍然被生命早期所经历的丧失所困扰的成年人身上出现的，也正是这些反应和过程。反应过程中形成的障碍，一方面表现为对他人提出过高的需求，在无法被满足时感到焦虑和愤怒，例如在拥有依赖型和歇斯底里型人格的人身上所见的那样；另一方面表现为无法与人建立深层次的关系，例如在冷漠型和精神病型人格中所见的那样。换句话说，当我们去观察儿童在离开母亲进入一个陌生环境的过程以及之后的反应时，我们所见证的这些反应以及防御过程，可以与之后可能发生的人格功能上的障碍联系起来。

这些从经验性数据中自然发展出的推论促使我们在调整研究策略上做出一个至关重要的决定。既然我们的目标是要理解这些病理过程是如何产生和发展的，那么就要把有关幼儿在与母亲分离后以及再次回到母亲身边时的反应的细节的录像资料作为我们最主要的数据来进行研究。我们相信，这些数据具有重要的潜在价值，而且可以作为传统的从成年病人那收集来的治疗数据的必要补充。有关这些决定的思考以及一些原始的数据发表在1952年到1954年间的论文中，同一时期还公布过一个影片①。

在做出这个决定之后的数年间，我和我的同事花费大量的时间仔细分析已经收集到的数据，收集并分析新的数据，将这些数据与其他来源的数据进行比较，并且审视它们所具有的理论意义。这些工作成果已经发表的是《短暂的分离》，其中包括克里斯托夫·海尼克和伊尔泽·韦斯特海默在一个特定环境中对儿童在短暂分离期间以及之后的反应的研究。这个研究使用了比早期研究更加系统的方法对这些反应进行了观察和记录，并且还将这些经历分离的儿童的行为与一组与之匹配的居住在家中没有经历分离的儿童的行为进行了统计上的分析比较。尽管这个研究有其局限性，但验证了詹姆斯·罗伯逊不够系统但却具有广泛性的研究发现，并且在很多方面进行了扩展。

在我1958年到1963年发表的一系列论文中，我对这些观察所带出来的一些理论问题做了讨论。目前的这三卷书涵盖了同一领域，但理论上会更加严密，而且也增加了新的材料。

---

① 文中引用的论文如下：Robertson和Bowlby（1952）；Bowlby，Robertson和Rosenbluth（1952）；Bowlby（1953）；Robertson(1953)；Ainsworth和Bowlby（1954）。录像来自Robertson（1952）。

第一卷专注于这一系列论文的第一篇中提出的问题——儿童与母亲联结的本质。为了能够更加有效地呈现理论的推进，也就是第三和第四部分所做的工作，我们有必要首先对本能行为这个问题做一个整体的讨论并找到最佳的方式将之概念化。本卷的第二部分对此做了一个相当长的讨论。第一部分有两个章节：第一章系统性地提出了我在一开始做出的一些假设并将之与弗洛伊德的工作进行了比较；第二章回顾了我所引用的经验性的观察数据并对它们作了概括。第一和第二部分所有章节的目的是澄清并明确我正在研究的概念，因为这些概念比较陌生，容易让想要了解此项工作的临床工作者感到困惑。

第二卷讨论的是最早在这一系列论文的第二篇《分离焦虑》和第三篇《分离焦虑：一项重要的文献综述》中提出的问题。

第三卷讨论的是最早在后续论文《婴幼儿时期的哀伤和哀悼》《哀悼的过程》以及《病理性的哀悼和儿童期的哀悼》中提出的问题。

在这一探寻过程中贯穿始终的是精神分析的框架。这样做有几个重要的原因。首先，我在这个主题上最早的思考是受到精神分析工作的启发——包括我自己的和其他人的。其次，尽管有其局限性，但精神分析仍然是当今心理病理学领域中最可用也是最常用的理论。 最后，也是最重要的一点在于，所有我的模型中的核心概念——客体关系、分离焦虑、哀悼、防御、创伤、早期敏感阶段——在精神分析领域早已司空见惯，但在其他行为学科中，直到现在才刚刚获得一些关注，但这些关注是远远不够的。

在弗洛伊德的探索过程中，他曾考察过，来自不同角度的很多思考，也尽可能地尝试各种理论构架。他去世之后留下的理论上矛盾和模糊之处引起了人们的困惑，也促使人们尝试将之梳理清楚：他的某些理论被选中并得到进一步发展，还有一些被搁置和忽视。由于我的一些观点与已有的传统理论相悖，因此遭到了强烈的批评，所以当我在陈述这些无疑与弗洛伊德的所思所写相反的理论时，内心也体验到一些痛苦的感觉。但是，正如我希望表达清楚的那样，我的模型中的大量核心概念都可以从弗洛伊德的工作中直接明了地找到。

第二版序言

为这本书进行改版的主要原因是，在过去的十五年间，生物学家在对人类之外其他物种的社会行为研究中取得了重要的进展。这些进展迫使我们必须要在第二部分的一些地方做出较大的改动，主要是在第三章的最后两节，第八章利他行为以及第九章开始的一段中。

另外一个原因是，自第一版出版之后，有关依恋的主题成了很多理论研讨的中心，同时也为大量对此感兴趣的经验性研究提供了指导。因此，也是时候增加两个章节来澄清一些理论问题并对一些更重要的理论发现进行描述。为了留出更多的空间，删除了原先附录部分有关儿童与母亲先天联结的早期文献综述部分。

第三部分的改动比较少，只在第十一章非人类灵长动物的部分加入了近期的研究发现。

第四部分需要做的细节性修改比较多，这是由于近几年来研究者对人类生命早年进行了更深入的研究，在第十八章我们对这些新的研究发现有更细致的讨论。

与文章有关的很多新发表的论文已经编辑到参考文献的部分。

Contents 目录

第一部分

任 务

第一章

观　点

由于所有因素在产生作用的过程中都具有高度复杂性，我们用一种方式呈现给大家。首先必须选择从其中的一个观点开始，只要能够产出成果就遵循这个观点，直到我们需要下一个观点。

——西格蒙德·弗洛伊德[①]

在近五十年的精神分析研究中，弗洛伊德从一个观点开始不断地进行探寻。梦、神经症病人的症状、原始人的行为的多样数据几乎都被他研究过。但是，尽管在他探寻解释的过程中，每一个案例都通向童年早期的事件，但他自己却很少通过直接观察儿童来工作。这就导致精神分析中大部分有关儿童早期的概念都来源于对年长人群数据的历史性重构。即使在儿童分析中情况也是如此：对事件和过程的推论都来源于已经过去的一段生活史。

但是这个项目的起始点与之截然不同。基于前言中已经描述过的原因，

---

① 带有弗洛伊德笔记的版本保存于哥伦比亚大学内外科医师学院弗洛伊德图书馆内。安娜·弗洛伊德在私下交流中曾表示，父亲的这些页边笔记可能写于1895年撰写《科学心理学规划》一书期间。

我们相信，观察母亲在或者不在时（尤其是不在时）年幼的孩子对母亲行为的反应，非常有助于我们理解人格的发展。通常，当年幼的孩子被陌生人从母亲身边带走的时候，他们会出现非常强烈的反应；当他们重新回到母亲身边时，他们往往不是表现出高度的分离焦虑，就是表现出明显的疏离感。这两种类型的表现频繁地出现在受到心理神经症或其他形式的情绪障碍困扰的人群中，因此，选择这些现象作为观察的起点，并采用“只要能够产生成果就遵循这个观点，直到下一个观点出现”的方式去工作，看起来似乎大有可为。

由于这个出发点与精神分析师们所熟悉的角度相去甚远，因此，更加准确地对此进行说明并详细阐述采用这个观点的原因可能会有帮助。

精神分析理论尝试从个体发展的角度解释人格健康的功能和病理性的功能。为了创建这一理论体系，弗洛伊德及其几乎所有的后继者都是回溯式地进行工作。基础的数据来源于分析性的设置。在这样的设置中，人格或多或少有所发展而且或多或少已经实现一定的功能。从这些数据出发，精神分析师们尝试去重构当前人格状态在先前的发展过程。

从很多角度来看，我们在此所做的尝试与之恰恰相反。我们将观察到的幼儿在特定情境下的行为反应作为初始数据，尝试去描述人格功能的某些早期阶段，并以此展开推演。更具体地说，我们的目标在于描述儿童早期经常出现的某些反应模式，并追踪其在后来发展出的人格功能中是否存在类似的反应模式。这是一种根本性的视角上的变化，需要我们将一个可能对人格发展具有病理性影响的事件或是体验作为研究的出发点，而不是已经出现问题的单一症状或症候群。

几乎所有当代的精神分析理论都源于一种临床症候群或是一些单一的症状，例如偷窃、抑郁或者精神分裂症，并由此出发去假设哪些事件和过程会对它的发展有所影响。但我们在这儿所采用的视角，则是以一些连续事件——在婴儿时期或者儿童早期失去母亲形象——为出发点，来追踪其通常可能导致的心理和心理病理过程。实际上，就是从创伤性体验出发去对未来心理发展做出预判。

在精神病学领域，这样一个研究方向上的转变是不同寻常的。但是，这种情况在生理医学领域存在已久，因此，从生理医学领域来引用一个例子或许可以帮助我们更好地理解这一视角。现在，当人们想要对某种肺部的慢性感染进行病理学研究的时候，已经不大会采用那种先去找一组出现慢性肺部感染的病例然后尝试去探索其感染源的方法了。人们更可能采用的方式是从某种特定来源开始，可能是某种结节、细菌或者一些新发现的病毒，来研究其所带来生理病理的过程。通过这种方法，研究者可能会发现很多并不与慢性肺部感染直接相关的东西。他有可能会更清晰地阐明特定的急性感染亚临床症状，但更为确定的是，他几乎总是能够发现他所选择研究的这一病原体所造成的肺部以外的其他器官的感染情况。他的研究焦点不再是某个特定的临床症候群，而是某种特定致病原所引发的一系列结果。

我们所要讨论的致病原是“在六个月至六岁之间丧失母亲形象”这一情况。在开始对我们所使用的基础数据进行考察之前，我们仍有必要更全面地描述这种方法与传统方法之间的区别，并且就这种方法所受到的批评进行讨论。

当前方法的一些特点

区别之一在前文已经被提及。这种方法的数据来自研究者在真实生活场景下对幼儿的观察，而不是对病人的治疗过程。人们有时认为这些数据对于科学研究来说是次要的。一些评论认为，对行为的直接观察从其本质上来说只能提供一些表面化的信息，与之形成强烈对比的是，在精神分析治疗中对心理功能的观察所获得的几乎是最直接的了解。这种观点导致人们只对与从病人的治疗中所得到的结论一致的直接观察数据感兴趣，而忽视了指向其他方向的数据的重要性。

不过，我现在认为，这一态度其实来源于一些不合理的假设。首先，我们不能高估从分析性治疗中所获得的数据的价值。在这些数据中，我们要面对的是一个复杂的网络，其中包括自由联想、对过往事件的报告、对当前情形的评论以及病人的行为，这些并非心理过程的直接反映。为了理解这些千差万别的临床表现，我们不可避免地会根据我们所偏好的图式进行筛选和整理，而且当我们试图推测其背后隐藏的心理过程时，又会不可避免地远离观察层面而进入理论层面。尽管咨询室中出现的心理过程的临床表现异常丰富，但我们仍无法对心理过程进行直接的观察。

事实上，反其道而行之可能更加接近真理。哲学家们认为，对于一个个体的生活来说，其婴儿时期可见的“行为模式”才是“其真实心理状态发展的原始基础”，并且成为之后所谓的“内在”，一种情绪，一种影响或想象，其实就是当所有形式与之相联的行为削减殆尽之后的“残留物”（Hampshire，1962）。由于对相联行为的限制能力会随着年龄增长而增长，因此，很明显，被试的年龄越小，他的行为表现和心理状态越像是一个硬币的两面。如果观察本身是有技巧且细节化的，那么对年幼儿童行为的记录可以作为他们当前心理状态的一个重要索引。

第二，那些对通过直接观察行为所得的数据抱有疑问的人习惯性地低估了这些数据的丰富性和多样性。当在能够引发焦虑和痛苦的环境中观察儿童的时候，我们所获得的数据可以清晰地与我们领域中的许多核心概念相联系——爱、恨、矛盾的情感，安全、焦虑、哀伤，移置、分裂、压抑。实际上，我们之后会论证，在一个孩子离开母亲到陌生环境中生活的几周时间里，我们观察到的疏离行为的出现就很像在观察真实的压抑一样。

事实上，从本质上讲，没有哪一类数据一定优于其他数据。每一类数据都与精神分析师们所关注的问题相关，而且，当把一组数据的贡献与其他数据联系起来看的时候，这种贡献就有可能被放大。

这一方法与传统精神分析的不同之处还在于，这种方法注重对其他物种在母亲存在或缺席的类似情境中表现出的行为的观察，因此，我们也就可以利用那些动物行为学家对这些行为的解释，作为更广泛的新概念。

如此重视动物行为学的主要原因在于它提供了更广泛的新概念供我们进行理论探索。其中有很多涉及亲社会联结的形成——例如子代对亲代、亲代对子代以及不同性别的成员之间（有时是同一性别之间）。还有一些涉及冲突行为和“置换活动”，另有一些涉及病理性固着的发展，包括不适应行为或者指向不合适客体的行为。我们现在已经知道，冲突和病理性行为并非人类独有。一只金丝雀在初次筑巢的时候如果没有合适的材料，那么它不仅会发展出病理性的筑巢行为，即使在后来合适的材料已经足够的情况下也会保持这种行为。鹅会对一个狗窝求爱，如果狗窝倒塌它还会出现哀伤的表现。因此，动物行为学的数据和概念所涉及的现象与我们分析师想要理解的人类现象之间至少是有可比性的。

不过，在我们在人类行为领域内对这些动物行为学概念进行测试之前，我们不应该对它们的有用性做任何预设。每个动物行为学家都知道，无论已有的一个相关物种的知识对于观察另一个新物种提供了多么有价值的线索，都不可以直接从一个物种推论到另一个。人类并不是猴子，也不是白鼠，更不用说金丝雀或是热带鱼了。人类作为一个物种拥有其自身能力以及某些与众不同的特点。所以，也可能任何来源于更低等物种的观点都与人类毫不相关。不过，这似乎也不太可能。在婴儿喂养、繁殖以及排泄等方面，我们与更低等的物种拥有某些共通的生理特征，所以如果说人类的任何行为特征都与这些物种不同，那会是件很奇怪的事情。此外，我们希望能够在儿童早期，尤其是前语言期发现这些特征，在这个阶段行为是最少被修正过的。是否有这样的可能性，即至少某些源自儿童早期的神经症倾向和人格偏离是由于这些生物心理过程的紊乱所造成的？无论答案如何，去探索这种可能性本身是很自然的事情。

弗洛伊德的立场

至此，我们对所采取观点的四个特征都已经做了描述——前瞻性的角度、聚焦于致病原因及其后果、对幼儿的直接观察以及对动物数据的利用，也说明了我们倾向这些数据的原因。然而，由于很少有精神分析师采取这一角度，有些人会担心从这个角度开始工作是一种打破传统而且危险的方式，所以，我们很感兴趣弗洛伊德对此会有什么样的观点。

弗洛伊德在他1920年的一篇论文中讨论了回溯法的一系列局限性。他这样写道：

> 当我们从最后的结果回溯其发展过程的时候，事件发生的链条看上去是连续的，我们会感觉我们的思考所得是完全令人满意甚至是出乎预期的。但是如果用相反的方式去工作，如果从来自分析的假设开始，尝试遵循它们来推导最终的结果，我们就不会感觉自己获得了事件非此不可的结果。我们很快就会注意到可能存在其他的结果，而且似乎也能够很好地理解和解释这些结果。演绎推理的结果似乎并不如精神分析的工作让人满意，或者说，从一个既定的前提出发，我们无法预期一个必然的结果。

弗洛伊德指出，造成这一局限性的原因是我们忽视了各种病理学因素的相对影响力。他告诫我们：

> 即使假设我们完全了解决定一个既定结果的所有病理学因素……我们仍然无法预知这些决定性因素孰强孰弱。我们只能说最后成功的那个是最强的。也因此，如果我们遵循分析的线索，那么总会得到一个确定的因果链，但是要沿着演绎推理的路线去预测一个结果却是不可能的。

这段文字清楚地表明，弗洛伊德无疑是了解传统探寻方法的局限所在的。尽管回溯法提供了许多有助于确定病理学因素的证据，但它无法识别出所有的因素，而且更不可能评估其所识别出的因素之间的相对影响力。在精神分析领域回溯法和前瞻性研究之间的角色互补，实际上只是其他知识领域中历史比较法和自然科学方法之间互补关系的一个特殊表现。

尽管在所有的历史比较法研究中都能够找到回溯法的位置，而且它也做出了很多非常伟大的贡献，但这一方法无法确定不同因素在因果关系中的相对位置这一弱点也是众所周知的。历史比较法的弱点恰恰是自然科学法的强项。我们都知道，科学方法要求我们在对一个问题进行研究的时候，首先形成一个或者多个我们所感兴趣的可能是事件原因的假设，然后用一些方法从这些假设中演绎出可以被检验的预期结果。从这些结果的准确度来判断假设正确与否。

如果精神分析要成为一种纯粹的行为科学，那么无疑要在传统方法的基础上加入已被验证的自然科学方法。在咨询室中，历史比较法一定是最主要的方法（正如它在所有医学分支领域中持续扮演的角色一样），但从研究的目的来看，假设、演绎推理结果以及检验方法都可以并应该加入其中。本书的材料可以被看作应用这种方法的初步尝试。总的来说，目的是聚焦于儿童生活中的事件及其造成的影响，并且形成一些能够推理出可检验结果的理论。形成更加细致的预测模型并且对其中一些进行检验会是未来工作的方向。

里克曼和爱兹列尔（Rickman & Ezriel，1951）都曾说过，如果我们愿意，对结果的预测以及检验可以用在对病人的治疗当中，但这一方式无法检验有关早期发展的假设。因此，为了检验精神分析的发展理论，基于对婴幼儿的直接观察形成对结果的预期并用相同的方法进行检验，是不可或缺的过程。

要采取这一方法，就必须先选择一个可能的病理学因素来看看所有的结果或者部分的结果是否能够归因于它。这就把我们带到了这一方法的第二个特征——对特定致病因素及其结果的研究。

如果提到弗洛伊德对此的看法，那么我们有必要区分他对致病因素的一般性观点和本研究中所选择的这个特定因素的观点。我们从他的一般性观点开始。

当我们考察弗洛伊德对神经症及其相关紊乱症状成因的观点时，我们发现他总是聚焦在“创伤”这个概念上。我们可能忘记了这样一个事实，即无论是在他最终形成的结论中还是更早期的观点里其实都是如此。也正因为如此，在他后期的两部著作《摩西与一神教》（1939）以及《精神分析引论》（1940）中，他用很大的篇幅讨论了创伤的性质、个体较为脆弱的年龄阶段、可能具有创伤特质的事件以及它们可能对心理发展产生的影响。

其中，弗洛伊德的核心论点在于对创伤特质的讨论。他得出的结论与很多人相同，两方面因素与之相关——事件本身以及个体体验事件的过程，也就是说，创伤是一个互动的结果。弗洛伊德认为，一个体验之所以会唤起异乎寻常的病理性反应，是由于它对人格有极大的需求。他进一步推测，这一过程，即是将人格暴露在超出其应对能力的刺激中。

在过程因素上，弗洛伊德认为个体对这些需求的满足程度是具有很大差异的，因此“对于一个个体来说是创伤的刺激对于另外一个个体就可能没有相同的效果”（*SE* 23）。但同时他也坚持认为，存在一个特定的生命阶段，也就是一开始的五到六年之间，每个人可能都是非常脆弱的。其原因在于在这个年龄“自我是无力的……不成熟的，没有能力抵抗”。其结果就是自我“无法处理在以后看来是极其容易的一些任务”，只能诉诸压抑或分裂。弗洛伊德认为这就是“神经症只会在儿童早期形成”的原因所在（*SE* 23）。

当弗洛伊德提到“儿童早期”的时候，我们要记得他所说的是包括几个年龄段在内的一段时间，在《摩西与一神教》中指前五年，在《精神分析引论》中指的是前六年。在这个范围内，他认为“两岁到四岁可能是最为重要的”（*SE* 23）。更早期的年龄并没有受到他的特别关注，他也表示对这段时间的重要性不能十分确定：“出生之后多久这一接受性的阶段才会开始并不能够十分肯定。”（*SE* 23）

以上就是弗洛伊德在病理学方面的一般性理论，而我们在这儿所发展的理论与之相当一致。在弗洛伊德提出的定义范围内，与母亲分离可能是创伤性的，尤其是孩子被送到一个陌生的地方与陌生的人在一起。此外，数据显示的造成创伤的年龄段也与弗洛伊德所推测的极度脆弱的儿童时期相当一致。接下来，我们会简要地介绍从与母亲分离这一事件所发展出来的观点与弗洛伊德的创伤概念之间是如何吻合的，这也恰好提供了一个介绍本书核心论点的机会。

弗洛伊德是用因果条件和心理结果这两个角度对创伤进行定义的。早年与母亲的分离从这两个角度来说都符合这一定义。在因果条件方面，分离并进入一个陌生的场景在很长一段时期内都会引发强烈的痛苦。用弗洛伊德的假设来说，当心理受到过度刺激时会导致创伤。在结果方面，分离所带来的长期痛苦通常会继发心理变化，表现为压抑、分裂和否认，而这些显然精确地符合弗洛伊德所推测的创伤带来的防御性过程，并且这实际上也就是弗洛伊德发展他的创伤理论时所依据的心理过程。因此，大家可以看到，我们在研究中所选取的致病原其实就是弗洛伊德所设想的创伤性事件中的一个特殊例子。所以，这里所详细阐述的神经症理论其实就是弗洛伊德所提出的创伤理论的一个变体。

不过，我们也要注意，尽管与母亲的分离十分符合弗洛伊德有关神经症的一般理论，而且，分离焦虑、丧失以及哀伤在他的理论中占据了相当重要的位置，但是，他却极少明确地将一个早期的分离或丧失事件作为创伤的来源。当他谈论哪些事件属于创伤的时候，弗洛伊德显得相当谨慎，实际上，他所用的都是相当概括和抽象的形容词，以至于我们不总是能确定他所要表达的是什么。例如，在《摩西与一神教》中，他只是说："他们给人有关性和攻击的印象，而且，毫无疑问也是与自我受到的早期伤害有关（自恋性的羞愧感）。"（*SE* 23）早期分离是一个公认的对自我的伤害，但是，即使早期分离确实会伤害自我，这是否是弗洛伊德的观点却不得而知。所以，即便早期与母亲的分离完全符合弗洛伊德对创伤事件的定义，但他从未将其作为一类特殊的创伤事件予以认真的关注。

这一方法的第三个特点是利用直接的行为观察数据，并且，与前两个特点一样，这一特点与弗洛伊德的观点也是十分一致的。

首先，需要注意的是，尽管弗洛伊德几乎不使用直接观察所得的数据，但他曾使用这些数据的个别情况都是相当重要的。例如他在《超越快乐原则》（*SE* 18）中对于棉线轴事件的讨论，以及在《抑制、症状与焦虑》（1926）中重新对焦虑理论所做的艰难的思考。当时，他面对有关焦虑的复杂且相互矛盾的结论。在对年幼儿童独自一人身处黑暗或与陌生人在一起时的行为表现进行观察的过程中，他探索并发现了“大陆”（terra firma，*SE* 20），作为他整个新框架所依赖的基础。

其次，很有意思的是，二十年之前，在他的《性学三论》（1905）中，弗洛伊德曾明确地对将直接观察儿童作为精神分析法研究的补充这一想法做出了评论：

> 精神分析研究，从后续的时间回溯到童年时期，结合对当代儿童的行为观察……对儿童进行直接观察的缺点在于这些数据很容易被误读；精神分析的困难之处在于它所得到的数据和结论都是十分间接的。但是，当这两种方法共同作用的时候，就有可能获得更加令人满意的确定发现。

本研究方法的第四个特点是采用了动物研究的数据。如果有人对动物行为研究的结果是否能够帮助我们理解人类还有所怀疑的话，那么这种怀疑肯定无法获得弗洛伊德的支持。我们都知道，他不仅曾对《人类心理进化》（1888）做过细致的研究，花费了不少精力回顾动物数据，而且在他的遗作《精神分析引论》一书中，弗洛伊德还表达了这样的观点：“心理的一般性图式应当可以应用到更高级别的在心理上与人类类似的动物身上。”并且，我们也可以感觉到他的一丝遗憾：“动物心理学尚未对这里所呈现的有趣问题进行研究。”

不可否认，动物行为研究要涉及弗洛伊德所思考的过程和结构仍有很长的一段路要走。但是，自弗洛伊德撰写《精神分析引论》之后的这些年以来，动物行为学中的杰出研究及其所发展出来的崭新概念一定会吸引他的关注，并引发他的兴趣。

动机理论

有关本书所采用研究方法的四个特点我们已经做了讨论。即使本书采用的这些方法对很多精神分析师来说并不熟悉，同时也是一个未经探索的领域，但从弗洛伊德的角度来说，要理解这一方法应当没有什么困难。不过，这一方法还有其他一些特点确实与弗洛伊德不同。其中尤为突出的就是动机理论。由于弗洛伊德提出的有关驱力和本能的理论在精神分析领域元心理学中占据了核心的地位，因此每当有分析师脱离这些理论时，就容易引起混乱甚至惶恐。在继续深入探讨之前，我想引领读者们明确一下我们的立足点，拉帕波尔和吉尔（Rapaport & Gill，1959）的工作提供了一个有用的参照点。

在“尝试清晰而系统化地阐明组成精神分析领域元心理学的主体假设”的过程中，拉帕波尔和吉尔根据维度的不同对这些假设进行了归类，并确定了五个维度。当我们需要对一个心理现象做出任何精神分析性阐释的时候，必须包含对每一个维度的议题的讨论。这五个维度和每一个维度所要求的议题如下：

动力：要求讨论一个现象中所包含的心理力量

经济：要求讨论一个现象中所包含的心理能量

结构：要求讨论一个现象中所包含的稳定的心理构造（结构）

起源：要求讨论一个现象的心理起源和发展

适应：要求讨论一个现象与环境之间的关系

从目前来看，结构、起源和适应三个方面没有什么困难，有关起源和适应方面的探讨贯穿全书，而在所有关于防御的理论中，我们一定可以找到很多关于结构方面的探讨。尚未被考察的是动力和经济两个方面。关于心理能量或心理力量的议题，例如能量守恒、熵、方向以及力的量级等概念都还没有出现过。在后面的章节中，我会尝试对此进行补充。现在，我们可以先简要了解一下这些维度缺失的缘由以及状态。

弗洛伊德在其精神分析工作伊始就提出了一个有关心理器官的模型，这个模型将行为描绘成假定存在的心理能量寻求释放的最终结果。“我们假定，”他很多年之后在《精神分析引论》一书中写道，“正如其他自然科学引导我们所期待的那样，在心理生活中，也有某种能量在起作用……”但是这种能量的类型在他的假设中是不同于物理能量的，弗洛伊德称之为“紧张的或者说是心理的能量”（*SE* 23）。为了将这个模型与其他将物理能量视为先决条件的模型清晰地区分开来，并排除所有其他类型能量的模型，弗洛伊德提出的这个模型后来被称作“心理能量模型”。

尽管心理能量模型后来曾经历过几次修改，但弗洛伊德从未考虑用其他任何模型来替代它。抱有这种态度的分析师也不在少数。那么，究竟是什么原因促使我要这么去做呢？

首先，很重要的一点是，弗洛伊德的模型并非基于他对病人的临床工作，而是来源于他的老师——生理学家布吕克（Brucke）、精神病学家迈内特（Meynert）以及医生布罗伊尔（Breuer）的想法。这些想法来源于费希纳（Fechner）和赫尔姆霍茨（Helmholtz），以及再之前的赫尔巴特（Herbart）。琼斯（Jones）指出，当弗洛伊德开始对这些观念感兴趣的时候，它们“早已被知识界尤其是科学界所熟知并广泛接受”（Jones，1953）。因此，心理能量模型是弗洛伊德引入精神分析领域的一个理论模型，而不是他从精神分析实践中提炼出来的。[①]

其次，这个模型代表了一种尝试，即通过与19世纪后半叶物理学和化学潮流的类比将心理数据进行概念化。物理学家对能量以及能量守恒概念的使用给赫尔姆霍茨留下了非常深刻的印象，他认为，在所有的科学领域中，真正的起源必定是某种形式的“力”，而他本人也积极地将这些观念应用到他自己的生理学研究中。而弗洛伊德当时非常渴望将他提出的概念纳入正规科学，因此，也借用并阐述了这个基于费希纳所提出的概念的模型。弗洛伊德这个模型最主要的特点是：（1）“对于心理功能来说，有些东西是要被区分出来的——其影响的程度或是兴奋的水平——它们具备所有量上的特点……它们能够增加、减少、置换以及释放”，这一形态与电荷是类似的（Freud，1894）；（2）心理器官受到两个紧密相关的原则的支配，即惯性原则与恒常性原则，前者意味着心理器官会保持其内部的兴奋处于尽可能低的程度，后者意味着它倾向于保持恒定。[②]

后来，弗洛伊德对这两个原则的看法发生了一些变化，但并没有根本上的变化。在他的最终构想中，惯性原则仍然是首要的。这要归因于死本能，后来被更名为涅磐（Nirvana）原则。而恒常性原则从某种程度上来说逐渐被快乐原则所取代，但与其前身相同，仍然是次级的；快乐原则代表了生本能引起的对涅磐原则的改变。

第三点也是最重要的一点是，心理能量模型与弗洛伊德及其后继者所认为的真正的精神分析核心概念——如无意识心理过程所扮演的角色，压抑是主

---

① 除了弗洛伊德本人的著作之外，对弗洛伊德这一模型起源最佳的指南是贝恩菲尔德的论文（Bernfeld，1944，1949）；琼斯传记的第一卷（1953），尤其是第十七章；弗洛伊德给菲利斯（Fliess）的书信一卷中克里斯（Kris）所写的引言（Kris，1954）；斯特雷奇（Strachey，1962）的评论《弗洛伊德基本假设出现》（*SE* 3）。历史更久远一些的是怀特（Whyte，1960），他在众多材料中强调了赫尔巴特有关数量形式的想法所具有的高度影响力。

② 在较早期时，弗洛伊德认为当接收到源于外部的刺激时，惯性原则首先起作用并且掌控着整个系统：“这一释放的过程代表了神经系统的首要功能。”而恒常性原则被认为是次级的，它的功能是帮助系统来处理源于内部的（身体的）刺激。

动将心理内容保持在无意识之中的过程，移情是行为最重要的决定因素，神经症起源于童年创伤——在逻辑上并不相关。所有这些概念与心理能量模型之间不存在任何本质上的联系，并且，如果去掉这个模型，其他四个仍然可以相互联系并保持不变。心理能量模型是用来解释弗洛伊德所关注的数据的一个可能模型，但肯定不是必需的一个。

这里我想要强调的是，第一，弗洛伊德的心理能量模型来自精神分析领域之外；第二，他引入这一模型最重要的动机是确认他的心理学与他所认为当时最科学的想法之间的一致性。在他的临床观察中并未呈现甚至提示有这样一个模型存在——这点从他早期的案例研究中可以看到。毫无疑问，大多数分析师之所以继续采用这个模型，一方面是由于弗洛伊德自始至终都支持这一模型，另一方面也是由于没有更具说服力的模型出现。

为了对数据进行解释，使用任何可能的模型都不能说是不科学的，既然如此，无论是弗洛伊德引入这一模型还是他本人或其他人对此的应用都没有不科学之说。不过，问题在于，现如今是否有其他更好的替代模型适用于当前的研究？

在精神分析发展的过程中，当然也曾有过对弗洛伊德模型进行补充或替换的尝试。其中有很多研究聚焦于个体强烈地寻求与他人或他人的一部分产生联系的倾向性上，认为这种倾向性在心理生活中的重要性堪比涅槃原则和快乐原则，是一个首要原则。应当注意的是，与心理能量模型不同，客体关系模型源于临床经验以及在对病人的精神分析过程中所采集的数据。实际上，在认可移情性材料重要性的背景下，我们被迫要接受这类模型的出现；而且，自弗洛伊德以来，这类模型在所有临床分析师的思考中都有所体现。因此，问题不在于这类模型是否有用，而在于它应当作为心理能量模型的一种补充还是一种替代。

在弗洛伊德的后继者中，对客体关系理论贡献最大的四位分析师分别是梅兰妮·克莱茵（Melanie Klein）、巴林特（Balint）、温尼科特（Winnicott）和费尔贝恩（Fairbairn）。尽管他们发展出来的理论版本有许多共通之处，但彼此之间仍存在一些差异。对我们来说，最重要的差异在于一个理论从程度上来说是一个纯客体关系理论还是一个客体关系的概念与心理能量的概念相结合的复合型理论。在四位理论家当中，由于对死本能这一概念的强调，梅兰妮·克莱茵是最为复杂的一位；费尔贝恩是最纯粹的一位，因为他明确地排除所有非客体关系的概念。①

本研究所采用的理论也是从客体关系理论发展而来的，因此要感谢这四位英国分析师的卓越工作。不过，我们的角度并不与其中任何一位相同，在某些点上，差异甚至是巨大的。此外，我们与这四位最重要的差异还在于：我们采用了一种新的本能理论。② 我认为，现今客体关系理论最大的不足就在于缺少一个理论替代弗洛伊德的本能构想。

与弗洛伊德的模型一样，本能行为模型是从相邻学科引入的，并且同样也是对当时科学界氛围的一种反映。它部分来自动物行为学，部分来自米勒、加兰特和普里布拉姆在《计划和行为的结构》（Mill，Galanter & Pribram，1960）一书中以及杨在《一个大脑模型》（Young，1964）中提出的此类模型。对于心理能量及其释放来说，其核心概念在于行为系统以及它们对信息、负面反馈和调节内部平衡的行为模式的控制。本能行为更复杂的形式是对计划的执行，不同的物种具有不同程度的灵活性。其中的假设是，对一个计划的执行，始于对某种信息的接收（来自感觉器官，源头在外部或内部，或两者皆有）；随后，持续接收到的与所采取的动作导致的结果相关的更多信息（同样的也来自感觉器官，源于外部、内部或两者皆有）会给出指导，并最终结束这

① 另一种区别四个理论的方式是对儿童最脆弱时期的定义。在这个方面，从梅兰妮·克莱茵到巴林特形成的是不同的渐变阶段。梅兰妮·克莱茵的理论认为几乎所有关键的发展节点都在前六个月发生，在费尔贝恩的理论中是前十二个月，温尼科特是前十八个月，而巴林特的理论则认为生命前几年的发展都具有几乎相同的重要性。

② 这里使用“本能理论”这个词语要优于“驱力理论”或“动机理论”等术语。在第三章以及后面的章节将会对其中的原因进行说明。

一过程。在对计划本身以及控制其执行的信号进行决策的过程中，习得和非习得的因素都可能会产生影响。至于支持整个过程进行所必需的能量，我们认为除了一定存在的物理能量之外，并无其他：用这一点可以将这一模型与传统理论区分开来。[①]

简而言之，这些就是这一模型的基本特点。在本卷的第二部分（继下一章节介绍经验性数据之后），会进一步详述这个模型。接下来，我们会简要说明一下，我们认为在新的模型中被消除或者至少被减弱的心理能量模型中的三个缺点，分别涉及关于行动结束的理论、理论的可检验性以及所使用的概念与当今生物学之间的关系。

新旧模型的比较

一个动作不仅有开头，也有结束。在采用心理能量概念的模型中，动作始于心理能量的积累，而终于能量的耗竭。因此，在一个行为得以重复之前，个体必须要提供一个新的心理能量积累的过程。但是，有很多行为却无法简单地用这种方式来解释。例如，当婴儿看到母亲时会停止哭泣，但如果母亲离开其视野，那么他就会继续哭。这一过程可能会重复几次。在这种情况下，很难假设哭泣的停止和恢复是由于可获得的心理能量一开始下降而随后上升所引起的。同样的问题也存在于鸟类的筑巢行为中。当巢筑好的时候，鸟就会停下来，但是如果巢穴被移走，它很快就会开始重复之前的行为。但这种重复似乎也很难归因于忽然获得了特殊的能量，或者解释为何巢穴保持原位的话这种情况就不会发生。但从另一个角度来说，这两个例子中，行为的变化都可以很容易地被理解为是由于环境的变化所产生的信号。关于这点我们在第六章中会做进一步讨论。

与其他类似的模型一样，精神分析心理能量模型的第二个缺点是其有限

---

① 詹姆斯·斯特雷奇（James Strachey）曾提醒我，可能本书所发展出来的理论与弗洛伊德理论之间的差异并没有我和其他人想象得那么大（见本章最后一节）。

的可检验性。波普尔（Poper，1934）认为，能够将一个科学理论从其他类型理论中区分开来的并非其来源，而是其实际上能够并且已经被检验，这种检验不是一次性的，而是不厌其烦的。一个理论越经得住频繁而严格的检验，它的科学地位也就越高。以此类推，在其他条件相当的情况下，可检验性越高的理论越符合科学的标准。在物理学中，能量的定义是能够做功，而功可以用尺磅（foot-pounds）或其他等价单位来测量。因此，物理学的能量理论是成立的，并且也已经受到频繁的检验，其方式就是考察从功的概念推论而来的命题是否成立。当然，到目前为止，有很多这样的命题被证明是成立的。但是，针对弗洛伊德的心理能量模型，与所有类似的模型一样，类似的情况却没有出现。也就是说，心理能量模型仍未被检验，并且，只要它无法用可观察到的事物来定义并准确地测量，那么它就仍然只是一个无法被检验的理论。这对于一个科学理论来说是较为严重的缺陷。

具有讽刺意味的是，这个模型的第三个缺点恰恰来源于弗洛伊德认为的其主要优势。对于弗洛伊德来说，心理能量模型是他旨在使用与他同时期物理和化学学科的主流方法来对心理数据进行概念化的一种尝试，因此，它应当具有将心理学与科学范式相连接的重要作用。然而，现在，它却起到了完全相反的作用。关于有一种特殊的区别于物理能量形式的能量存在的假设，并没有使得动机模型受到生物学家的青睐（Hinde，1966）。对熵原则能够像应用于非生命系统一样可应用于生命系统的假设，也同样没有产生弗洛伊德所预期的影响力。相反，在当今的生物学理论中，对物理能量概念的使用已经司空见惯，最受关注的是组织和信息等独立于物质和能量的概念，并将生命有机体视为一个开放而非封闭的系统。这就使得心理能量模型不仅没有将精神分析整合到当今科学的领域中，还起到了反作用，成了这一过程中的阻碍。

我们认为，本书所采用的模型并没有受到这三个缺点的影响。因为我们利用了反馈的概念，结束一个动作的条件和启动一个动作的条件受到了同样的关注。因为与可观察的数据之间有着紧密的关系，它是可检验的。因为涉及了控制理论和进化理论的术语，这个模型将精神分析与当今生物学的主流连接在一起。最后，与心理能量模型相比，它能够对精神分析所关注的数据给出更简洁和稳定的解释。

当然，我们也很清楚，这些仍属于宽泛的想法，而且要接受起来并不是那么容易。我们之所以对此进行阐述，是为了说明采用这一新模型的原因，也是为了说明某些精神分析主要的元心理学概念未被使用的原因。正因为如此，很多弗洛伊德的理论涉及的心理能量模型不再符合我们的要求，本能理论、快乐原则以及传统的防御理论就是其中三个典型的例子。当然，要让分析师们放弃这些理论至少要满足两个条件：首先，要对这些理论想要解释的数据进行讨论；其次，新的理论作为替代，至少要与原来的理论一样好。只有这样，新理论才真正具有说服力。

显然，任何想要对理论进行重构的人都会面对巨大而繁多的困难。其中一个难点是读者们需要关注的。自精神分析产生后的七十年间，传统模型几乎被应用于心理生活的所有方面，因此，无论符合程度如何，它现在几乎对所有的问题都提供了一定的解释。这显然是没有哪一个新的理论可以做到的。从一开始，一个新的理论肯定只能在一些选定的领域发挥作用，就像一个新成立的政党，只能在一些选区中产生竞争力。只有在一个限定的领域证明了自己的价值，一个理论的应用才有可能被延伸，它更加广泛的价值才可能被检验。所以，我们在这里提出的这个理论，其应用的广泛性和价值是有待考察的。在这个阶段，我们希望读者在评价这个理论的时候，先不要考虑尚未涉及的问题，而是去考量它在其应用的有限领域中是否能够成功。“由于所有因素产生作用过程中的高度复杂性，我们只有一种方法可以开放式地来呈现它们……”

在对这个介绍性的章节进行总结的时候，想象一下弗洛伊德会如何看待这一新的理论应该会很有意思。他会觉得这有悖于他所提出的精神分析概念吗？还是会把它看作另一种尽管还有点陌生，但也可以对数据进行分析的方法呢？熟读他的著作的人恐怕不会对这个问题的答案有所迟疑。他曾多次强调他所提理论的高度实验性，并且也认可这样的观点：科学理论就像其他生命体一样，有出生、生存和死亡的过程。他这样写道：

> 一门建立在经验性解释基础上的科学……会欣喜于自己拥有的那些模糊而难以想象的基本概念，这些概念要么在其自身发展过程中被逐渐清晰地认识到……要么就被其他概念替代。这是因为，这些概念并不是科学的基础，而只是观察所得……它们位于整个结构的最上层，可以被替代，也可以被抛弃，但不会毁坏这个结构。（*SE* 14）

在《自传研究》（1925）一书中，他的表述也是一脉相承。他带着愉悦的心情谈道："一旦精神分析的假设性上层建筑被证明是不足的，其任何一个部分都可以被抛弃或改变。"（*SE* 20）

所以，有两个问题是我们必须不断思考的——一个理论对解释数据是否充分以及我们如何更有效地去验证它。我们对本书中提出的新理论将始终抱有严谨的审查和批判态度。

弗洛伊德理论中有关反馈的概念

在前文的脚注中已经提到，从某些方面来说，本书所提出的动机理论与弗洛伊德观点的差异可能并非像我或者其他人所想象得那么大。

近些年来，人们对弗洛伊德在其《科学心理学规划》一书中所提出的神经学模型的兴趣被重新唤起。该书写于1895年，但并未在弗洛伊德有生之年公开发表。神经生理学家普里布拉姆（Pribram，1962）注意到，即使从现今的标准来看，这个模型的很多特点，包括负反馈等，也仍是十分尖端并成熟的。

斯特雷奇（Strachey，1966）在新翻译版本的引言中也同样注意到弗洛伊德早期观点与现代科学之间的相似之处，例如："在弗洛伊德有关知觉机制的解释中，他曾将反馈作为一个基础性的概念引入，并将之作为机体自身应对环境时的纠错方法。"（*SE* 1）

《科学心理学规划》一书中这些观念的出现使得斯特雷奇相信本文所提出的本能行为模型，尤其是动作终结于对环境变化的知觉这一概念，与弗洛伊德的差别并没有我想象得那么大：

> 在《科学心理学规划》一书中，弗洛伊德中肯地表示，"动作"的开始来源于对外界的知觉，而结束是由于对外界的新的知觉，其重新开始则是由于再次出现对外界的另一种知觉。

反馈的概念同样也出现在弗洛伊德有关本能目标和客体的概念当中。在他的论文《本能及其兴衰》（1915a）中，他这样描述这些概念：

> 本能的目标在任何情况下都是寻求满足，只有在本能的源头消除刺激，才有可能达成这一目标……本能的客体指的是本能得以达成目标所借助的事物。（*SE* 14）

通过与客体之间的关系来达到消除源头的刺激这一过程可以很容易被理解为反馈，这有别于释放的概念。

在弗洛伊德理论中发现反馈的概念是件相当有意思的事情，但是这些概念几乎总是躲在暗处，或者被其他一些完全不同的概念排除在外。这就导致反馈的概念在精神分析理论领域从未被探索和发掘。这样一种缺席是显而易见的，例如在拉帕波尔和吉尔（Rapaport & Gill，1959）有关元心理学的论文中就可以看到。

当我们试图从前人的思考中找到当前的观点时，常常会有过度解读的危险。例如，如果像普里布拉姆认为的“惯性是内平衡最为朴素的形式”那样，将弗洛伊德的惯性原则作为内平衡原则的一个特殊例证，就不一定是合理的。这两个原则之间似乎有些关键性的差别。弗洛伊德的惯性原则被认为是将兴奋水平降低到零的趋势，但内平衡原则不仅是指努力维持在某些特定的正界限之间的趋势，而且在维持这些由遗传因素设定的界限的同时，还要保持在一个生存可能性最大化的平衡点上。一个使用了物理学和熵的术语，而另一个则是生物学和生存的术语。作为与内平衡相似的一个概念，恒常性原则似乎比惯性原则更具前景。

第二章

尚待解释的观察所得

> 一个弃婴，忽然醒来，
>
> 他恐惧的眼神在四周徘徊，
>
> 但见他不能所见，
>
> 一双充满爱意的眼睛。
>
> ——乔治·艾略特（George Eliot）[①]

自古以来，母亲和诗人就能够感受到失去母亲给孩子带来的痛苦，但是，科学领域还只是在近50年间才开始对此予以关注。

除了包括弗洛伊德的笔记在内的一些早期材料之外，在20世纪40年代之前，科学界并没有对婴幼儿与母亲分离时的行为表现进行观察的连续记录。对此现象最早的观察发生在“二战”期间的汉普斯特德保育院，见多萝西·伯林厄姆（Dorothy Burlingham）与安娜·弗洛伊德（Anna Freud）的报告。年龄

① 带有弗洛伊德笔记的版本保存于哥伦比亚大学内外科医师学院弗洛伊德图书馆内。安娜·弗洛伊德在私人交流中曾表示，她认为父亲的这些页边笔记可能写于1895年撰写《科学心理学规划》一书期间。

范围从零到四岁。这些健康的孩子在与母亲分离之后，被送到保育院，得到了战争期间所能得到的最好的照顾。这些研究具有开创性的意义，但是报告的内容并不系统，对于期间看护情况的巨大变化也没有做完整的记录。不过，其中所记录的现象现在看来仍非常典型，而且报告中所做的生动描述如今也已经广为人知。

第二组此类观察来自雷内·斯皮茨和凯瑟琳·沃尔夫（Spitz & Wolf, 1946），他们对监狱系统中未婚母亲所生的大约100名婴儿进行了观察。除了对其中几个孩子的观察持续了18个月，其他观察主要限于头12个月内婴儿的行为表现。在开始的6—8个月内，所有被观察的婴儿都由母亲照料。随后，“由于不可避免的外部因素”，出现了一次“实际上持续3个月的分离”，“在这次分离过程中，孩子可能完全见不到母亲，最好的情况也只能每周见一次”。在此期间，孩子会由其他孩子的母亲或者一名孕后期的女性照顾。与大部分其他此类研究不同，除了母亲的改变之外，在这个研究中，孩子的生长环境在分离期间与之前几乎没有什么太大的变化。

继这两组早期研究之后，很多研究出现了。1948—1952年，我的同事詹姆斯·罗伯逊当时在汉普斯特德保育院工作，对大量的儿童进行了观察。这些孩子大部分是18个月到4岁大，他们被送到全托的保育院或者医院，其中一些只住了一两个星期，但还有一些住的时间较长。他的观察尽可能包括了孩子在离家期间的行为表现，也包括了离开前和回到家之后的情况。其中一部分材料发表在1952年到1954年之间的论文和一部影片当中[①]。罗伯逊（Robertson，1962）还发表了一些家长对幼儿在住院及离开医院一段时间后的行为表现的描述：其中大部分孩子在住院期间没有母亲陪伴，但也有一些母亲同时在医院的案例。

继罗伯逊的观察之后，我在塔维斯托克儿童发展研究部门的同事开展了另外两项研究，第一项是克里斯托夫·海尼克（Heinicke，1956）的

① Robertson & Bowlby，1952；Bowlby，Robertson & Rosenbluth，1952；Bowlby，1953；Robertson，1953。影片是1952年的《罗伯逊》。

研究，第二项是克里斯托夫·海尼克和伊泽尔·韦斯特海默（Heinicke & Westheimer，1966）的研究。两项研究中涉及的儿童年龄都在13个月到3岁之间，他们因被送到全托的保育院而面对分离，大部分孩子两周之后回到家里，也有一些会在保育院住得更久。尽管这两项研究所观察的儿童并不多（第一项有六个，第二项有十个），但从研究设计和观察系统性的角度来说都是非常特别的。此外，针对每一个经历分离的儿童都有一个对照组：第一项研究中对匹配的一组儿童在日托保育院中前几周的表现进行了观察；第二组则对匹配的一组居住在自己家里的儿童进行了观察。海尼克和韦斯特海默使用统计方法对数据进行了分析，同时也对其中一些个别儿童的行为进行了具体描述。

在过去的十年间，大量研究陆续出现。例如，在巴黎，珍妮·奥布里和她的同事们观察了一组被送到全托保育院不久的两岁幼儿（Appell & Roudinesco，1951；David，Nicolas & Roudinesco，1952；Aubry，1955；Appell & David，1961）。之后，这个研究小组的成员又对一组年龄在4—6岁参加为期一个月的夏令营的孩子进行了研究（David，Ancellin & Appell，1957）。

海尼克和韦斯特海默在他们的《短暂的分离》（1966）一书靠后的章节中，对这些健康儿童在保育院内的观察结果以及这些研究本身做了系统性的思考。这些研究结果之间具有相当显著的一致性。

还有一些研究记录了幼儿在住院以及出院后的行为表现。有些来自儿科医生，例如：美国的普鲁夫（Prugh，1953）、英格兰的伊林沃恩和霍尔特（Illingworth & Holt，1955）。还有一些来自心理学家，其中包括苏格兰的谢弗（Schaffer）对一岁以内的婴儿入院和回家时的反应的考察（Schaffer，1958；Schaffer & Callender，1959）和捷克斯洛伐克的两位研究者（Langmeier & Matejcek，1963）所做的一项综合性调查。弗农（Vernon，1965）曾对与医院相关的文献进行了比较全面的综述。

不同研究选取的对象在很多方面都存在差别。例如，年龄、来源于哪种类型的家庭、被送到哪一类机构以及他们所受到的照顾，另外还有他们离开母亲的时间。[1]从健康和患病角度，他们也是不同的。然而，尽管有那么多不同之处，并且观察者的背景和期待也有所不同，但结果却具有很高的一致性。大于6个月的孩子对与母亲分离这一事件会表现出某些典型的反应。本文提出的理论主要基于詹姆斯·罗伯逊的观察结果，我们主要引用的也是他的分析。

他的基础数据主要是对2—3岁的儿童在全托或住院的有限时间段内在传统看护方式下的行为反应的观察。这就意味着这些孩子离开了母亲以及其他所有次要照顾者及其熟悉的环境，被送到一个陌生的地方，由一连串不熟悉的人照顾。后续的数据则来自对他回到家后数月内行为的观察以及父母的报告。

在上面所描述的这种设置下，一个15—30个月大的、已经与母亲建立起恰当的安全关系，并且之前从未与母亲分离的孩子，会表现出一系列可预期的行为。根据他对母亲表现出来的主导性态度，我们可以将之划分为三个阶段。我们将这些阶段描述为抗议、绝望和疏离。如此鲜明地将它们区分开来是为了方便我们进行描述，但可以理解现实的情况是每个阶段都与下一个阶段有所重合，也就是说，一个孩子可能会几天或者几周都处于从一个阶段到下一个阶段的过渡期，或者在两个阶段之间摇摆。

最初的抗议阶段可能会立即开始，但也可能会延迟，通常持续几个小时到一周或更长一些。在此期间，幼儿对于失去母亲会表现出强烈的痛苦，并且充分动用他全部但却有限的资源试图重新找回母亲。他通常会大声哭泣，摇晃床的护栏，发脾气，并且时刻关注任何可能是他母亲的图像或声音。他的所有行为都表明他强烈地期待母亲回来。同时，他很可能会拒绝所有替代性的想要为他做点事的人，尽管有些孩子会十分绝望地黏住看护者不放。

继抗议阶段之后，在绝望阶段，孩子对母亲的想念仍然十分明显，尽管从他的行为可以看到越来越多的无望感。主动的身体动作减少或消失，他可能会发出间歇而单调的哭声。他变得退缩，失去活力，对环境中的人没有任何要

---

① 尽管本书全篇通常使用“母亲”而不是“母亲人物”一词，但在每一个案例中，指的都是像母亲一样照顾孩子并且被孩子依恋的人。当然对于大部分孩子来说，这个人会是他的母亲。

求，看上去就像进入一种很深的哀伤状态。这是一个安静的阶段，有时候会被错误地理解为孩子内心的痛苦得到了缓解。

继抗议和绝望之后，孩子迟早会进入疏离阶段，由于在这个阶段孩子会表现出对周围事物的兴趣，因此常作为孩子正在恢复的信号而被鼓励。孩子再也不拒绝看护者了，他会接受他们的照顾以及他们带来的食物和玩具，甚至可能会对他们微笑和与他们交流。对一些人来说，这样的变化是令人满意的。但是当他的母亲来访的时候，就可以看到这其实并不是好事，因为这些孩子会缺乏这个年龄段正常且典型的强烈依恋行为。他非但不欢迎母亲的到来，甚至看起来好像不认识一样；非但不会黏着母亲，还可能会保持疏远和冷漠的态度；没有眼泪，有的只是冷淡地转身离开。看起来他对母亲似乎完全失去了兴趣。

如果他继续待在医院或全托保育院中，通常会发生的情况是，他开始短暂地依恋一些看护者，但这些看护者也会离开他，这些分离重复了他最初与母亲分离时的体验，最终，他会表现出对母亲或者是任何人的接触都无所谓的样子。在经历了几次与令他产生信任和情感的母亲人物的丧失之后，他所体验到的不安会让他越来越少地愿意将自己交给后续的照顾者，而最终，他不再让自己对任何人产生依恋。他会变得越来越以自我为中心，而且，他的愿望和感受不再指向人，物体（比如糖、玩具或是食物）会取而代之。在一个机构或医院居住的孩子如果进入这个状态，那么他对于看护者的改变或离开就不会再感觉不安。探望日的时候，他对父母的到来和离开也不再表现出任何的感受。这一点可能会让父母感觉痛苦，因为他们会感觉到，尽管孩子十分渴望他们给他带来礼物，但却不再将他们视为对他来说特殊的人物。他看起来是愉快的，可以适应这种非正常的安排，与任何人在一起都显得很从容，不会害怕。但他的合群是表面化的：他对任何人的出现都不再关心。

我们在选用描述这个阶段的词语时遇到了一些困难。最初的论文中使用了“否认”一词。但这个词带来了很多问题，因此后来我们弃用了它，用了一个更具描述性的词“疏离”。“退缩”也曾是一个候选词，但我们考虑到使用这个词有两个不利之处。首先，退缩似乎向人描绘出一个没有活力的对整个世界都表现出退缩的孩子的形象，这与我们通常看到的情况是恰恰相反的。其次，在精神分析文献中，退缩一词往往与力比多理论和本能的概念相连，表示一定量的可以被撤回的能量，但我们并没有使用这个模型。“疏离（detachment）”一词不仅没有以上这些问题存在，而且也与“依恋（attachment）”一词具有对应关系。

我们所能够观察到的反应强度及其特定的形式显然受到之前已经提及的多个变量的影响。孩子越是被孤立和限制在围栏中，抗议就越是激烈；环境的差别越小，孩子越是被单一母亲替代者照顾，他的痛苦就越少。如果有兄弟姐妹的存在，即便是非常年幼的（Heinicke & Westheimer，1966），或者受到单一的母亲替代者照顾，尤其是孩子之前在母亲在场的情况下曾经见到过这个照顾者的话（Robertson & Robertson，1967），都可能有效地降低反应强度。

无论是分离期间还是回到家里之后，与紊乱程度相关的一个变量是孩子经历分离的时间长度。这一相关最早出现在海尼克和韦特斯海默（Heinicke & Westheimer，1966）的研究中，之后在大部分其他研究者的报告中也都有提及。

尽管有很有力的证据显示在上述行为的决定性因素中最重要的一点是孩子所熟悉的母亲人物的缺失，但这一观点并未受到广泛认可。在不同的研究中，其他一些因素被认为是更加主要的，其中被提及的有：陌生的环境、母亲的情况、孩子在分离之前与母亲的关系类型。这里必须指出的是，在很多研究中，孩子不仅被陌生人照顾，而且被送到了一个陌生的地方。健康的孩子被送到全托保育院的常见原因是母亲住院分娩新生儿，除此之外，还有很多是由于家庭养育过程中孩子与母亲的关系不良。因此，如果说这些行为的出现与否并非由于母亲的丧失，而是由于陌生的环境，或者竞争者的出现，或者是早前与母亲之间的不良关系呢？

如果这些因素也起到了重要作用，那么对分离本身所具重要性的假设就站不住脚了。不过，有较有力的证据表明，这些变量所造成的影响并不能支持这样的怀疑。让我们来看一看。

在很多研究中，包括罗伯逊的研究在内，儿童所要面对的不仅是陌生人，而且是一个陌生的环境。但也有一些研究中这种情况并没有发生，其中之一就是我们提到过的斯皮茨（Spitz）和沃尔夫（Wolf）的研究。被斯皮茨描绘成“情感依附性抑郁”的婴儿行为在同样的机构但母亲缺失的情况下依然存在。不仅如此，在分离的三个月期间，如果要让婴儿回到像原先一样的状态，实际上唯一必要的改变就是母亲的回归。

还有另外两个研究也可证实，无论环境的改变产生了何种影响，最主要的变量都是母亲人物的缺失。其中之一是海伦·罗伊奇（Deutsch，1919）的有关一个因母亲工作而由保姆带大的孩子的案例报告。在他刚满两岁的时候，第二个保姆替代了第一个保姆。尽管事实上他仍住在家里，而且他母亲每天晚上都会回来，但是，在熟悉的保姆离开之后，他所表现出来的行为仍然符合这一模式。在第一个保姆走的那天晚上，他哭了很长时间，睡不着觉，并且坚持要母亲陪他。第二天，他拒绝新保姆喂他吃饭，又开始尿裤子，把自己弄得很脏。在接下来的四个晚上，他母亲必须陪着他，向他保证她爱他，但他白天的紊乱行为依旧持续。直到第六天他的行为才恢复正常，一直到第九天他才又变得跟之前一样自如。尽管他对之前熟悉的那个保姆的思念之情显而易见，但他一次都没有提起过她的名字，而且似乎不愿意以任何方式提及她的离开。

斯皮罗（Spiro，1958）也曾报告过一个类似的案例。他所描述的这个小男孩是差不多的年龄，在以色列的一个集体农场长大，在父母不在的情况下，他在农场生活了几周。在这个案例中，孩子被留在他熟悉的环境中，有他熟悉的照顾者和玩伴。但是，从他母亲如下的描述中，仍可以看到这个孩子对父母的离开表现出强烈的不安。

我们刚刚回到农场。对于雅各布来说，我们的离开令他十分痛苦。保育员告诉我，他很多个晚上都不睡觉。有一天晚上守门人看到他站在我们家的大门口，吮吸着他的大拇指。他爸爸比我早回来一周，雅各布不让他晚上离开家，如果爸爸离开，他就会大哭。等我回来的时候，雅各布没有认出我来，他跑到爸爸的怀里。现在，当我晚上要离开他的时候，他总会问我："你永远不会再离开我，是吗？"他非常害怕会再次被留下。他又开始吮吸大拇指……我每天晚上都要等他睡着之后才能离开。

斯皮罗的报告中还提到，后来男孩的父亲出差，孩子表现得十分生气。长大了几个月的雅各布对妈妈说："爸爸去特拉维夫了。所有的孩子都非常生他的气。"妈妈问他是不是也生爸爸的气，他回答："所有的孩子都生爸爸的气。"[①]

这些证据都足以表明我们所关注的这些行为不能够被简单地归因为环境的改变。陌生的环境毫无疑问是重要的因素，但对孩子来说更要紧的是他母亲在还是不在。对幼儿与母亲一起在陌生环境中时的观察结果，可以为这一结论提供有力支持。

家庭节日聚会提供了大量轶事性的例证，从中可以看到当有母亲的陪伴时，幼儿在陌生环境中的行为表现。对于一些孩子，尤其是1—2岁之间的孩子来说，确实会在这样的情境中感觉到困扰。但是，只要有他熟悉的母亲人物存在，这种困扰很少会是严重或持久的[②]。相反，大部分孩子之所以享受家庭节日聚会，恰恰是由于环境的改变，而并不是受其困扰。

还有一类支持这一观点的证据来自对幼儿在住院期间的观察，只要母亲存在，那么陌生环境对孩子几乎没有什么负面影响，即使有的话，也是非常轻的。

如今已经有很多研究确信，当孩子由母亲陪伴住院的时候，并不会出现或

① 在引用这一报告时，为避免使用原来的姓名，在一些地方做了细小的改动。

② 尤克（Ucko，1965）的报告发现，在家庭节日聚会中感到不安的儿童常常是那些在出生时出现过窒息情况的孩子。

者很少会出现单独住院的孩子所表现出来的典型紊乱行为。罗伯逊（Robertson，1958）录制的一个两岁小女孩的影片就是其中一个例子。记录了一个孩子从一开始几天独自住院到后来有母亲陪伴之间行为上戏剧性的转变。米契斯（Micic，1962）对一个13个月大因支气管肺炎住院的小女孩做了如下描述：

> 德詹丽克在发育和营养方面都很好。她入院时母亲不在，独自度过了几天的时间。她总是无精打采地躺着，不想吃东西，但只有在睡梦中才会哭泣。她并不排斥做各种检查。当我扶她坐起来的时候，她会立刻转过身又躺下去。
>
> 第三天，她妈妈来了。她一看到妈妈就哭了起来。随后她安静下来，显得异常饥饿。喂饱之后她就开始微笑和玩耍。第二天我走进病房的时候，我都没有认出这个孩子，她发生了翻天覆地的变化。我以为她会躺着睡觉，实际上她却在母亲的怀里微笑。一个心理上抑郁而且持续昏睡的孩子在一夜之间变成了一个快乐的小女孩，这简直太不可思议了。周围所有的事物都令她感到快乐，她总是在笑。

这一显著变化发生的真实性得到了很多类似描述的证实，包括罗伯逊从父母那里收集并报告的材料。

费金（Fagin，1966）在一项系统的研究中，对30个有母亲陪伴住院和另一组与之对照的独自住院（父母每天探望）的孩子的行为表现进行了描述，同样非常肯定地得到了相同的结论。从医院回家之后的几天中，所有未被陪伴的孩子都出现了儿童在陌生环境中经历短暂分离后所出现的典型反应：更黏人、对任何其他的暂时分离都觉得更加不安、大小便控制退行。而有母亲陪伴的孩子则没有出现任何此类问题。

因此，陌生的环境并非导致儿童在遭遇分离时感到痛苦的根本原因。不过，在母亲缺失的情况下，这一因素会加剧孩子痛苦的感觉。这个问题在第二卷中会做进一步讨论。

母亲怀孕以及对新生儿的期待也可以被视为影响微小的因素而排除。首先，从案例报告中可以很清楚地看到，即使母亲没有怀孕，孩子在经历分离时也会出现典型反应。其次，在海尼克和韦特斯海默的研究中，对13个即将临产的母亲的孩子和五个没有怀孕的母亲的孩子做了清晰的对比。结果表明，两组儿童在分离后前两周内的行为表现并没有显著差异。

最后，也没有证据表明只有那些在分离之前与母亲关系不良的孩子才会在这一情境下感觉痛苦。实际上，在之前提到的每一个研究中，都有一些表现出强烈痛苦的孩子是来自家庭关系（包括母子关系）非常好的家庭。对此提供强有力证据的是海尼克和韦特斯海默在1966年的研究。在这项研究中，韦特斯海默作为一个经验丰富的精神科社工，在孩子与母亲即将分离之前（只要有可能）、分离期间以及孩子回到家里之后走访了无数孩子的家庭。这种做法使她相当了解这些家庭，并且对母子关系有非常清晰的认识。这些关系从相当好到冷漠各种情况都有。尽管研究者也期待孩子在分离期间和分离之后的表现上会出现相应的差异，但结果恰恰相反。他们的研究结果支持了罗伯逊和鲍尔比（Robertson & Bowlby，1952）早先提出的观点，即那些在分离期间没有焦虑的孩子主要都是那些在分离之前与母亲关系十分不好的孩子，或者，换句话来说，母子之间感情越好，孩子在分离期间表现出来的焦虑就越强烈。

在大量实证的基础上，我们相信已有足够的把握得出这一结论，无论其他变量在决定上述痛苦感受的过程中扮演着什么样的角色，权重最大的显然还是母亲的丧失。那么问题就来了——为什么儿童在失去母亲时会出现如此痛苦的反应？为什么在回到家里之后，他会变得那么害怕再次失去母亲？哪些心理过程可以解释这种痛苦以及疏离的现象？最重要的是，我们如何理解孩子与母亲之间联结的本质？这些是本卷将会探讨的问题。不过，在开始讨论这些问题之前，我们有必要花一点时间来解释一下我们提出和使用的用来替代弗洛伊德能量模型的本能行为模型。

第二部分

本能行为

第三章

本能行为：一个替代模型

在基于对心理材料的研究是否能够找到任何可以对本能进行辨别和明确分类的关键点这个问题上，总的来说，我持怀疑的态度。这一研究需要将有关本能生活的清晰假设应用到这些材料中去，如果这些假设是从其他知识领域引用到心理学领域的话，那么就更值得期待了。

——西格蒙德·弗洛伊德

在心理学领域，没有什么需要比一个有稳固基础的本能理论更紧迫的了，只有拥有了这样的理论，才可能做进一步的构建。然而，目前还没有这样一个理论存在……

——西格蒙德·弗洛伊德

引言

弗洛伊德曾致力于寻找一个有稳固基础的本能理论，最终未能成功，这成了他的一个遗憾。不过，继他之后的五十年间，这一领域获得了巨大的进展。很多学科对此功不可没。其中，分析生物学和控制理论取得了期待已久的理论突破，两者共同阐明了适应性的目标行为背后所蕴含的基本原理。达成这一突破的是三种经验主义科学：动物行为学（动物学家对动物行为的研究）、实验心理学和神经生理学——这正是弗洛伊德最初的兴趣所在。其中每一个学科都有各自独特的起源，也有各自不同的研究领域、方法和概念。正因为如此，多年来三者之间鲜有交流甚至还存在一些误解。不过，随着它们对控制系统方法的应用以及相互之间的了解更加深入，我们可以更清楚地看到每一个学科所做出的特殊贡献，也看到它们之间如何可以更有效地互补。过去的弱点现在变成了强项——最终一门一体化的行为科学的基本原理开始逐渐形成。

即便是最简单的动物，其行为也是极其复杂的。一个物种的成员与另一个物种的成员之间在很多方面存在系统性的差异，同一物种内的不同个体之间存在差异，尽管从系统性上来说会少一些。此外，单个个体成年期的行为与幼年期不同，在每个季节，每一天，每一分钟，差异都存在。不过，也有很多行为是具有常规性的，而且其中有些十分突出，并在个体和物种的生存过程中扮演着极其重要的角色，我们将它们称为“本能性的”。假如不考虑这个词所包含的任何特定的归因理论，而作为一个纯粹描述性的形容词，使用“本能性的”这个词语还是比较好的。由名词“本能”所带来的使用上的局限和困难，我们将在第八章进行讨论。

传统认为本能性的行为包括四个主要的特点：

a.在一个物种的几乎所有成员（或同一性别的所有成员）身上都可以识别出的相似并可预测的模式；

b.并非是对单个刺激的单个反应，而通常是按照可预测的流程发生的一系列行为；

c.通常行为的某些结果对于个体的保存或物种的延续具有显而易见的价值；

d.即使正常的学习机会十分稀少或完全没有，仍可以看到出现这些行为发展的很多案例。

过去，对这一类型行为的讨论常常纠结在对某个例子是天生固有还是后天获得（通过学习或其他方式）的徒劳争论当中。现在，人们已经意识到所谓“天生固有”和“后天获得”之间的对立本身是一个伪命题。正如面积是长和宽的乘积一样，每个生物特性，无论是形态学的、生理性的还是行为上的，都是遗传天性与环境之间互动的产物。所以，必须弃用像“天生固有”和“后天获得”这样的词语而采用新的术语。

我们在此所用的术语来自海因德（Hinde，1959）。在发展过程中很少受到环境多样性影响的生物学特征被称作“环境稳定型的”；而任何在发展过程中较多受到环境多样性影响的特征则被称作“环境依赖型的”。环境稳定型的特征实例包括大部分常见的形态学特征，如眼睛的颜色和四肢的形状，生理特征如血压和体温，以及行为特征如鸟的筑巢行为。环境依赖型的特征实例包括体重和蜥蜴皮肤的颜色，生理特征如免疫反应，行为特征如马术表演和弹钢琴。以上所举的都是比较极端的例子，显然，还有众多的生物学特征是环境稳定和环境依赖的混合体。从环境稳定到环境依赖，实际上是一个连续的图谱，通常被称作是天生固有的特征属于稳定的端点，而通常被称作后天获得的则属于依赖端点或中间范围内。

传统上被描述为本能性的行为是环境稳定型的，或者说至少在一个物种通常生存的环境下是稳定的。在这样的环境下，物种内的所有成员都会出现可预测的模式，因此，也常常被称为“物种特征”。

对于人类是否存在任何可以被合理地称为本能的行为这个问题本身，有时是有争论的。有人认为人类的行为具有无限的多样性；不同文化之间存在差异；没有发现任何与低等动物类似的稳定而可预测的模式。但我认为这个观点是无法立足的。人类行为确实千差万别，但并非是无限度的，而且，尽管文化差异巨大，但仍有可辨识的共同之处。例如，虽然存在显著的多样性，但往往表现得十分积极主动的一些人类行为模式，例如寻找配偶、养育婴幼儿以及年幼孩子对父母的依恋等，在所有人类中几乎都可以看到，这些可以被看作是对某些共同目标的追求，而这些行为具有明显的生存价值，可以被看作是本能行为的例子。必须要强调的是，不单单是人类，对于所有高等动物来说，本能行为都不是刻板的，而是一个特定个体在特定环境下的特有的表现，但这种表现仍然遵循某些可识别的模式，而且在大部分案例中都会导向个体或物种能够受益的可预期的结果。不仅是人类，对于所有高等动物（包括鸟类）来说，一个基于刻板行为概念之上的本能行为理论是完全不适用的。

人类行为与其他物种中被称为本能的行为具有同源性，对于对这一观点持怀疑态度的人来说，我们还需要拿出有分量的证据来。人类在解剖学和生理学构造与其他物种存在结构的连续性这一点是毋庸置疑的。在行为构造的结构连续性方面或许更不明显，但如果要说这种连续性完全不存在，那么就是和众所周知的人类进化过程唱反调了。因此，比不存在连续性更加合理的说法是，人类行为构造的基本结构与比人类低级的物种相似，但是，在进化过程中经历了特殊的改进，使得相同的目的可以通过极其多样化的方式达成。罗马人可以通过数条不同的路径到达约克，如今，我们的选择范围更是成百上千。古代梵语只提供了有限的表达方式，但其现代的后继者则提供了令人惊奇的，看起来几乎无限的多样性。但是，每一个现代构造，无论是道路还是语言，都起源于并能够追溯到古老的结构。早期的形式并没有被取代，而是被改进、细化并扩大，但它仍然决定了整体的模式。这就是我们所提出的人类的本能行为观点。我们认为它的基本结构来自与其他动物种群共同的原型，当然，在某些方向上，它们能够被扩大并高度细化。

那么，这些原型结构是什么样的呢？我们可以想象出一个什么样的系统，其细化程度较低的模式能够解释如鱼类的本能行为，而其细化到一定程度时的模式可以解释鸟类和哺乳动物的此类行为，并且，当细化程度更高时，可以解释人类的本能行为呢？对于这一原型的探索，就好像是比较解剖学家要从某匹特定的马的骨盆带开始探索骨盆带的原型一样。

对我们理解本能行为的原型结构有很大贡献的模型是从控制理论发展出来的。这一领域的知识在过去的25年间得到了飞速的发展，除了在工程学中不计其数的应用之外，对于生理学问题的探索也被证明有巨大的价值（Grodins，1963）。如果认为这一理论已经能够解决复杂程度堪比临床工作者所面对的行为问题，或者说很快就能做到是很幼稚的，但它已经显示出在分析简单动作时的有用性，而且十分有可能在未来扩展到更加精细的连续事件中。

为了说明控制系统理论的观点，我们需要从最简单的系统开始，逐渐扩展到更复杂的系统。这么做的好处在于，首先介绍这一系统的基本特点，并可以展示由一个简单易懂的设计出发如何进一步细化发展，使之形成的系统能够达到更复杂且更符合要求的效果。但这种呈现方式也有它的缺点。这么做意味着一开始描述的系统将是十分基础而且在行为上十分局限，可能会使抱有怀疑的读者拒绝接受使用任何来自这项研究的建议来帮助他理解人类行为。当然，我们希望其他的读者可以更有耐心一些。

控制系统的基本原理

首先，让我们来看一下系统中这种特殊的类型，也就是我们所知的控制系统的基本特征。我们可以从其中两个特点开始，一个涉及由来已久的目的性的问题，另一个则是现代的反馈概念。

对动物进行目的性归因或将人类行为的心理过程建立在目的性的概念上，曾一度被认为是活力论者的象征，受尊敬的科学家都不愿与之为伍。但控制系统精确复杂性的不断提升，例如对自动巡航导弹的控制，改变了这种看法。现在，人们已经认可这样的观点，一部包含反馈的机器可以是目标导向的。因而，如今对行为进行目的性的归因或思考，只要不是目的论的方式，而是有目的的（Pittendrigh， 1958）[①]，就不再仅仅被认为是常识，而同时也被认为是符合科学的。

一部机器能够以目的论的方式运作，也就是通过多种方式达成预定目标，其特殊点就在于反馈。这个过程简单来说就是动作的实际效果被持续通报回一个中央调节装置，再次与机器给定的初始指令进行对比。机器的下一步行动由这一比较的结果确定。因此，这一行动的效果会更加接近初始指令。就像一个运动员想要在4分钟内完成一千米赛跑时，在训练中他会拿着秒表考察每一圈所用的时间一样，机器本身的行动效果也被持续考察，其进一步的行动取决于这些效果与指令的接近程度。

控制系统最简单的形式就是调节器，其目标在于保持某种条件的恒定。其中最著名的例子是恒温调节器，其运作目标是使房间的温度保持在设定的水平上。为了达到这一目标，在设计系统的时候，实际温度和既定温度之间的对比结果决定了它的行为。为了完成这一比较，系统首先要有一个初始的温度设定，其次要有关于实际室温的持续信息。这些信息来源于一个温度计，其读数以一种恰当的形式被传回（反馈），用以与初始设定进行比照。

调节器或许是一个极其简单的设备，例如一般的室内恒温调节器，它所做的不过就是在温度低于设定水平时打开加热开关，当温度升高到设定温度时关闭加热开关而已。类似的简单装置具有相当多的局限性。如果室外温度忽然下降，室内温度也可能会急剧下降，这时系统调整就需要花费一段时间，同时，如果室温超过设定温度，系统也没有任何办法来降低它。为了克服这些局限并建立一个可以将温度保持在更加接近设定水平的系统，人们对它做了很多

① 在第八章“术语的问题”一节，我们会就“目的论的”和“有目的的”做进一步讨论。

改良。例如，当温度升高的时候，我们不仅可以关掉加热开关，还可以开启制冷开关。当温度下降的时候，我们可以将它设计成不仅要参考实际温度是否已经低于设定值，还要参考差别的大小，差别越大，加热功率越大，反之亦然。除此之外，我们还可以让它不仅参考温差的绝对值，而且同时参考温差增加或减少的比例。如果要额外地增加温度的准确性，那么可以在机械上增加一倍或两倍，使用类似但并不一定完全相同的过程，例如，加热设备在使用耗电装置的同时还可以包含燃油设备。

对一个室内恒温器的描述看起来似乎与对人类本能行为的描述相距甚远。在这里对此进行阐述的原因有二：首先，为了介绍设定（或者是指令）、设定目标以及反馈的概念在控制系统中的应用[①]；其次，据此设计的系统是很多生理功能的基础。例如，为了将血糖维持在一个稳定的水平上，我们就会用到一个包含上述类型元素的控制系统（Goldman，1960）。这说明生命有机体的设计不仅包含了控制系统，而且大量性命攸关的功能完全依赖于这类系统。

不过，上述类型的调节器是一种相对静态的系统类型，即便是最简单的本能行为形式，也很难以此为模型。这是一个有且只有一个稳定设定需要维持的系统，它所能够做的是使实际表现尽可能接近一个被设定的点。对我们来说更有帮助的一类控制系统是伺服机械装置。在这一系统中，设定值在反复甚至持续发生变化，而系统的任务是在每次设定发生变化时使其实际表现遵循这一变化。大家熟知的一个例子是汽车的动力—方向系统。通过转动方向盘，司机设定了他希望前轮保持的位置，而伺服单元的任务是保证车轮遵循这一设置。这一单元首先会对前轮的实际位置与当前设定位置进行比较，之后采取行动来

---

① 尽管“设定”“指令”以及“设定目标”的概念是控制理论必须的一部分，但“设定”和“设定目标”这样的术语并没有在其中出现。这里称之为“设定”或“指令”的概念在控制系统工程师中通常会使用“命令信号”这个词，而这里的“目标”或“设定目标”通常被他们称作“均衡水平”。优先选用这些术语的原因在后面的章节中会做讨论，见“行为系统的类型”（第五章）以及“术语的问题”（第八章）。

减少两者之间的差距，使其实际位置与设定位置相同。当司机再次转动方向盘的时候，他就改变了之前的设定而形成了一个新的设定，伺服单元会再次比较实际位置和要求位置并用同样的方式使两者一致。

需要注意的是，到目前为止我们所讨论的控制系统都是由人来设定的。只有经过人的设定，室内恒温器才会有一个特定的温度设定，汽车的前轮也是如此。但要想设计一个由另外一个系统来进行设定的控制系统也是有可能的。例如，防空炮的伺服系统设定就来自雷达装置，这一装置的设计功能是追踪飞行器，它不仅有追踪功能，而且会根据飞行器当前的运动数据推测其未来的位置。通过这种方式，炮弹会持续瞄准并使每一次射击尽可能击中飞行器。这种类型的系统也可以在生命有机体中看到。我们有理由认为，当我们拥有这类系统，并经过恰当的连接和整合时，就能够击中一个运动中的网球，而类似连接的系统也使得一只猎鹰得以捕获一只飞行中的小鸟。我们之后会把击中网球（或飞行器）或者是捕获小鸟的目标称为系统的设定目标。

控制系统与本能行为

目前经过对设计的详细描述，控制系统的概念可能才刚刚开始与较简单的本能行为形式相联系。猎鹰捕获飞行中的小鸟实际上符合了本能行为的常规标准：每一只猎鹰的俯冲动作都是一个可识别的模式；即使没有学习，这一行为也会出现；而且它显然具有生存价值。尽管要理解此类整合的控制系统在一个成年鸟类中的发展还有很长路要走，但其中并没有本质上无法解释的东西存在，或者说，至少不会比要理解一个复杂程度相当的生理系统如何发展出来要困难很多。在一个物种常规的环境中，基因行为可以确保其发展出一个心血管系统，通过令人惊叹的敏感性和丰富元素在有机体和环境条件持续变化的情况下控制对组织的血液供应，以此类推，我们也能够假设，基因行为可以确保发展出一个行为系统，它具有相同的敏感性和丰富元素，可以在持续变化的条件下控制一类特定的行为。如果本能行为可以被看作是某种特定环境下一个整合的控制系统的运作结果，那么这些行为形成的过程也并非什么特殊的问题——它们不会比生理系统存在的问题更特殊。

然而，众所周知的是，尽管一个物种中所有成员（仅有极少数例外）的本能行为遵循一个共同的大目标，但是每一个个体所采取的方式却不同，而且实际上这种不同可能还是相当显著的。例如，一种习惯于在树上筑巢的鸟在没有树的情况下，可能会在悬崖上筑巢，挪威秃鹰就是一个例子。习惯群居的哺乳动物如果离开了同类养育就可能不会群居，例如农场主女儿养大的绵羊。这些例子展示了稳定环境下的行为系统（筑巢和群居无疑属于此类）在发展过程中会保有一定程度的开放性，受到环境的影响。这种情况同样也适用于生理系统。例如，心血管系统在发育初期具有这样一种性能，它在成年后的最终形态在一定程度上取决于个体年轻时所处环境的大气压强。一个系统在总体上是环境稳定型的与它在一定程度上会被环境影响这两个事实之间并不矛盾。

实际上，尽管通常来说本能行为的系统应当是环境稳定型的，但是，当环境（尤其是幼年时期的生活环境）严重偏离其原本的自然环境时，几乎没有一个被研究的物种的成年形态不会显著地受到环境各种各样的影响。蚂蚁会将其他同类分成两种类型——朋友或敌人，并区别对待。但即使是这样，蚂蚁也需要学习谁是朋友，谁是敌人。在实验中如果蚂蚁在其他种类蚂蚁的领地中长大，那么它们会将这些其他种类的蚂蚁当作朋友，而将与自己同类的蚂蚁当作敌人。本能行为并非通过遗传获得：遗传得到的是一种能够发展出某种类型系统的潜能，这里我们叫它行为系统，其性质和形式根据其发生发展的具体环境不同而不同。

实践中发现，不同物种的行为系统在环境稳定和环境依赖的程度上具有极大的差异。食肉动物以及更高等的灵长类动物中，很多都明显属于环境依赖型；但即使在单个物种中，不同行为系统之间仍可能存在差异。为了最大程度地保证生存，生物必须在稳定性和依赖性之间达到一个良好的平衡。一种在成年期已经确定，并且不允许任何环境依赖型改变发生的行为构造，其优势在于这一特征是完整的，在其生命周期中，一旦获得就已经是预备好的状态；而一种可提供环境依赖型改变的构造，则可能导致其需要更多时间发展而不能迅速地做好准备。另一方面，尽管可改变性也可能会存在异常发展扭曲的风险并造成类似鹅向狗窝求偶这样的结果，但一个允许根据环境做出改变的行为构造比一个基于总体目标和固定设计的构造更具适应性，工作起来更有效率[①]。总之，无论行为构造的设计实际是否允许环境依赖型的改变发生，需要牢记的是，没有任何系统所具有的灵活性能够适应所有的环境。

行为构造，就像解剖学构造和生理学构造一样，只有在规定的有限环境中发展和运作的时候才有助于生存和繁殖，认可这样一个观点对于理解本能行为和心理病理学来说是至关重要的。鲸鱼的解剖学构造对于在浩瀚海洋中的生活来说是极其精妙的，但如果放在其他地方，就会是一种严重的残疾；牛的消化系统在牧草充足的情况下是非常好的，但如果给牛喂食肉类的话，它就变得毫无用处了；同样的，一个物种的行为构造可能非常适应某种环境下的生活，但在另外一种环境中只会导致绝育和死亡。在一个无法提供巢穴的环境中，山雀就无法繁殖；在一个光源是明火的环境中，蛾子只能飞向死亡。所有这些例子中，这些构造之所以是不成功的，原因在于它被放到了一个它无法适应的环境中去运作。

在人造的控制系统中，结构的设计基于对系统所要运作环境类型的明确假设。在生物系统中，结构的形成取决于系统在进化过程中实际运作的环境类型，而这一环境通常与这个系统未来将要运作的环境十分相似，但不是必然。也就是说，在每种情况下，无论是人造的还是生物的系统都需要适应某种特定

① 赫尔德（Held，1965）还指出另外一个现实，身体的成长肯定存在感觉组织的修正，可以解释动物发展过程中双眼和双耳距离增大，同时也存在运动组织的修正，可以用来解释骨骼的增长。赫尔德的实验显示这些改变来源于与动物的主动行为相随的感觉反馈。他指出，这些改变是否真的通过这种方式发生，还需要大量遗传编码信息的证据。

类型的环境。我建议将这一环境称为该系统的“适应性环境”。只有在其适应性环境当中，一个系统才可以有效率地工作。在其他环境中，它是做不到的。在某些情况下，这个系统可能可以运转得相对不错；在另外一些情况下可能完全无法运转；还有一些情况下，会产生一些从好的方面来说是不同寻常的特殊行为，但从坏的角度来讲是不利于生存的行为。

需要着重了解的是，不仅每个物种都存在其适应性环境，对于每个物种的单个系统来说，也存在适应性环境，并且，任何适应性环境或多或少都可以用一些变量来进行严格的定义。猫的心血管系统在特定范围的氧和二氧化碳浓度、特定范围的气压和温度下可以有效率地工作；猴子或者人类的心血管系统也可以在与猫类似但并非一致的参数范围内有效工作。同样的，一个物种中与母性行为相关的行为系统也是在某些社会和生理环境范围之内而非之外，这一范围在物种之间是有区别的。

有很多原因导致“适应”在生物学中成为一个复杂艰涩的概念。如果涉及动物的行为构造就会变得更加复杂，如果要讨论人类的行为构造，那么复杂程度就要再加倍。但“适应性环境”这个概念又是本书论点的核心，因此本章的最后一节以及本节接下来的部分都会用来讨论这些术语。

一个物种的所有本能系统的结构都遵循着促进其成员在适应性环境中生存的法则，而每一个系统因其相关的特定环境成分不同而有所区别。一些行为系统的结构将一个有机体引入某种类型的栖息地并定居；另一些结构则引导有机体食用特定的食物；还有一些结构会引发有机体与其种群内的其他成员建立特殊的关系。在某些情况下，对环境中相关部分的识别是通过一些相对简单的特征，例如一束移动的光；不过更常见的情况是，需要通过对某种模式的知觉来进行识别。我们必须假设，在所有这些情况下，单个有机体的中枢神经系统中都存有这些模式的副本，而其结构能够使其在知觉到环境中与之匹配的模式时采用特殊的方式反应，在没有此类模式的时候则采取其他的反应方式。

有证据显示，在某些情况下，这些模式出现在中枢神经系统的方式几乎不受环境多样性的影响，例如一只绿头母鸭会用特殊的识别和反应方式对待公鸭绿色的头部，尽管它之前根本没有见过绿头公鸭。但在另外一些情况下，这种受到特殊方式对待的模式却在相当程度上是环境依赖型的，有时这种形式对于某个特定生活阶段中的环境极其敏感。后者最著名的例子就是幼鹅的印刻行为。在其印刻过程中，它一旦学习了某个客体的模式，那么它在警觉时（或在某些其他条件下）的行为就会发生巨大的变化；随后，只要知觉到环境中出现该模式，它就会遵循这种行为，而且，如果它无法知觉到这一模式，就会不断搜寻直到发现为止。尽管要设计出具有这些特征的系统对于工程师的创造力来说是极大的考验，但控制理论和技术的发展可能会将他们的设计带入更广的范围。

除了具备能够识别环境中特定元素的构造之外，即使是最原始的物种也保有使他们能够将与其环境相关的信息组织成图式或图谱的构造[①]。就算是实验室的白鼠，在开始走迷宫之前，也需要充分的时间来获取有关它们所在环境的一般性知识，在机会降临的时候，它们会很好地利用这些知识。更高等的哺乳动物，例如狗和灵长类动物，能够收集到它们所在环境的地形知识，这使得它们能够用最快的方式从附近区域内的任意点出发达到某个指定地点——一幢房子或是一个树丛。而人类则有能力构建他们所处世界的细节化的表征，这是皮亚杰终其一生都在研究的问题，显然比其他任何物种都要更伟大，并且，随着科学方法的发现和应用，现在预测的准确性已经有了极大的提高。

任何设定目标的达成，都要求一个动物具备知觉环境中某些特殊元素并利用这些知识构建出环境地图的能力，这些地图无论是原始的还是复杂的，都要能用来预测与设定目标相关的事件，并且还要具备必要的可信度。除此之外，还要求这种动物拥有很多的效应器构造。

效应器构造不仅包含解剖学和生理学的结构，同样重要的是，还要包含

① 尽管原生动物和腔肠动物并没有这种能力，但毫无疑问昆虫是具备的（Pantin，1965）。

能够在其适应性环境中对其活动进行组织和指导的控制系统。只有通过这些构造的运转，一种动物才能够与其环境中的某些特殊部分保持一种可以保证其生存和繁殖的特殊的关系，无论其延续的时间是长还是短。

显然，无论是进入某种形式的暂时关系，例如照顾幼子，还是维持一段长时间的关系，例如占据领地，都意味着这种动物必须具备一种或多种运动技能——行走、奔跑、游泳、飞翔。同时也意味着除了这些针对一般性目标的技能之外，还具备某些特殊类型的行为技能，例如鸣叫、威胁竞争者、攻击捕食者。最后，这也意味着其行为系统所使用的方法及其激活的顺序相当有组织性，在其适应性环境中，其整体表现法则所产生的效果能够促进其本身和亲属的生存。

鸟类在进行繁殖时的行为类型和序列就可以清晰地展现所有本能行为理论需要解决的问题。一个成功的结果至少需要有以下这些行为：雄性确认领地和筑巢点；雄性驱逐其他入侵的雄性；雄性吸引雌性的注意并求偶；雄性和雌性一同筑巢；交配；雌性产卵；雄性和雌性孵卵；共同喂养幼鸟；共同防御捕食者。其中任何一项活动都要求每只鸟能够进行大量移动并完成一系列行为，尽管其中每一次移动和每一个行为本身都相当复杂，如鸣叫或筑巢。但为了适应其栖息地以及栖息其中的其他动物所形成的特殊环境，它们都必须被执行；同时，每一项活动都必须在特定的时间以特定的序列出现才能够使它们所产生的结果更有可能是成功的。我们应该如何假设这些活动的组织过程呢？如果这些行为要达成这样的结果，那么哪些组织原则是必要的呢？

要回答这些问题，就需要考察行为系统本身的各种构造方式以及一个行为系统的活动与另一个之间巧妙衔接的方式。不过，在对这两个问题进行讨论之前，有必要首先对“适应”“适应的”以及“适应性环境”这几个概念做进一步的澄清，尤其是当将它们应用于人类活动的时候。

适应：系统和环境

适应和适应性的概念

在上一节中我们已经强调过，没有任何一个系统可以灵活到足以适应所有的环境。这就意味着，当我们考察一个系统的结构时，一定要同时考察其所运转的环境。这里所说的环境，就是所谓的系统的适应性环境。在人造的控制系统中，适应性环境指的就是被明确地设计要在环境中运转的系统。在生物系统中，这指的是系统在进化过程中所处的环境。为了对此进行区分，有时候可以将人造系统的适应性环境称作设计的适应性环境，而将生命有机体的适应性环境称为进化的适应性环境。

接下来让我们考察一下生物学适应和适应的性质。

有很多原因导致了适应和适应性两个概念非常复杂。首先这些单词本身——适应（adapt）、适应的（adapted）、适应过程（adaptation）——就带有不止一个意思。其次，在生物学系统中，达成适应需要通过不寻常的方式，在理解这个词语的过程中，我们总是会受到目的论的无形影响。最后，如果考虑到人类生物学构造的话，我们会发现，现代人类具有极其卓越的能力去改变环境以使环境适合人类生存。由于这些困难的存在，我们有必要从基本原则开始。

让我们首先考察适应的条件，然后再考察达到适应的过程。

为了对适应状态做出定义，需要使用三个术语：（1）一个组织化的结构；（2）需要达成的特定结果；（3）结构达成结果所处的环境。当一个组织化的结构在某种特定环境下达成某个特定结果的时候，我们就说这个结构适应这个环境。因此，适应是对结构的一种描述；对其进行定义时需要包含特定的结果和特定的环境。

适应的过程指的是结构的变化。这种变化包括两种不同的可能性。首先，结构发生改变后在不同的环境中仍可以达成同样的结果。其次，结构发生改变之后在相同或相似的环境中可以达成不同的结果。

需要注意的是，“适应过程”一词不仅代表了促使结构适应的变化过程（无论是对一个新环境还是对一个新的结果），有时候也代表了适应的条件。为了避免混淆，最好将后者称为“适应性”（Weiss，1949）；这也就有了“进化的适应性环境”这一说。让我们举例来对这些论点做进一步的说明。

第一个例子来自人造物体。我们可以说，某一种类型的小汽车很适应伦敦的街道。这么说的意思是，对于一个机械结构来说，汽车达到了某个特定的状态，在某种类型的城市环境中可以方便地行驶。它之所以可以做到，是因为它拥有与其大小相关的许多性能，如速度、加速度、刹车、方向盘等，每一个性能本身具备一定的参数范围，同时相互之间还有所关联。实际上，这种汽车是特别为伦敦的街道而设计的。

但是，它是否适合其他环境就无从知晓了。每一个与伦敦街道不同的运行环境都会给汽车带来不同的问题。这辆汽车能够适应高速公路吗？山路呢？在北极能用吗？在撒哈拉沙漠呢？很明显，如果要在其他这些环境中方便行驶的话，这辆车需要很多与在伦敦行驶完全不同的性能。因此，如果一个对伦敦街道适应良好的模型不能够适应其他的环境，那也就不足为奇了。除非它已经展现出更多的可能，否则我们最好还是假设这辆车的适应性环境局限在伦敦的街道为妙。

不过，这辆汽车的结构或许可以很容易地进行一些改造，以使它可以在一种或者几种不同的环境中方便地通行。在这种情况下，结构就需要经历一个适应的过程，以便于符合新环境的要求，这一新环境随后也就成了它的新的适应性环境。

至此，我们所考察的适应说的都是一种类型，也就是改变结构以使系统在一系列不同的环境下达到同一个结果——行驶。但是，由于适应性不仅关乎环境，也关乎结果，因此也可以以一系列完全不同的方式去改变汽车的适应性。例如，可以改变汽车的结构，但并不是为了达到行驶的目的，而是为一组发电设备提供动力。这种情况下，其结构就需要适应一个新目标，尽管可能仍处于原先的环境中。

虽然为了符合新环境而做出的改变与为了达成新目标而做出的改变是两种截然不同的变化，但每一种都可以被描述为一种适应。这一点也常常造成混淆。

还有一个困难，甚至可以说是更大的困难，来源于一个现实，那就是有时候对运行环境做出一些改变，就能够使一个结构更有效地达成某个结果。如果仍用“适应”和“适应过程”来描述这些环境改变的话，就会造成更大的混乱，因此必须使用其他术语。因而，我会使用“改造”和“改造过程”来指代能够使系统更有效运转的任何有关环境的变化。这样一来，“适应”、“适应的”和“适应过程”就专指系统本身所发生的变化①。

我们可以通过小汽车的例子进一步阐明一个系统的适应和一个环境的改造之间的区别。假设伦敦街道的某些条件会使汽车容易打滑。这个问题可以用两种方式来解决：要么改变汽车，例如它的轮胎；要么改变环境，例如路面。前者就是汽车的适应，而后者就是对环境的改造。

现在，我们来考察一下生物学结构及其适应性环境。

生物学适应

人们很早就已经清楚地意识到动物和植物的高度复杂结构，并发现一个物种成员与特定环境之间存在令人惊诧的精准吻合度——这通常被称作生态龛位。此外，越是仔细地研究一个个体，就会越清晰地发现其结构的每一个细节，无论是形态学的、生理学的，还是动物的行为上的，都具备良好的适应性，可确保个体及其亲属在该环境中的生存。最著名的例子就是达尔文的研究。他发现，每一种兰花的结构都是极其精细的，它可以吸引特定种类的昆

① 在选择“适应”和“改造”这些术语并采取不同的方式去使用它们的过程中，我意识到我并没有遵循一般用法，也就是不加区别的将两个词同时用于形容两种不同的改变类型。

虫，而同一个昆虫停留在不同的花朵上时，可以保证它接触到花朵特定的部分，并完成授粉的过程。这些研究清晰地显示，首先，对于生物学结构的理解不能脱离开生物在特定环境中的生存；其次，一旦承认所有生物结构适应所要达到的结果就是生存的话，那么那些看起来无论是漂亮、新奇或是古怪的生物学特征就都有了新的意义——每一个特征都有助于或已经有助于其在所居住的环境中存活下来。

达尔文明确表示这点不仅适用于花的结构，同样也适用于动物行为。在《起源》（1859）一书的“本能”一章中，他提出，正如每一个物种天生被赋予其解剖学特性一样，每一个物种也被赋予其独特的行为技能。他强调：“本能对每个物种生存的重要性与身体结构同样重要。”如果翻译成本章使用的语言，就是“环境稳定型的行为系统对于每个物种的生存来说，和形态学结构一样必要”。

由此，达尔文及其后继者形成了其跨时代的观点，一个生命有机体所有结构的适应所要达到的终极结果，就是也仅是生存。在人造结构中，结果可以是无穷尽的——行驶、动力、娱乐、居住以及其他。但是在生物学结构中，从长远来看，其要达到的结果永远是相同的，就是生存。因此，当我们考察一种植物或动物对某个特定环境的适应性时，问题的关键就在于其结构是否能够在该环境中生存。如果可以，我们就可以说这个物种的成员是适应该环境的，如果不能，那就是不适应的。

在达尔文之前，甚至是之后的很长一段时间内，人们都无法理解一种动物或者植物的结构是如何做到如此有效的适应，能够达成它所实际达成的结果。长期以来，超自然干预的理论和目的论的归因占据了人们的视野。如今，在达尔文提出他的答案已经一个世纪之后，这个问题才被认为是已经解决了的。任何生物结构的适应性，无论是形态学的、生理学的还是行为上的，都是自然选择的结果，在特定的环境下，如果成功地进行了繁殖，那么这个更为适应的变异就会被保留，与此同时，如果在繁殖方面并不成功，那么这个更为不适应的变异就会被舍弃。

这类理论观点在形态学和生理学构造的应用已经由来已久，但其在行为构造方面的系统应用还只是比较近期的事情。而这一发展要归功于动物行为学家。作为动物行为学的创立者，达尔文认为每个物种的行为技能都和它的形态学和生理学特征一样是独特的。在这一观点的基础上，动物行为学家通过考察一种行为构造对于一个物种及其亲属在自然栖息地中的生存所起到的作用来理解这一独特构造。他们在对行为的理解方面所做出的独特而又卓越的贡献，要归功于对这一原则的坚持。而本书的一个主要论点就是我们在理解人的本能行为时，也要同样坚持这一原则。

适应的生物单位

20世纪60年代，在对社会行为的生物学研究中发生了一场革命。在那之前，在“到底是哪一个生物单位产生了适应”这个问题上有很多混淆。达尔文提到“每个物种的生存质量”，似乎说的是整个物种的适应。还有一些学者认为大部分物种是以不同的种群的形式生存的，因此建议将种群作为适应的单位（本书的第一版也持相同的观点）。另外一种观点在之前也是相当盛行的，这一观点指向社会群体的存在，认为社会群体的组织方式能够给整个群体带来收益，尽管其中的成员不一定会得到好处。最显而易见的例子就是某些种类的白蚁、蚂蚁和蜜蜂的聚居，而人们通常认为鱼群和兽群也具有类似的特性。这就导致一种观念的产生——适应的单位是社会群体本身。

但是，所有这些观点现在都已经被摒弃。罗纳德·费希尔（Ronald Fisher）、杰克·霍尔丹（Jack Haldane）和休厄·赖特（Sewall Wright）在20世纪30年代创立了新达尔文主义理论，他们对数据做了更严格的考察，重新界定了对自然选择的基因理论的应用，最终导致人们放弃这些观点。

自然选择的基因理论的基本概念就是将个体的基因作为整个过程的核心单位，所有的进化改变都是由于某些基因在漫长的时间中数量不断增加和其他基因的减少和消亡。在现实中，这就意味着，通过成功繁殖的过程，带有某些基因的个体数量逐渐增加，而带有其他基因的个体则不断减少。以此推论，任何特定有机体的适应都应该被定义为其有能力影响到后代超过均值的基因数量。因此，它不仅要有能力使个体存活，还要有能力使其所携带的基因存活。这通常是通过繁殖以及促进后代的存活来达成的。另一种方法，或者说是替代性的方法，是促进其可能携带同样基因的亲属的生存。

尽管个体所携带的基因的存活是评估生物学适应的终极标准，但出于方便的考虑，对一个有机体构造中任何一部分的适应性的评估，也会采用一些近似的结果变量。所以，评估某个给定环境下心血管系统的适应性通常会参考系统在这些条件下为个体提供血液供应的效率；而免疫系统的适应性则通过它保护个体不受感染的效果来评估。同样的，对于行为系统来说，例如进食行为的系统适应性可以通过考察喂食行为在某个特定环境下维持个体营养的能力来评估。（所以，燕子的喂食行为可以很好地适应飞虫丰富的英国夏季，但却不能适应英国冬季。）无论是血液供应、免受感染还是营养水平，都只是近似的结果，这点对于每一个本能行为系统来说是一样的。无论个体寻求的结果是食物摄入、自我保护、性还是保护领地，其最终要达到的结果，永远是一个个体所携带基因的存活。

相关文献

本章和第二部分其余的章节给出的文献都比较少。建议想要进一步深入了解的读者查询以下这些资源，本章中所引用的观点和例子大部分来源于此。

生物学适应的概念可详细阅读索莫霍夫的《分析生物学》（Somerhoff, 1950）。他阐明了如何使用控制理论来理解那些引发目的论观点的现象。

关于控制理论在生物学领域的整体应用，见贝利斯的《生命控制系统》（Bayliss，1966），格罗丁斯的《控制系统与生物系统》（Bayliss，1963），以及约维茨和卡梅伦所编的专题论文集《自组织系统》（Yovits & Cameron，1960），尤其是其中戈德曼（Goldman）和毕夏普（Bishop）的文章。

关于控制系统观点在行为科学中的应用，源于杨在《一个大脑模型》（1964）中像一个工程师描述一个同态调节器的控制系统一样描述神经系统，另外，还可以参考麦克法兰的《动物行为中的反馈机制》（McFarland，1971）。

关于源自控制理论的观点概述，尤其是"计划"的概念，如何应用于人类行为，可参考米勒、加兰特和普里布拉姆所著非常具有启发性的《行为的计划和结构》（Miller，Galanter & Pribram，1960）。

威廉姆斯在他的《适应与自然选择》（Williams，1966）一书中对自然选择的基因理论做了清晰的描述。他在书中展示了我们所观察到的动物的可以如何用基因选择的观点来理解很多社会行为，而并不需要再用一个新的群体选择的理论来做解释。近期比较流行的一个观点来自道金斯的《自私的基因》（Dawkins，1976）。威尔逊的《社会生物学：一门新的综合学科》（Wilson，1975）是比较全面和有趣的一本书，尽管他对人类社会行为的某些评论并不那么审慎。

本章和后续章节中的很多想法源自于海因德的《动物行为》（Hinde，1970）一书，他将动物行为学和比较心理学的成果和观点在书中做了全面的呈现。动物行为领域的例子主要来自海因德的书。

第四章

人类对环境的进化适应性

上一章中，我们已经强调，不可能期待一个系统在其非适应性环境中有效地运作。因此，当我们对人类被赋予的本能行为进行考察的时候——或许更恰当的说法是，考察对本能行为起到中介作用的行为系统时——首要的任务是考察它们所适应的环境的本质。这就引出了一些特殊的问题。

人类的两个主要特征就是功能多样性和创新能力。在近一千年的时间里，人类通过应用这些天赋，已经将其能够生存和繁衍的环境扩展到一些极端的自然环境之中。不仅如此，人类还或多或少主动地对条件进行了改造并由此创造出一系列崭新的人造环境。显然，这些对环境的改造使得种群数量得到了极大的增长，同时，这也使得生物学家在定义人类的进化适应性环境时，遇到了前所未有的困难。

现在，读者们需要牢记，我们要理解的问题是人类的本能行为。因此，尽管充分承认人类功能的多样性、卓越的创新能力以及在改造环境中所取得的成就，但这些并不是我们最为关心的特性，我们关注的是与人类行为技能相关的环境稳定型因素，以及他们在进化过程中相对稳定的适应性环境。那么，这些环境可能或者曾经具备什么样的属性呢？

对于大部分物种来说，其栖息地的多样性不仅有限，而且改变的速度也很慢。所以，每一个物种现今生活的环境与它们曾经适应的环境之间的差别并不大。因此，我们也可以假设一个物种现今所占据的栖息地与其进化适应性环境不是相同就是相似。但对人类来说并非如此。首先，人类现今生存和繁衍的聚居地范围相当庞大。其次，也是更重要的是，人类环境多样化扩展的速度，尤其是近一个世纪以来人工进行的环境改造速度已经大大超出自然选择所能达到的速度。因此，我们也可以相当肯定地说，没有一个现今人类生活的文明或半文明环境与人类的环境稳定型的行为系统在进化过程中所经历并最终适应的环境是一致的。

以此推论，人类本能构造的适应性环境应当考察的是在人类现今居住地发生惊人的多样性发展变化的几千年之前，他们曾居住了两百万年的环境①。将这一环境作为人类的进化适应性环境并不表示这一原始环境在某些方面要优于人类现今的环境或者古人比现在的人生活得更加快乐。这么做的原因很简单，因为可以被有限定义的人类原始自然环境所展现的人类行为构造在进化的自然选择中所面对的困难和风险与当今人类是相同的。也就是说，人类的原始环境，几乎肯定也就是其进化适应性环境。如果这一结论正确，那么考察当今人类行为构造的任何一个部分的适应性时，唯一相关的标准就是其对人类在原始环境中群体生存的贡献程度。

那么，对于人们今天所在的不计其数的其他环境来说，人类行为构造的适应性如何呢？是不是缺乏适应性的呢？提出这个问题是有必要的，但同时，它又会带来一系列新问题——就像我们要考察一辆适应城市街道的小汽车对其他交通环境的适应性时会遇到的那些新问题一样。事实上，人类行为特征的所

① 托拜厄斯（Tobias，1965）认为，早期人类、智人出现于更新世时期的开始，大约两百万年之前。由于农业出现大约只有一万年，人类在改造后的环境中生存的时间仅占其整体生存时期的不到0.5%。尽管这些改变缓解了自然选择的压力，但几乎毫无疑问的是，现今人类的基因类型与前农业时期的人类大部分是相同的。

有部分可能不仅可以很好地适应人类的原始环境，也可以完全适应现今的环境，但是，也可能并非如此，而且我们也不能做这样的假设。只有科学研究才能给我们答案。

在这儿有必要立即说明的是，人类以外的物种也会改造环境以适应它们自己，人类并没有那么特殊。昆虫和鸟类会筑巢，兔子会挖地洞，而海狸会建筑堤坝。只不过，这些由本能行为产生的对环境的改造，在程度上是有限的，在形式上来说相对刻板。在这些物种及其所改造的环境之间具有一种均衡的关系。但是人类对环境的改造则拥有与之不同的特点。这些改造并非是本能行为的产物，而是某些文化传统的产物，是通过年轻一代的再学习形成的，有时这种学习甚至是相当艰辛的。更重要的差别还在于，近几个世纪以来，由于技术的创新，大部分文化传统经历了极速的变化，导致人类与其环境的关系变得愈加不稳定[①]。

以上讨论的要点在于，尽管所有关于人类现今的行为特征是否能够适应其现今环境（尤其是城市环境）的问题非常重要，但是，从严格意义上来讲，却与本书并不相关。本书关注的只是那些在古代环境中产生的基本反应。对我们来说重要的是，如果人类的行为特征确实能够适应人类曾经生活过的原始环境，那么要理解它的结构，就只能参考当时的那个环境。对于达尔文来说，如果他不知道在其适应性环境中有哪些活跃的昆虫会拜访兰花的话，那么他就不可能理解某种兰花的结构，类似地，我们认为，如果我们不知道人类进化过程中所经历的环境，那么就不可能理解人类的本能行为。为了描绘这一图景，我们需要借助人类学家对居住在改造程度极小的环境中的人类社群的研究、对早期人类的考古学研究以及对高级灵长类动物的野外研究。

现在，地球上还完全依赖捕猎和采集获得食物的人已经很少了，对此类

---

① 维克斯（Vickers，1965）相当关注这个问题。他指出，通过技术手段对环境进行改造会形成人口的爆炸性增长，而这种增长又会要求更深更广的技术革新。因此，这一过程得到的并不是促进稳定的负反馈，而是增加不稳定性的正反馈。

社会生活的记述更是罕见[①]。但是，有证据表明，所有有生命的小型社会群体毫无例外地都包含两种性别和不同年龄段的个体。有些社会群体相对稳定，还有一些在大小和组成上会发生改变。不过，无论大一些的群体是否稳定，母亲和孩子之间的连接是永远存在且保持不变的。

有很多人类学家认为人类的基本社会单位是核心家庭。福克斯（Fox，1967）指出，尽管在所有的人类社会中，女性及其孩子都会与成年男性在一起，但是，这些成年男性不一定是孩子的父亲或女性的伴侣，他们可能是父亲、叔伯或是兄弟。福克斯在对这一现象及其他一些现象进行考察后提出，人类的基本社会单位是母亲及其孩子，有时可能是与其女儿的孩子，而不同社会之间的区别则在于父亲是否依附这一单位以及依附程度如何：在一些社会中，他们持续依附一个这样的单位，还有一些——一夫多妻制的社会——依附几个这样的单位；在另外一些社会中，他们不依附任何这样的单位，例如西印度群岛获得自由的奴隶组成的社会。如果Fox是正确的话，那么人类社会生活的基本元素与人类近亲们具有极高的相似性。

从任何角度来说，人类原始的生活方式与其他大型陆栖高等灵长类动物的生活方式之间可以进行富有成效的对比。人类与其他类人物种之间的差异显然是存在的，但对于本书的论证来说，两者之间的相似性同样重要，甚至可能要比两者之间的差异更加重要。

所有大型陆生高等灵长类动物，包括人类，都生活在社会群体中，这些群体由两种性别和不同年龄的成员组成。群体的大小从一个或两个家庭到两百多个成员不等。雌性和未成熟的个体不会离开成年雄性单独生活（除黑猩猩外），也很少发现单独生活的成年雄性。整个社会群体通常在一年之内会保持稳定，尽管时不时会分开和重组，但很少出现个体从一个群体转移到另一个群体的情况。除了少数情况之外，很少有个体会一生都与熟悉的个体生活在一起。

---

① 一个例外是非洲热带雨林中的俾格米人，特恩希尔（Turnbull，1965）对他们的生活方式做了出色的描述。

社会群体的生活范围从几平方千米到上百平方千米甚至更大的范围不等，而且，尽管不同群体的范围之间会有所重叠，但每一个群体都倾向于严格地保持在自己的范围内活动。比人类低级的灵长类动物大部分时候吃素食，但偶尔有肉的时候也会吃。人类在这方面相当特殊，因为肉类所占其食谱的比例要大得多。但是也极少有肉类超过食谱25%的社会，有很多都是远低于这一比例的。杂食，包括肉食的优势在于，它可以使一个物种度过短时期的干旱，并增加了其可以生存的栖息地类型。

事实上，每个物种的栖息地中都存在对他们造成潜在威胁的捕食者，为了生存，它们需要具备自我保护的行为系统。对于陆生灵长类来说，其捕食者是大型猫科动物（尤其是美洲豹）[①]、狼、豺和猛禽。在针对捕食者的自我保护过程中，陆生灵长类的社会群体特性扮演着十分必要的角色。当一个群体中的成员受到威胁时，成年雄性，无论是猴还是人类，都会在雌性和未成年个体撤退的时候集合起来威吓捕食者。因此，只有落单的个体容易沦为牺牲品。进化出这一合作机制的自我保护能力之后，陆生灵长类就能够在很多不同的栖息地生存，而不像其他一些灵长类必须生活在有树林或悬崖等能够保护他们的地形的地区了。

陆生灵长类生物的性关系十分多样。虽然即使狒狒都有形成固定配偶的阶段，但是很多种类中都存在群体内性杂交的现象。人类在这一点上相当特殊，女性会持续接受尽管并非必然的一种基于持久的男女关系的家庭生活，甚至还有乱伦禁忌。相邻社会群体中的异族通婚使人类形成了部落。那么在类人灵长动物中也会出现类似的现象，出现一个雌性或雄性从一个群体转移到另一个群体的偶然情况。

在我们认为属于人类独特的行为特征中，有一些是其他陆生物种也普遍具有的，还有一些则可以在它们的胚胎形式中发现。这些普遍存在于人类和类

① 有关早期人类被美洲豹捕食的证据可见布莱恩的研究（Brain，1970）。

人物种中的特征包括：作为群体内成员之间交流方式的一系列叫声、姿势和手势动作；工具的使用；漫长的幼年期及在这一时期对社会群体典型习俗的学习。一些特征存在于少数类人物种中，包括成年雄性参与捕获可食动物、制造工具。人类最值得重视的特殊特征是说话的能力。此外，受到保护的大本营，无论是临时性的还是长期的，可为生病的成员提供24小时的庇护，还有与之相关的食物分享。在其他灵长类动物中已经得到很好发展的不同性别以及成年和幼年成员的角色分化在人类中走得更远。

这一缩略的概要主要基于沃什伯恩（Washburn）和德沃尔（DeVore）的工作和论文[①]，他们相当准确地描绘了前农业社会的人类和与人类相关的陆生动物的社会生活。其中，有组织的社会群体至少具备一个重要的功能，即针对捕食者的自我保护：当受到一个捕食者的威胁的时候，群体的组织性和内部角色分化要比任何其他情况下都更加明显。这就使得幼年个体在一个受保护的环境中学习成年期必要的技能。社会群体的第二个功能是促成了通过合作狩猎来获得食物的方式，其发展时期肯定要远远晚于前一个。

我们对于人类的环境稳定性行为构造的考察，是以这样一种人类的进化适应性环境为背景的。这里提到的构造相当结构化，它可以使每一种性别和每一个年龄群体在其物种特定的有组织的社会群体中都占有一席之地。

显然，这里所提出的“人类环境的进化适应性”的概念，其实是哈特曼（Hartmann，1939）所说的“人类通常可预期的环境”的另一版本，只不过更加严格地用进化理论进行了定义。这一新的术语不仅更清晰地表达了有机体对特定环境的适应，同时也关注到这样一个现实：只有在与一个物种进化适应性环境的关系中，才能够理解或从理论上讨论这一物种在形态学上、生理学上或是行为上某个单一的特征。在持续参考人类进化适应性环境的情况下，那些看起来奇特的人类行为，也比忽视环境特征的时候变得更可以理解了。后续章节

---

① 沃什伯恩所著《早期人类的社会生活》；德沃尔所著《灵长类的行为：对猴和猿的野外研究》。

中，在对将孩子与母亲连接起来的行为系统进行考察的时候，我们会进一步关注早期人类曾经生活的并且进化出现今行为特征的环境。对丧失反应的考察也会在同样的背景下进行。

如果不关注本能行为模型的细节，读者可以跳到第三部分“依恋行为”。

第五章

调节本能行为的行为系统

在三十年代，除了通过实验性干预之外，我们似乎没有其他可以对行为进行“科学”研究的方法……即便是用手指碰一碰动物似乎也一定要比只是观察它们要更好一些，因为后者似乎更像是轶事主义——只有鸟类观察爱好者才做这样的事情。

但是动物行为学领域的先驱们所做的就是这些。他们对自然行为而不是人为行为进行了研究，通过这种方式第一次识别出了自然行为结构或事件……

——梅达沃（Medawar）

行为系统的类型

在这一段阐释中，我们将最重要的位置给予了行为系统，在控制行为的过程中，这些系统的结构可以对初始指令和当前行为的效果之间的差距做出解释，而反馈使得这一比较变得可能：对于这样的系统，只能使用目标导向或目标校正这样的术语。这些系统之所以如此重要有两方面的原因。首先，大量的行为，尤其是人类的行为显然是由带有这些特性的系统掌控的。其次，正是对这些系统背后的原则的阐明导致了生物科学领域的革命。不过，如果假设所有行为系统都具有这样的精密程度那也是错误的。其中有一些是非常简单的，在进一步考察目标校正行为的模型之前，先对这类系统予以关注会有所帮助。

固定动作模式

其中一种简单但得到动物行为学家很多关注的系统类型掌控的是固定动作模式。这种动作的结构模式，尽管在不同的情况下具有不同的复杂程度，但与反射并没有什么不同。不过，在一个方面，固定动作模式与反射之间有着极大的反差：反射的激活域限是恒定的，但固定动作模式的域限则会根据有机体的不同状态出现变化。具体的例子比如金丝雀在筑巢时的某些编织动作，鸟类和鱼类在互动中的很多社交行为，同一物种的其他成员通常会用一种可预测的方式对此做出回应。正如它的名称所暗示的那样，固定动作模式是极度刻板的，而且还会遵循其典型过程直到结束，这一过程与环境中发生了什么几乎毫无关系。以此推论，我们可以很肯定地说，固定动作模式的系统类型在运转中无需外感受器（眼睛、耳朵、鼻子以及触觉感受器）辅助就能接收来自环境的反馈。

固定动作模式的系统结构所遵循的原则有两种。一种系统完全依赖于中枢神经系统中一个提前设定的程序；另一种系统部分依赖于提前设定的程序，部分借助来自肌肉系统中的感受器官的本体感受性反馈，这些反馈为行为过程的序列提供信号，并确保遵照其类型运转。在没有进一步研究的情况下，我们无法获知哪一种情况更为普遍。

观察固定动作模式的复杂性可以从打哈欠、打喷嚏这种看起来与反射差别并不大的动作模式开始，到像鸟类某些社交行为一样的类似于某种精致仪式的动作模式。与鸟类相比，对于高级灵长类动物（包括人类）来说，这类系统并不发达。研究人类行为的学者之所以对固定动作模式感兴趣，是因为在人的一生中，尤其是在婴儿时期，所有负责更复杂行为的系统尚未形成之前，这些模式在对面部表情的控制上扮演着重要的角色（Tomkins，1962）。觅食、抓握、哭泣和微笑等行为第一次出现时都是固定动作模式的例子，它们在最早的社会互动阶段扮演了重要的角色。固定动作模式的存在不仅提示我们依赖于一个既定的中央程序（伴随或不伴随本体感受性反馈）的系统可控制的动作的复杂程度，同时也提供了一条基线，以此出发可以去考察灵活度和适应性更高的系统。

比固定动作模式灵活度更高一级的行为出现在某个固定动作模式与一个依赖于环境反馈的简单行动结果相结合的时候。一个众所周知的例子是雌鹅在鹅蛋从窝里滚出去之后的行为表现。雌鹅在这种情况下的行为反应可以分成两个部分。第一个部分是，把嘴放在蛋上缓慢地将其拖回胸脯的位置。这个动作一旦开始，即使把蛋移走也会一直持续。另一个部分是，左右移动嘴来适应鹅蛋不规则的移动，这个部分只是对推鹅蛋时所产生的触觉刺激的回应，当蛋被移走的时候就会减少。在现实情况中，两个部分相互结合，尽管有点笨拙，但只要重复的次数足够多，那么鹅蛋通常都会重新被推回窝里。

这个例子引入了两个很大且彼此相关的问题：一是行为的指向性及其达成的方式，二是问题目标。除了问题本身的难度之外，每个问题还带来了一些术语方面的问题。

两种类型的可预测结果

首先要解决的问题是，“目标”一词是否可以用来恰当地描述雌鹅推蛋行为的可预测结果，也就是鹅蛋回到窝里。事实上，有很多原因支持我们不这么去做。只要将达到这一结果的方法与鹰隼抓捕猎物的方法比较一下，我们就可以清晰地看到其中的原因。

当鹰隼朝猎物俯冲过去的时候，这一行动受到其视野的持续影响。通过利用这一视野，鹰隼得到了持续的信息流，从而不间断地将它自身的位置、速度和方向与猎物进行比较，并据此调节飞行的动作。也就是说，控制俯冲动作的行为系统所具有的结构能够持续地考察指令（抓捕猎物）和行为之间的差距。捕获猎物这一或多或少可预测的结果其实是将这种差距减小到零的自然结果[①]。

与此同时，负责雌鹅推蛋的行为系统却具有完全不同的结构。这一行为完全不受其视野的影响，而且也不存在对蛋和窝的位置差距进行比较的过程。这一任务所获得的某种程度的可预测结果，从精细程度上来说，不过是一个固定动作模式在运转中通过对鹅蛋的直接触觉反馈对两种相互结合的动作的控制。在这个过程中，雌鹅本身始终坐在窝里。显然，如果雌鹅不是坐在窝里，而是在别的地方，那么鹅蛋肯定到不了窝里，而是会到其他地方。

在这两个例子中，行为都伴随了一定程度上可预测的结果，但是两者形成的原因却迥然不同。鹰隼的行为可以十分合理地被称为目标导向性行为，因为决定它朝猎物俯冲方式的原则与决定足球运动员射门方式的原则是相同的。但是，雌鹅的行为则称不上是目标导向的。事实上，其目标导向的程度不会超过一个孩子在游乐场付了六便士之后蒙上眼睛走过一个神秘通道的行为。在孩子在通道中通过墙壁带来的触觉反馈持续行走的过程中，他对于要走到哪里去并没有概念，因此也就不存在目标。即便旁观者可以很有信心地预测到结果——可能会到达一个美丽的仙境（或者稍逊色一些的目的地）。这个例子，包括雌鹅推蛋的例子告诉我们，即便行为不是目标导向的，其结果也可能是很容易被预测到的。

由于我们需要对目标导向的行为与其他行为做准确的区分，因此一个确切的术语就显得非常重要了。首要的问题是找到用来描述目标导向行为系统所达成结果的术语。初看之下，如果对“目标”这个词做下精确的定义似乎就可

---

① 尽管这一解释可能是正确的，但鹰隼行为的例子实际上并没有经过批判性分析检验。

以满足这一需求。但是，有两个重要的理由让我们放弃了这一做法。首先，“目标”暗示着一个动作指向一个暂时性有限的终点，这也是心理学家通常的用法。尽管我们想要找的词语需要应用在这类暂时性有限的终点上，它同时也必须适用于能够随着时间延伸的条件上，在这个更宽泛的目的上，“目标”一词就非常不合适了。第二个不选择“目标”的原因是，在日常用语中，这个词通常指的是环境中的一个物体，但这并不是我们在此关注的点。我们需要一个术语，它既可以指一个暂时性的有限事件，通过动物与其环境中的某些部分进行互动来达成，例如抓捕猎物，也可以指一些持续存在的条件，例如动物与其环境中某些部分之间特定的距离关系。

基于以上这些原因，我建议使用“设定目标”一词，第八章会对这些原因做更详细的讨论。设定—目标指的可以是有限时间内的一个事件，也可以是一种持续的条件，这两者都来源于行为系统的动作，而这些行为系统的结构所针对的都是指令和行为表现之间的差异。从这一定义上来说，需要注意的一点是，一个设定目标并不一定是环境中的一个物体，它也可以是某一个特定的动作表现（如唱歌），或是动物和环境中某个物体或元素之间建立起来的某种短期或长期的特定关系。因此，鹰隼俯冲的设定目标并不是猎物被击中，而是猎物被拦截。同样地，其他一些行为系统的设定目标得以维持的方式也可能是一种动物与环境或环境中的某个引起警觉的物体保持一定的距离。

如果要描述依据设定目标构建的行为系统，“目标导向”这个形容词仍会是有用的。不过，“目标校准”会是更好的一个词。首先，这就强调了被这些系统所控制的行为会根据当前行为表现和设定目标之间的差异持续进行校准这一事实；其次，这也能够帮助读者记住与设定目标有关的某些这类系统会保持很长一段时间；最后，这也可以帮助我们将有组织地达成某个设定目标的行为与其他那些具有确定指向某个空间，并具有真实的导向的行为区分开来，尽管这些行为有时也可能是目标校准的（见本章后面的部分）。

当提及一个属于设定目标构成的物体时，“目标物体”这一词语有时是有用的。

讨论到这里，我们可以看到不同结构的行为系统所达成的或多或少的可预测的有益[①]的结果至少有两种类型：设定目标与非设定目标。而后者尚无统一的术语来表示。不过，这两种结果，一般都被称作“可预测结果”，当然，需要注意这种“可预测”是建立在一系列条件之上的，当这些条件变化的时候，这种“可预测”也就不存在了。所以，“可预测结果”一词必须被当作是“条件性可预测的结果”的缩写。设定目标就是可预期结果的一种类型。

目标校准行为

简单的有机体也存在利用各种反应最终达到某个特定结果的行为，这些行为很容易被认为是目标校准行为。但是，达到某个预期的结果并不是目标校准的一个衡量标准，正如我们所看到的那样，达到这些结果的方式是多种多样的。目标校准系统的特点并非是某个预期结果的达成，而是达成目标所经历的特殊过程：在一组大量的固定或可变的行为当中，系统非随机地选择一些行动并通过这一方式使得动物逐渐接近设定目标。这一过程越精准，其行为的效率就越高。有效的目标校准行为是丰富多样的，并不一定是过去采用过的行为，可以从很多指向设定目标达成的起点开始（Hinde，1966）。

毫无疑问，控制目标校准行为的行为系统自然要比控制其他行为的系统更加复杂。目标校准系统的两个关键元素是：（1）接受和存储与设定目标相关指令的方法；（2）对行为效果和指令进行比较并改变行为表现来适应指令的方法。

在计算机出现之前，人们很难想象有什么样的方法可以起草和存储执行本能行为所需要的具体指令，并使它们在需要的时间和地点得以应用。现在，这些存储和供应的方式已经不再完全超出我们的想象能力，即使其使用过程的

① 大部分形式的行为都具有一些相当规律的结果，但并非所有这些结果都是有益的。这一现象及其相关的功能问题会在第八章中讨论。

复杂和精细程度超过目前人类学习能够达到的范围。

然而，指令“到达”有机体的方式仍是难以想象的。对于计算机来说，指令是由外界给予的。对于有机体来说，我们必须假设，这些指令的出现源于特定环境下的个体发展过程的结果，这一发展过程是动物先天基因与环境交互作用的产物，也就是通常所说的后生过程以及所有被称作学习的过程所形成的产物。

与一个设定目标相关的指令可能只包含一种特定类型的成分规格。例如，帮助歌手保持在某个特定音高上的系统所利用的是声音反馈：歌手的行为表现是他自己聆听并持续进行细微的调整以校准任何行为和指令之间存在的差异的结果。这个例子中，掌控声音表现的系统必须忽视各种乐器之间的差异，而只关注单个类型的成分，也就是音高、音量等。

但与设定目标相关的指令更普遍的情况是包含超过一种类型的参数。例如，在鹰隼俯冲的例子中就包含了两种：（1）潜在猎物的参数，可能是大小、形状或行动等；（2）与猎物之间的关系，比如接近、拦截或其他。每一种参数在精确度上都存在从一般化到极其精确的差异。

除了达成任何设定目标所要求的特定指令之外，对于动物来说，通常还有一个更一般化的要求，也就是动物应该保有其所居住环境地形的图示表征。只有参照这一认知地图，动物才能够在其熟悉的环境中快速地从一个地点到达另一个地点。例如当遭到狒狒群袭击时迅速撤退到安全地带。

即便一个具备合理准确性的认知地图对于某些目标校准系统的成功操作来说是必要的，也并不意味着地图和目标校准系统之间存在一对一的对应关系。相反，非运动的目标校准系统可以在不参考地图的情况下成功运行，而且，还有一些行为系统建立在十分简单的基线上，并不需要参考此类地图。

随时间推移维持空间关系

我们之前对本能行为的讨论更多聚焦在那些具有显著性和时间限制的结

果（比如性高潮）上，但是忽视了那些结果是一段持续关系的行为，例如在相对较长的一段时间内维持特定的距离。毫无疑问，后一种类型的行为在大部分动物的生命中出现得更加频繁且至关重要。例如动物在孵蛋行为中的几周时间内都要接近蛋和巢穴，在领地行为中数月甚至有时是数年内都要保持在环境中某个特定的地点，以及在警觉行为中几分钟或几个小时内都要和威胁它的捕猎者保持相当的距离[①]。

之前研究者忽视这类行为的一个主要原因是它们不能够用“驱力”或“能量释放”这些概念来解释。现在，当我们呈现这组概念之后，就不难解决了。

能够随时间推移维持特定距离的行为系统可能基于更简单或者更精细的线性结构。其中一个简单的例子就是一个能够导向朝特定目标物体移动的系统，每当动物和物体之间距离增加的时候，系统就会启动，当距离减少为零的时候就会停止。这一系统显然会导致一种持久的接近性，除非它的作用不时地被一个或几个其他引起远离目标物体的系统所平衡。随着两个系统分别获得主导地位，就可能出现某种较为摇摆的行动结果。

另外一种摇摆程度较小的系统其组织形式所决定的设定目标是为了维持与物体的一个特定距离（不一定是恒定的），而不仅仅是接近这个目标物体。在这种情况下，设定目标就是一个平衡点。

在第十三章中，我们假定了一个简易的系统来解释幼儿维持与母亲的接近性。

行为的指向

有关设定目标的讨论已经涉及之前提到的第二个重要主题——行为的指向。任何目标校准系统所控制的涉及运动的行为显然都包含了方向性，这不仅是从空间的意义上来说的，同时也表明其拥有一个目的，也就是设定目标。非

---

① 赫迪杰（Hediger，1955）举了很多实例来说明这种动物与同种群其他成员或潜在捕猎者维持或多或少的恒定距离的行为在这些动物的生存中所扮演的重要角色。

设定目标在这个层面上并不具有方向性，但是它们仍可以在空间上具有指向，因此，有必要在设定目标之外单独就指向的问题进行讨论。“指向”一词简单来说指的就是行为的空间轴坐标，其通常的参照点是环境中的物体或是环境本身的元素。

行为发生在空间中并且有一定的指向性。一些行为的出现是随意的，但也有很多指向是非随意的。很多手段会在其中获得成功，一些将会被验证。

对于鹰隼俯冲以及其他所有其设定目标包含某个动物接近或远离特定环境成分的目标校准行为来说，指向源于对设定目标行为表现的持续比较。在这些情境中系统的工作基于“自动返回”原则，就像自动巡航导弹。

在其他一些相似的情境中，动物本身并不移动，移动的是其身体或者身体的某个部分，例如眼睛转向环境中的某个物体。在这些情境中，系统的工作可能基于“追踪”原则，就像一个雷达接收器锁定并追踪一个飞行器。蟾蜍伸出舌头捕捉苍蝇就是一个追踪伴随行动的例子。此处指向是由蟾蜍的头转向苍蝇的追踪来达成的，而舌头本身并没有指向，其所做的只不过就是径直从蟾蜍的嘴里弹出而已。此类系统的指向形式其所基于的工作原则和人工瞄准的手枪是一致的。两种情境中瞄准都源于一个目标校准追踪系统的一系列动作，而随后舌头和子弹的动作只是简单的固定行动系统。

在其他一些非随机指向情境中（如鸟类的迁徙），决定指向的不仅是对设定目标的直接参考，还包括环境中的其他物体，如地标、太阳和星星。这类指向系统的工作形式基于的是“导航”原则，就像轮船的导航，它依赖于有机体的认知地图。基于这一原则进行指向的行为要产生预期结果的话，条件就是导航所使用的物体与预期结果的某些空间成分之间，如一个巢穴，具备固定的关系。例如掘土蜂就是通过导航找到它们不太显眼的巢穴洞口的。只要巢穴附近的地标保持不变，这些黄蜂就可以直接飞到洞口，而这就是预期结果的一个主要成分。实验发现，黄蜂要拥有发现洞口的能力，首先要学会巢穴洞口与地标的空间关系。如果地标的位置发生变化，黄蜂必然就会飞到洞口以外的地方。当浮标的位置偏移的时候，同样的情况也会发生在一艘人工导航的轮船上[①]。

当然，还有一些控制指向行为的系统是基于上述之外的原则进行工作的。但是，这些已经足以说明行为可以通过很多方式具备空间指向结构并据此达成预期结果。现代本能理论的一个优点就在于，在保持其严格科学准则的基础上，仍可以为行为的这些关键特点提供有力的证据，如指向、预期结果和设定目标。

在对这一小节进行总结的时候，需要指出的是，我们还没有讨论引起一个动作任何形式的开始或结束的原因。到目前为止，我们所关注的还只是动作的模式以及这些模式化的动作通过某些方式被塑造，并在空间上指向一个预期目标的达成。在下一节，这一讨论还将继续，重点关注这些行为系统一段时间内进行组织和协调的原则。之后（第六章）才会涉及我们所关注的行为系统的激活和终止。你们将会看到，对这些概念的理解会引发一些我们至此还未讨论过的新的问题。

行为系统间的协调

正如行为系统有很多不同类型一样，它们的活动之间进行协调的方式也是多种多样的。

在一段时间内如果要使行为产生特定方式的改变，最简单的形式可能就是链式结构，其中的每一节都是一个行为系统。当这一形式建立之后，行为就会沿着一个正确的顺序发生。一个行为系统的动作所产生的结果会反馈回中枢，这时不仅前一个系统被终止，链条中的下一个系统同时被激活，结果就会看到一个活动结束而另一个活动开始。

① 施密特科宁（Schmidt-Koenig，1965）已对鸟类在回巢或迁徙中可能或者已经用来指导飞行的各种方式进行了归类。

第一个活动所产生的效果会被本体感受器或外感受器或两者同时登记。走路就是一个依赖于本体反馈的行为序列。在这一情境中，交替活动第一阶段的结束被本体感受器登记，当它们被反馈到控制系统之后，在抑制了第一阶段动作的同时启动了第二阶段的动作。不过，大部分更复杂和有趣的本能行为序列依赖的还是外感受器反馈，尤其是眼睛、耳朵和鼻子。动物行为学文献中有许多此类例子。蜜蜂觅食的反馈就是一个很好的例子，通过实验模型，已经辨识出这些反应链的相互联系。

蜜蜂收集蜂蜜始于一个视觉控制的行为系统：当知觉到花形的黄色或蓝色色块时——通常是在一定距离之外——蜜蜂就会朝这个目标飞去，直到与之距离在1厘米以内。接下来的环节则被嗅觉刺激所控制：当知觉到某个特定范围内的气味时，蜜蜂就会停在这朵花上，并开始摸索它的形状。第三个环节则是被触觉刺激所控制的：当知觉到某种特定形状之后，蜜蜂就会将它的嘴的一部分插入并开始吮吸。在这一系列事件之后，它就收集到了花蜜。蜜蜂的行为构造组织得如此顺畅，在其进化适应性环境中，一个行为系统的行动结果在导致这一系统终止的同时启动了下一个步骤的系统，并最终达到采集花蜜的结果。

我们现在知道，很多复杂且具有高度适应性的行为序列就是这种简单的链式结构。但是，尽管这些系统能够卓越地完成目标，这一组织形式仍存在极大的局限性。例如，当链条中任何一个环节出现问题的时候，整个组织就无法达成目标。比如说，如果花朵被喷了某种化学试剂，那么它的气味就无法被侦测出来，那么链条中的第二个行为系统就无法被激活，而蜜蜂就会去别的地方寻找而错过了近在咫尺的这些花蜜。也就是说，只有在当前环境与进化适应性环境完全一致的情况下，链条中的每一个行为系统才能够产生效果，整个组织才会产生具备生存价值的行为。就像其他链式结构一样，整个组织的能力不再会高于其中任何一个最弱的环节。

不过，还有一些方法能够使链式组织的行为系统变得更加灵活。例如，在链式结构中的任何一点上，存在一个或多个可选的链接，这样一来，如果第一组可选行为系统失效的话，就会激活链条中的后继系统，另外一组行为系统会开始运转。这种方式使得动物可以通过许多可选行为中的一个来达成同一个结果。

链式结构另一个特点是，处于链条中任何一个环节的行为系统，其复杂程度可以是多样的。也就是说，尽管链条本身连结的方式并不总是目标校准性质的，但任意一个或者是所有的单个链接本身都可以是一个目标校准系统。比如，对于许多鸟类来说，其筑巢行为的组织形式可能是这样：每一个筑巢所需要的行为阶段都是目标校准的，但一个阶段的行为到下一个阶段的行为之间是通过链条来过渡的。也就是说，序列中的部分行为可能是目标校准的，尽管其整体可能不是。通过这种方式，产生可预期结果并具有卓越适应性的行为序列也就可以通过链式原则组织起来了。

链式原则绝非生物所采用的唯一的系统组织原则。另外一种组织原则是许多行为系统具备共同的因果要素。此类因果要素可能是身体某个特定的激素水平或者是环境中某个特殊物体的形象。丁伯根（Tinbergen，1951）将这种组织模式称为层级化的。鉴于对此概念的理解涉及行为系统启动和终止的要素，我们将在下一章中再做讨论。

实际上，还存在一种组织模式，它一旦形成，其在灵活程度上要远超过之前提到的层级化形式，它的组织形式所基于的层级化原则与丁伯根的因果层级原则是完全不同的。米勒等人将之简称为计划层级。

米勒及其同事在考察人类行为的组织方式时，提出了“计划”的概念，总体上它指的是一个目标校准的行为结构由一组从属结构（他们将之称为“手提袋”）组成的。尽管在这一模型中他们认为每一个从属结构都是目标校准的，但无论从概念上来说还是从经验水平上来说这一点都不是必要的。实际上，前一节中提到的任何类型的亚结构都符合他们的主要观点。计划层级的突出特点是其整体结构是目标校准型的，而其内部整合的亚结构则可以是任何数量和类型。

米勒等人所做工作的最大价值在于他们向我们展示了那些最为复杂和灵活的行为序列是如何从整体上由层级系统组织起来的，而其中最高的一级，也就是计划，一定是目标校准型的，其中许多的从属结构很可能也属于这一类型。此外，他们所使用的计划这一概念不仅可以应用在环境依赖型的行为上，也同样可以应用于环境稳定型的行为；它不仅可应用于基于简单环境地图组织起来的行为，也同样可以应用于基于高度复杂的地图所组织起来的行为。

在对计划层级型的行为组织类型做详细阐释时，为了方便起见，会首先使用一个人类习得行为的例子，而第二个例子则来源于与低于人类的种群行为相关的文献。

来自人类习得行为的例子是我们每个人每天清晨起床的日常行为。从离开床铺到开始工作之间，我们每个人可能都会表现出某种可预期的行为。从一个水平上来说可以描述为“起床去上班”；但从另外一个不那么一般化的水平上可以将之描述为离开床铺、洗漱、穿衣、早餐和交通的一个序列。其中每一项活动又可以进一步细分。对这些活动最终极的分析可以细致到最细小的肌肉所进行的最微小的动作。

在现实生活中，通常我们只从总体上认为是起床和上班这两个活动，或者最多细分成主要活动及其所附带的次要活动，我们每天或多或少都遵循一个常规惯例。不过如果要把整个操作假设为是一个链式的组织反应结构的话，那就肯定是错了。首先，这些活动的顺序是可以变化的，例如可以先吃早餐再穿衣服；其次，其中任何一个活动中的元素可以发生极大的改变但却不影响整体的计划，例如，早餐可以是丰盛的或是简单的，或完全省略掉。这一序列与链式组织结构的根本差异在于链式组织的序列整体是非目标校准的，而在计划层级中，整个序列本身是目标校准的。在上述例子中，这个计划的设定目标是“到达工作地点”。整个序列因此被一个主要计划掌控，这一主要计划旨在达到一个长期的设定目标，这一计划本身由许多子计划组成，每一个子计划拥有更有限的设定目标，每一个子计划又由子—子计划组成，这样可以一直划分到微计划（或者，更恰当的说法是类型更简单的系统），这些微计划控制着最小的行为单元。为了去上班，主要计划必须被执行，但子计划以及其他从属系统等组成部分在一定程度内是可以有所不同的。

在这类层级系统中，每一个计划及其子计划都可以被看作一组行动指令。就像一个军事行动一样，主要计划只给出了主要目标和总体策略，每一个层级的指挥官需要制定更详细的计划并对此部分的执行给出更具体的指令。将这些细节交给从属结构之后，主要计划就变得更简单明了了，而具体的计划则可以由更熟悉当时当地条件的人来制定和执行。在计划层级结构中，较易获得更多的灵活性。

这个类型组织结构最具压倒性的优势在于，在环境千差万别的情况下，可以达到同一个设定目标。回到我们所举的这个例子，在某个早晨我们可能需要面对睡过头、脏衬衫、没有咖啡或者是公交罢工这些事情，但是通过很多可选择的子计划，我们仍可以应对这些风险并执行整体计划。不过即使行为是由计划层级组织起来的，其能够应对的环境变化仍是有限的。当环境极度偏离主要计划所假设的条件时——如没衣服穿或者没有任何交通工具时——计划就无法被执行，设定目标也无法达成。

第一个基于计划层级组织起来的行为实例来自相对复杂的成年人的习得行为，它代表了一种相当高级的行为组织的层级计划形式。在低于人类的动物中，不大可能存在达到如此精细程度的行为序列（或许类人猿除外）。但是，有证据表明，基于这个组织原则的行为在很多种群中仍是存在的。

其中比较简单的例子就是老鼠走迷宫的实验。使用脊椎或小脑手术损伤老鼠的运动协调功能之后，它们仍可以采用相当新颖的运动行为来完成错误递减的迷宫任务。在这个实验中它们走迷宫的主要计划显然并未损伤，当惯常使用的运动系统不能依次运转时，一个新的运动系统被发展出来并执行功能。

当前的证据显示，尽管某些物种的某些行为序列是基于固定链式结构，而另外一些物种的某些其他行为序列是基于因果层级或计划层级结构来组织的，但更为大量的行为是采用混合方式来组织的。这些方式之间并非互不相容，而是非常互补的。况且，同一种行为，如筑巢行为，没有理由不可以在一个物种中是链式结构，在另一个物种中是因果层级结构，而在第三个物种中是计划层级结构，或者说同一个行为可以在一个物种的未成熟阶段是链式或因果层级结构而到成年阶段之后重组成为一个计划层级组织结构。

从链式组织到层级组织的进步，无论是从行为器官的种系发育还是从个体发育的角度来说，都是一次惊人的发展。昆虫的生物学成就在于其行为系统的环境稳定性、对简单线索的反应及其链式组织。在更高等的脊椎动物中，行为系统更多的是环境依赖型的，可以对更复杂的线索做出反应并且更有可能是包括因果和计划层级在内的多种方式整合。人类在这个方面就走得更远了。

更高级的整合和控制过程

工作模型

在本章前面的部分中我们已经提到了动物为达到从一个地方到另一个地方的设定目标所需要制定的认知地图。显然这些地图的复杂性可以低至掘土蜂的初级地图而高至一个受过教育的西方人所掌握的庞大的关于世界的复杂图景。不过，如果个体想要制定有效的计划，除了要掌握有关外部世界的知识之外，还需要掌握有关他自己的知识。

首先让我们来看看他有关环境的知识。

地图是对选定事物的一种编码表征方式。选择是不可避免的，一是由于环境的高度复杂性，二是由于我们的感觉器官只能为我们提供有限的信息，此外，还因为一个有用的地图必须聚焦在与达到设定目标最为相关的那部分环境上。

不过，把我们对环境的知识称作地图其实是不够的，因为这个词语只呈现了地形学的静态表征，而动物所需要的则更像是有关环境的一个工作模型。杨（Young，1964）对大脑所提供的这类模型做了以下描述：

> 工程师制作出他想要建造的结构模型，以便他对这个结构进行小规模的测试。同样的，大脑中的模型可以作为一个玩具，一个工具，一个仿造的世界，供我们操作，从而找到操作其所表征的现实世界的方法。

大脑使用模型的方式就是传输、存储和操作那些可以对设定目标达成做出预测的信息。

大脑可以或多或少地提供一些“似乎可以在头脑中被用来进行小规模实验的”的精细模型这一观点对于任何想要理解行为（尤其是人类行为）复杂性的人们来说都是颇具吸引力的。尽管对于极端的行为主义者来说，这一想法可能有些不切实际，但实际上并非如此。例如，对熟悉模拟计算机的电力工程师来说，这一想法显然是可能的。对于像杨一样参与大脑和行为研究的生物学家来说，同样也是现实的。在构思这个想法的时候，杨强调，模型“通常由一个个单元构成，这些成分从个体上来看与整体结构表征并不一定相同，但他们被装配起来共同构成一个完整的工作模型”。以此为基础，他提出了他的假设：

> 大脑中的各种细胞提供了很多组这样的成分，这些成分通过学习组装成了模型。每一个成分在这一结构中根据它们的特点以树枝状形式细化。
>
> 支持这一假设的为数不多的证据来自对章鱼和猫的大脑和行为的研究。

想要检验这些证据的人可以阅读杨（Young，1964）的文献。我们认为，大脑能够建立有关其环境的工作模型这一假设不仅是合理的，而且，抛开这一假设去理解人类行为将会是非常困难的——这一假设显然与我们反思获得的知识的自身心理过程一致。在后续章节，尤其是第二和第三卷中会经常用到这一假设。

一个有机体要有效地使用一个工作模型是需要具备很多条件的。首先，这一模型必须与其所拥有并可获得的数据保持一致；其次，如果这个模型要能够被应用到新的情境中，那么它就不仅要涵盖过去的经验，还必须能通过想象延伸到其他可能的现实；最后，任何模型，无论应用于经历过的情况还是可能出现的新情况，都必须经过内部一致性检验（或者，用技术性的语言来说，就是要符合理论的公理集）[①]。模型越恰当，其预测的准确率就越高；模型越全面，它的预测能够应用的情境就越多。

一个个体如果要制定一个达成设定目标的计划，那么他不仅要有关于环境的工作模型，同时也要有一些有关其自身行为技能和潜在的知识。跛足者或盲人与健全者必须制定不同的计划；一个能够开车或骑车的人可以制定的计划数量要高于没有这两项技能的人。

这也就是说，每一个个体所必需的两类工作模型分别是环境模型与有机体模型。

一个有用的模型必须是实时更新的。这一规则的持续只要求进行微小的调整，通常这是一个渐变的过程，几乎不太能被注意到。不过，环境或有机体偶尔会发生一些很大的变化：结婚、生育或工作的晋升，或者不那么快乐的事情，亲近的人离开或去世，肢体的残疾或失明等。在这些情况下就要求模型发生剧烈的变化。临床证据显示，模型所需要的修改并非总是能够轻易地完成。通常最终可以完成，但过程十分缓慢，这一改变往往是不完美的，甚至有时完

---

① 此处以及第二部分的一些内容要感谢阿诺德·塔斯廷（Arnold Tustin）教授对我的帮助。

全不会发生。

作为复杂的生物学控制系统的一个必要部分，这里所描述的环境和有机体模型其实不过是对传统精神分析理论中“内在世界”的一个新的视角。无论是在传统理论还是我们所提出的理论中，很多心理病理的发生都或多或少是由于模型在充分度和准确度上的不足。这些不足可能有很多种：例如，一个模型不可用的原因可能是因为它已经完全过时了，但也可能是它只做了一半的修改而另一半是过时的，再或者可能是因为它有太多的不一致和混淆的地方。分离和丧亲的一些病理性后遗症就可以从这个角度来理解（见第二和第三卷）。

环境和有机体模型还有一个对心理病理来说极其重要的特点。在对心理过程的反思中，我们发现，很多我们所能够强烈意识到的心理过程都与模型的构建、修改或延伸、内部一致性检验或利用它们为设定目标的达成制定新的计划有关。尽管并非所有此类过程都必须是有意识的，但很可能有时候对于某些过程来说这是必要的。极有可能的是，如果模型无法不时地从有意识状态中获得特定收益，那么像修改、延伸以及检验这些过程就可能无法很好地完成或根本无法完成[①]。我们将在第七章中进一步讨论这些问题。

语言

人类行为器官的一个专门而独特的构造就是语言。它所带来的一个显著获益在于，我们每一个人不需要完全靠自己来构建环境和有机体的模型，而是可以采用其他人已经构建好的模型。另一项获益由于不需要沟通所以不那么明显，那就是每一个个体利用语言来组织他们自己的行为，就像起床上班的日常行为一样，采用制定计划、子计划以及子—子计划的方式。一个新的行动计划无论复杂程度如何，都是首先用词汇进行思考然后用词汇写下来的。此外，在

① 麦凯（Mackay，1966）认为：“有意识体验与我们称为元组织活动的过程有关——即对行为组织系统本身进行组织的内部行为……在此基础上的意识单元反映了元组织系统的整合……”。

相同的环境模型中每一个分享相同技能模型的个体也是通过言语指令得以组合在一起，创建并执行一个联合计划。因此，语言的获得让计划层级的行为组织结构达到了一个惊人的高度。

当行为系统通过语言进行层级化组织并能够利用复杂的有机体和环境模型时，就将具有极大的多样性。所以说，有大量的人类行为无论从任何角度来说都不能被称作本能。不过，即便成年男性和女性的很多行为都是通过复杂的习得性层级整合形式组织起来的，也并不意味着其中不存在简单的、环境稳定的或是链式的系统，相反的情况反而更有可能出现。自弗洛伊德还是神经生理学家的时期开始至今，神经生理学家对高等物种中枢神经系统的构建强调的一直都是保守路线。也就是说，早期出现的神经构造并没有被废除，高等物种的神经构造吸收了所有早期出现的特征并用新的系统来修改，有时会推翻旧系统的活动；通过这种方式，更加复杂和精细的行为才得以变得可能。如果神经构造的早期简单版本已经被整合进入更先进的神经构造，那么对于行为构造来说很可能也是这样。在我们所知的最先进的行为构造中，如果说早期出现的特征没有成为其重要的组成部分，才是更不可思议的。

实际上，我们有足够的理由相信人类在其较早的婴儿时期所使用的工作系统大部分都是简单且以链式结构整合起来的。随着发展的推进，目标校准系统变得更加突出，环境和有机体模型变得越来越精细，并逐渐以计划层级的方式进行整合。语言学的技能很快增加了这些模型的有效力，层级组织被不断扩展，尽管如此，幼儿（以及更年长一些的儿童）仍很容易去依赖那些以相对简单的方式组织起来的行为。有证据表明许多心理病理现象源于早期生活，因而精神分析师对人类行为构造的个体发育也就有着特别的兴趣。我们在后续章节中会对这个主题进行概述。

到目前为止，我们的讨论还仅限于描述了能够用来解释本能行为单元的控制系统类型，和这类控制系统为达成在现实生活中能看到的复杂而有目标的行为序列所采用的组织原则。现在，是时候可以开始更系统地考察是哪些条件导致动物在某一时刻采用这种而不是那种行为。或者，换句话说，什么样的因果条件是某些特殊行为的基础。这些讨论又再一次把我们带回到行为的组织方式。实际上，本能行为的启动方式与它的组织形式之间具有十分紧密的联系。

第六章

本能行为的归因

行为系统的启动和终止

开始与停止：因果因素的类别

在这个阶段，我们已经阐述了，一个成年的动物个体拥有一个精良的行为构造，这个构造由很多但数量有限的行为系统组成，这些系统以链式或层级式或两种混合的结构组成，当它们被激活的时候，就会产生复杂度或高或低的行为序列，而这些行为序列通常都能够促进个体和物种的生存。每一个特定个体所采用系统的具体形式都是基因和环境作用的产物。根据物种和系统的不同，它们所采用形式的环境稳定程度多少也不同。除了更稳定的行为系统之外，动物用来掌控本能行为的还有其他很多环境依赖型的系统，在这些系统的发展过程中，学习扮演了极其重要的角色（尽管这并不是我们当前关注的问题）。考虑到如此高的多样性，我们所要面对的问题就是为何其中的某一个部分在一个特定的时间运转而另外一个部分则会在另外一个时间运转。

首先我们需要承认的一点是，只要一个动物活着，那么其行为系统中总有一个与之连接的部分是在运转中的。动物的生活就是行为，即使睡眠也是行为。作为心理学家，我们的任务并不是要解决生命的谜题，并不是要解释动物为何会有行为，而是要解释在任意一个时间为何动物出现这种行为而不是那种，此外，当它表现出特定行为时，为何在一些时候比另外一些时候出现该行为的频率更高。

其中一种解决这一问题的方法是考察生理系统的活动。大部分生理系统处于不断地同步活动当中。心血管系统、呼吸系统和排泄系统长期处于工作状态；消化系统和生殖系统工作的动作虽然是间断式的，但它们的活动与其他生理系统并非不相容，因此也可以与它们同时进行。换句话说，生理系统可以同时工作，并不存在为了启动一个系统而要先停止另一系统的问题。

但是，当我们考察任意一个生理系统的内部组成时，开始和停止的问题就出现了：这是因为一种活动与另一种活动通常是互不相容的。例如，自谢林顿（Sherrington）提出交互抑制原则之后，人们已经认识到，当某个肢体要伸展的时候，不仅需要伸肌的收缩，与此同时还需要避免屈肌的收缩。这也就是说，控制伸展的机制发送了两个信号，一个激活了伸肌，而另一个抑制了屈肌。当屈曲动作发生的时候就要求发出两个相反的信号。类似的交互活动也发生在心血管系统中。当肌肉用力的时候，通过血管的扩张增加对它的供血量，但由于血容量是有限的，因此就会通过血管的收缩来减少对内脏的供血量。饱餐一顿之后，则会发生相反的过程。也就是说，任何一个生理活动模式都是间歇性发生的，因为一个模式的一种活动与另一个活动之间并不相容。

行为系统的活动由于同样的原因也是间歇性的。尽管通常情况下可以同时做两件事情，但同时发生的行为不会超过一个有限的数量，并且，一种行为与另一种行为之间不相容的情况也并非稀有。有时两类行为会竞争同一个效应器：一只鸟不可能同时筑巢和觅食。有时两类行为要求不同的环境：一只兔子不可能一边吃草一边藏到洞里。有时两类行为产生相反的结果：攻击另一个生物与保护自己是不相容的。因而，在很多情况下，以某一种方式行动就意味着放弃其他很多种方式。这也就是说，为了理解行为系统的工作，我们有必要解释为何一个系统开始而另一个系统停止，同时，也有必要了解一个系统为何被优先选择以及当两个或两个以上系统同时运转的时候会发生什么。

在决定运转哪一个行为系统的问题上，至少有五类因素起到了作用。其中一些相对来说更针对某些特定的行为系统，而另外一些则更具普遍性。其中最有针对性的是行为系统在中枢神经系统中的组织方式以及环境中特定物体的存在与否。激素对行为的影响也是极具针对性的。最不具针对性的是中枢神经系统当前的活动状态以及当前整体刺激的冲击。所有五类因素都同时作用，并且，由于每一类因素都与其他四类因素产生交互作用，所以其因果条件的结构就会如同波斯地毯一样复杂。

有一些行为理论学派偏好使用数量有限的一般性动机这个概念，但是海因德（Hinde，1966）却对此持强烈的反对态度。我们的观点与他一致，其中的原因会在第八章的后半部分进行阐述。

特定因果因素的角色

我们会从激素开始对产生针对性效果的因果因素所扮演的角色进行考察。在鸟类和哺乳动物中，一类特定的性行为往往是伴随着血流中某种性激素的水平升高而出现的，与此同时还有一些类型的行为则只有在这种激素缺失的情况下才会发生。

例如，在两种性别的三刺鱼中，高水平的雄性激素更可能会引发下列活动：

斗争：咬、威胁、逃跑

筑巢：收集、黏合、钻孔

求偶：之字形舞蹈、引领

同时，通过激素对中枢神经系统的直接影响或者由于三刺鱼忙于斗争、筑巢或求偶，许多其他行为出现的可能性很小。其中包括与其他三刺鱼成群游动以及迁移到新的领地。

研究显示，在这一物种中，两种性别的成员都具备引发雄性行为（以及雌性行为）的行为系统，具体哪一组系统被激活很大程度上取决于激素水平。但是，在任意一个时间点，当雄性激素处于一定水平时，在许多可能出现的雄性活动中实际只有一个或两个会被执行。这就说明除了激素水平之外，还有其他因果因素在产生作用。在一些相似的情境中，其他重要的因果因素包括环境因素。另一个雄性个体的存在可能会引发斗争行为，而另一个成熟雌性个体的出现则更可能会引发求偶行为。这就说明一个特定的行为并不由激素水平或环境刺激[①]单独决定，而是由两者协同作用产生（不仅是这两者之间协调，也包括与其他因素之间的协调）。

需要注意的是，在这个例子中，激素和环境刺激所扮演的角色是不同的：激素水平对很多行为系统产生了加强的作用（也“减弱”了另外一些行为系统），而环境刺激则激活了特定的系统。因此，在其归因上存在层级组织，而激素的作用在这一组织中具有更高的位置。我们之后也会看到，在另外一些情境中，激素和环境的角色是反转的，例如：来自环境的刺激会在很大程度上决定激素水平。

对因果层级的行为组织结构进行简要的阐述会有助于我们进一步考察环境因素，首先注意到这个组织原则的是丁伯根（Tinbergen，1951）。

在刚刚提到的三刺鱼的行为例子中，因果层级结构中处于更高位置的因果因素是激素水平。在接下来的例子中，“更高级”的因果因素则是另外一种类型：中枢神经系统某个特定部分的兴奋。

通过在实验中对正常动物（鸡）的脑干进行电击，霍尔斯特和保罗（Holst & Paul，1963）发现，行为技能是由很多但数量有限的行为单元组成的，例如：咯咯叫、啼鸣、啄食、逃跑、坐下、取食以及站立不动。这些单元既可以单独出现，也可以作为很多不同复杂序列的一部分出现。例如，坐下可以是睡

---

① “环境刺激”一词本身有很多的问题，见本章结尾部分的讨论。

眠或者孵蛋的一部分，也可以是单纯地坐下这个动作；咯咯叫之后可以是逃跑也可以是下蛋；四处张望、站立起来或者奔跑可以是很多不同行为序列中的某些部分。这些发现和其他一些结果使得研究者们得出这样的结论——鸡的行为从简单的单元到更复杂的单元序列至少在三个水平上发生整合。这些整合的性质可能是链式的，但很明显，从层级的角度来说，任何链式组织的序列都必须附属于某些能够决定运作哪些可能的链式序列的组织。如果没有这类上级控制系统的话，那么行为单元Q就只能发生在R之前和P之后，但实际的情况则是单元Q可以在很多其他情况下出现。

这一系列实验还说明了行为归因组织的另一个特征——特定类型的环境刺激扮演了重要的角色。正因为如此，才使得用这种刺激鸡的大脑的方式能够使它出现这些简单的行为序列，但仅使用电击刺激却无法产生某些更复杂的行为序列（至少目前是这样）。例如，如果鸡要展现出被一个竞争者或者敌人攻击时的行为，那么至少需要有一个合适的虚拟鸡存在才行。这就再一次说明行为系统是为适应特定环境而设计的，在这种情况下，如果没有“恰当”的环境刺激，那么某个系统就可能无法产生相应的行为。

在其他情况下，激素水平和中枢神经系统的状态可能在环境中缺乏“恰当”刺激的时候也会引发一个活动。例如，劳伦兹（Lorenz）曾描述过，一只仅需从盘子中获取所有食物的椋鸟也会不时地出现空中追逐、捕获以及吞咽一只苍蝇的动作，即使根本就没有苍蝇出现。

中枢神经系统中行为系统的组织方式在前面的章节中已经涉及。当系统由本体感受器或外感受器的反馈形成链式组织时，一个终止某些行为的信号通常就会激活链式结构中的下一个系统。中枢神经系统的组织方式也可以通过其他方式来影响不同系统的优先性。因此，一类行为一旦发生，那么其再次发生的可能性要么升高要么降低；并且这种变化的方向虽然在短期内是一个方向，但长期来看却有可能是相反的方向。例如，雄性在交配并射精之后短时间内再次交配的可能性通常会大大降低，但经过一段时间之后可能又会升高。同样有规律的是，一类行为的出现也会对其他类型行为的出现产生两个方向的影响。蚜虫在成年之后一段时间内会停下来产卵。研究显示最初蚜虫并不倾向于停留，即使有合适的叶子出现，它也只是不断飞行。但是，在飞行了一段时间之后，它就更倾向于停留。实际上，它飞的时间越长就越倾向于停留，并且停留的时间越长。也就是说，飞行的活动降低了停留活动的阈限。

我们已经谈到不同种类的因素——激素、中枢神经系统的特征以及环境刺激——在引起动物特定行为时的协作方式，以及这些因素之间持续的交互作用。激素的产生受到环境刺激和中枢神经系统中自主过程的影响；环境因素之所以产生作用是因为由激素或其他中枢神经系统改变引发的行为会引领动物进入到新的环境中；中枢神经系统中行为系统的组织方式部分取决于个体所遇到的特定环境刺激，部分则取决于个体发展过程中的激素水平。

激素通过两种方式或其中的一种对行为产生影响：有时激素直接对中枢神经系统的某个或某些特定部分产生作用，增强某些行为系统的反应性并降低另外一些系统的反应性；有时它对某些外器官产生作用，例如对特定皮肤区域内的一类感觉神经末梢产生作用，使得这个区域，也使得这个动物整体，对来自环境的某些刺激变得更加敏感。我们来用两个例子详细地说明这种复杂的交互连接。第一个是金丝雀的筑巢和产卵行为；第二个是老鼠的母性行为。

海因德（Hinde，1965a）对雌性金丝雀筑巢和产卵行为的因果因素做了系统性的研究。对雌性金丝雀以及很多其他鸟类来说，环境的变化（亮度的增加和/或温度的升高）引起雌性体内激素水平的变化，导致它与雄性待在一起。而后，来自雄性的刺激加速了雌性雌激素的产生并使它开始筑巢。接下来雄性的存在仍然十分重要，当鸟巢被筑起一部分之后，雌性会坐到里面，而鸟巢在它的行为中扮演了更突出的因果角色。由于雌激素变化已经发生，雌性的胸部开始褪毛并充血，当她坐在巢里的时候，会对触觉刺激变得更加敏感。来自鸟巢的触觉刺激对它的行为至少有三个不同的影响。这些刺激会即刻影响它的筑巢行为。在几分钟之内，它会影响雌鸟回巢的频率及其对筑巢材料的选择。在更长的时间段内，它会引起更进一步的激素改变，导致它比在其他情况下更早的产卵。在繁殖进程的下一个阶段，雌鸟和蛋接触的刺激对其孵蛋行为继续产生一定的影响。

在这个执行时间持续几个星期的行为序列中，各种行为系统相继经历了从活跃到不活跃的过程。其中一些系统的激活很大程度上源于激素水平，而另外一些则源于环境刺激。但除此之外，激素水平本身也很大程度上源于环境刺激，而来自环境的特定刺激本身也是行为的结果，或者说是敏感性提高的结果，而这种敏感性的提高又源于早先的激素水平变化。尽管对这一系列交互作用的描述显得很复杂，但这其实还只是对真实世界的一个简化版的描述。

现在人们都已经知道，与此类似的在激素水平、环境刺激以及中枢神经系统结构之间存在的复杂的系列交互作用在更低等的哺乳动物的行为中同样也扮演了因果角色。在众多进行实验室老鼠繁殖行为研究的学者中，比奇（Beach，1965）称得上是一位开拓者，他极大地提升了我们对老鼠性行为的了解。而罗森布拉特（Rosenblatt，1965）近期对引发母性行为的因果因素做了进一步的分析。他尤其感兴趣的是，母鼠在其子代的每一个发展阶段是如何改变其行为去适应它们对它的要求的。

老鼠的母性行为有三个主要元素：筑巢、养育和取回。在大约四周的时间内，我们会看到这些元素中的一个或几个，但之后这些行为就不再出现。整个母性行为的周期可以被分成四个阶段，每一个阶段的具体行为都不同。如下所示：

1.在孕期的最后几天可能会出现少量的筑巢行为；

2.在分娩之后的三到四天内，所有的母性行为元素都会出现，母子之间的大部分互动由母鼠发起。

3.前两周剩下的时间是一个维持期，在这个阶段，全部的母性行为技能都得到充分的展现，大部分仍然由母鼠发起。

4.在分娩后的第三和第四周中，母鼠会更多地把互动的主动权交给幼鼠，在此期间她的筑巢、取回和养育的行为持续减少直到最后全部消失。

在正常状态下，这些母性行为的各个阶段都会恰到好处地与幼鼠的情况同步协调。两周内的幼鼠没有视力和听力，它们完全依赖于触觉刺激。尽管它们在较早的时期就可以爬行，但要满两周之后才会走。一旦满了两周，幼鼠就会变得相当独立。它们开始离巢，主动吮吸并与同窝的其他幼鼠发生互动。四周之后，它们就可以自食其力了。

在分析母性行为周期的时候，我们有必要区分母性状态和母性行为。任何细小的母性行为对来自环境的刺激都非常敏感：例如，当鼠窝被弄乱的时候，筑巢行为就会立即开始；当一只幼鼠出窝的时候，母鼠就会把它弄回来。尽管如此，只有当母鼠处于某种条件的时候，这些行为才会出现，我们称之为"母性状态"[①]。这就意味着某些因果因素在层级组织的更高点上运作并由此决定了母性状态，而另一组因果因素则在更低的水平上运转，因而决定了某些特定行为的出现。

研究者需要回答的问题在于：哪些因果因素使得母鼠发展出母性状态？哪些因果因素导致母性状态的后续改变及其最终的消失？这些变化多大程度上取决于母鼠体内激素的变化而无关于环境刺激？又有多大程度上取决于来自幼鼠的刺激，显然这些刺激会随着幼鼠逐渐成熟和活跃发生改变？为了回答这些问题，研究者开展了一系列实验，在这些实验中，他们将一些不同年龄的实验幼鼠与在不同阶段母性周期的母鼠放在一起，在不同的阶段，母鼠自己的幼鼠可能在，也可能离开几天。

①即使有新生的实验幼鼠出现，怀孕的母鼠也不会养育或取回幼鼠而且几乎不会筑巢，但在分娩之后这些行为会立即出现。这就说明幼鼠的刺激并不是母性状态出现的主要原因。其因果因素可能是某些发生在分娩过程中的来自骨盆组织的本体感受器的反馈，或者更有可能的是分娩之后，当胎盘激素消失

---

① "环境刺激"一词本身有很多的问题，见本章结尾部分的讨论。

之后，突然出现的激素平衡的变化，也有可能两者都有作用。

②如果幼鼠在出生之后立即离开母鼠几天，那么母鼠的母性状态会迅速衰退，这就说明来自幼鼠的刺激在此期间对维持母鼠的母性状态具有重要的作用——可能是通过维持相应的激素水平。

③在周期稍后的阶段如果幼鼠被移开相似的一段时间，那么对母性状态的影响会小得多。也就是说，几天之后母鼠的激素水平对来自幼鼠的刺激变得不那么依赖。尽管如此，实验也发现，如果在分娩后九天或者更久之后将幼鼠移走的话，那么母性状态会比幼鼠在的时候更容易下降。这就说明母性周期的维持，持续依赖于幼鼠某种形式的刺激。

④在周期的最后一个阶段，母性状态径直衰退，即使用年幼的实验幼鼠替代母鼠自己的"长大了的"活跃的幼鼠，这种情况也会发生。这就说明周期中这个阶段开始很少受到幼鼠变得更活跃带来的刺激，而更可能源于母鼠内部自主的变化。

这就再一次说明，动物内部所发生的变化，很可能是激素水平的变化导致行为的变化，例如，照顾幼崽导致她接收来自环境的刺激，这本身也会影响她的激素水平，而这又会再次影响她的行为、敏感度或她所接收到的刺激。对任何本能行为序列所做的分析越是充分，就越能确信这些互动周期的存在。由于它们出现在低等哺乳动物当中，因此我们肯定可以在更高等的哺乳动物中发现相应的过程，例如灵长类以及人类本身。

在这几章中，我们一直在强调，行为不仅会被启动也会被终止，没有一种行为是永不停止的。导致行为停止的因素很显然会和导致它们开始的因素一样复杂。当激素降低到某个水平的时候，或至少激素平衡发生改变的时候，母鼠所有可能的母性行为都不会存在。来自一个已完成的鸟巢的刺激会使金丝雀停止筑巢——如果鸟巢被移走，这一行为就会立即重新开始。当狗的胃部已经有足够的食物的时候，它就会停止摄食行为，这时距离这些营养被吸收到血流中还有很长时间。因此，不同物种的不同行为是被不同类型的因素终止的——

在以上例子中，分别是激素水平、外感受器刺激、内感受器刺激等。终止并不取决于某种类型的发条装置，也不是因为缺乏某种心理能量，而是取决于一个特定的信号。一场足球赛是因吹哨而不是由于运动员的能量已经耗尽而结束，车流因为红灯而不是因为没有汽油而停止。行为系统也是一样。

负责终止一个行为序列的信号通常被动物行为学家称为“完成刺激”，但是与引发或启动刺激相反的意思更适合用“终止刺激”这个词。正如我们所举的例子显示的那样，终止刺激与那些引发和指导行为的刺激一样有很多不同的类型。在每一种情境下，信号会通过三种类型的感觉器官被行为系统接收——外感受器、本体感受器和内感受器——有时，同一时间有不止一种感受器官。

有时候终止一个行为序列的刺激会因为动物的某一个特别动作而被其他动物接收到。这种动作就叫作完成动作，当可预测结果是一个有时间限制的事件时，我们很容易在系统中辨认出这一动作。性高潮就是众所周知的例子。对于那些可预期结果是某个不确定的时间内的一种条件的系统来说——例如某个特定领地中的一个地点——就不可能确定出一个完成动作，这一概念也就不适用了。

在目标校准行为系统中，我们很有必要仔细地区分将行为引导到设定目标的刺激（如指向刺激）和将行为带入结束的刺激（如终止刺激）。由于两类刺激可能来自同一个源头，也就是目标物体，因此它们很容易被混淆。我们可以用一个例子来说明两者的区别。在跟随一个运动物体的过程中，幼鹅接收到来自物体的视觉和/或听觉刺激，并据此进行导航。但终止这一行为的刺激则可能是另外一种类型，比如触觉；当幼鹅处于警觉状态的时候，只有当它接收到某种类型的触觉刺激时，跟随行为才会停止。在这个例子中，来自目标物体的视觉和听觉刺激指导了行为，但来自同一个目标物体的触觉信息则终止了这一行为。

我们还必须区分的是终止刺激和抑制刺激。有时候一个行为系统运转所需的所有因果因素都已经存在但它实际上仍不运转，原因在于同时还出现了抑制刺激。终止刺激将一个行为序列引向结束，而抑制刺激则会防止这一序列开始。

所以，一个行为系统不运转可能出于两个不同的原因：

1.其运转所必要的因果因素并没有完全出现，或者导致其终止的因果因素出现了；

2.必要的激活因素存在，且终止因素不存在，但同时存在抑制刺激防止激活因素产生效应。

这些抑制刺激往往来源于与该活动邻近的其他行为系统。这就引发了我们的思考：当互不相容的行为系统同时被激活的时候会发生什么？我们在本章后面的章节会做讨论。

非特定因果因素的角色

目前为止，我们几乎还没有讨论那些对行为具有一般作用而不是特定作用的因果因素。这里所指的是中枢神经系统的唤起水平以及动物接收到的整体刺激水平和刺激模式。两者之间也同样具有紧密的交互作用。

这些一般性因素对行为的效应主要在于：（1）确定是否需要对一个刺激给出反应；（2）确定感受器对它的辨别度；（3）确定反应速度；（4）确定反应是有组织的还是无组织的。并没有证据表明这些因素对于是否激活行为系统具有较大的影响。

证据显示，如果一个刺激要得到行为的反应，那么这一哺乳动物的大脑皮层必须处于唤起的状态（由EEG测量），大脑皮层的状态很大程度上取决于脑干网状结构，而这一结构反过来很大程度上又受到动物所接收到的总体刺激量的影响，无论这些刺激来自哪一种感觉形式。在小于某个阈限值的情况下，动物通过任何感觉器官接收到的刺激越多，那么它的唤起程度就越高，其行为的效率也越高，感觉分辨能力增强并且反应时间缩短。但超过一定水平之后，效率可能会递减；当实验中总体刺激量发生巨大提升时，行为变得完全没有组织性。同样的情况也发生在刺激被大量减少的时候，就像感觉剥夺实验的情境一样。这些结果强烈地表明，感觉输入存在一个最佳水平，在这一水平上，反应性和效率达到最高。对不同的行为系统来说，这一最佳水平差别也会很大。

一些研究者在解读这些实验结果的时候，认为最重要的变量就是动物接收到的整体刺激量，并将“总体活动水平”和“总体驱力”作为有用的概念。但是，我们看到海因德（Hinde，1966）对这一观点提出了质疑。他强调，在感觉剥夺实验中，不仅整体刺激量降低了，而且刺激模式也同时被大大减少了。同样的情况也发生在感觉超载效应的实验中：当动物被过多刺激轰炸的时候，它们的模式识别能力可能就会失效。海因德认为整合的行为可能更依赖于不同模式感觉输入之间有规律的关系，而不单单是数量因素——这一观点得到了神经生理学实验的支持（Pribram，1967）。

不兼容的行为系统：同步激活的结果

在前一节中，我们有一个默认的假设：在某一个时间只有一个行为系统被激活。但是，同一时间内一个以上系统被激活的情况并不少见。这里我们就要考察一些当两个或更多的系统被同步激活时产生的行为。

一个行为系统激活所引起的行为可能与另一个行为系统激活所引起的行为高度兼容或高度不兼容，或者一个中的一些部分与另一个中的一些部分兼容，而每一个中又都有一些部分相互之间不兼容。因此，当两个系统同时被激活时，会出现千差万别的行为表现也就不足为奇了。有时候两种行为模式的元素都会出现，有时候其中一个出现，还有些时候两者都不出现。在某些情况下，会形成非常符合情境的行为，但在另一些情况下可能出现相反的状况。实际上，在一些情况下，当两个不兼容的行为系统同时被激活时所产生的行为可能会存在某种病理特征。

为了简化本节的阐述，我们使用了一个新的术语。当有理由相信某个行为系统已经被激活，但其对应的行为并未出现的时候，我们就将之称为动物的某种“倾向”，例如逃跑的倾向。

不过，当一种行为并没有出现的时候，假设这种行为倾向存在，会带来一些我们需要关注的方法论问题。我们如何能了解是否存在这样的倾向呢？当一个行为系统通常负责的行为并未出现的时候，有什么证据可以让我们对它的存在做出推断呢？这一方法论上的问题与精神分析师们所经常持有的假设其实非常的相似，即使一个人的行为表现是这个类型的，他的动机也可能完全是另外一个类型的。

有意思的是，在面对同一个方法论挑战的时候，动物行为学和精神分析给出了相同的答案。无论是在动物还是在人类身上，推断一种隐藏起来的倾向确实存在的理由是这些倾向会在一些偶然的、不完整的行为序列中展现出来。有时候，这些行为，或者说这些行为的碎片，会与主导行为同步出现，从而导致轻度的行为振荡。另外一些推断隐藏起来的倾向存在的情况是，在主导行为终止之后出现了另外一个类型的简短序列，或者表达隐藏倾向的行为在主导行为出现之前暂时获得了控制权。无论是动物行为学家还是精神分析师，他们对这些具体行为的关注所带来的思考推动了科学的进步。

精神分析师确实会使用其他类型的数据来对隐藏的倾向做出推论，这类数据是动物行为学家无法获得的。其中包括病人所报告的他们的想法和感受。我们会在下一章中描述想法和行为在当前理论图式所占据的位置，因而对此的讨论也会相应地延后。

现在回到精神分析师和动物行为学家共享的行为数据上：接下来我们将对当两种倾向同步出现且两者在一定程度上互不兼容时所导致的一些行为类型进行描述。

两种倾向都显现时，行为的表现形式会是两者交替出现。尽管听起来这样的结果会是相当不利的但实际上并不一定如此。这种情况出现在鱼类和鸟类的求偶行为中。其实很多物种的求偶行为都被证实是攻击、性和逃跑行为的复杂交替。例如，雄性苍头燕雀会以攻击行为开始求偶，随后逐渐转变为从属于雌性的行为，甚至表现出害怕的行为。之后它就会出现逃跑和性交两种相互冲突的行为倾向，不过，通常最终会完成交配。

意图动作、联合动作和妥协动作

动物处于一个冲突情境中无法完全展现其倾向而只展现属于这一倾向的不完整动作的情况并不少见。例如，当处于停留还是飞行的冲突中时，鸟就可能不断重复显现起飞的动作而并不完成这一动作。这被称作“意图动作”。

意图动作在哺乳动物包括人类当中都很常见。它们为我们判断其他人的动机和潜在行为提供了重要的线索。

有时来自两个相互冲突的行为倾向的意图动作会同时出现，这时其行为表现就像一块包含了两个成分的拼缝布。还有些时候，则会显现出那些两个倾向中共同的意图动作或其他行为元素。

只有一种倾向显现的行为序列

冲突最常见的结果可能是其所展现出来的行为完全来自一种倾向而完全没有另外一种倾向；换句话说，第二种倾向的表达完全被抑制了。例如，当老鹰出现的时候，一只正在安静摄食的小鸟会飞速冲向遮蔽物。这时，我们可以看到导致摄食的因素仍然存在，如果不是老鹰出现的话，小鸟可能还在继续摄食。因此，我们可以得到比较可靠的结论，即摄食行为被抑制了，但想要吃食的倾向仍然存在。实际上此类结果是更为普遍的，对冲突中一方的抑制可以通过众多方式中的一种产生作用——这些方式常常来自未经意识思考和决策的自动过程。由于很多行为系统是互不兼容的，因此对于大多数动物来说，冲突中的一个或几个系统被抑制的情况可能是更常见的。

在这些情境中，行为的结果通常是明确且具有生存意义的，但在另外一些情境中则不然。例如，如果对竞争倾向的抑制是不稳定或无效的，那么最终就有可能导致一些替代性的无功能行为出现。还有一种情况下出现的行为结果是精神分析师所知的“移置”或动物行为学家所说的“改向”。在这种情况下，受制于冲突倾向的个体会展现出两种倾向之一所表达的行为序列，但却并不指向实际引发这一行为的物体。有一个大家都比较熟悉的例子是，当一个主导动物威胁一个从属动物的时候，会同时引发后者的攻击和逃跑行为，此时从属动物可能会展开攻击，但却并不是指向主导动物而是指向另一个处于更从属位置的动物。在野外对灵长类动物的观察中，经常可以看到这种攻击改向从属动物的情况，当然，这在人类种群中也是相当常见的。

有一类改向行为是人类较易出现但更低等的动物所没有的，这种情况就是行为会改向一个物体的象征物。例如攻击指向源物体的塑像，以及依恋行为直接指向国家的象征物，如国旗或国歌。

源于其他倾向而不是冲突倾向的行为序列

有时候，当两种倾向同时存在的时候，如左转和右转，动物可能会将两者全部取消，因而两种类型的行为结果都不会出现。

当两种倾向的行为都不出现的时候，动物常常会做一些其他的事情。例如，当两只海鸥争斗时，双方都有攻击对方和飞走两种倾向，此时其中一只海鸥可能突然开始整理羽毛或筑巢。这种行为的出现与情境完全没有关系，它们被动物行为学家称为“移置”活动。

这些明显的无关行为缘何而来？这个问题直到现在仍存在很多争论。其中一种观点认为引发移置活动的因素与在正常情况下产生同样行为的因素是不同的。当时流行的观点是能量从一个（或两个）未被表达的冲突倾向中“点火”了。不过现在，人们已经放弃这一解释以及引起这种解释的能量模型，开始考察其他可能性。

实际上，大部分移置活动是动物经常会有而且很容易被引发的活动，如吃草或整理羽毛，基于这一情况出现了一种解释，即这些行为作为移置活动出现的原因在于，正常激活这些行为系统的因果因素大部分时间都存在，但在相当长一段时间内，由于其他活动占据了优先位置，因此它们就被抑制了。然而由于互相冲突，一旦两个优先活动都被取消了以后，之前被抑制的行为就有机会出现，因为它的抑制被解除了。

有很多实验证据都支持这个去抑制假说。鸟类常用的移置活动是整理羽毛，它出现的一种情况就是当海鸥同时具有孵蛋和因警觉而逃跑这两种倾向的时候。旨在确认移置性整理羽毛行为出现的具体条件的实验发现，它会出现在两种倾向处于平衡状态的时候，比如孵蛋和逃跑的倾向都很强烈或者都很微弱的时候，因为只有在这个时候，两种倾向才会同时被取消。此外，移置性的整理羽毛和普通的整理羽毛一样，在下雨时以及雨后出现得更加频繁，这就说明它与普通的整理羽毛行为一样，受到同样的外部因素的影响。

很多移置活动源于抑制解除，但还有一些则更像是冲突情境所唤起的自主活动的副产品。例如，在领地斗争中，一只鸟可能陷入攻击和逃跑两个冲突当中，这时它可能突然开始喝水。这可能是喉咙干渴造成的，而这一行为本身是与恐惧反应相关的自主活动的结果。

当然，对移置活动的出现还存在一些其他的解释。很有可能不同类型的移置活动是由不同因素引起的。

这种在完全无关的背景下产生，与动物行为领域中的移置活动十分相似的活动在人类神经症中十分常见。对这一现象的认识，也是导致弗洛伊德提出本能理论的主要原因之一，他认为心理能量在管道中流动，可以轻易地从一个管道转向另一个管道——就像水流一样。动物行为学家对移置活动的观点的变化是相当有趣的，因为这不仅仅显示了动物行为学家在理论上面对着与精神分析师相似的问题，并且，这些理论已经经过详细的阐述并可以被临床工作者所用。

我们也可以用同一种方式来看待退行，也就是当一个成年人的行为因为冲突或者其他原因被挫败后，退回到青少年时期的行为模式甚至更幼稚的情况。众所周知，这种行为在人类中与在动物中一样轻易可见。动物行为学家尝试用两种理论来解释这种行为。一种理论认为，当面对一个问题的时候，动物会采用在它们未成熟期曾经成功使用过的方式来解决。第二种理论认为退行是一种特殊形式的移置活动：当两种成年行为模式因冲突被全部取消的时候，始终处于潜伏状态的青少年期的行为模式就有机会扳回一局。为了解释所有的退行行为，这两种理论，甚至其他可能的理论或许都是需要的。

感觉输入及其转换

在整个章节中，我们都使用“环境刺激”一词来表示那些在启动或终止本能行为的过程中起重要作用的环境事件。但是，“刺激”这个概念本身并没有那么简单。对一种动物来说是刺激的事件可能另一种动物完全注意不到。能够引起一个个体警觉的事件可能会被另外一个个体知觉为无关事件。那么，究竟什么是刺激？它们是如何与环境中所发生的事件相联系的？

过去二十年中，神经生理学家的研究已经关注到中枢神经系统的活动对感觉输入的调节和转换方式。当一个来自环境事件的感觉输入被接收到的时候，它就会被评估。如果评估的结果是不重要，那么它就会被隔离。如果是相反的结果，那么它就会被放大，之后，如果进一步被评估为具有相关性（且其影响不超过承受范围的话），就会确认它的行为输入，之后相应的信息就会被输送到动作领域。

对感觉输入的评估和调节是大脑感觉区域最主要也是最熟练的活动。一旦经过确认，传出信息就会影响感觉输入的缩小或放大，这些信息由特定的传出神经从大脑的感觉区域传递到感觉器官或其所在传出神经束的神经节上，感觉器官或神经节的即时反应也因此而得到控制[1]（Livingston，1959）。

实验证明对事件接收器的调节可能发生在神经系统的许多不同水平上。例如，一道眩目的光线会导致瞳孔的收缩和眼睑的关闭，同时也可能导致脸转向或逃跑。相反，看到一个有吸引力的女孩儿时，则会发生相反的过程。在每种情境下，某些反应是反射性的，有些是固定行动，还有一些则可能是计划组织性的，对这些反应的控制可能是外周的也可能是中心的。

无论是一开始没有调节过的输入还是后来经过调节的输入，对其进行评估都需要一定的技能。这要求使用过去经验中已经存在的标准或者是之前存储的与此标准相关的信息来进行解释，要求有提取信息的能力，并且要能够通过采取行动来对最终的解释进行判断。这种评估和判断很可能也存在于中枢系统的很多不同水平上，有时候只在一个水平上，还有的时候相继出现在几个水平上。这一过程发生的水平越高，其所能选择的行为区分度也越高，其中也包括设定一目标计划的行为组织形式。为了制定这类计划，显然需要参考环境和有机体模型（见第五章）。

人类的评估和判断过程常常是有意识的，而且这些被解释的输入也会有体验性的价值，例如“有趣的”或“无趣的”、“愉快的”或“不愉快的”、“满足的”或“挫败的”。这就需要我们去对感受和情绪进行考察。

---

① 感觉输入和加工的反中心控制理论所具有的重要意义会在第三卷中进行讨论。

第七章

评估与选择：感受与情绪

无论其来源如何，面部表情和身体动作对我们的生活幸福指数都很重要。它是母亲和婴儿之间第一种交流方式，母亲的微笑表达出赞同，鼓励孩子做她认为正确的事情，或用皱眉表达不赞同。表情动作为我们的语言增添了生动和活力。它们比语言更能够揭示他人真实的想法和意图，语言可能是虚假的……几乎所有的情绪以及它们的展现方式都存在这样一种亲密的关系……

——查尔斯·达尔文

引言

在临床工作中，通常被提及的都是情感、感受和情绪，就好像它们是行为出现的原因一样。这是我们要在这儿对此进行讨论的原因之一。另一个原因是，每一个好的临床工作者都是用感受和情绪来与他们的病人交流——就像他在日常生活中与其他人交流的方式一样。因此，无论是临床工作者还是其他读者，现在都可能已经迫不及待地想要知道感受和情绪在我们提出的本能行为理论中的位置。

简单地说，我们认为，所有或者说至少大部分被称为情感、感受和情绪（很难区分开来）的东西，都是个体对自身有机体的状态、动作的愿望或其所处环境的直觉性的评估。这一评估过程的特殊性质常常会被体验为感受，或者用一个更好的说法是会被感受到。个体对这些过程通常是有所察觉的，这对其自身的状态、欲望以及境况起到了监控的作用。同时，由于它们通常伴随着独特的面部表情、身体姿态和初始动作，通常以此为其同伴提供有价值的信息。

本文的一个核心部分是，由于评估过程不一定会被感受到，因此，我们首先需要注意的应该是这些评估过程，而不是感受或情绪。评估过程不总是会被感受到，这一现实为我们理解临床上“无意识感受”这个模糊而有用的概念提供了线索。

我们认为评估过程具有三种不同的角色。首先，对环境变化、有机体状态以及行为倾向的评估无论是否被感受到（意识或无意识），这一过程本身在行为控制中都有着至关重要的作用；其次，它所提供的监控作用使得个体成为有情感的存在；最后，它起到了与他人沟通的作用。

第一和第三种角色并不要求意识的参与，但第二种显然是需要的。

从特点上来说，我们还认为，尽管情感、感受和情绪常被当作具体的存在，但实际上这样看待它们是相当不合适的。当我们说“一种情感”“一种感受”或是“一种情绪”的时候，就好像它们是一个原子或者一个橘子一样，这和把它们说成“一种红色”或“一种方形”一样是不合适的。感受应当被看作不时出现的与行为相关的某些过程。因此，任何将感受或情绪具体化的说法都不应被采纳。

在我们进一步展开论点之前，需要先对术语进行澄清。习惯上来说，我们会用“情感”来表示许多不同的感受——愉快、痛苦、悲伤、爱、恐惧和愤怒。此外，“感受”一词本身也被广泛使用。另一方面，“情绪”一词的使用则更有局限性：通常它只限于表示像爱、恨、恐惧或饥饿的感受或情感，它们本质上都与某种形式的行为相联系。

而“感受”一词则总是被当作一个更一般性的词语来使用。比起“情感”和“情绪”，它更受青睐的原因在于它是三个词语中唯一一个来源于动词（to feel）且意思完全一样的词语。“情感”一词只在对传统理论的讨论中使用，“情绪”一词只限于用在上述提及的情况中。

在从有关本能行为的纯粹行为层面的讨论进入到包含对感觉、觉知层面的讨论之前，让我们先简要地思考一下困扰我们的一些哲学问题。

哲学问题

兰格（Langer，1967）写道：

> 生物学领域困扰我们的哲学问题是，那些被叫作“感受”的东西是如何进入并构成一个动物有机体的生理事件的……我们可以感受到与我们有关的外界以及内部的变化，这些变化从生理学上都可以被描述出来，但是我们的感受却未被描述，这一现实给我们带来了一个对哲学的真正意义上的挑战。

应对这一挑战的方式有很多种。其中大部分可以被划分到两个主要的学派：精神论学派和机械行为论学派。

精神论学派源于笛卡尔，其思想不仅吸引了人本主义者，也吸引了包括休林斯·杰克逊（Hughlings Jackson）和弗洛伊德在内的神经生理学家（Jones，1955），他们认为有两个不同的实体存在，身体和精神，两者状态等价，但两者共同工作的方式尚不可知。相反，机械行为论学派则吸引了科学家，被认为是更为冷静的角度，他们认为只有物理世界才是真实的。对于机械行为论者来说，想法和感受就像生活剧场里的阴影一样并不真实，至少对科学领域是这样，或许具有美学上的意义。

现在，人们不再满足于其中任何一种答案。赖尔（Ryle，1949）将精神论哲学讽刺为“对机械鬼魂的教条主义”，他认为这种观点源于一个分类上的错误，基于一个将人类的身体和心理归入同一个逻辑类别的假设：两者都是某种东西，只不过是不同种类的东西而已。“笛卡尔将他关于心理的理论放在他和伽利略放置机械理论的同一个逻辑模型里面。”因此，笛卡尔用来描述心理的术语和习语与他们用来描述机械词语是相对应的，因而通常也只能是一些否定性的表达。心理“并不存在于空间之中，它们不是运动，也不是物质的变形，它们无法被观察到。心理不是发条装置的一部分，它们是非发条装置的一部分”（Ryle，1949）。

精神论的观点基于一个逻辑的谬误，当人们（包括弗洛伊德）将它们应用到经验性问题中时，就出现了不一致的结果，也因此，感受和情绪在人类生活中的角色得到了证明，但方法学的问题仍然未被解决——如何形成可检验的假设？所以，没有任何可与物理科学类比的心理科学被建立起来。机械行为主义通常站在极端行为主义的大旗之下，随之也被否定了，尽管方式不同。确实，行为主义构建了可检测的假设，但同时却付出了很高的代价。所有人类经验中令人兴奋的部分都被排除在外，而且其所呈现出来的理论图式对于那些每天与正常人在一起的临床工作者或其他人来说，基本没有什么帮助。

必须注意的是，并非所有在研究中采取行为主义策略的人都是机械行为主义者。相反，很多人采用了霍尔丹（Haldane，1936）在很多年前所采用的相似的态度。他们现在可能会做出这样的解释：我们之所以没有对感受、意义、意识的控制以及此类重要的问题进行研究是有合理原因的，那是因为我们还看不到与之相关的现象如何与其他生物学和行为学研究组合起来形成一个连贯一致的科学思维系统。他们可能会认为，处理这些问题的成熟时机总有一天会到来，但现在这个领域似乎仍是不能及的。

这样一种态度无疑是十分谨慎的，但是，临床工作者（无论是精神科医生还是神经科医生），都会发现，这种态度其实是不切实际的。每一天，临床工作者都要面对每一位病人向他们倾诉自己的个性化体验——胃疼，感到四肢麻木，对父母、老板、女朋友的各种想法和感受。从我个人的经验来说，这些是我们医学实践中的一部分。

如果说一个临床工作者必须抱有某种观点的话，那该是怎样一种观点呢？它该如何去描绘个人与公众、主观与客观、感受与生理、身体与心理之间的关系呢？

我们所采取的观点在兰格近期有关这个主题的书中得到了很好的描述，当然，在这样一个巨石散落的领域，我们自然也并非那么自信。兰格受到一位神经科医生为理解肌肉的自主控制所做的一些反思的启发。“我们应该更多地关注感受，”古迪（Gooddy，1949）写道，“因为自主动作功能失调的病人普遍会出现感觉症状。‘当我尝试移动我的手的时候，我感觉我的手很滑稽。’”在对此进行反思的时候，古迪注意到“当人们很自然地使用‘感觉’‘好像’‘麻木’‘笨拙’‘沉重’‘无助’‘僵硬’这些词的时候，他们所描述的其实就是动作功能失调”。古迪随后提出了困扰他的问题——这些神经生理事件是如何“进入感觉的”。

兰格在此处谈到，“感受”是一个动词，把被感受到的东西称为“一种感受”可能会令人感到困惑：“通常被描述成‘一种感受’的现象实际上是有机体感受到一些东西，也就是说，某些事情被感受到了。被感受到的是一个过程……在有机体内发生。”由此，兰格提出了她的主要观点：“被感受到”是过程本身的一个阶段。

兰格用“阶段”一词指的是，在这种情况下，某些东西出现但同时并没有附加或减少任何东西。她用加热和冷却生铁的例子做了详细的阐述：

> 当生铁被加热到一个临界温度的时候，它就会变红，但它的这种红并不是一个新的实体，当它不存在于铁当中时，它不需要找另

> 外的去处。这是生铁本身在高温下呈现的一个阶段。
>
> 当我们将感受作为一个生理过程而不是一个心理过程的产物时——或者说从原生理学角度与之相互区别的一个新的实体时——物理和心理之间存在的矛盾就消失了。

因而，兰格进一步谈到，问题不再是“一个物理过程如何转换成在物理系统内存在的非物理过程”，而是被感受到的阶段是如何达成的，以及这些过程是如何再次进入不被感知的阶段的。

可以说，兰格的观点是处理这个问题的一个好的角度，但距离回答这个问题仍然还有很长的距离。被感受到的阶段是如何发生的？虽然这个问题仍无法回答[①]，但还是有一个另外的更可回答并且与我们的论点更相关的问题存在。哪些类型的过程通常更易达到被感受到的状态？

被感受到的过程

在前一章的结尾我们已经指出，有关环境事件的感觉数据一旦通过感觉器官传递到有机体就会立即被评估、调节和解译。只有经过这些过程，它们与

---

① 尽管这个问题现在还无法解决，但总有一天可以开展研究。电气工程师塔斯廷曾指出历史上一个与之相似的例子：

几十年前，有人第一次将铁片、铜片和棉布片以某种特殊的模式组装成一台发电机，当这一特殊的机械开始转动的时候，出现了一个新的现象。我们说，发电机从电力学的角度上来说存活了。它所揭示的很多电力学现象是在其他地方很难看到也从未被识别出来的。现在我们知道在特定的“机械”部件的结构和电力现象之间存在各种不同的交互关系，并且这些机械部件本身从某种角度来说应该更多地被理解是电力性的，而不是机械性的，因而这两个领域最终变成了一个。

在一个特殊机械部件的结构揭示出我们在现实中无法忽视的交互作用之前，某些电气现象是无法被识别出来的，与此相似，是否也可以想象，在对可以与机械概念相对应的大脑的细化过程中，进化也可能会发生一些与不同类型现象之间的稀有连接，并进入到生物学的领域呢？以此推测相似的现实如果真发生的话，那么我们就可以期待经过耐心的研究，这些现象终将可以被理解，即使这样一些解释尚不存在于当今物理学的概念之中（Tustin，1953）。

行为的关联才能够被确定。同样的情况也发生在来自有机体内部状态的感觉数据上。当它们与行动的一般性关联被确定之后，在协作行动发生之前，还会被进一步评估。尤其是，还会包含不同类型的行动可能会对环境和有机体所产生的影响。此外，即使在协作行动开始以后，评估过程也不会停止。首先，行动过程本身是被监控的，而且，行动的结果也会被判断并作为对未来的参考。

其中的每一个评估过程似乎都有可能进入被感受到的阶段，我们会依次进行考察。与此同时，我们也需要强调一点：实际上，并非所有的评估过程都会被感受到。因此，目前我们有必要不断记住，评估虽然是任何控制系统都会有的整合过程，而且系统越复杂，评估就越多，但是，任何一个特定的评估过程是否能被感受到则是另外一个完全不同的问题。就像一群时隐时现的海豚一样，某些评估过程的阶段会有所改变，有时候出现在我们觉知的阈限之上，但有时却在阈限之下。而另外一些则会像鳕鱼一样始终处于阈限之下，只有在某些十分特殊的条件下才会被注意到。

对此问题进行阐述的难点在于，一类评估过程可能会发生在任何一个水平上。感觉输入可能只是被粗略地区分并解译，因而被感受到的也只有粗略的分辨率。相反，有些输入可能会被精细地区分并解译，被感受到的也具有极高的分辨率。此外，某些行为序列，尤其是由反射或固定动作模式组织起来的行为序列，一旦开始，就不再会有进一步的评估。我们接下来主要关注的，将是那些区分度和分辨率更高的行为组织形式。

与这个问题相关的大量证据都是由神经生理学家在过去二十年里收集起来的，他们所使用的是切除术、精确放置在大脑特定点位的微电极记录技术以及直接刺激大脑某个部分的技术，包括在外科手术中刺激人类大脑的某些部分。通过这些方式，我们获得了充分的有关大脑皮层组织和活动形式的图景，并澄清了中脑核以及边缘系统在行为组织以及对有机体状态的评估过程中所扮演的角色（MacLean，1960）。阿诺德（Arnold，1960）具体回顾了这些工作对感受和情绪理论的重要意义。她所撰写的两卷本《情绪与人格》中，包括了对心理学文献的全面综述。我要十分感谢阿诺德的工作，是她引入了“评估”这个术语[①]。

对感觉输入的解译与评估

感觉输入可以分成两类：一类与有机体的状态有关，而另外一类与环境的状态有关。两类输入都需要被解译和评估才能产生作用。我们先从来自环境变化的输入开始讨论。

感觉信息一旦开始被接收，它们就会被评估和调节（见上一章）。如果它们没有被隔离的话，那么下一步就会被解译。但是，仅仅使用感觉输入是不够的：一方面，这些输入往往是过载的，需要从中扫描出相关的部分；另一方面，它们也是不充分的，需要来自有机体记忆存储的信息进行补充。只有经过这些处理，来自环境的原始感觉输入才会被转换为对空间—时间图谱下相互联系的对物体的知觉。一个有经验的博物学家因为有大量关于鸟类和植物外形和习性的相关信息存储，就会比一个新手看到更多的东西。对于知觉来说，可以说“但凡他有的，就会被给出”。

来自有机体自身的感觉输入也经历类似的选择和补充过程。感觉到冷、热、饥饿，并非只是原始的感觉，而是某些感觉输入处于评估过程的阶段。偶尔这种评估也会出错：一开始被评估为很热的东西后来可能会被准确地评估为很冷。

阿诺德指出，无论来自环境还是有机体，被解译和评估后的输入常常会

① 尽管阿诺德并没有用控制理论的术语来呈现她的想法，但其中大部分都可以很容易地翻译成这些术语。其观点的一个重要弱点在于没有对功能和设定—目标进行区分（见下一章）。因此，她的一些推论就出现了目的论的问题。此外，她对“本能”（例如喂食与交配“即使在没有合适物体时也会被唤起”）和“情绪”（例如愤怒和逃跑“只有在一个物体被评估之后”才会被唤起）这两者之间的区分在我看来并没有什么作用。我们认为，所有这些行为的激活，是由前一章中所讨论到的五种因果因素的各种组合导致的，而阿诺德所提出的分类方式看起来似乎有点随意。

被体验为某种价值，例如令人愉快或不愉快、讨人喜欢的或讨人厌的、喜欢的或不喜欢的。源于有机体的被解译后的输入如果是令人很不愉快的，就会被体验为痛苦；有时候同样的情况也会发生在源于外感受器的输入中，例如，一个令人痛苦的巨大的噪音。

被感受到的评估也常会被归因到环境中的人或物体的某种特质——“一个讨人喜欢的人”“一种令人讨厌的气味”。有时候则不会有外部的归因，而是形成对有机体自身状态的一种参考——“它的全部都让我觉得很滑稽”。

这种对输入进行的粗放而迅速的归类（愉快和痛苦、喜欢与讨厌），是将输入与内部设定点或标准进行比较之后的结果。其中一些标准可能终生都不会改变，更多的情况下，它们的变化有规律地反映出有机体当前的状态。因此，当我们饥饿的时候会被归为喜欢的嗅觉输入在我们吃饱的时候或许会被归为是讨厌的。标准的类似转换也出现在与温度有关的输入判断中，取决于当时我们感觉热还是冷。

当我们对这些暂时而规律的标准进行转换时会发现，很多应用在感觉输入上的设定点在发展过程中可能是环境稳定型的，并且个体之间也比较相似。也有其他一些很明显是环境依赖型的，设定点可能由经验来确定，它们被称为嗜好。

一旦解译后的输入被评估为喜欢的或者讨厌的，通常某种类型的行为就会随之而来。被评估为喜欢的东西可能会被保持或进一步追求，而被评估为讨厌的东西则可能被减少或回避。

所以，评估是一个可以分成两个步骤的复杂过程：（1）将输入与有机体生活中发展出来的标准进行比较；（2）根据之前所做比较的结果选择对某些一般化行为模式的偏好。

由于用来比较的很多基本标准以及随之而来的很多简单的接近和回避行为都是环境稳定型的，因此，很多这类行为可以被归到本能的范畴当中。当然，其中大量的行为都有利于种群的生存，因为被归为“喜欢”的东西更可能与对动物有利的条件相关，反之亦然。不过，这仍然只是统计上的可能性，任何特定类型的行为对生存的价值都是一个独特且重要的问题，我们将在下一章中讨论。

源于有机体的感觉输入有很多种类。其中一些在被解译和评估之后会唤起愿望——例如：想要温暖的衣服，想要新鲜的空气，想要食物，想要一个异性成员。接下来将讨论如何对其进行高度概念化。

对人和事物更精细的评估：情绪

源于环境的感觉输入被解译之后不只是会被粗放地归类为愉快—不愉快，喜欢—讨厌，其中一些部分还会被进行更精细的归类。与我们的讨论尤为相关的是，将解译后被归类为激活不同行为系统信号的输入，可能会激活中介本能行为。（当然，一个系统是否真的被激活显然还取决于其他的因素，例如激素水平和源于有机体的输入。）当这种归类发生的时候，就会出现主观情绪体验——惊慌、焦虑、愤怒、饥饿、性欲、痛苦、内疚，或其他类似的感受，取决于被激活的是哪一个行为系统。

要确定情绪感受是在输入评估过程和行为激活序列中的哪一个具体时间点开始被体验到的并不是件容易的事情。詹姆斯和兰格提出，情绪只有在行为开始之后才会被体验到并且只不过是来自自主性肌肉和内脏的反馈而已，但这种观点从一开始就引起了巨大的争议。

当然，在行为开始之后，情绪无疑是会被常常体验到的：逃跑的时候我们可能感觉非常害怕；当面对敌人的时候，我们可能感觉非常愤怒；当准备一份晚餐时，我们可能感觉非常饥饿。对来自自主性肌肉的反馈（很可能不包括内脏）会放大我们所感受到的情绪：攻击的姿势会增强勇气。但是这些证据并不能说明什么问题。情绪感受仍有可能是在行为激活的一开始就被体验到的，或者说，它实际上可以是行为激活的一个替代性选择（Pribram，1967）[①]。很有可能，例如，将一个人或物体或情境进行归类以引发某种行为的过程本身就会被体验为情绪；也就是说，可能被体验到的其实就是根据初始评估结果对感觉输入进行中央调节的过程。

这一观点与我们已有的印象是一致的，在行为被激发之前，我们已经倾向于用潜在行为的方式来对环境进行归类，例如，“那个吸引人的女人”“那只令人恐惧的狗”“那顿让人胃口大开的饭”“那个令人憎恨的男人”“那个让人想抱一抱的婴儿”等。此外，被选择的行为类型通常在一开始只是用比较宽泛的词语来描述的。所以，在被激怒之后，我们很可能会花很长的时间去考虑最终的实际行动。很多可选计划共存的情况也不少见，他们会构想可能导致的结果（基于环境和有机体模型），并且每一个结果都会被评估。只有在这之后，某个特定的计划才会被运作。但是愤怒的感受则从一开始就被体验到了。

将环境中的相关部分根据是否引发某类特定行为来进行归类的过程，本身就会被赋予相应的情绪色彩，这一假设也得到了梦境的支持。带有情绪色彩的梦境总是与行动相关，但做梦的人往往实际上并不会采取行动。只有当情绪感受变得极其强烈时，做梦的人才有可能大声喊出来，或者做出与梦境相应的现实行为。

情绪感受可以在睡眠中被体验到的现象提示我们，情绪感受阶段的过程并非都是源于环境的。正如前文提到的那样，源于有机体的感觉输入被解译之后，也可能会引发某种愿望。换句话说，也就是源于有机体的感觉输入也可能像源于环境的感觉输入一样，根据是否能够引发某个中介本能行为的行为系统被归类。并且，同样地，这一归类和激活的过程也通常会被体验为某种情绪，具体取决于解译后的输入被归入哪一种类型。

① 普里布拉姆指出，情绪一词来源于拉丁语“emovere”，这个词的意思就是“缺乏”或“离开”。

对当前行为过程的评估

一旦一个行为系统被激活，其所引发的行为序列过程通常会被监控，在以计划组织的行为中这是必然会发生的。根据过程被评估为顺畅、犹豫或停止的不同，其伴随的情绪也会不同。情绪的性质可能会在事情进展顺利时的愉悦兴奋、不顺利时的不愉快以及停滞不前时的挫败感之间的某个点上。

不仅整体活动的过程受到监控，过程中的每一个部分也会受到监控。上文所提到的Gooddy的发现就是一个很好的例子。他的病人所抱怨的感觉症状——感到"麻木""笨拙""僵硬"等——所表达的就是来自某种形式下功能不正常的自主肌肉的反馈。相反，当我们的自主肌肉正常运作时，我们通常就会感到身体是健康的。

对行为结果的评估

最后，某些行为的结果也会被监控和评估。

任何一个小的行为都可能会有很多种结果（见下一章），不可能对所有的部分都进行监控，长期效果尤其容易被忽视。在被监控到的部分中，至少可以分辨出两种类型，两者都是短期的，而且通常都具有感受阶段。

第一种指的是行为所带来的环境和有机体的即刻变化。这些被感觉输入所确认的变化在被评估之前，也一如既往地要经历解译的过程。对于结果来说，评估过程往往会被体验为愉快的或痛苦的、喜欢的或不喜欢的、好的或坏的。

第二种短期结果指的是设定目标是否达成。对这些结果的评估往往被体验为满意—挫败。

这两种短期结果之间的差异可以用这样一句话来说明："我很高兴我爬到了山顶，但风景却令人失望。"

对于有机体的学习来说，对行为过程和结果的有规律的监控是十分必要的。这本身就是一个巨大且充满争议的领域，在这儿不会做进一步的讨论。

不过，需要注意的是，评估过程被感受的程度越高，那么行为后果被体验为愉快或痛苦的程度也可能会越强烈，紧随其后的学习过程也可能会更快更持久。由于情感连接的形成通常会被体验为强烈的愉悦感，因而这些连接常常会发展得极其迅速，而且一旦形成，通常会是比较持久的。就像海姆布鲁格（Hambrug，1963）说的那样："容易学习也很难忘记。"

感受和情绪是行为的起因吗?

情感、感受和情绪从某种角度来说是行为的起因，也就是说，是它们导致我们去行动，这种说法是非常普遍的。我们可以在很多口语化的表达中看到——"对祖国的热爱使他做了……""她是出于嫉妒才那么做的"，这也深深植根在很多精神分析思考之中（尽管弗洛伊德在他晚期的工作中放弃了这个假设）[①]。这种说法是对的吗？如果是的话，是从哪种意义上来说的呢？

假设我们的观点是正确的，感受是一个评估过程，就像生铁被加热时出现的红色一样。那么，要对这个问题进行考察，我们就需要先对感受以及作为一个阶段的过程进行区分。从过程开始会更容易一些。

在对任何特定类型的行为进行归因的时候，对感觉输入的评估过程（无论是源于环境还是有机体，或者，更常见的情况是同时来自两者）和对与其相应的行为类型的选择过程无疑都是至关重要的环节。也就是说，当我们要对安

---

① 在一篇重要的综述中拉帕波尔（Rapaport，1953）描述了弗洛伊德的有关情感的理论经历的三个阶段。在第一阶段，核心的概念是宣泄，情感被等同于一定数量的心理能量（后来被概念化为"驱力—投注"）：这种假设明确地认为情感是推动行为的一个原因。在第二阶段，情感被当作行为的一个替代选择，"当驱力—行为所引发的驱力—投注在释放的过程中遇到阻碍的时候，行使安全阀门的功能"。第三个阶段，在《抑制、症状与焦虑》一书中，情感被认为是"自我功能，它并非是安全阀门而是来自自我的信号"（Rapaport，1926）。这与本文所提的概念是相似的。

显然，精神分析理论仍持续地使用着驱力和能量水平的说法，并且，尽管弗洛伊德对情感的假设发生了变化，但理论上有时候仍然认为情感是可以被拦截、排空或释放的。因此，在临床的领域里，情感有时仍被看作某种驱动力也就不足为奇了。

慰一个哭泣的婴儿的行为序列进行归因时，将婴儿评估为某种需要安慰的事物是必要的一步。评估的结果可能是多种多样的，例如：哭泣的婴儿可能会被评估为被忽视或者甚至被大声呵斥的。对感觉输入的评估在归因过程中所扮演的角色，用一个简单的例子来说，就很像是从一个很烫的表面快速地撤回手的反应。

因而，我们必须将对感觉输入的解译和评估作为行为产生的一个因果因素来看。它和我们之前讨论过的其他因素类似，是必要但不充分的[①]。

但是，被体验为评估过程的一个阶段感受是否具有因果角色则是一个更难回答的问题。在上面的例子中，当婴儿被评估为“适时被安慰”的时候，个体可能会体验到对婴儿的同情（或者相反的情感，厌烦或愤怒）。但我们并不清楚，这种同情是否是引发行为的必要因素。例如，对于一些母亲来说，安慰哭泣的婴儿可能是一件极其理所当然的事情，因而这种行为不需要任何特殊情感参与。如果是这样的话，那么感受和情绪所扮演的归因角色就很不重要甚至不需要了。

但在另外一些情况下，一个母亲对哭泣的孩子感受到极强烈的同情，即使是旁观者也能够从她安慰孩子的行为中看出来。例如，这个母亲可能会特别费心地去照顾这个孩子。如果这个判断是正确的话，那么应该如何去看待情感的作用呢？

感受、注意和意识被放在了一起。因而我们需要面对的是一个更大的问题，即一个人对其所做事情的感受性的意识对这件事本身是否有影响，如果有的话，是什么样的。对这个问题的讨论已经超出本卷的范围。不过，很肯定的一点是，情绪是不是过于激烈、强烈的情绪会伴随注意的警觉、精细化的知觉辨别、更深思熟虑的（虽然不一定是好的判断）行为以及更好的学习结果。因

---

① 评估过程所具有的归因角色使得汤姆金斯在他的《情感、想象和意识》（Tomkins，1962）中做出了这样的推论：“情感构成了初级动机系统。”他将动机定义为“一个行为反应给出的反馈报告”。

此，评估过程是否被感受到对于引发的行为来说可能十分重要。当评估标准和环境及有机体模型需要再次被评估和修正的时候，以及未来行为会发生变化的时候，这一过程被感受到就会变得尤为重要。临床上常见的情况是，病人只有在对他所感受的事物以及如何感受形成情感性的觉知之后，治疗性的改变才有可能发生。

不过，即使如此，我们还不能就此认为感受本身在当前行为中扮演了因果角色。因为，如果这个观点正确的话，那就意味着所有更具辨识度的评估和再评估过程都只有在有意识感觉出现的情况下才会发生，这一结论就类似于我们看到的现实，某些对生铁的操作，只有在出现红色的情况下才能发生。如果是这样的话，感受所扮演的因果角色，就像红色是否出现一样重要。

这个问题暂且先放在这里。感受被作为一个阶段的评估过程毫无疑问扮演了因果角色。但是感受本身在哪种程度上以及用何种方式扮演这种角色则仍有待说明。

但是像“对祖国的热爱使他做了这个和那个”，“她是出于嫉妒才那么做的”这样的表述仍然存在，那么我们要如何理解它们呢？

赖尔（Ryle，1949）对这个问题进行了考察。他得出的结论是，像“汤姆出于嫉妒做了这样的事情”这类表述所描绘的并不是汤姆之所以这样做或者那样做的原因，而只是对他这么做的“理由”的一种常规的说法。

赖尔用石头打碎一片玻璃的例子来说明了原因和理由之间的差异。赖尔注意到，“‘解释’一个事件至少有两种不同的方式”。回答“为什么玻璃会碎”这个问题的时候，我们可以说“因为石头撞击了它”，或者“因为玻璃比较易碎。”但是只有第一种可以被称为原因，因为它使用一个事件来对此做了解释，也就是石头撞击玻璃与玻璃的破裂具有因果关系。相反，在第二种答案中，没有提到事件，因而也没有给出原因。第二个答案只说明了“关于玻璃的一个一般假设命题”，也就是说，如果玻璃被剧烈撞击的话，就会裂成碎片，而不会伸缩或消失或保持完整。显然，作为一个条件性的陈述，并没有说明在一个特定的时刻为什么玻璃会裂成碎片，它只是说明了在某个特定的条件下，玻璃有可能会出现这样的情况。因此，它并没有给出原因，而是给出了某种类型的理由。

“汤姆因为嫉妒咬了他妹妹”这一表述从逻辑上等价于“玻璃碎了因为它很易碎”，同样也没有给出原因。赖尔指出：“嫉妒”是一个意向性的形容词，它所传递的意思是在某种情况下，例如如果母亲更关心妹妹而不是汤姆的话，汤姆可能会以某种方式攻击他妹妹并且很可能不会跟她开心地玩耍或疼爱她。实际上，这样一种表述并没有告诉我们是哪一个特定的事件导致了汤姆咬人，它所表达的意思是在某种特定条件下，这种行为有可能会发生。

由于这类误解对临床理论来说是很重要的，因而有必要将有关汤姆和他的小妹妹的表述放到本书所提出的理论框架中去。对汤姆来说，他对此类情境的评估方式较易激活能够导致他攻击妹妹的行为系统。并且，导致这种评估并激活系统的条件是可以被至少是粗略地列举出来的。其中可能一方面包含母亲关注妹妹而不关注汤姆这种情境，另一方面也包含汤姆被某种特定条件引起的某种有机体状态，例如被父亲拒绝或者疲劳、饥饿。当这些条件的某种组合形式出现的时候，就可以预期某种评估的出现，某个行为系统的激活以及汤姆咬人行为的发生。

那么，在这样一个理论框架中，一开始所说的“嫉妒”一词指的是什么呢？作为一个意向性的形容词，在此背景下，“嫉妒”指的并不是汤姆的行为，而是对汤姆所保有的以某种方式对情境进行评估并导致上述情况发生的推论。因此，“汤姆因为嫉妒而咬了妹妹”的说法实际上是一种不准确的社交简化说法。

但是，尽管这么说并不准确，但是却十分方便，因为这种说法使得一个该情境的见证者可以就汤姆以及他的行为做大量的沟通，而不需要费力地像上面的段落一样去做技术性的冗长的说明。在本章的末尾，我们还会回到对感受的通俗语言表达所具有的方便性上来。在此之前，让我们先来看看感受的表达功能。这一功能具有相当高的重要性，并且，与本节讨论的其他主题相比，这一个不会那么困难，也不存在那么多争议。

感受和情绪的沟通角色

在日常生活中，我们总是理所当然地认为我们可以从某种程度上说出周围朋友的感受是什么样的，虽然没那么有信心，但也可以说出比较熟悉的人和陌生人的感受。当我们这么做的时候，需要去注意他们的面部表情、姿态、声调、生理变化、动作的速度以及初始行为，并且参考它们所发生的情境。我们同伴的感受越强烈，情境越清晰，我们就越有信心分辨出正在发生什么。

毫无疑问，某些观察者比另外一些要更加准确，而某些目标要比其他的一些更容易被判断。同样毫无疑问的是，每一个观察者都会犯错，或者因为表情比较模糊，或者因为情境会被误解，或者因为故意的欺骗。但是对大部分观察者来说，错误与成功的比例是不可同日而语的①。

那么，我们成功的标准是什么呢？此处我们遇到了困难，因为，当我们将感受归因到某人身上时，我们需要做出两个不同表述中的一个或者两个。一方面，我们要对他的行为做出预测；另一方面，还要描述他可能意识到的感受以及如何意识到的。在一些情况下，只要对行为做出预测就可以了，但在另外一些情况下，个体是否意识到他的感受和他可能出现的行为也很重要。

让我们从作为行为预测源的感受开始，一个原因是它正好在可检测的范围内，另一个原因则是它很容易被忽视（除了动物行为学家之外）。

---

① 赫布（Hebb，1946a）和阿诺德（Arnold，1960）讨论了意图说明观察者对情绪表情的判断无法统一而且极其不准确的实验所可能存在的缺点。这些缺点包括将观者限制在静止的图片或者非社交情境下的不熟悉目标的短片上。Hebb指出，由于情绪表情所反应的是反应性的变化，因此对它的诊断就需要观察一个人的行为在一段时间内的变化。根据这些观点，海姆希鲁格等的研究显示，当要求独立的观察者评估病人连续四天每天持续3小时的治疗中的情感时，会出现高度的一致性。训练过的观察者在任何情境中对主导情感及其强度的评价都具有一致性。对情感方向变化的评估也出奇一致。

对感受的归因通常需要对后续行为做出预测。也就是说，当将一个人（或一个动物）描述为热情的、愤怒的或者恐惧的时候，我们就要预测他在后续的几分钟内出现某种行为的可能性要高于其他类型的行为——假定环境不发生变化的话。

有关感受的形容词可以根据其所涉及的预测类型来分组。“热情的”“愤怒的”和“恐惧的”可以被分在一起，因为在这几种情况下，预测是短期的、相当准确的，而且限于给定情境中的。这些词语通常被归为情绪指示型的类别。相反，还有一些词语被归为心境指示型——例如“兴奋的”“抑郁的”“无望的”“快乐的”“有信心的”或是“平静的”。当一种心境被归到一个人（或一个动物）身上的时候，比起情绪来，它的预测力就要更一般化了：它指的是在任何一个可能的情境中，很长一段时间内可能出现的一类反应——可能是一天，但也可能是一周或者更长的时间。在某些情况下，描述心境的词语被用来指代对一个人在更长时间段中的行为风格的一种预测，这时，它们指的是一个人的气质类型。

感受指示型的表达对行为具有预测作用，这一现象不仅以严格的科学方法应用在人类身上，同样也可以用在动物身上。实际上，它们提供了一种不可或缺的简化方式，以使我们免受那些冗长、笨拙而又不够充分的描述之苦。赫布是最早表达出这一观点的研究者之一。在对大猩猩的研究中，他比较了各种不同的用来描述动物状态的方式，结果发现，当观察者使用“直接的拟人化的情绪概念时”，就能够更好地对行为做出预测，但是更加具体的包括对一系列特定行为的“客观”描述对行为的预测并没有帮助。

用于判断情绪和做出预测的线索来自不同的几类行为。有些是特定的社交信号，如微笑或哭泣。有些是意图性的动作或与之相应的生理变化，还有一些则是移置活动（见第六章）。赫布用令人信服的证据说明，我们对不同情绪进行区分的知识并非来源于我们对自身感受的直觉性的觉察，而是来自其他作为观察者的人的情绪性行为反应；此后它才可以将习得而来的分类方式应用于我们自己。

个体对他的同伴们的情感状态的知觉有助于个体预测他们的行为，而这有利于他决定对他们采取什么样的行动。这也同样适用于其他动物种群，尤其是灵长类动物。一种动物，一个人，或者一个低于人类种群的个体，只有在能够准确评估他者心境的情况下，才有能力参与社会生活，否则的话，它就有可能会攻击一个友好的动物而不是引发它愤怒的动物。实际情况是，大部分个体可以发展出恰当的能力做出正确的预测，部分是由于天生就有这样的发展倾向，部分是由于错误会很快被纠正，并且有大量的机会可以从中学习。在临床工作中，这种被表达出来的感受和情绪所具有的预测价值是相当明显的。病人对于他们感受的汇报也具有同样的价值，尤其是当他可以说出对情境的评估以及他想实施的行动的时候。

对于正在感受的个体来说，他所感受到的反映了他对世界和他自身的评估，对特定情境的评估以及不同时间里所要激活的行为类型。因此，对于一个主体来说，感受能够帮助他监控他的行为状态（也包括生理状态）。他可以注意并汇报这些内容，如果有能力的话，他还会自然地使用表达感受的语言。这就提示了为什么描述感受的语言在临床工作中是如此有价值。

当病人和我们在一起的时候，他就不太可能真的去做那些他们想要做的事情。他可能对他的太太很生气，但我们不会看到他去攻击太太。他可能十分渴望见到他的母亲，但我们不会看到他真的去寻找母亲。他可能会嫉妒其他的病人，但我们不会看到他把其他病人赶出我们的房间。换句话说，他们不会屈服于中介这些行为序列的行为系统，但他们会处于一种激活状态中，正因为如此，监控的过程才得以出现。一个对此有所内省的病人可以汇报他对太太的愤怒，他仍在哀伤母亲的丧失，或者他嫉妒其他病人。如果他没有此类反思的话，那么我们可以通过关注他的行为和话语，来推测在他身上当前激活的是什么样的行为系统，并且就我们的推测与他进行沟通——内容还是我们猜测他可能会有的感受，或者是我们猜测当他意识到他对情境的评估方式或其内部激活的行为系统类型时可能会有的感受。

所以，描述感受的语言对于谈论情境被评估的方式以及行为系统的激活状态来说是一种不可或缺的工具，无论这种激活会导致外在行为，还是由于某种抑制因素导致保持这种行为在初始状态。

不过，描述感受的语言也有其危险性。其中最主要的一个就在于，有时候，感受被具体化为某种实物，而不是被当作评估某种情境或激活某种行为的一个索引。此时，治疗师和病人就都有可能认为识别病人的愤怒、悲伤或嫉妒足够，而忘记去确定病人所评估的究竟是什么样的情境，而他们此时想要做的又是什么样的行为——例如，要用某种方式去伤害他的太太，或者在某个时间去某些地方寻找他母亲，再或者将另外一个病人从房间里赶走。当描绘感受的语言成为识别这种感受所带来的特定行为类型的障碍时，最好就要放弃这种描述感受的语言而暂时去使用描绘行为的语言。

本章所涉及的问题对于理解人类的本性显然是非常根本的，尤其是对于其中更复杂和精致的部分。尽管我们给出的解释还只是一个概要，但希望这些材料足以呈现我们所提出的本能行为模型，这个模型本身看起来与现实生活距离很远，但却有能力以此为基础构建与当下日常生活更密切相关的理论。

第八章

本能行为的功能

当机械论者因为其不科学且无法用于理解物理科学的原因而排斥活力论者的目的论时，他们毫无疑问是对的。但他们并没有从这种态度中有所收获，因为他们没有意识到有些至关重要的现象的出现是为了适应目的论的概念，旨在将它们看作生命体和非生命体之间真实存在的差异……

——索莫霍夫（Sommerhoff）

行为系统的功能及其活动的其他结果

区别于因果关系的功能

在前文中，我们始终都在强调，在一个物种的进化适应性环境中，本能行为对个体或种群的生存通常都具有明显的作用。营养、安全、繁殖，每一个性命攸关的需求背后都有其自身特殊而有效的行为系统。本能行为的目标是达成一个可预测的结果，任何想要将之简化的尝试都是避重就轻。如果我们不想陷入类似目的论的陷阱中的话，那就有必要保持谨慎前行的态度。实际上，我们认为理论的目标是要“探索一种使用机械论者的精确的科学语言来描述活力论者所关心的问题的方式”（Sommerhoff，1950）。

目的论不仅认为一个主动的生物系统（无论是生理的还是行为的）都倾向于在一个物种的适应性环境中达成那些对物种来说有价值的可预测结果，并且在解释目标达成的过程中，他们认为目标本身就是导致随后的生理或行为反应的直接原因。如果“鸟筑巢是为了能有一个地方养育幼崽”这一表述意味着鸟需要一个地方来养育幼崽并且是这一需要引起了它的筑巢行为，那么这就属于一个目的论的表述。并且，由于这样一个理论包含了通过某种形式的“终极因果关系”，也就是未来可以决定现在的假设，因此它完全超出了科学的范畴。不过，要说一只鸟筑巢是为了有一个地方养育幼崽也并不一定就是不科学的，就像说预测—控制火炮瞄准并射击是为了摧毁敌方飞行器一样不科学。问题就在于如何用符合硬科学的方式来理解行为具备如此可预测性和有用性中的因果关系。

其中的秘密并不蕴藏在行为的直接原因中，而是在于其介质（动物或者是预测者）的模型构建上。假设这种介质是以非常特殊的方式构建起来的，并且在它的适应性环境中运转，那么当它启动以后，就很有可能会出现某种特定的可预测的结果。在人造系统中，这个特定的结果就是这个系统的设计目标。

在生物学领域，一个系统所要达成的目标通常被称作系统的“功能”。为组织维持血液供应是心血管系统的功能；为孵蛋和养育后代提供一个方便的场所是负责筑巢行为系统的功能。同样地，摧毁飞行器是预测—控制反飞行器火炮的功能。系统的功能决定了它被构建起来的方式。

系统一旦存在，其状态可以是激活的，也可以是不激活的。在第六章中我们已经考察了几种激活行为的因素——激素水平、中枢神经系统的组织类型和自主行动以及特定类型的环境刺激。需要注意的是，其中任何一个都不包括系统的功能（尽管它们几乎都是以某种特定的方式与系统功能相互联系的）。激活预测—控制火炮的因素是环境刺激，例如一定范围内出现飞行器。这个例子也可以说明因果因素中并不包含系统的功能，尽管这些因素是以某种方式与之相关的。

所以，系统激活的直接因素是一件事，而系统的功能则是另外一件事。功能是系统构建方式所导致的一种特殊结果，而导致系统在任一情境下被激活或不被激活的因素才是原因。

当这种区别被放到对本能行为的讨论中去的时候，我们就可以看到，任何行为的起因指的都是激活这个特定行为系统的那些因素，而这种行为的功能则源于这一系统的结构，这种结构一旦在其进化适应性环境中开始运行，就会促成有利于生存的结果。

如果心理病理学理论要实现符合经验性数据和真正的科学形式的话，那么最重要的一点就是必须严格地坚持对行为的原因和功能进行区分，而这在现实中很多时候都是相互混淆的。

承认行为的功能来自系统结构且并非活动的直接原因这一点已经是一个很大的进步，但是，要去理解在生命有机体中这些精妙的结构是如何出现的仍然是一个问题。

在人造系统中，这一点并不是问题。一个有经验的工程师可以用某些可理解的原则来清晰地说明为了能够使预测—控制火炮达成摧毁敌方飞行器的常见目标而对其结构进行的设计。但是，一种动物，例如一只鸟是如何形成使其可以完成筑巢这个可预测结果的结构的，就不太容易阐述清楚了。不过，我们已经注意到，动物已有的行为系统一旦被激活就可以产生筑巢行为所引发的问题，不比同样的动物有规律地调节血液供应的生理系统来得更多。我们可以很肯定地说，这两个系统都可以从进化的角度来理解。那些发展出能够在其环境中更有效地实现其功能的生理和行为系统的有机体比同一种群中效率较低的有机体生存得更好，并能够养育更多的后代。因此，行为系统当前的结构可以被看作自然选择的产物，在进化的过程中，它被嵌入到基因库中，使得这一种群在适应性环境中具备更有效率的系统模式，而同样环境中效率较低的基因则逐渐消失。

所以，对于生物系统来说，系统的功能是进化的结果，并且会被持续保持在这一种群当中。

显然，任何一个系统被激活的时候，都有可能会出现其功能性结果之外的结果。但我们不能认为所有的结果都是功能性的。预测—控制火炮可能会制造出很大的噪音，但并没有人故意把它设计成这种效果。同样地，一个行为系统除了我们认为被进化出来的结果之外，也就是在进化的过程中，使得该动物拥有选择优势的特定结果，也会产生其他结果。比如，鸟孵蛋的时候一个可能的结果是很长时间不进食。当它们迁徙的时候，一个可能的结果就是疲劳。但是，产生孵蛋和迁徙的行为系统之所以在进化过程中得到选择并非由于这些结果。相反，我们推测，在以上两个例子中，尽管有一些其他结果导致这些备选的行为系统处于不利的情况下，如食物剥夺或疲劳，却仍然得到进化的选择。

区别于可预测结果的功能

一个行为系统的活动常常会产生负面结果的现象对于我们对病理学的理解是非常重要的。不过更重要的是，对于某些个体来说，一个给定的行为系统有时候甚至始终都不能产生功能性的结果。这样的例子不难找到。当一个婴儿吮吸奶嘴的时候，他没有摄取食物；当一个雄性个体追求另一个雌性个体时，并不会导致其受孕。在这两个例子中，尽管行为系统正在运转，其产生的行为和可预测结果也都相当接近原型，但是却没有功能性的结果产生。婴儿吸奶嘴的例子中，其功能性结果只在某些情况下缺失，但是在另外一些情况下，当他吮吸奶头的时候就会获得食物。但是在同性性行为的例子中，无论什么情况下，功能性结果都是缺失的。（当然，异性性行为中的避孕是为了避免功能性结果的产生有意而为的计划。）

我们关注的重点在于，当个体内部的一个行为系统开始运转时，不同程度上达到其可预测结果以及随后停止活动的整个过程中，并不需要参考系统的功能。所以，对于个体行动者来说，本能行为是完全独立于功能的，这是弗洛伊德也始终强调的一点。不过，从由个体组成的群体角度来说，情况就不同了。对于很多个体来说，在部分或者更多的时间内，即使行为系统运转的时候也可能无法达成它们预期的功能，但是对于群体的生存来说，至少在某些个体中，在某些时候，功能性结果必须被达成。尽管有些个体由于某种原因会挨饿或无法繁殖，但是为了群体的继续生存，仍需有足够数量的个体得到营养并繁衍后代。所以，从适应的角度来说，为了对功能有所理解，必须要对由个体组成的群体的行为进行研究，而不能只对单独的个体进行研究。

现在，我们就可以看到在行为系统活动的可预测结果和它可能达成或未达成的功能之间有着明显的差异。可预测结果是一个个体内部的某个特定系统所拥有的一种特质，而功能则是一个由个体组成的群体中系统所拥有的一种特质。如果一个群体要生存的话，就必须保证在其足够数量的个体中，该系统的可预测结果与其可实现的功能保持一致，但是对于个体的生存来说，这一点可能就无关紧要了。

行为系统的活动达成了可预测结果但是却没能产生功能性结果的原因主要有两种：

（1）尽管系统本身可以有效且有序地运行，即有能力达成功能性结果，但是当前环境从一定程度上偏离了进化适应性环境，因而不能达到实现功能所要求的条件。

举例来说，当把一个奶嘴给饥饿的婴儿吮吸的时候，食物摄取之所以未被达成的原因并不在于与吮吸有关的系统，而是在于它所吮吸的这个特定物体当中并没有食物。再比如说，当两只雄猫同时从一个拐角的不同方向绕过来并不期而遇的时候。在通常的领地争斗中，动物警觉地知道对方的存在，随后发生的通常是威胁和假装攻击，但不会造成真正的伤害。但是突然对峙这种情况极少发生，这时候的争斗可能就会是非常残酷而且具有破坏性的了。

（2）第二个原因要比第一个更严重，因为它相对来说更为持久。这种情况出现在行为系统本身无法有效且有序地运作的时候，导致即使在其进化适应性环境中，功能性的结果也不会（或者很少）出现。我们对这一点还会做进一步的讨论。

在发展过程中，有很多原因会导致动物的各种生物构造的其中某个特征未能得到充分的发展。解剖学结构可能发生了变形或缺失，生理系统可能处于无效的工作次序中，再或者，例如视觉或听觉完全不能工作。尽管这种失调的现象是受一个或多个基因偶然出错的影响，但更多时候是由于胚胎发育初期环境中的异常情况——病毒、化学物质、机械性的创伤等。行为系统失调的发展过程大致也是如此。尽管基因会造成某些形式和情况下的失调，但成长环境中的异常条件超出了行为构造的适应能力通常是主要原因。

我们在第三章中已经强调，高等脊椎动物的大部分行为系统从某种程度上来说都是环境依赖型的，也就是说，它们在成年期的形态一定程度上取决于它们的成长环境。由此带来的好处在于，系统的最终形式可保持一定程度的开放，这就使得它在发展过程中可以去适应个体所处的特定环境。但是，这种灵活性也是有代价的。如果发展过程中所处的环境是在某个范围之内的，那么一个行为系统的最终形式可能可以很好地适应，也就是说，当它被激活的时候，通常就可以获得功能性结果。但是，当发展过程所处的环境超过这个范围的时候，系统所采用的形式就可能会适应不良，也就是说，当它被激活的时候，总是无法达成功能性结果。在有关动物行为的文献中有很多这样的例子——功能不良的运动模式、功能不良的行为序列、行为指向的是无法实现功能的物体等。在这些例子中，行为系统在发展过程中形成的组织形式可以达到特定的可预测结果，但是这种结果却无法实现系统的功能。

对于脊椎动物，如果对环境进行适当的操纵的话，那么几乎没有什么行为不能够在发展过程中转向为功能失调的形式。掌管运动的系统，如筑巢、求偶亲职行为，都存在激活后很少或不能达成功能性结果的情况。对个体生存来说，有些行为系统，如负责食物摄取的系统，必须能够有效地行使功能，但是还有一些系统，如掌管性和亲职行为的系统的功能则不一定是必需的。也可能正是这个原因才使得我们看到有那么多心理病理现象出现在负责性和亲职行为的行为系统中：如果个体的一个性命攸关的功能出现问题，那么在他见精神科医生之前可能就已经死了。另一个同样重要的原因是，性和亲职行为的有效功能分别都是由大量行为系统以十分特殊的方式组织起来的。由于这些行为系统的发展和组织发生在个体未成熟阶段，因此异常的环境就有很多机会将它们转向偏离适应的方向。结果我们就会看到一个成年人具备一个有序且能够达成可预测结果的系统，但是却无法实现系统的功能。

一个系统或者说一组整合的系统处于有序工作状态但是却无法达成有效功能的例子之一就是一个成年同性恋者的性行为系统。在这种情况下，行为的所有元素都在有效地工作，但是，由于它们所指向的客体是不合适的，因此繁殖的功能性结果也就无法达成。这一整合的系统不仅具备可预测结果，即与同性伴侣之间的性高潮，而且其组织形式也达成了这样的结果。导致其功能失调的原因在于系统所发展出来的可预测结果与其功能是不相关的。如果类似的错误发生在雷达和预测控制反飞行器火炮中的话，那么就会导致火炮可以有效地发射和瞄准，但总是摧毁盟友而不是敌人的飞机。这些例子也展示了可预测结果和功能之间的明显区别。通常，当可预测结果达成的时候，一个结构的功能至少在某些时候也是可以达成的，但是错误会发生——尤其当该结构是环境依赖型的时候。第十章中我们会对某些这样的发展过程及其出现问题的方式进行讨论。

综上所述，对于一个特定个体来说，任何一个行为系统的活动都有可能无法产生促进种群或者甚至个体生存的结果，并且，有时这些结果甚至是对其或其种群的利益有害的。由于当前环境严重偏离种群的进化适应性环境，或者由于在发展的过程中，系统本身形成了不适应的形态，系统无法完成其通常所具备的功能。但是，由于个体只是群体的一部分，因此种群仍可能继续生存下去。假如群体中的一部分个体无论在发展过程中还是当前情况下所遇到的环境能与之适应的环境一致的话，就会有足够多的个体的行为系统的活动可以产生合适的功能性结果。这就使得种群得以延续并可能发展出可以被其基因保存下来的行为系统。

利他行为

在心理学史上，利他行为的存在有时被认为是一个问题。很多精神分析理论都认为，在自然情况下，人都是自私的，只有在社会压力和惩罚的约束下才会出现利他行为。从生物学角度来看，本能行为理论认为这样的观点是错误的。如果衡量一个系统功能的标准在于它是否有助于个体的基因生存的话，那么很多行为具有利他功能也就不足为奇了。实际上，从生物学的角度来说，具有利他功能的行为可能反而比自我中心的行为更容易理解一点。

让我们来看看两组明显相对的本能行为模式。有些本能行为的组织形式通常是为了摄取食物和好的营养，这些行为所具备的功能似乎只对个体本身有价值。不过情况很可能并非如此，因为帮助一个个体得到良好的营养的行为早晚会有利于个体所携带的基因的传递。尽管一开始这些行为看起来只能从个体生存的角度来解释，但经过思考之后就会发现它也可以从保留基因的角度来解释。

相反，还有一些本能行为的组织形式是为了达成一个明显有利于其他个体而不会给行动者本身带来任何利益的功能，例如父母对孩子的养育行为。其他还包括个体对亲属而非后代的帮助行为，尤其是兄弟姐妹之间，堂兄弟姐妹之间以及表兄弟姐妹之间。这些情况从保留基因的角度很容易被理解。后代携带了父母各一半的基因，而兄弟姐妹之间平均来说分享了一半的基因。表兄弟姐妹之间有四分之一的共享基因。在这种情况下，帮助者通常是较为年长的比被帮助者更强壮的个体，或者说生存条件暂时比较好的一方，这就使得它给对方带来的利益从比例上要大于自己的牺牲。最极端的例子是工蜂的行为，它们的一生都完全用来照顾蜂王和它的后代。我们可以用同样的方式去理解这种现象。工蜂是来自单性繁殖的雌性蜜蜂，它们的基因类型与蜂王完全一致。因此，它们对蜂王后代的养育行为从生物学上来讲等价于父母的养育行为①。

所以，当把保留基因作为检验本能行为功能的真正标准时，过去的一些问题就不复存在了。某些本能行为直接且立即对亲属有利是很自然的现象，而另外一些形式的本能行为对个体生存有即刻利益但对基因存留的作用是间接的，这也是可以理解的。无论是被划分为“自我中心的”还是“利他主义的”，其最终功能是同样的。

这就意味着，利他行为的根源与自我中心行为一样深远，而两者之间的差别尽管是真实存在的，却并非是根本性的。

一个系统的功能是如何被确定的

至此，当我们提及每个行为系统的功能的时候，似乎一直把它们看作显而易见且理所当然的事情。没人会问进食孵卵或迁徙的功能是什么。实际上，还有许多早就被识别出来但是其功能却不为人知的系统存在。其中值得关注的一个就是很多鸟类和哺乳动物的领地行为。没有人会怀疑这类行为是否属于我们一般所说的本能行为，但是它所传达的对种群的具体作用（一个或多个）却仍不清楚。当今生物学的特点之一就是认为任何本能行为都肯定具有某种（或多种）有助于生存的特定功能，即使研究者们并未就这些功能的性质达成一致。

准确地确定某个本能行为的功能是一项相当艰巨的任务。首先，需要确

① 还有些情况下，某些动物个体会帮助那些不属于它们亲属的动物。在人类以外的种群中，这类帮助行为有两种形式。一种形式发生在动物的养育后代的行为指向不是它后代的个体。这可以被理解为行为转向的结果，也就是一个错误的行为。还有一种形式发生在长期处于友好关系的个体中，可以用基因自然选择理论中的互惠利他原则来解释这一现象。如果给予朋友帮助的行为会带来互惠的机会，那么这种利他的行为倾向就被自然选择。这种行为并不需要有意识的规划，当然在人类身上可能会出现这种情况。

定在一个种群的进化适应性环境中，具备这一行为的个体比不具备的个体拥有更多的后代；其次，需要了解它们这么做的原因在哪里。理想的情况下，此类研究需要在野外开展。研究过程应该是使用某种实验手段进行干预，使得一个种群中的某些个体无法开展常规的行为，然后比较它们与那些没有被干预的个体在存活率和繁殖成功率上的差异。最近几年中，丁伯根（Tinbergen，1963）使用此类实验范式对海鸥的某些特定孵蛋行为进行了研究。如果没有这些研究，那么针对任何我们所关心的种群或与之相似的种群，任何想要确定本能行为的常见结果中哪些是其功能性结果的讨论，都将是毫无意义的臆想。

在第十二章中，我们会谈到，首先，导致人类幼儿与母亲形象保持接近的行为（被称为依恋行为）就是本能行为的一个实例；其次，它的功能很少被讨论并且尚未有一致的想法。而我们提出了至今在临床领域中被鲜少讨论过的一个假设。

术语的问题

现在我们已经对我们所提出的本能行为的一个替代性理论做了概述，接下来，应该要简要地讨论一下一些传统术语在这里的用法。

在第三章的引言部分，我们谈到，当将“本能的”作为一个描述性的形容词来使用时它是有用的，但是当它被作为名词“本能”来使用时则会遇到一些困难。现在我们一起来看看为什么会这样。

我们所提出的本能行为理论认为，在某个特定环境下，行为源于行为系统的激活，而这些行为系统是以链式或层级式或两者混合的方式被整合起来的；并且通常来说，当一个行为系统或一个由行为系统整合起来的结构被激活时，它就可以达成具有生存价值的结果。那么，名词性的实词“本能”应该用来表示哪个实体呢？是行为本身还是行为系统？还是激活行为系统的因果条件？还是它的可预测结果？或者，可能是它所实现的功能呢？

实际上，本能这个词语被用来表示所有这些不同的事物。一方面，它被用来表示狭义的相对固定的行动模式（如“转头”）和动作（如出现在本能行为序列末尾的捕捉猎物的行为）。另一方面，它被用来宽泛地表示动力，也就是导致我们一般所说的生或死的因果因素。有时候，它表达的是本能行为序列的可预测结果（如“筑巢本能”和“性本能”），或者它的生物学功能（如“繁殖本能”）。偶尔，这个词还被用来表示伴随行为产生的情绪，如“恐惧的本能”。

很明显，这种多样而混合的用法只会导致混淆。当然，还是有人会问，为什么使用的标准就不能达成一致呢？这有两个理由。首先，一个被以这么多方式使用的词语很难再重新定义并再次确认一个确切的意思。其次，行为系统在各个复杂程度进行整合的情况使得我们很难再画出一条清晰的线，并据此来确定复杂程度低于它的可以被称为本能，而高于它的则不能。这种尝试就好像是要将工业领域根据组织复杂程度分成两组，并给其中复杂程度较低的起一个特殊的名字。这项任务的困难程度无需赘述，但真正的问题是，就算我们做到了，也没有什么具体的作用。

无论用什么标准去对行为系统的整合结构做出选择，并将它们称为本能，其本身都没有什么用处。不仅如此，这么做还会进一步支持一个被广为传播的错误假设，即一个整合系统中的所有系统都具有共同的因果条件，并且这些条件可以被认为是“驱力”。

在第六章中，我们对激活金丝雀筑巢的行为系统的各种交互因素做了解释，这一研究也可以很好地阐明此刻我们想要提出的观点。金丝雀的筑巢行为可以被分解为收集材料、搬运到鸟巢、坐在里面筑巢的不同活动。由于这些活动或多或少地会一起发生波动，好像可以被认为他们都受到“筑巢驱力”的掌控。对这三个元素的因果分析显示，实际上三者之间确实存在共同的因果因素：它们都受到雌激素水平的影响，并且都会被来自鸟巢的刺激抑制。然而，三种活动之间的关系仍不是绝对的：每一个都有其对应的特定因果因素，而且这些活动出现的顺序可能是受到每一个活动的展开所伴随的自我抑制效应影响。单一的筑巢驱力概念显然是不够充分的。当我们假设每一个筑巢活动都有其独立驱力的时候，也会出现同样的情况，因为每一个活动可以被分解为很多动作成分，且它们互相之间存在一定程度的独立性。

实际情况是，我们对本能行为的影响因素了解得越多，驱力的概念就变得越没有用。只要行动没有确定的来源，那么假设有一些特殊的力量驱使行为的推进似乎是比较容易且不可避免的，它可能不仅仅会引发行为，而且会将其导向一个神秘而有益的方向。但是，如果我们的观点是对的，也就是说行为源于行为系统的激活而且是以我们已经描述过的方式被激活的话，那么神秘感就消失了，而且对驱力假设的需求也就消失了。工程师不需要假设一个“飞行器射击驱力”来解释预测—控制火炮的行为，生理学家也不需要用“血液供应驱力”来解释心血管系统的行为。

因此，之后我们就不需要将本能看作一个实体的概念，也不再需要使用驱力的概念了。

不过，描述性的术语“本能行为”仍是有用的，可以用来粗略而简易地表示那些在进化适应性环境中会产生对种群生存至关重要的结果的行为，控制这些行为的系统在那些环境中通常相当稳定。同时，我们必须认识到，即使只将“本能的”单纯作为形容词来用，仍然会有两个相关的危险存在。第一个危险是所有的本能行为可能都会被认为受到同一种类型的行为系统的控制；而第二个危险则是在本能行为和其他所有类型的行为之间构建了一种二分法的错误观念。实际情况是，传统上被描述为本能的行为是被很多不同类型的行为系统所控制的，并且这些系统处于极稳定和极依赖的连续图谱中，同时也处于对种群生存极其必要和仅有较边缘的贡献这个连续图谱中。因此，我们不可能找到一个明确的分割点来区分本能行为和非本能行为。

在一些精神分析理论中（Schur，1960a；b），“本能的”（instinctive）和“本性的”（instinctual）这两个形容词具有不同的特殊用法：“本能的”

一词被用来表示我们在这里所描述的本能行为，而“本性的”一词则被用来表示一种假设的“心理驱力能量”，它会通过这些本能行为得以释放。由于我们当前的工作中并没有假设心理驱力能量的存在，因此就完全没有用到“本性”的这个词，而“本能的”一词同时用来表示某种类型的行为以及负责这些行为的行为系统。

在对本能行为和心理病理进行讨论的过程中，还有很多术语的用法值得推敲。其中包括“需求”（need）、“愿望”（wish）、“目标”（aim）、“目的”（purpose），以及很多其他词语。那么这些词语适应我们当前的图式吗？它们与可预测结果、设定目标以及功能性结果这些概念之间又有什么样的关系呢？

为了避免特指某个特殊的本能行为理论同时突出行为系统显著的目的倾向性质，有时候我们会使用“需求”或者“需求系统”这样的术语。这样的用法并不尽如人意，因为它很容易被理解为是生存所必要的——一个生死攸关的需要，而且更复杂的是，它还会带来目的论的思维。让我们更细致地看看这些难点。

本章已经强调，在一个特定物种的一种动物中，任一环境稳定型行为系统的存在都是因为这个系统的活动通常会产生对这一物种具有生存价值的结果。负责摄食行为的系统通常产生食物摄取的结果。负责交配行为的系统通常产生繁殖的结果。既然这些系统的活动如此频繁且直接地满足了生物性的需求，那为什么不把它们称作“需求系统”呢？

至少有三个很好的理由使我们不能这么做。首先，在这几个例子中出现的行为系统的活动可能会产生其他不同类型的结果。在某个特定个体中，一个明显与摄食有关的行为系统所产生的最主要的结果可能是吮吸拇指或烟斗。在另一个特定的个体中，一个明显与交配有关的行为系统所产生的最主要的性活动结果可能指向一个物体或者另一个同性个体。在这些情况下，这个系统的活动就不再有生存价值，再将之称为需求系统就会产生混淆。而且，如果对新的需求做出假设的话，如吮吸，那么这种混淆就会导致更大的问题。其次，我们也已经提到过，仍有大量种群特有的行为系统的生物学功能还是不清晰的。但是如果我们把所有的行为系统都称作需求系统，就会掩盖这一事实，因为“需求”一词就可能暗示了系统的有用性是不证自明的。最后，“需求系统”一词很容易导致人们认为需求在激活系统的过程中具有某种因果关系的角色，但事实上这是目的论的谬误。

合理使用“需求”一词的方法是将之限定在表示种群生存的需要。如果一个种群要生存下去，那么我们就可以说动物需要食物、温暖、巢穴、伴侣等。显然，这些需求中没有一个是行为系统，也没有一个是行为系统激活的原因。从另一个方面来说，很多行为系统的功能可以满足一个或几个这样的需求，这是因为如果这个种群要生存下来的话，这些特殊的行为系统的进化必须能够满足这些功能。所以说，需求并不是本能行为的原因。它们的作用是确定行为系统实现需要的功能。因此，它们形成了行为系统在进化中需要面对的选择压力。

需求并非是本能行为的原因，愿望和欲望也不是。“愿望”和“欲望”指的是人类主观上对一些已经开始运转，或者至少已经意识到要行动的行为系统或行为系统组合所具有的设定目标的觉知。“我想要食物”或者“我渴望食物”这样的陈述表示一个将食物摄取作为设定目标的整合行为系统已经被激活，或许还处于初始阶段，但是我已经对此有所觉知了。这类报告通常是可信的，但作为精神分析师，我们知道它们并非总是如此。实际上，从主观上讲，一个人有可能会错误地识别当前运转中的行为系统的设定目标——这种错误的识别可能是由于受到了另外一个与第一个设定目标的不兼容的系统被激活的干扰。这就带我们进入了无意识愿望的概念。

一个愿望被称为无意识的，说明对于这个保有愿望的人来说，他具备的这些设定目标的行为系统或者整合行为系统已经在运转中，但是这个人还没有意识到这个事实。

“愿望”一词指的是行为系统的设定目标，而“意图”一词所指的则通常是通往设定目标道路上的某个阶段。当我说我有这样那样的意图的时候，通常表示的是这些是指导我当前行为的计划的一部分（Miller，Galanter & Pribram，1960）。

现在我们在用的很多不同的词语表示的都是本章中所提到的“可预测结果”以及它的子集“设定目标”。包括“目的”（purpose）、“目标”（aim）以及更简单的“目标”（goal）。对于目标这个词的问题之前已经讨论过了（见第5章）。

“目的”（purpose）和“目标”（aim）两个词的问题在于两者都带有目的论归因的论调。此外，它们更大的问题在于，两者的习惯性用法都无法对系统的可预测结果和功能进行区分——这个问题是比较致命的。也正因为如此，这里我们并没有使用这两个词。有意思的是，尽管“目标”（aim）一词在英语中这两种意思都有，但弗洛伊德在对本能的目标做定义的时候也意识到了一些问题。例如，在《本能及其变迁》（1915a）一书中，他一方面认识到终止刺激和功能之间存在基本的差异，另一方面将“目标”（aim）一词的使用仅限于我们在这里所说的“达到所讨论行为系统的终止条件”。

还有其他一些术语也被用来表示我们在此所说的可预测结果或设定目标的概念。索莫霍夫使用的“焦点条件”一词与我的“可预测结果”非常相似，尽管它将一些简单行为的可预测结果排除在外，例如滚动蛋（egg-rolling）。米特尔斯迪特引入并被海因德使用的一个德语单词“sollwert”（理论值）也用来表示系统的某些类型的设定目标或它要达到并保持的某种状态，它的意思是“应该的”状态。这个术语的一个弱点在于，它通常被用来表示那些指令只包含一个特定成分的设定目标，例如，肢体所处的位置或者是歌唱某一个音符，但是却不能被方便地应用到复杂设定目标，其指令包含两个或两个以上特定成分。理论值的另一个弱点在于，这种“应该的”状态可能会被错误地解释为这种状态正常就应当是有利于生存的。但实际上，我们已经反复强调过，一个行为系统的设定目标，不同于理论值，在任何一个个体中有可能是非典型的甚至对生存有害的。

在这几章中，形容词“有目的的”（purposive）有时会被用来描述具备设定目标的某个系统。但这个词仍有可能带来目的论归因的风险（与这个词同源的形容词“purposeful”在这方面的风险更大）。为了避免这样的风险，皮滕德瑞夫（Pittendrigh，1958）提出使用“受目标支配的”（teleonomic）一词。它可以被用来表示任何有生命或机械的，其结构使其能在其适应性环境中被激活时产生可预测结果的系统。所以，这几章中所提到的行为系统都可以被称为“受目标支配的”。

让我们再回到设定目标的概念上来，需要注意的是行为系统的设定目标与其他控制系统一样，有两个主要的类型。一类设定目标是为了使某个变量保持在恒定的水平上。一些简单的有机体具备这样的行为系统，它的设定目标就是在一个环境中维持有机体处于一个温度限定范围内。这类行为系统的任务是没有终结的：它们的工作没有高潮也没有戏剧性的变化可言，而是一种单调乏味的常规任务。另一类设定目标则是一个有限时间内的事件，一旦这个事件发生，紧接着活动就停止了。比较典型的例子是性交和捕捉猎物。还有一些行为系统的设定目标介于这两极之间。

对于人类来说，我们常常会过于重视那些具有限定目标的行为系统，如性高潮，而很少关注那些持续性的设定目标，如与环境中的某个客体接近或处于可获得的状态。而依恋行为，就被认为是一个具有持续性设定目标的行为系统所产生的活动，具体来说就是与另外一个特定的个体保持某种类型的关系。

第九章

生命周期中行为的改变

个体的行为发展需要从两个不同的方式来进行考察：

1.行为装备的各个部分是以怎样的方式用积极改变使得生命周期的一个阶段进入另一个阶段的；

2.这一装备的每一个部分是以何种方式执行其特定功能的。

精神分析师对这两个主题都充满了兴趣。第一个问题本章会做简要的讨论，之后在第十二章的末尾还会涉及。第二个部分涉及行为系统的发育，更加复杂和重要，我们会在下一章中进行讨论。

为了保证个体的生存及其基因的保留，在生命周期的每一个阶段，动物都需要配备一组恰当而平衡的本能行为系统。不仅成年个体需要，年幼的动物也同样需要一套平衡且有效的装备，并且很可能与成年个体的配备在很多方面都是不同的。此外，由于所有种群，哪怕是最简单的种群生存都或多或少地要依赖个体之间的合作，因此一个个体的很多装备与其他个体会形成互补，通常是在不同的年龄和性别之间。调节幼年个体对成年个体依恋的行为模式与调节成年个体对幼年个体养育的行为模式互补。同样地，调节成年个体男性行为的系统与调节成年女性行为的系统互补。这一新的观点强调的是，本能行为是无法从单个个体的角度阐述清楚的，必须要从不同数量的个体合作角度才行。

在所有的鸟类和哺乳动物中，某些在生命周期的未成熟阶段运转的行为装备与成年阶段是有差异的。这些差异有两个不同的类型：

1.在未成熟和成年阶段，满足的是同样的生物学功能，但实现功能使用的是不同的行为系统。一个典型的例子是未成熟和成年哺乳动物的摄食方式——年幼阶段是吮吸，而年长的个体是咬和咀嚼。

2.年幼期和成年期所满足的生物学功能是不同的。由于未成年的有机体通常都比较脆弱，因此它们所具备的行为构造是产生的风险最小化的行为，例如与父母保持接近的行为。另一方面来说，由于未成年有机体还不能成功地养育后代，因此导致繁殖和养育幼崽的行为很少出现或者以不完整的方式出现。

当然，必须牢记的是，在生命周期的某个阶段出现某种特定行为类型的缺失所反映出来的可能是几种不同的内在状态。首先，负责这一行为的神经基础可能还没有发育完全，因此，无论在任何情况下，这些系统都无法被激活。其次，可能行为系统的神经基础已经发育完全，但由于某些激活它的必要的因果元素的缺乏而使其处于休眠状态。第三种状态是行为构造已经发育完全，但只有一部分因果因素存在，因此只能看到系统的一小部分元素，而完整的功能依然缺失。第二和第三种情况的出现频率比我们所知的要更高。

人工改变激素水平的实验表明，很多脊椎动物种群中，无论哪一个性别的个体，实际上都拥有完整的控制雄性和雌性行为的行为系统，至少存在潜在的形式。因此，当母鸡被注射睾丸激素以后就会展现出所有的雄性行为。类似的，当雄性老鼠出生时就被阉割并注射雌激素时，它就会展现出所有的雌性行为。这些发现清楚地表明，相关性别的行为系统都潜在存在于这些动物当中，而一个系统在一个普通事件过程中维持在更高或完全未被激活的状态的原因是未达到其激活所必需的激素水平①。

激素平衡的改变导致生命周期的不同阶段出现行为变化的情况并不少见。在人类身上，有很强的证据显示，男性和女性的行为系统在青春期以前长期均存在于两性当中，而进入青春期之后其中一个行为系统变得活跃起来很大程度上取决于荷尔蒙水平的变化。同样地，激素水平的变化在未发育成熟的行为中作用会消失——这些变化创造出的条件作用于负责相应行为的行为系统，尽管作用持续存在，也不会使得行为系统轻易地被激活。

生命周期中的某些行为变化源于激素水平或激素平衡的变化，但还有一些则源于新的行为系统成熟并优先于早前的系统被激活。例如，负责吮吸的行为系统在婴儿期过后还会存在很长一段时间，却很少会被激活。这可能是由于负责咬和咀嚼的行为系统开始运转并且对于大部分个体来说它们要比负责吮吸的系统更容易被激活。

无论处于什么样的原因，未成熟阶段特有的行为系统在成年期较少被激活，有充分的证据显示这些系统本身仍然存在。在三种情况下，它们仍有可能被激活。第一，当成年模式无效或者成年模式紊乱的时候，青少年期的模式又会出现在成年人当中；第二，当成年人生病或者行为能力丧失的时候它们有时也会出现，在这种情况下，未成熟系统的激活通常被称作“退行”；第三，当一个成年期的行为系统的整合体本身包含来自早期生命阶段的某个元素时，通常这个元素在早期实现的是不同的功能，这种情况也可能会发生。一个较为典型的例子是鸟的求偶喂食行为，也就是雄鸟给雌鸟喂食。公鸡的典型行为是成年个体喂养幼年个体，而母鸡的典型行为是幼年个体被父母喂养。这里有两种模式为年幼个体服务，一种是成年模式，另一种是青少年模式，两者合并成一个有助于繁殖的行为序列。精神分析师一直以来都认为类似的情况也发生在成

① 莱文（Levine，1966）对导致雄性或雌性哺乳动物出现雄性或雌性行为的一些条件做了描述。出生前后的激素水平是一个重要的影响因素——这个时期是一个敏感时期。例如，如果雌猴在出生不久之后就被注射睾丸激素的话，即使之后不再注射，它的后续行为也会是雄性的。

年人类的性交中。

在哺乳动物种群中，尽管环境千差万别，但行为从生命周期的一个阶段进入下一个阶段的变化是以一种极其规律且可预测的方式发生的。因此，它们是高度环境稳定型的。但是它们并不能够完全独立于环境。例如，生活在西方国家的人类，在过去的一个世纪中青春期显著地提前了，这可能是由于某些环境因素影响了个体的性激素平衡会发生改变的年龄。但是我们现在还不太清楚其中有哪些原因：食物的变化可能是一个合理的原因，但可能影响这一变化的社会环境因素也不能忽视。但是，对于哺乳动物来说，在其生命周期中运行的行为系统改变的节奏问题是更边缘的，如果相对于个体在成长过程中对环境反应性的行为系统或整合行为系统的大量变化来说，这个问题的重要性就显得更低了。实际上，心理病理学所关心的就是在发展过程中人类行为系统各种各样的非适应性形式。自从弗洛伊德认识到人类的性行为在青春期之前很长时间就已经开始发展起来之后，精神分析师们就一直在致力于理解这些变化发生的过程。这一过程将是下一章的主题。

第十章

本能行为的发育

行为系统发育过程中发生的变化

在较低等的动物中，个体的行为系统在生命之初就像维纳斯一样，已经是近乎完美的形式，但是在较高等的动物中，它们通常在一开始是比较初级的形式，随后在发展过程中不断变得更加精良。尽管新生的鸟类和哺乳动物就已经具有一些能够立即实现性命攸关的功能的行为系统，例如摄食，但在一开始它们也不能非常有效地去实现这些功能。而其他的很多行为系统在一开始则处于十分紊乱的组织形式中，不仅它们所负责的行为无法完成，而且其功能性结果显然也是不存在的。所以，总的来说，只有在鸟类或哺乳动物长大以后，它的行为系统才会变得完整，且由其激活所产生的功能性结果才会更规律、更有效。

新生鸟类和哺乳动物的行为构造不仅有限，而且形式上也非常简单。在人类新生儿身上这一点比任何其他哺乳动物都要明显。但是，人类在两岁的时候，就已经可以说话并很快就可以将语言作为指令和控制行为的一种方式。也就是说，在占其生命周期比例如此小的一段时间中，其内部精良的行为系统已经得到了全面的发展。非常多的过程担负起了这些转变的责任。

在本章中会对一些对调节高等脊椎动物行为发展较为重要的过程进行概述，并且将之与人类出现的情况联系起来①。

在未成熟的高等种群成员中，本能行为的最初形态与成年后的形态的不同体现在以下三个方面：

（1）一个动作尽管具有特定的形式，其指向的环境中的物体与成年期这一动作指向的物体不同或更多样，通常会指向更大范围的物体；

（2）实现婴儿期功能的行为系统在结构上会更简单，而且在发展过程中出现更复杂的结构之后就会被取代，也就是说，婴儿期的行为只比反射多一点点，例如吮吸，但随后就会被由反馈调节的行为或者以达成设定目标而组织起来的行为所取代；

（3）在后续阶段成为具有功能性结果的复杂行为序列的一部分动作，一开始所展现的只是无功能的行为碎片。

所有这些差异都有可能造成未成熟个体的本能行为无法有效地实现其功能或完全无法实现任何功能。此外，每一种差异都可能会发展成某种形式的病理行为。所以，未成熟个体本能行为的这些特征长久以来都在精神分析理论中占据核心位置也就不足为奇了。这三个方面的特点传统上被反映在以下这些命题中：

（1）本能行为所指向的客体，以及导致其终止的某种关系，“是本能中最为多变的”（Freud，1915a）；

（2）对未成熟个体来说，行为主要遵循快乐原则；在健康的发展中，快乐原则的调节作用不断被现实原则的调节所取代；

（3）本能行为是由很多元素组成的，这些元素在发展过程中被逐渐整合，而整合出的形式是非常多样化的。

所以说，行为系统在发育的过程中，无论是人类还是很多其他的物种，

① 下文的很多内容，包括实例，都来自海因德的《动物行为》（Hinde，1970），这本书对行为发展的原则做了全面的讨论。

通常都会发生巨大的变化。对于某些物种和某些行为系统来说，这些变化是环境稳定型的，也就是说，它们发生的过程不会受到它们在发展中所遇到的不同环境的巨大影响。但是，在另外一些物种和行为系统中，变化是环境依赖型的，它们在成年期采用的形式在很大程度上受到不同环境的影响。在这种情况下，它们对环境变化比较敏感的阶段的持续时间通常是有限的，这段时间被称为“关键期”或“敏感期”。不同物种的不同行为系统的敏感期处于生命周期中不同的时间点。但是，通常来说，这些点大多发生在生命的较早期，在某些情况下发生在系统本身还不具备功能之前。

成年个体的本能行为大部分都是在生命早期的敏感阶段被确定的，这是弗洛伊德关注的本能行为的另一个特征。这一点在传统精神分析文献中用固着和力比多组织阶段的概念表示出来。

我们认为，现代的本能理论能够使大量源于精神分析的对人的研究的概念与类似的对动物的观察和实验的概念相契合，并使两者都得到更好的澄清。

有效刺激的限制范围

在所有种类的鸟和哺乳动物中，幼年个体都会展示出某些完整的动作，这些动作在一开始就能被很好地执行并成为一个物种的特征。如鸟类会啄食和整羽，哺乳动物会吮吸和排尿，甚至是完整的捕捉猎物动作（如臭鼬）。这些动作的出现不需要任何练习，就可以实现正常的功能。在人类身上如新生儿的觅食反射、吮吸和哭泣，以及更后期出现的微笑和行走。此外，某些成年期的男性和女性性行为的一些具体元素，如搂抱和胯部推动，似乎也可以归入这一类别。我们可以推断，这些动作模式是行为系统的外在表现，这些系统在发展过程中受到环境变异的影响相对较小，并且，在生命周期的某个阶段已经准备好可以被与其结构相对应的因果因素激活。其中一些符合弗洛伊德所说的本能的概念。

这些动作已经被组织并预备好，只要合适的时间到来就会被执行，这就说明从动作形式的角度来说，它们是独立于学习的。不过，它们一开始是否能够形成通常的功能性结果则另当别论。动作模式本身是一件事，而它所指向的客体又是另一回事。

一个动作只有指向一个恰当客体的时候才会产生功能性结果。例如，一只刚孵出来的小鸡啄地的时候，如果恰好地上有种子，那么摄食的功能就实现了。但如果它啄的地上只有一些无用的物体，例如木屑或是粉笔，那么同样的动作产生的结果对于小鸡来说就不具有食物的价值。类似地，人类的新生儿吮吸一个恰当形状的物体，可能会也可能不会得到营养。也就是说，负责啄食和吮吸的行为系统处于预备好的状态，只需必要的因果因素出现就会开始运转，但其功能性的结果是否出现则与之无关。

尽管可能激活任一未成熟行为系统的刺激范围通常是很广的，但也并非是没有限度的。从一开始，刺激就会被归类并引发不同类型的反应。这就使斯内尔拉（Schneirla，1959）提出，很多非常幼年的动物的反应一开始是被它们所接收到的刺激强度量上的差异决定的。斯内尔拉指出，幼年的动物会让它们的整个身体或其中的某些部分趋近于那些能够产生量较小、有规律且范围有限的神经效应的刺激，而倾向于回避那些造成量较大、无规律且范围宽泛的神经效应刺激。尽管这样的区分还是比较粗略和简单的，但很多时候却可以形成功能性的结果，使得幼年动物躲开环境中具有潜在危险的部分而去接近可能比较安全的部分。很多研究者对低等脊椎动物的观察都支持斯内尔拉的这种归类，但其应用性的程度仍是未知的。大部分高等脊椎动物的研究者认为，哪些特定的行为模式被引发也取决于发育早期的刺激模式①。

以上例子展示了在高等脊椎动物中能够激活未成熟和幼小动物的行为系

① 布朗森（Bronson，1965）的综述中提到，有证据表明，婴儿身体整体的动作，包括定向和防御性反应，都是由脑干网状结构和动作核调节的。如果只有这个水平的中枢神经系统活跃，那么感觉辨别就只局限于强度的改变。对模式改变的反应要求新皮层系统的参与。但是在一些哺乳动物的种群中（包括人类），婴儿早期这些部分的作用仍然比较边缘，这一事实也与斯内尔拉的归类一致。不过，这也并不意味着对模式改变的反应就一定是学习的产物。

统的有效刺激，其范围通常是很宽泛的。但随着经验的积累，这一范围就会缩小。在几天之内，小鸡就已经学会主要啄种子而忽略其他不可食的东西，而人类婴儿在饥饿的时候，就更喜欢有奶的物体而不是其他。还有很多其他的例子可以说明有效刺激的限制。很多种类的幼鸟一开始追踪的视觉刺激范围是很大的，但在几天之内，就开始只看那些它们已经追踪过的客体。人类几周大的婴儿会对任何白背景上有两个黑点的视觉刺激展露微笑，但到了三四个月的时候，就只有人脸才可以引起这一反应了，到五个月的时候，有效刺激只局限于熟悉的人的脸。有效刺激被限制的范围通常可以用威廉姆·詹姆斯（James，1890）的总结“本能习惯抑制法则”来表达。

那么是通过什么样的过程使得有效刺激的范围变得如此狭窄？并且一个特定的反应被照例联系到一个功能恰当的刺激上呢？

其中一个过程是成熟的个体辨别感觉输入能力的提升。只要视觉和听觉无法辨识，那么很大范围内的视觉和听觉刺激会被当成类似的刺激。有些类型的能力提升源于生理的发展，不能归因于学习，但还有一些类型则依赖于经验。这些提升被称作“知觉学习”或“暴露学习”①。例如，在哺乳动物中，有证据表明，对视觉形状（如圆形或方形）的知觉和反应能力，取决于动物第一次对形状的经验。在某些情况下，熟悉度本身就已经足够了——动物通常无需任何形式的奖励。但在另外一些情况下，光有视觉经验是无法有效改善辨别能力的。因此，小鸡如果要发展出有效的视觉功能来指导动作的话，不仅需要对环境有视觉经验，而且还要可以主动地在这个环境中活动。

一旦刺激被辨别出来，那么就会有很多过程可以导致与特定反应相联系的刺激范围的限制。通过强化和习惯化的相对过程，跟随反应出现的结果对这

---

① 斯拉金（Sluckin，1965）指出，“知觉学习”一词比较模糊，它可以用来表示三种不同的过程。因此，他建议使用“暴露学习”，这个词最早由德瑞沃（Drever）提出：“它只表示有机体在其暴露的环境中产生的知觉登记。”这种效果出现的原因是动物学习到了刺激的特质，而并不是因为形成了任何刺激—反应的联结。

种限制的调节扮演着重要的角色。小鸡在啄到可以引发吞咽的物体时会继续啄食，而啄到不能引发吞咽的物体时则会停止。鸟类一开始对不同的种子只有有限程度的偏好，但随着经验的增加，它们就会主要食用那些它们可以有效去皮的种子。

另外一种塑造行为的过程是接近熟悉客体而回避不熟悉的客体。与强化和习惯化的过程不同，后者已经是两代心理学家常用的实验方法，而熟悉—非熟悉的二分法则只是在近期才开始被看重，这很大程度上源自赫布（Hebb，1946b）的工作。

在很多物种幼年的发展中，先出现的是接近行为，随后才是回避和退缩行为。因此，一开始幼年动物对环境所暴露的任何刺激，只要在某种宽泛的范围之内，都会去接近。这一阶段只会持续一段有限的时间，之后就会被两个关系密切的过程终止。一方面，对环境的经验使得动物认识了熟悉的刺激并可以将其从陌生的刺激中辨别出来；另一方面，回避和退缩反应变得更容易被引发，尤其是那些被识别为陌生的刺激。在很多物种中，攻击反应的发展过程与退缩反应类似，比接近行为成熟得更晚，并且尤其容易被陌生的刺激引发。

因而，通过两个过程——不同反应的成熟率的差异以及动物学会辨别熟悉和陌生——引发接近行为的刺激范围缩小到仅限熟悉的刺激，而其他刺激则更容易引发退缩或攻击行为。

显然，这两个过程从原则上讲虽然是相对简单的，但其对动物行为的组织过程产生的影响却是深远的。一方面，当动物在其进化适应性环境中长大时，其最终的行为组织倾向于与对其友善的动物以及安全的地方保持接近，同时，倾向于远离捕食者以及其他危险。通过产生这些效果，这种组织形式就具有了维系生存的价值。另一方面，当动物没有在其进化适应性环境中长大时，最终的行为组织就可能非常不同，有时会很古怪，有时甚至是有害于生存的。

其中一种有偏差的行为组织通常也是不适应的，即文献中曾详细阐述的动物在非典型环境中成长时形成的与非常规动物之间的友谊。不同种群的幼年动物如果被共同抚养的话，它们之间就会产生友谊，即使是那些在自然环境中是“天敌”的动物，比如猫和老鼠。另外一种有偏差的行为组织出现在成长环境极度受限的动物身上。这些动物的行为往往完全没有辨识度，它们倾向于回避所有的客体或者趋近所有的客体。例如，对一个在限制环境下养大的两岁黑猩猩的实验表明，它们不会探索或处理任何新的客体，成长环境受到的局限越大，它们就会越胆小。另一方面来说，一系列针对小狗的实验表明，有限的成长环境使得它们趋近所有的新客体，甚至到了一种危险的程度。以上两种情况导致的都是没有辨别度的行为，而且使动物无法很好地适应生存。

很多特定刺激和特定行为系统之间的连接是通过限制过程，也就是将潜在有效刺激的范围减少到一个很小的范围的方式来达成的。个别情况下，这种联结是通过相反的过程，也就是将一个相对狭窄的范围扩得更大来达成的。举例来说，雌性老鼠获得和正常活着的幼鼠相处经验之后，雌性老鼠的母性行为更容易也更可能被像幼鼠的刺激所引发，比如死去的幼鼠。

在生命周期中，潜在激活刺激的限制阶段（或扩展阶段）往往是十分短暂的。见敏感期一节和胎教一节。

原始行为系统的精细化及其被精致系统取代的过程

在新生儿阶段，有一些行为系统（尤其是调节繁殖的系统）不是完全不运转，而是运转但无法有效地组织达成功能性结果。它们的发育我们会在下一节中考察。这里我们只关注那些在一开始就有功能的系统的发展。

在第五章，我们对行为系统很多种不同的组织性形式做了解释——对负责最简单的固定行动模式的类型到负责更精确的目标校准结果的类型。与成熟的动物相比，新生哺乳动物的行为系统倾向于以更简单的方式实现功能。在发展的过程中，更复杂的行为系统类型开始运转，一种功能一开始由一个简单的系统实现而后又通过更精致的系统实现的情况不在少数。

在生命较早期就出现系统转变的一个例子发生在幼鹅身上。在出生后的24小时内，跟随行为会被任何移动的客体引发。但是，在随后的一两天中，这种行为只能被熟悉的客体引发，而且当这个客体不在的时候，幼鹅会寻找这个熟悉的客体。也就是说，一开始以简单的目标校准形式组织起来的系统很快就变成了计划组织形式。相似的，幼猴的依恋行为也会从简单的反射性的抓握变成跟随和依附的复杂序列，成为计划组织的一个元素。

控制权从简单系统到组织形式更精致的系统的变化通常是由于简单系统与更精致的系统之间不再兼容引起的。当不兼容的情况发展到一定程度的时候，对简单系统激活的控制变得比早前具有更高的辨识度。当接收到初级刺激（范围或大或小）时，它不再立即激活，在达到某种特定的条件之前，它始终处于被抑制的状态。这种条件的实现可以通过被动等待，或者通过一类完全不同但恰当类型的行为来主动促成，例如幼鹅的寻找行为。

在成年食肉动物和灵长类动物身上，有时候行为呈现出简单的计划层级形式。例如，狮子捕猎或狒狒群改变阵型以警戒捕食者的方式就可以以此为基础来理解。但是，这种精细的行为组织形式只在相对成熟的动物中出现：幼狮和小狒狒没有这种组织能力。

控制行为的系统类型从简单的刺激反应型到目标校准型的转变通常可以被看作行为从通过尝试错误掌控到通过内省掌控的转变。皮亚杰将它称作行为的组织从感觉—运动智力到象征和前概念思维之间的变化。为了说明这个发展步骤，皮亚杰（Piaget，1947）写道："感觉—运动智力运转起来就像一部慢动作电影，在这部电影中所有的画面看起来是按顺序排列的，但是没有融合，因此没有必备的连续视觉用以理解整体，但是更先进的组织模式则组成了一部以恰当速度播放的电影"。

人类心理发展的特征不仅仅表现在简单系统被目标校准系统取代，同时也表现在，通过制定更精致的计划去完成目标，将一个计划与另一个计划相联系的能力、侦测计划之间是否兼容及将它们按照优先顺序排列的能力的提升，个体对其适应的设定目标有了更清晰的认识。用精神分析的术语来说，这些变化的出现是由于自我取代了本我。

在幼儿出生后的两到三年内，影响膀胱控制的系统类型的改变可以清楚地说明这一发展的第一步，麦格劳（McGraw，1943）对这个过程进行了研究。在人类生活的第一年中，膀胱的排空是由反射机制来控制的，这一机制对刺激的敏感性在头六个月中是范围比较宽的，在之后六个月这一范围逐渐开始有所限制。在第二年的早期，这一行为不再是自动的反射机制。但是婴儿仍然对动作本身及其后果没有意识，可能会有一段时间他的这种行为表现会变得更具合作性和可预测性。不过，这一阶段过去之后，很多孩子在一段时间内可能会变得非常不合作。最终，通常是在第二年的后期，这一控制权被转交给一个更加复杂的行为系统，这一系统会同时考虑孩子的姿势和环境的信息。在这个阶段，在孩子找到一个合适的容器并将姿势调整好之前，他的排空动作是被抑制的。这些行为，很显然是以达成设定目标——也就是排泄到一个容器中——的方式组织起来的，这种组织方式基于一个简单的控制计划。在执行计划的过程中，从所需行为序列的一个阶段到下一个阶段的转变，例如从寻找马桶到坐在马桶上，依赖于一个信息反馈的过程。而第一阶段寻找马桶的成功还需要依赖于孩子对家居环境具备足够的认知地图。

也就是说，一开始一个简单的对各种无特定模式的刺激保持敏感的反应逐渐嵌入到一个以计划层级组织起来并只对特定知觉对象敏感的行为系统当中。

我们认为，调节人类依恋行为的是与此类似的连续的且精巧程度更高的系统。在开始的几个月中，这些行为只包含反射和追踪动作，但是在第二和第三年中则会采用设定目标和计划的方式组织起来。这些计划的组织方式变得越来越复杂，最终会包含一些其设定目标是改变孩子所依恋的母亲人物的行为系统和设定目标的子计划。这是第四部分的主题。

另一个人类所使用的系统用来完成单一功能时精巧程度升高的例子是摄

食行为。在新生儿身上，食物的摄取是简单固定动作模式形成的链式行为的结果——觅食反射、吮吸、吞咽。通常当新生儿的内部条件处于某种状态时，它们被相对非特定的环境刺激激活。几个月之后，摄食行为只有在外界条件被知觉为某种预期模式的时候才会开始——母亲准备好乳房、奶瓶或者勺子。到了第二年，很多新类型的行为加入到摄食活动中——抓住食物、放到嘴里、咬、咀嚼——并且不同类型的行为之间以一种计划而不是链式的结构相互连接。随着孩子长大为一个成人，计划变得更加复杂，而且执行计划的时间也变得更长——购买食物、准备并烹调食物等。最终，即使在并不是很成熟的成年社区中，摄食演变为一个控制计划的顶点，执行这个计划可能会长达一整年，其子计划中包含耕种、收获、储藏以及烹饪等一系列技术。

所以说，人类在婴儿和幼儿期尚无能力将他们的行为以超出最简单的计划的复杂程度进行组织，当进入青少年和成年期时，行为就开始习惯于以更精致的计划层级进行组织了。这种行为组织在精巧程度上的巨大发展之所以变得可能，显然是由于人类在成长过程中象征能力的提升，尤其是语言能力的提升。

正是由于在人类发展的过程中，用来实现一个功能的行为组织形式从简单到复杂的变化才使得人们习惯于认为这些不再属于本能行为。而另一种看待这一现象的方式是，掌控本能行为的系统通常会嵌入更精巧的系统，因而，除了在一个设定目标即将要达成的时候以外，本能行为预期的典型和可识别的模式就不那么显而易见了。

个体发展过程中由简单系统到精巧系统的控制升级，无疑很大程度上源于中枢神经系统的成长。布朗森（Bronson，1965）将在人类早期的大脑不同区域所对应的行为能力以及它们的发展水平与每一个年龄段运转中的行为系统的精巧程度的增长进行了比较。他发现，在人类发展的过程中，大脑结构与行为结果的发展步调相当一致。

在出生后的头一个月中，人类婴儿的新皮层并没有很大发展。相应地，这个阶段的行为只存在于反射和追踪动作的水平上。到第三个月的时候，新皮层的某些部分可能开始发挥功能，随后反应就开始对模式比较敏感并能够有一小段时间的延迟。例如，三个月大的婴儿在母亲准备食物的时候，可以很好地等待，但在更早的几周内他是做不到的。不过，在开始的两年间，新皮层更精巧的区域发展远远落后于初级投射区域，与此落后相对的是，认知过程和计划的发展也不会超过相对初级的水平。

即使在满两岁的时候，前额叶的发展仍是很小的。有证据表明，如果个体要抑制即刻反应以达成一个依赖于当前环境中尚不存在的因素的行动计划时，这些脑区是非常必要的。与此一致的是，研究发现，只有在快到学龄期的时候，大部分儿童才会具备这种基于权衡潜在的而不是此时此地的因素来进行决策的能力。

因此，我们可以清晰地看到，在贯穿儿童时期的很多年当中，行为系统的精巧程度的发展在很大程度上受制于大脑的发展。如果没有必要的神经构造，那么行为构造也不可能进一步变得更精巧。并且，只要精巧程度达不到，那么行为就会维持在快乐原则而不是现实原则之上。

在个体发育过程中，精巧的行为系统对简单的行为系统的取代是一种必然的规则，包括在计划层级的水平上。这一构成在进化效率上的优势是很明显的。但其弊端也同样明显。在系统不断被取代的过程中，会出现不计其数的可能出现转换错误的机会，导致系统的效率和适应性变得更低。

将行为系统整合成功能性的整体

目前为止，我们所讨论的系统都是一开始就能实现功能，在发育的过程中被更精巧的系统取代且持续实现同一个功能的系统。但是，还有另外一些系统，一开始是非功能性的，只有当它们与其他系统整合在一起的时候，才会具备一定的功能。当它们第一次被激活的时候，动作序列的每一个元素产生的仅是孤立的动作，或者是发生在不恰当的背景或错误的场合。

其中一个例子就是松鼠藏坚果的行为。这是一个较为复杂的序列，包括挖洞、放置坚果、用嘴把坚果推下去、覆盖住、并做好标记。尽管每一个行为的要素都出现在一个特定的年龄并且无需经过练习，但是如果整个序列要变得有效的话通常需要一定的练习。例如，没有经验的动物或许可以挖洞并放置坚果，但是却会在错误的地方做出覆盖的动作。只有通过练习，这一序列的行为才可以获得功能性的结果。

在幼年动物中，无法很好地执行本能行为并导致无功能结果的情况也可以用繁殖行为发展的例子来进一步说明。例如，当大山雀还处于幼年的时候，会出现一些繁殖行为的孤立片段——鸣叫，筑巢以及交配行为的一些片段——但这些片段出现的背景与成年个体的动作背景差异很大。幼年阶段的很多种群的动物，无论哪种性别，通常都会互相骑到对方身上，动作比较笨拙而且并不会有精子进入阴道。精神分析师们尤其感兴趣的是现有的一些对灵长类动物的研究。

恒河猴在四岁以前都还未达到性成熟的水平。但是，在出生后的几周内，就可以看到性行为的片段。在幼年雄性个体中，从第六周开始就可以在很多小猴身上观察到阴茎勃起，这种情况尤其容易在母猴为小猴理毛的时候发生。骨盆推动动作出现的时间要稍晚一些，且并不一定是在两个动物处于骑爬体位的时候。这个动作指向母猴的情况也并不少见。

勃起和推动在黑猩猩的婴儿期也能够看到。无论是在恒河猴还是黑猩猩中，这些行为被唤起的情况通常是在其整体兴奋水平较高的时候。例如，在短暂分离后再次相聚的时候，喂食的时候，陌生个体出现的时候以及动物受到生理上限制的时候。梅森在他对这个问题的一篇综述中（Mason，1965a）得出了这样的结论：“（雄性交配行为）的各种成分似乎出现在发育的不同阶段，而且与之相关的经验和其唤起的条件也存在差异。”

这些观察所得使我们清楚地看到，非功能性的性行为片段在很多甚至是所有的灵长类动物未成熟成员中都存在，而且这些行为第一次出现时指向它们的父母也并不是少见的情况。所以说，弗洛伊德所关注的在人类婴幼儿出现的“性本能的成分”并不限于人类：很可能所有的哺乳动物婴儿性欲都是这样的规律。

要对人类儿童的非功能性的性行为片段进行系统的观察并不是件容易的事情。不过，刘易斯（Lewis，1965）报告了人类婴儿从8—10个月开始骨盆推动的发生率：

> 这种行为只有在极具安全感的条件下才会出现……在一个明显愉快的时刻，孩子抱着妈妈，可能放松地躺在她的乳房上。婴儿的手放在妈妈的脖子上，用鼻子蹭着她的下巴，然后他开始快速地扭转并推动骨盆，大概是每秒两次的频率。这种情况并不会持续很久（10—15秒）。并不一定会伴随勃起……并且不会导致任何形式的高潮……这并不只限于男孩。一个有三个女儿的母亲在她所有女儿身上都观察到过……（这种行为）随着亲密拥抱接触的减少逐渐减少……（但是）在三岁的孩子身上也有出现……它的发生并不一定都与喂食、穿衣服或主动游戏相关，有时当孩子腹部非常放松地与毯子或枕头接触的时候也会发生推动的动作。

任何对2—3岁孩子共同玩耍进行观察的人都会注意到这样的情况，兴奋的小男孩和小女孩呈现出典型的成年人性交的姿势。但是，很显然，两个孩子对他们的状态并没有任何有关该行为序列在青春期之后的设定目标的哪怕最模糊的概念。

另一个本能行为在未成熟个体中出现但无法有效产生功能性结果的例子是小女孩的母性行为，有时候也会在小男孩身上看到。在略长的一段时间内，一个三岁的孩子可能会对一个娃娃甚至一个真的婴儿做出典型的母性行为。随后有些东西转移了她的注意力，母性行为就会戛然而止，在之后的很长一段时间里，娃娃或者婴儿都会被忽视。

将这些早期出现的本能行为片段整合到完整的伴随正常功能结果的序列当中的过程可能是多种多样的。其中一种我们已经讨论过，会导致激活、终止或指导一个行为系统的刺激性客体逐步被限制。一个有趣的例子是新孵化的小鸡的一系列反应，一开始它们之间是不连续的，但最终都会指向一只母鸡。实验发现，小鸡在刚孵出的几天内会：（1）跟随一个移动的客体；（2）警觉状态的时候寻找安全的港湾；（3）冷的时候寻找温暖。尽管在人工的环境中，可以将小鸡的每一个行为指向一个不同的物体，例如跟随一个硬纸板箱、把一个麻袋作为安全基地、在暖气片周围寻求温暖，但是在自然环境中，这三个行为最终都会指向母鸡。

另一种与此联系紧密的过程是，由于行为片段进行功能性整合，导致负责简单行为组件的行为系统成为一个或多个链式结构的一个单元。

还有一种过程是将单个行为整合进入一个因果层级。这种情况发生在动物的一种行为模式与其内部状态的因果关系发生改变之后。

我们可以很肯定地说，当动物饥饿的时候，进食是最容易被引发的一种行为。我们可以想象，饥饿的程度越高，行为就越容易被引发。但情况并不总是这样，至少对于非常幼小的动物来说。例如，大部分情况下，大山雀幼鸟开始啄食的时候，是它们不感觉饥饿的时候，因为当它们饿的时候，会直接去父母那里索要食物。类似地，实验发现小狗的吮吸行为在一开始与饥饿和摄食并不相关。后来，啄食和吮吸才变得在饥饿的条件下最容易被引发，并且，这就使它们与其他行为一起组成一个因果层级系统，服务于食物的摄取。

经验所产生的效果之一就是只有在恰当的生理条件下一个特定的反应才会被引发，如饥饿的时候，但它同时也能产生相反的效果。当两种条件都满足的时候，雄猫的性行为才会开始形成功能性结果的组织结构：（1）雄性激素水平较高；（2）此猫已有交配的经验。一旦组织成功，即使在雄性激素较低的情况下也可能会出现性行为。有可能雄猫性行为的组织结构从链式系统变为了目标校准系统。无论雄猫的情况是否是这样，在高等哺乳动物中这种类型的变化是常见的。这样一来，新的行为系统不仅变得更有效率，而且获得了一定程度的自主性，它一开始的引发条件变得不再必要。

这些例子很好地展示了行为发展的一般原则。也就是说，一旦一个行为序列被组织起来，那么它就倾向于保持下去，即使它所发展出来的是一个非功能线路，即使在其初次出现时所依赖的外部刺激和内部条件不存在的情况下。因此任何一个行为在一开始组织过程中所采用的具体形式以及序列对它的未来都具有最高的重要性。

由于人类具备强大的学习和发展复杂行为系统的能力，因而其本能行为被嵌入的更灵活的行为序列在个体之间千差万别。一旦一个人完成拥有了使他满意的经验，那么促成这一经验的行为就有可能被以设定目标或计划层级的形式重新组织。这种情况就发生在性行为中。

在性交完成和性高潮体验之前，人类的性行为总体上是以链式结构组织的。但是有体验之后，则会重新以带有设定目标的计划形式来组织。尽管这个新的组织会使系统所控制的行为序列在产生可预测结果时的效率更高，但它也不是完全没有缺点的。例如，一旦性交的完成成为可预见的情境和行为，那么个体就可能更仓促地寻求这个结果而省略中间步骤，那么最终体验到的满足感可能要比预期少。

在有经验的情况下，本能行为中系统中行为完成的情境（或行为）通常或者说总是可以被预见的，但是其功能的实现在行为发生之前的可预见性就更不确定了。对于动物来说，这基本是看不到的。对于人类来说，这有时可以看到，但可能更多的时候还是看不到的。例如，尽管在性交之前通常已经知道性行为的功能性结果，但其真正的结果却不一定是这样的。成年人对进食行为功能性结果的了解仍是不足的，而依恋行为的功能性结果我们会在后面的章节中讨论，即使对于最成熟的人来说，大部分还仍是未知的。

有时候，人们对于功能的了解可能会导致两种非常规的行为。其中一种是在实施行为的同时防止功能性结果的发生，如避孕情况下的性交、食用没有营养的食物。另外一种则是在不实施本能行为的情况实现其功能，例如人工授精、试管培养。

发展的敏感期

我们已经用了很多篇幅来清楚地说明在鸟类或哺乳动物的很多种群的成年个体中，行为构造的形式在很大程度上取决于它们成长的环境。对于某些种群中的某些系统来说，其环境敏感程度在生命周期中的变化可能相对较小，但是更常见的情况是，对环境的敏感度在一个阶段要高于另一个阶段，还有一些行为系统只在一个阶段高度敏感，随后就完全停止了。

行为构造发展过程中敏感期最佳的例子是激活或终止一个系统的刺激变得极度受限。还有一些例子则涉及运动模式和设定目标的形式。

本章早前的部分中曾经指出，幼年动物的倾向是，熟悉的刺激引起接近行为，而陌生的刺激则引起回避行为。其中一个特殊的例子就是小鸭子和幼鹅在发展过程中的跟随行为。在被孵出后的数小时内，它们会跟随任何一个它们首先知觉到的运动的物体。不仅如此，它们很快就会变得只跟随它们跟随过的物体而回避其他的物体。这种对熟悉物体的快速学习和跟随被称作“印刻”。有时幼年哺乳动物也会出现这种情况。由于这些发现对于任何关于人类儿童与母亲之间的联系的讨论来说都是高度相关的，因此我们在本章下一节中将做专门的讨论。

其他行为系统潜在指向的客体范围也可能在生命周期的某个阶段变得极其敏锐并受到不可逆的限制。例如精神分析师们非常感兴趣的性行为所指向的客体的选择模式。在达到某个特定的年龄之前，通常很少会见到鸟类或哺乳动物出现完整的性行为序列（尽管这些行为的孤立片段通常都会出现）。但是，对于一个特定个体来说，这些行为在后期所指向的客体范围，至少在某些物种中，在个体到达性成熟阶段的很久之前就已经确定了。以下的现象可以很清晰地展现这种情况，一个被不同于自己种群的动物抚养大的动物会将他的所有性行为指向该种群中的个体，比如在人类家庭中养大的动物，其性行为有时会指向男人和女人。

对于不同种群来说，在未成熟的发展阶段中，具体哪一个阶段这些性客体的性质被确定或者说受到极大影响的，有关这个问题的确切信息仍然非常稀少。因此，近期的一些针对幼年绿头鸭的实验引起了我们的兴趣。舒茨（Schutz，1965a）发现，成年雄性绿头鸭的性行为指向的个体类型在很大程度上受到其在出生后第三周到第八周这段时期内共同生活的个体类型的影响，实际上早于其完整的性行为序列出现很长时间。如果和同种类的养母或养兄弟姐妹一起长大，那么可以预期，雄性绿头鸭的交配对象总是与其同类的雌鸭。当它们与一些同类的鸟和另外一些相关但不同类的鸟一起长大时，结果也是如此。但是，当它们被相关但不是同类的鸟养大的时候，其中的三分之二只会和这种不同种类的雌性交配。然而，如果他们与其他完全不相关的种类的鸟一起长大的话，例如鸡或者黑鸭，雄性绿头鸭的性偏好是不会指向其他种群个体的。

这些结果说明，绿头鸭的性偏好从一开始的指向同种类的鸟发生了偏离。从它们对紧密相关的种群的指向来看，可以说它们是环境依赖型的，但是从它们不会指向不相关种群的鸟类的现象来看，又可以说是环境稳定型的。

舒茨的另一个发现是，当它们被不同种类的养母养大的时候，要比它们被不同种类的养兄弟姐妹养大的时候更有可能偏好那个种群中的雌性个体。由于共同生活的鸟类之间很少会相互交配，因此显然这种在较早的几周内建立的性偏好适用于这个种群整体中的成员，而不是针对其中某一个特定的个体。

舒茨还报告了导致绿头鸭选择同性伴侣的条件。当雄性绿头鸭在两种性别都存在的情况下长大时，它会选择雌性。但是当他们在一个只有雄性的群体中成长不少于75天之后，它们会形成同性配对并自此不再对雌性产生兴趣。之后对同性伴侣的偏好是十分稳定的：即使配对的两者都只有雄性角色而且无法完成交配，它们的这种倾向仍会保持下去。

对于性行为指向某类客体来说，一种偏好一旦建立，就会是相当稳定的，这一点在很多种群中都很常见。即使这一客体对于性行为本身及其功能性结果来说是不充分的，个体一旦建立对这类客体的性偏好，再转变到另一类更充分的客体上就不常见了，即便是更充分的客体在环境中存在的情况下也是如此。人类当中男性的恋物癖就是一个很好的例子。

在很多鸟类和哺乳动物中，母性行为所指向的客体也可能是环境依赖型的。一个臭名昭著的例子就是很多体型较小的鸟类会养育那些出现在它们巢穴中的杜鹃幼鸟。很多其他种类的鸟都可能成为一个陌生种类的幼鸟的养父母，并且，也有不计其数的轶事中提到雌性哺乳动物成为其他种类的幼年动物的养母。不过，在大部分案例中，这种反常的母性行为导向都是可塑的，也就是说，养育不同种类幼仔的经验并不会导致对那个种类幼仔的持久的偏好。

但是，也有很多证据表明，在某些种类的哺乳动物中，母性在分娩后很短时间内行为指向幼年个体的敏感期就会被明确划分。牧羊人很久以来在尝试让一只失去小羊的母羊领养另一只失去母亲的小羊的过程中，就深知这个事实。母羊对于它失去的小羊是如此固着以至于牧羊人很难说服它成为另一个孤儿的母亲。母性行为的这种对指向客体的极度局限性在赫希尔、摩尔和理奇蒙德（Hersher，Moore & Richmond，1958）的实验中被很清晰地展示出来。在母山羊分娩一对双胞胎之后很短的时间内就把其中一只小羊移开两个小时的时间，而另一只小羊则留在母亲身边。母羊会持续喂养留在身边的小羊，但是拒绝对被移开的小羊做任何事情。对于这个种群来说，母性行为的指向客体在分娩后的这几个小时当中显然已经受到了限制。

运动模式的形成及其整合到功能性（或非功能性）序列中的方式在某些情况下也会经历敏感期。举例来说就是很多限制在小笼子独自长大的动物所表现出来的刻板的运动特征。尽管这些行为是非适应性的，但是一旦建立起来，即使条件转变为进化适应性环境，这些行为仍会维持下去。一个相似的运动动作一旦确立就保持下去的例子是我们所熟悉的，打球时候出现的肌肉协调运动。如果一个人已经学会了一种特定的击球方式，比如网球或其他类似的运动，那么他就会发现自此很难放弃这一方式而去采用一个更好的方式，而且他会很容易不断地回到这种第一次学到的方式中去。

正是基于此类证据，来自环境稳定型或环境依赖型行为的证据使得海因德推断，任何反应的发生，从事实来讲，都会增加在后续场景中这种反应发生的可能性。

我们已经描述了性行为所指向的客体在青春期之前就会经历敏感期的现象，至少在某些种群中是这样。在灵长类动物当中，有证据表明，性行为的动作模式也会经历发展敏感期。哈洛（Harlow）及其同事开展了一系列实验，他们在很多不同的社会环境下养育恒河猴的幼崽，这些环境与它们的进化适应性环境都有巨大的差异，哈洛得出了这样的结论：

> 来自威斯康星实验室的大量观察数据显示，异性恋行为在很大程度上受到早期经验的影响，幼猴如果无法形成有效的婴儿与婴儿之间喜欢的情感联系，那么就会延迟或破坏成年期充分的异性恋行为。

尽管哈洛更早期发表的论文中报告了如果幼猴具备与同龄个体的玩耍经验，那么它即使没有被母猴抚养的经验，也会实现正常的发展，但是更近期的研究结果显示，其中有大量的个体差异，而且这些猴子并不是都能在青少年期和成年期出现正常的异性恋行为。在一次个人交流中，哈洛说道："我并不是很相信在早期社会化的过程中母猴的作用不能被其他事物充分地取代。"

哈洛报告，在恒河猴中，雄性的性行为要比雌性性行为更具环境依赖性。这种差异在黑猩猩身上也有体现。在一项对灵长类动物雄性性行为发展的比较研究中，梅森（Mason，1965a）观察到：

> 这些反应被整合到成年交配模式的时间，在猴子当中要明显早于黑猩猩……如果公猴拥有足够的社交接触（而不是其他接触），它就会在青春期之前发展出具备成年特点的性行为，但在同样的条件下，黑猩猩就显然没有……另一方面，在青少年时期没有达成成年模式的公猴，之后就很难再完成了，但是黑猩猩在之后仍有能力进行此类学习……对于社会学习机会被缩短到青少年期之前的公猴来说，它们在性调节上的障碍是由于（它本身）强烈的玩耍和攻击倾向的存在。

梅森的最后一句话让我们注意到这样一个事实：如果要形成具备适应性的社交行为，包括性和养育行为，某些反应就必须被抑制，或至少受到限制。例如，对于雄性来说，当强烈的攻击行为指向捕食者或有时指向其他成年或青少年期雄性的时候，是具有适应性的，但是当它们指向雌性或年幼个体时就是非适应性的。同样地，依恋行为和养育行为只有在合适的情景下展现时才是具备适应性的。实际上，为了扮演好适应性的社会角色，一个成年的哺乳动物必须对其各种社会反应的出现具备极高的敏感性，并且要能够在它们之间保持一个良好的平衡。

在非人灵长类的成年社会反应的发展中，到底存在哪些敏感期，一个适应性的发展在其婴儿期、儿童期和青少年期需要什么样的条件和体验，这些问题目前仍是未知的[①]，在人类的身上同样我们未曾知晓。人类的发展也有敏感

---

① 例如，在另一个实验室中单独抚养的恒河猴在成年后就没有出现哈洛发现的异性恋行为的严重损伤。这个观察实验的研究者梅森（Meier，1965）和哈洛都无法对他们之间结果的不一致做出合理的解释。

期的可能性是极高的。在没有更多的信息之前，我们最好保持谨慎的态度，并且假设人类儿童成长中所遇到的社会环境越是脱离其进化适应性环境（通常可能和父亲、母亲、兄弟姐妹生活在一个包括祖父母以及有限数量其他熟悉的家庭成员的社会环境），那么他发展出非适应性社会行为模式的风险就越高。

印刻

术语的使用

因为经常会有人问印刻是否会发生在人类婴儿身上，所以我们有必要澄清一下这个词的意思以及当前对它的用法。

“印刻”一词现在有两种不同的使用方法，两者都源于劳伦兹（Lorenz，1935）对幼鹅和小鸭的开创性的研究。一种狭义，一种广义。

狭义的用法就是仅用它来表示劳伦兹最初对于印刻的观点。在劳伦兹早期的论文中，他不仅注意到很多鸟类的依恋行为很快就会聚焦到某一个或某一类特定的客体上，而且他还认为这一过程的发生有其独特的性质：“印刻所具有的很多特性使它从根本上有别于学习过程。它与动物的任何其他心理都无法等价，至少对所有哺乳动物来说”（Lorenz，1935）。劳伦兹提出印刻有四个不同的特点：（1）它只在生命周期的一个短暂关键点发生；（2）它是不可逆的；（3）它是超个体的学习；（4）它会影响有机体尚未发展出来的其他行为模式，如性伴侣的选择。劳伦兹还将印刻定义为发生在幼鸟跟随移动物体的特殊活动过程中的一种学习。

在劳伦兹提出这些看法后的三十年间，学界的观点发生了改变。一方面，越来越多的与劳伦兹所关注的问题相关的具体现象显示，无论是他假设的关键期还是不可逆性都没有那么明确。并且，这种方式的学习甚至在幼鸟并没有出现跟随行为的时候也会出现——例如当它面对的是一个静止模式的时候。另一方面来说，这需要归功于劳伦兹自己的工作，现在人们发现过去被认为是印刻特有的一些特点也可以不同程度地用到其他学习情境中去，甚至包括一些哺乳动物的学习。因此，一开始看起来黑白分明的对比经过检验变成了一个灰度连续渐变的图谱。

这些观点的改变使得印刻一词获得了更广泛的意义。印刻被用来表示任何可能会导致幼鸟或幼年哺乳动物，像对父母依恋行为偏好一样的并稳定地指向一个（或多个）可识别人物的过程。更广义地来说，它也可以被用来表示任何导致其他形式的行为，偏向特定客体的过程，例如指向特定幼崽的母性行为和指向特定同伴的性行为。引用贝特森（Bateson，1966）的话来说就是：

> 尽管很多反应都会局限于第一次引发它们的刺激上，但是鸟类的社会偏好发展所提供的却是一个非常极端的例子，这种情况如此极端，以至于其他偏好和习惯的获得也常常受到它们与这一过程相似程度的影响。这种将社会偏好限制在一个特定类型客体上的过程一般就被称作“印刻”。

属于这个词语范围的其他很多类型的行为中也包含动物对特定居所和巢穴的偏好（Thorpe，1965）。

在20世纪60年代后期，有关这个词究竟应该被狭义还是广义地使用几乎成了一个学术问题。因为，在当时的两篇被大家一致认可的有关这个主题的综述当中，两位作者——斯拉金和贝特森都是用了广义的用法。事实上，尽管劳伦兹一开始的假设是有问题的，但他所关注的现象是如此引人注目，而他所使用的词语是如此生动，以至于无论具体的过程是什么样的，这个词语本身一直被保留下来了。

这个词语广义的用法通常包含了以下的意思：（1）一种清晰的可定义出来的偏好的发展；（2）这种偏好通常很快形成且在生命周期的一个有限的阶段当中；（3）这种偏好一旦形成，就会保持相对固定。虽然这一偏好人物所引发的行为可能会有很多种类，而且也会随着个体的成熟发生变化，但是它们都具有不同程度的接近性（偶尔也可能是接近—攻击型）。

除了这些基本的含义之外，当前的用法仍有很多开放性可言。尤其是以这些现象为基础的过程在不同种群之间究竟是一样还是在不同种、不同目、不同类当中不一样这个问题上，这些仍是开放的。这一点非常重要，就像海因德一直以来强调的那样，鸟类和哺乳动物的进化路径早在其爬行时期就已经出现了分离。由于那个时期还没有依恋行为，因此可以说动物界每一个更高级的分支中的依恋行为都是独立发展起来的。尽管最终形成的行为结果看起来可能非常相像，但这种相似可能只是由于趋同进化原则，其背后隐含的过程则是明显不同的。

那么为什么还要对鸟类给予关注呢？原因在于，在过去的几十年中，由于大量实验工作的出现，这一议题变得十分尖锐，并且带来了很多的问题。从实际操作的角度来说，其实印刻一词现在的意思来源于对鸟类依恋行为的研究。

鸟类的印刻

以下的概述源自斯拉金和贝特森的综述，以及海因德的大量工作：

1.很多陆地筑巢的鸟类在孵化之后很短的时间内都会出现对任何它们有过经验的客体的偏好，并倾向于和它保持视觉和听觉的接触。这通常不仅包括接近它，待在它附近，当它移动的时候跟随它，而且还包括在它不在的时候寻找它。这还会使得幼鸟会根据这一偏好客体是否存在发出不同的叫声。当偏好客体不在的时候，幼鸟容易发出痛苦的叫声，而当发现客体的时候，就会发出满意的叫声。所以说，鸟类的印刻影响了很多种不同的行为。

2.尽管从定义上说，幼鸟印刻的刺激客体可以在一个较广泛视觉和听觉的范围当中，但是，它们对其中一些印刻的有效性要高于另外一些。对那些移动着的并具有显著模式的客体通常要比对静止或模式不清晰的客体印刻会更快更持久。此外，至少对有些种群来说，同步暴露在听觉刺激中，例如鸭子的叫声，会增加视觉刺激的有效性。所以说，幼鸟在一开始就会更偏向于印刻某些客体而不是另外一些。

3.尽管劳伦兹认为印刻的过程多少都是即时发生的，而且可能是一次性的学习，但现在我们知道，一个客体的暴露时间越长，鸟类对这个客体的偏好就会越强烈。

4.印刻的过程与我们所知的“知觉学习”或“暴露学习”的学习形式看起来有很多共同之处，“因为这两者对刺激的反应都受到先前对该刺激经验的影响，无论奖励是否存在”（Hinde，1966）。这个想法使海因德和斯拉金都赞同劳伦兹的观点，印刻是与其他学习形式不同的，因为“它们既没有联想也并没有强化，无论是经典的还是工具性的，至少不以条件反射的方式”（Sluckin，1965）[①]。

5.存在一个敏感期，在此期间，对偏好客体特征的学习是更容易引发的。由于在敏感期最强的前后某些学习仍可能发生，因此劳伦兹最早提出的关键期具有突然的开始和结束这一观点需要一些修正，尤其是结束的部分。

6.鸟类敏感期的开始在很大程度上并不受到孵化后经验的影响。这就意味着这个阶段的开始是源于环境稳定型的发展过程。

7.印刻的容易程度开始降低的时间相对来说更是环境依赖型的。影响它的条件和过程仍是一个有争议的话题。

很多实验显示，如果将幼鸟单独关在单调乏味的环境中抚养，那么它就不会出现印刻行为，但仍具备印刻的能力；一旦它对一个

---

① 需要注意的是贝特森并不完全赞同斯拉金和海因德。他认为联想学习和暴露学习的差异并没有那么大。不过，他们都不赞成莫尔斯（Moltz，1960）所提出的观点，也就是对一个客体的印刻源于幼年的动物将这一客体与一种低焦虑状态进行了连接。斯拉金指出，这种解释并不必要也并不简化，它可能只会吸引那些认为学习必须通过强化或者必须与驱力降低相联系的人们。

客体产生印刻，那么要再对其他客体产生印刻就会变得极其困难。也就是说，将鸟放在孤立环境中可以延长其敏感期（尽管不是无限制的），但是一旦印刻发生的话，这一敏感期也就是终止了。如果整个过程就是这样发生的话，那么简单地说就是“印刻的出现终止了可印刻性”。

尽管贝特森想要采用这个观点，但是很可能，至少在某些种群中，还有第二种独立于第一种的过程正在运转。海因德提出的第二种过程就是，随着年龄的增长，刺激所引发恐惧或逃跑反应的可能性会增加，从而导致它们被习惯化的可能性降低。

无论这个过程是否属实，确定无疑的一点是，一旦鸟类出现了印刻，那么它将对遇到的所有其他客体产生恐惧反应。因此，在可能的情况下，它就会回避任何新的客体，这就使得其暴露时间非常短暂因而印刻也就无法发生。此外，最初的印刻越强烈，对新客体的回避就越持久。

但是，如果一个年幼的动物被迫与一个新的客体待在一起，那么它的恐惧反应就有可能部分或者完全被习惯化。在这种情况下，新的客体可能会被接近甚至跟随，甚至还有可能比最初的客体更受到偏好。这种情况发生与否取决于很多因素，其中最初印刻的强度是最重要的一个。不过，既然在某些情况下对一个新客体的偏好是可以获得的，那么显然在某些条件下印刻是可逆的。

8.毫无疑问，劳伦兹高估了印刻的不可逆性。偏好的稳定性高低取决于很多因素，包括动物的种类、幼年个体对印刻客体暴露的时间长度以及其他有待考察的行为，如在印刻之后有没有在几天或几周内出现类似于对父母的依恋关系，或者它之后数月或数年间的性行为。不过，即使它并不总是不可逆的，偏好的稳定性仍是高于预期的，有很多例子都能显著地说明即使印刻客体在很长一段时间内都不存在，但个体对其强烈的偏好仍然会被保持下来。

有待澄清的一个问题是个体差异和种群差异与学习的关系。劳伦兹在他最早的构想中不仅认为印刻是超个人的，也就是说，学习到的是一类客体的特征，例如一个种群，而不是一个特定个体的特征，而且也认为印刻会影响有机体尚未发展出来的行为模式，例如之后其习得的性行为所指向的客体。现在，有证据表明，在很多种群中，这两个过程都会发生。但是，当一个幼鸟学习到其父母的特征并跟随它的时候，这个学习无疑是针对一个特定的鸟并且不可能是超个人的。（正如海因德指出的那样，如果一个幼鸟不能分辨其父母的话，那么很快就会出问题，因为其他陌生的父母很有可能会攻击它。）

有关哺乳动物的印刻以及人类是否有相似的行为过程的问题会在随后的章节中讨论，尤其是第十二章。

新旧本能行为理论的比较

在本章以及之前的章节中，我们对当今很多行为科学家看待本能行为的方式、他们所面对的一些问题以及他们所引入的一些概念做了解释。在做这个解释的过程中，我们很多次说明了当前这个本能理论所涉及的问题与传统精神分析理论的问题相同，并且我们所提出的观点在某些情境中与精神分析观点相同，在另外一些情境中与它的变式极其相关。无论这些新观点的解释力是否高于旧的观点，都不能说这些观点忽视了精神分析的经验性数据或由其得出的普遍原则。两种概念系统之间的实质差异仅在于更加抽象的元心理学层面。

正如我们已经说明的那样，这里所概述的理论是达尔文在《物种起源》一书中所描述理论的直接传承。它将本能行为看作行为结构的结果，这些结构在某些条件下会被激活而在另外一些条件下会终止。复杂的行为序列取决于行为单元的激活和终止，它们的序列的出现受到上级行为结构的控制，这些结构的组织形式可能是链式，可能是因果层级，也可能是计划层级，或者是其中一些的综合体。这个理论在很多方面都吸收了弗洛伊德在《性学三论》和《本能及其演化》等著作中提出的观点，他提出了部分本能，对一个本能的目标（也就是终止本能行为的条件）和功能进行了区分，并指出了任何特定类型本能行为所指向客体的环境依赖性。

不过，必须承认的是，这一新的观点与弗洛伊德提出的其他一些观点是对立的。其中之一就是心理能量在不同通道间的流动和释放。其他一些存在于《超越快乐原则》及其后期的一些著作中，弗洛伊德试图将特定形式的行为理解为极其概念化的驱力的表达，也就是生本能和死本能。弗洛伊德后期的理论将有机体看作一开始无结构的能量在发展过程中逐渐变得更加结构化的过程——“自我去向本我所在的地方”，但是现今的理论尽管与弗洛伊德早期的很多观点一致，认为有机体一开始或者是在发展过程中拥有很多但有限数量的结构化行为系统（其中一些在出生时可能就开始运转，还有一些则要在稍后才开始），这些系统在发展过程中通过学习和整合变得更加精致，对于人类来说还使用了模仿和象征的方式，从而形成了惊人的多样化且可塑的行为。这些行为是否具备适应性则取决于各种各样的发育过程中的演化。

我们所提出的理论系统认为，要理解本能行为出现的令人好奇且通常非适应性的扭曲，就必须摈弃对心理能量的一般目的的假设。当一个行为结构被激活的时候，显然存在物理能量；但是，当我们解释动物行为的时候去假设心理能量的存在并不比用它去解释一个机械控制系统看起来更有必要。非适应行为以及可以被看作其他行为的一种替代的行为可以用很多种方式去解释，但其中任何一种都不需要假设存在可以从一个通道转向另一个通道的心理能量。同样地，一个行为强度上的差别应该归因于存在的激活条件的强度差异以及行为系统激活时的发展状态，而并不是心理能量产生的压力。弗洛伊德所提出的“Trieb”的概念很不幸地被错误翻译为“本能”，它显然应当被归到“经济的”趋向的想法当中去。

科学理论的价值在于其能解释的现象，其结构的内部一致性，其能做出的预测的准确性以及验证它们的实践。我们认为，从任何一条标准来看，新的理论都是更优的。尤其是，在提出了相关的概念并具备源于动物行为学和比较心理学的观察和实验数据之后，现在我们已经可以开展针对人类社会反应的广泛研究项目，从婴儿的前语言期开始。通过这种方法，我们可以罗列出调节人类本能行为的行为系统清单，并确认它们的发展模式。针对每一个系统的研究都可以去发现激活它和终止它的条件，以及为什么有些个体的系统会被异常的客体激活和终止。导致某个行为表现出现水平上或高或低的异常状态，以及这种状态的波动也可以得到研究。其他的研究兴趣还包括当两个或两个以上不兼容系统同时被激活时的冲突及其被调节的方式。最后，我们尤其感兴趣的是，调查发展调节冲突的过程的敏感期以及导致个体采用某种主导模式进行调节的条件。

即便是如此简要的概述，所勾勒的也是一个很大的项目。临床工作者对这些内容以及这些内容与传统研究中从后期调查重构早期发展的方法之间相关性的评估可能是因人而异的。不过，由于这一新理论的成果仅仅是初露端倪，所以现在要去评估它的价值可能还为时过早。对于很多人来说，这个理论通过引入更精确的概念以及对早期情绪发展的更严格的研究方法带来了新的希望，它有可能会开启一个新的阶段，在这个阶段我们将获得更多可靠的数据，基于这些数据，这个替代性的理论模型的价值可以被进一步评价。

第三部分

依恋行为

第十一章

儿童与母亲的联结：依恋行为

首先我要说明两个令我感到震惊的新的事实：女性对其父亲强烈的依赖不过是替代了她对母亲同样强烈的依恋而已，并且，这一更早期的阶段所持续的时间之长超出了我的预期。对我来说，所有关于这个最初依恋的问题在分析中都是那么难以掌握理解……

——西格蒙德·弗洛伊德

替代的理论

如果要理解一个孩子在与母亲人物分离或失去母亲人物时的反应，那么就需要理解孩子与这一人物之间的联结。在精神分析领域，与此有关的讨论出现在客体关系的主题中①。所以，在对传统理论的描述中，肯定会出现客体关系这个术语；但是在呈现新理论的时候，我们使用更多的会是“依恋”和“依恋人物”这样的术语。

---

① 这一术语来自弗洛伊德的本能理论，在他的理论中，将本能的客体定义为“本能得以达成目标所需要通过或指向的事物”（Freud，1915a，*SE* 14）。

长久以来，精神分析师都一致地认可孩子最初与人的关系是其人格发展的基石，但是对于这个关系的性质及其来源的看法则并不一致。其争议之大无疑是因为它本身所具有的极高重要性。尽管现在大家都已经一致认可大部分婴儿在十二个月内已经建立其与母亲人物之间的强烈联结这个经验性事实[①]，但是在这一联结出现的速度、通过什么样的过程得以维持、会持续多长时间或者它实现什么样的功能这些问题上至今仍未达成一致。

在1958年以前，也就是哈洛的第一篇论文以及我的早期观点发表之前（Bowlby，1958），在精神分析以及其他心理学学派的文献中，有关儿童的联结的本质和起源有四个主要的理论。它们分别是：

1.孩子有很多生理需要必须被满足，尤其是温饱需求。婴儿之所以会对某个人（尤其是母亲）感兴趣并产生依恋，是因为母亲满足了婴儿的生理需要并且婴儿在一个可预期的过程中学习到了她是自己获得满足的源泉。我把这一理论称为次级驱力，这个词来源于驱力理论。它同时还被称作客体关系的食品柜-爱理论。

2.在婴儿身上本来就存在一种将自己与人类乳房联结吮吸并占有它们的倾向。在一个可预期的过程中，婴儿学到了这一点，并开始依恋乳房，由于这个过程中有母亲的存在，因此它们就也与母亲联结。我建议将这个理论视为初级客体吮吸[②]。

3.婴儿身上本来就存在一种需要被爱抚并依附人类的倾向。从这个角度来说，存在一种独立于食物的对某个客体的“需要”，它与对食物和温暖的需要一样都是初级的。这个理论我建议称之为初级客体依附。

---

① 在第二章中已经解释过，尽管本书全篇通常用的都是母亲而不是母亲一人物，但需要了解，在每种情境中指的都是像母亲一样照顾孩子的人以及孩子依恋的对象，而不一定是真实的母亲。

② 在命名过程中，“初级”和“次级”指的是反应是自主发展出来的还是完全源于某个初始系统的学习过程；全篇都是从这个角度来使用这个两个词。它们并不表示这些反应出现的时期或者是弗洛伊德所假设的初级和次级过程。

4.婴儿对被从子宫中挤出感到怨恨并希望回到子宫中去。我将这个理论称为初级回到子宫渴望。

在所有这四个理论中，传播最广最受关注的是次级驱力理论。从弗洛伊德的年代开始，尽管不是全部，但是有很多精神分析文献都是以此为基础的，并且，它也是学习领域的理论家所持有的一个普遍假设。代表性的表述如下：

> 爱的源泉是对被满足的营养需求的依恋。（Freud，1940，*SE* 23）
>
> 孩子很可能在喂养的过程中学习与其他人待在一起的情境。（Dollard & Miller，1950）

我在1958年发表的有关这个主题的论文包含了对1958年之前的精神分析文献的综述，略作增补之后那篇综述被放在这一卷第一版的附录中。其他的综述（尤其与学习理论相关的文献）见麦科比和马斯特斯（Maccoby，Masters，1970）。

这里我将要提出的假设与以上所列出的理论都不同，它是基于之前已经概述的本能行为理论之上的。我认为孩子与母亲的联结是很多将接近母亲作为可预期结果的行为系统活动的产物。由于在人类儿童中这些系统的发育较为缓慢和复杂，而且它们发展的速度存在极大的个体差异，因而无法对其第一年中发生的过程进行简单的阐述。但是，当孩子的生命进入第二个年头的时候，几乎总是能看到一些不那么固定但相当典型的依恋行为。在这个年龄，大部分孩子与此相关的行为系统都已经整合并准备好被激活，尤其是当母亲离开或任何受到惊吓的时候，能够最有效地终止这一系统的刺激是来自母亲的声音、形象或接触。在孩子三岁生日之前，这些系统都持续地保持易被激活的状态。随后，在大部分儿童身上，它们变得不那么容易被激活，并且还会经历一些改变，使得接近母亲变得不那么急迫。在青少年时期和成年期，更进一步的变化还会发生，包括这些行为指向的人物的变化。

依恋行为指的是一类重要性等同于交配行为和亲职行为的社会行为。它对个体自身具有独特的生物学功能，但迄今为止得到的关注仍非常少。

需要注意的是，这个框架无需参考“需要”或“驱力”。依恋行为的发生被认为是某些行为系统的激活。这些行为系统本身的发展源于婴儿与其进化适应性环境的互动，尤其是他与环境中的主要人物也就是母亲的互动。摄食在这一发展过程中只扮演着非常微小的角色。

在文献的四大主要理论中，初级客体吮吸和初级客体依附最接近我们的假设：这些理论都假设一种自主地带着某些特征以某种方式指向某个客体的行为倾向。与当前假设不同的是次级驱力和初级回到子宫理论：前者我们已经讨论过，而后者不仅冗余而且从生物学角度来看也并不合理。

我们所要呈现的假设代表了我在1958年提出的理论的发展。其中主要的变化在于对控制理论更好的理解以及对控制本能行为的行为系统所可能具有的形式复杂性的认可。在当前呈现的假设中，我们认为，在负责依恋的行为系统发展的某个阶段，接近母亲变成了一个设定目标。在这个理论的早期版本中，有五种行为模式被认为是有助于依恋的，分别是吮吸、依附、跟随、哭泣和微笑。在新的版本中，这五种模式仍被认为具有很高的重要性，但同时我们还认为在婴儿九到十八个月的年龄段中，它们会被嵌入一个更加复杂的目标校准系统中去。这些系统的组织和激活使得儿童倾向于保持与母亲的接近。

早期的理论版本可以被看作一个成分本能反应理论，而新版本可以被看作依恋行为的控制理论。

在具体描述这一理论之前，基于已有的一些证据（见第十二和第十三章）对人类儿童的依恋行为以及其他物种中幼年动物的依恋行为进行比较，并对这些行为已知的自然历史进行考察会对我们有所帮助。

依恋行为及其在自然界中的位置

在春天的乡间，动物母亲带着小动物的情境是再常见不过的了。在田野里，母牛带着小牛，母驴带着小驴，母羊带着小羊；在池塘和小河边，大鸭带着小鸭子，大天鹅带着小天鹅。这样的情景是如此熟悉，我们理所当然地认为小羊和母羊应该在一起而一大群小鸭子就应该跟着母鸭，以至于很少会有这样的问题：是什么使得这些动物相互陪伴？它们这样做能够达成什么功能？

对于上面这些动物来说，幼崽在出生后的时候几个小时内就已经发展到有能力开始自由活动，而且在每一种情境中都可以观察到当母亲朝某个方向移动的时候，它们的幼崽通常会跟随它们。但是其他物种，包括食肉动物和啮齿动物，也包括人类，新生儿的发展程度要低得多。在这些物种中，婴儿要经过数周甚至数月的时间才能够获得移动的能力，不过一旦它们获得这种能力，也可以明显地看到同样的与母亲保持接近的倾向。不可否认，当年幼的动物迷路的时候，母亲会表现出重获接近性的行为，但是更常见的情况还是年幼的动物在发现自己落单的时候成为重建接近性的主体。

以上所描述的行为有两个主要特点。首先是保持与另一个动物的接近性并在受到损害的时候进行重建；其次是对其他动物的特异性。通常在孵化或分娩后的数小时内，父母就可以从其他幼崽中识别出自己的幼崽并且只对它们表现出亲职行为，而反过来幼仔也很快就可以从其他成年个体中识别出自己的父母并用一种特殊的方式对待它们。也就是说，通常父母和孩子相互对待的方式会区别于它们对待其他动物的方式。个体识别和高度区别的行为是鸟类和哺乳动物父母与幼崽关系的法则。

当然，与其他形式的本能行为一样，常规的发展模式也可能会出现错误。尤其是，比如幼崽可能不是去接近母亲而是接近其他动物，甚至是一个非生物的客体。不过在自然界这种异常发展极其少见，所以我们不会在此做进一步讨论。

在大部分物种中，幼崽都会表现出一种以上的行为来使自己和母亲互相保持亲密的距离。例如，幼崽的叫声会吸引母亲，它的移动会使它接近母亲。由于这两种以及其他种类的行为都具有相同的结果，也就是接近性，因此我们可以用一个总的术语来称呼它们，也正是出于这个目的，我们使用了“依恋行为”一词。任何幼年期导致接近性的行为形式也都可以被看作是依恋行为的成分。这种术语命名的方式沿用了动物行为学已有的传统。每当几种不同类型的行为具有相同结果的时候（或者至少都有助于相同的结果），它们通常会被归入一个类别并参考它们的结果来进行命名。众所周知的两个例子就是筑巢行为和交配行为。

与年幼个体的依恋行为相对的父母行为被称作“养育行为”，在第十三章我们会进一步讨论。

依恋行为和养育行为在出生后就离开巢穴的鸟类中是很常见的，这两种形式的行为也同样出现在所有的哺乳动物中。除非发展过程中出现不幸的事故，否则依恋行为最初总是指向母亲的。如果父亲在养育过程中扮演重要角色，依恋行为就会指向父亲。在人类当中，也可能会指向其他一些人（见第十五章）。

依恋行为在生命周期中出现的阶段在不同物种之间有很大的差异。通常它会持续到青春期，但不一定会持续到完全性成熟的阶段。在很多种鸟类中，依恋行为终止的时间在两性中是相同的，这时就意味着幼年个体已经准备好配对了，这通常发生在它们的第一个冬天的末尾，或者像鹅和天鹅发生在第二个或第三个冬天的末尾。但是，对于很多哺乳动物来说，两性之间存在显著的差异。雌性蹄类动物（羊、鹿、牛等）对母亲的依恋会持续到很大的年龄。因此，羊群或鹿群的结构是幼崽跟随母亲或随外祖母或曾祖母这样的形式。相反，这些种群的雄性幼年个体在进入青少年期时就会离开母亲。此后它们会依恋更年长的雄性并终身待在它们身边，除了在每年发情期的几周内。

猴子和猿的依恋行为在婴儿期和儿童期是十分强烈的，但是进入青少年期之后联结就开始变弱了。尽管过去人们默认这时这种行为就终止了，但是最近的证据表明，至少在一些物种中，这种联结会持续到成年期。这就产生了动物的亚群体，在这些亚群体中所有的动物都有同一个母亲。关于恒河猴的报告见萨德的研究（Sade，1965），关于黑猩猩的报告见古道尔（Goodall，1965），沃什伯恩等人（Washburn，Jay & Lancaster，1965）认为这些亲属关系的亚群体“是由母亲和新生儿之间所需要的亲密联系决定的，它随着时间和代际的传承不断地扩展，而且可以被分化到兄弟姐妹之间的亲密联系中去”。同时，他们相信“这种母亲和后代之间持续的社会关系模式也可见于其他种类的灵长动物中”。

由于人类婴儿出生时的未成熟程度很高，而且发展过程又很慢，因此没有哪一个动物的依恋行为的出现所需要的时间要比人类更长。这也可能是人类儿童指向母亲的行为这么长时间以来都没有被归入与其他很多动物相同类型的行为的原因之一。另一个原因可能在于动物的依恋行为只是在过去的二十年间才获得了系统的研究。无论出于什么样的原因，儿童与母亲之间的联结的人类行为版本与其他很多种类的动物之间是共通的，这一点如今已经是无可辩驳的事实，而我们也是从这个角度来对这一联结的本质进行检验。

不过适当的谨慎仍是必要的。最终形成鸟类和哺乳动物的两条动物进化线索早在爬行动物时期就已经出现差异，因此几乎可以肯定的是，两者依恋行为的进化也是相互独立的。再加上鸟类大脑的结构与哺乳动物差别很大的现实，就使我们相信调节两者依恋行为的行为机制很可能是极其不同的。也就是说，我们在这里所采用的任何来自鸟类的论据都只是一种类比，来自幼年哺乳动物依恋行为的论据则更有说服力，而任何来自非人灵长类动物的行为证据都可能与人类的行为更加相似。

有关人类儿童依恋行为的发展及其随时间变化的过程的记录实际上是非常少的。部分地出于这个原因，但更主要是为了能够提供一个更广阔的角度来看待人类的情况，接下来的讨论会从已知的猴子、狒狒和类人猿的依恋行为开始。

非人灵长类的依恋行为

除了人类以外，很多灵长类的婴儿在一出生或者出生后不久都会紧靠母亲。在整个儿童早期，它们不是直接从物理上接触母亲，就是只离开它不到1米远的距离。母亲也会回应它们并保持婴儿和自己之间的亲密距离。随着幼年个体的成长，它们与母亲直接接触的时间逐渐减少，而且它们还会被赶到距母亲很远的地方，但它们晚上还会和母亲一起睡觉或者至少在警觉的时候冲到母亲身边。在更高等的种群中，有些个体对母亲的依恋行为可能会延续到青少年时期，还有一些种群的动物会以一种弱化了的形式持续到成年期。

雌性幼年个体比雄性的活动性和冒险性更低。青少年期的雌性个体常常待在群体的中心位置，与成年雄性接近，但青少年期的雄性个体则成长在边缘地区甚至单独活动。

以下描述的是四种灵长类幼年个体的依恋行为，两种旧世界猴（恒河猴和狒狒）以及两种类人猿（黑猩猩和大猩猩）。选择它们的原因如下：

1.所有这四个种群，尤其是狒狒和大猩猩，都适应陆地生态系统；

2.针对四个种群都有很好的野外研究数据；

3.恒河猴和黑猩猩还可以获得实验室数据。

尽管为了简便，以下的很多描述表达都是不够充分的，但必须牢记的是，同一物种中不同动物行为会有很大的差异，而且一个物种的一个社会群体的某些典型行为可能在某些方面会区别于同一物种的另一个群体。其中一些群体差异可以用其居住地的不同来解释，但还有一些则源于群体中某个动物的创新并通过社会传统被传递到其他成员那里。

恒河猴的依恋行为

关于恒河猴的一些研究来自在一定条件下的自然观察，也有很多来自实验室的观察和实验①。无论是少数在北印度仍住在树林里的群体还是更多地住在村庄和已被耕种的土地上的群体，都是相同的。相比陆生种群，它们尽管仍是树栖动物，但它们白天有很长的时间都在地面上活动，夜晚它们会回到树顶或屋顶。群落包含两种性别的成年个体、青少年个体和幼年个体，通常在很长一段时间内都是稳定的，无论白天还是夜晚都在一个特定有限的范围内活动。群落的大小从十五到超过一百个成员不等。

恒河猴大概在四岁的时候进入青春期，到六岁时发育完成，之后还会拥有大约二十年的寿命。大概在三岁以前，年幼的恒河猴在野外都会和母亲保持很近的距离。在那个年龄，“大部分雄性都会离开它们的母亲，在群落边缘与其他青少年期的个体待在一起或者到别的群落中去”（Koford，1963）。但雌性与母亲在一起的时间可能会更长。等级较高的雌性恒河猴的儿子有时也会和母亲在一起，等到这些受宠的儿子成年就很可能会在群落中占据主导的位置。

海因德和他的同事对小型关养的动物群体中前两年半婴儿和母亲之间的互动做了十分具体的描述（Hinde，Rowell & Spencer-Booth，1964；Hinde & Spencer-Booth，1967）。

有些婴儿从一出生开始就会立即紧靠住它们母亲的皮毛，而且它们还倾向于爬到母亲的身上。但是，其他的婴儿一开始手和腿都是紧缩着的，完全需要母亲去支持它们。婴儿要在几个小时以后才会找到乳头，最长的间隔是九小时。一旦发现，乳头就会被紧紧抓住很长一段时间，尽管其中用来吮吸的时间所占的比例很小。

在其生命最初的一到两周内，婴儿会持续与母亲保持腹对腹的接触，白天大部分的时间都紧紧抓住母亲的手、脚和嘴，到了夜晚则被母亲拥抱着入

① 对行为的描述见索恩威克（Southwick，Beg & Siddiqi，1965）对北印度恒河猴的观察；考福德（Koford，1963a；b）以及萨德（Sade，1965）对波多黎各一个小岛上的半野生群落的观察；海因德和他的同事（1964，1967）对关养的小社群猴子（一个成年雄性，三或四个成年雌性及其后代）的观察；以及哈洛和他的同事发表的很多关于在非典型条件下养育幼猴的实验结果（Harlow，1961；1965）。

睡。随后，白天母亲开始把婴儿赶走一会儿，婴儿也会这么做；但是在六个星期之内，距离实际上不会超过1米的半径范围——这个距离近到足以让母亲可以在任何时候把它们抓回来。此后，这种离开会延续更长的时间和更远的距离。不过，满十周之后，白天它会有一半的时间离开母亲，到它一岁生日的时候，这个时间的比例会提升到70%。

尽管在第二年，婴儿白天大部分的时间还是在母亲的视野之内，但母亲从物理上接触不到它们，实际上它们中的大部分和母亲白天的实际接触的时间仍占到一定比例（10%—20%）以及整个晚上。一直到两岁以后，它们物理上接触的时间才会少到可以忽略不计。

身体接触中断和重新恢复部分来自母亲，部分来自婴儿，随着婴儿的长大，这一平衡会以一种复杂的方式发生改变。在最开始的几周内，婴儿有时候会"以一种明显无所畏惧的方式"出发去探索，这时母亲通常会限制它们。两个月之后，这种平衡就会开始变化。母亲更少限制而且偶尔还会开始打它们或排斥它们，"自此婴儿在保持与母亲接近中所扮演的角色变得越来越重要"。然而，母亲的角色仍然是重要的——大概的方式就是，当它安静地坐着并且没有什么威胁的时候不鼓励婴儿离得太近，而当它准备移动或变得警觉的时候会很快地发起接触。

每当母亲移动一定距离的时候，婴儿通常在它们腹部下跟随，用手抓住母亲的皮毛，嘴里含着一个乳头。在第一或第二周，有些母亲还会用手给予一些额外的支持。孩子很快就学会了适应这个携带姿势，而且当母亲的手在它们的脖子或肩膀上轻触的时候，它们就会用恰当的方式来回应，通常这都是母亲要移动的信号。当它们长到三或四周的时候，孩子可能偶尔还会骑到母亲的背上。

在孩子第一次离开母亲之后的几周里，如果在陆地上母亲一旦移动，它就会跟随。即使它还不太能缓慢地爬行，它也会尝试去跟随。

这些早期的跟随尝试通常是由母亲主动鼓励的，它会用很慢很犹豫的方式移开，不断地看着孩子，或甚至会拉它鼓励它过来。

如果母亲移动太快或突然离开，孩子就会发出叫声，母亲通常的反应是把它抱过来。在其他一些情况下，当孩子离开母亲的时候可能会发出尖锐的叫声，这也会把在远处的母亲引来抱起它。失去母亲的孩子会把嘴唇突出，发出很长的叫声，这可能会使得另外一个雌性个体来抱它。当孩子和母亲不在一起的时候，一旦出现突发情况，两者都会迅速靠近对方，孩子会用腹对腹的姿势紧靠住母亲并含住乳头。这种行为会持续好几年。

尽管在两岁半或三岁以后，幼猴通常会离开它们的母亲，但有越来越多的证据表明这种联结可能仍然持续并且在成年期社会关系中扮演了重要的角色。在对半野生的个体家庭历史已知的群落进行的长达数年的系统观察中，我们可以明显地看到不仅每一个群落具有稳定亚群体，这些亚群体由相互保持接近的包含两种性别的几个成年个体和一些幼年、婴儿期个体组成，而且所有亚群体的成员可能都是某一只年长雌猴的子代或孙代（Sade，1965）[①]。

狒狒的依恋行为

体型大概是恒河猴两倍的大狒狒在非洲的很多自然栖息地中都被观察过，它们在赤道以南地区十分常见。有些群落生活在森林中，但更多的生活在开放式的热带稀树草原上。无论在哪里生活，它们大部分时间都在陆地上，只有睡觉和躲避捕食者的时候才会爬到树上或悬崖上。与恒河猴一样，它们以稳定的群落生活，包含两种性别的成年个体、青少年个体及幼年个体。群落的大小从十几个到一百多个不等。每个群落都在有限的陆地上活动，尽管群落领地的边缘地区可能会有重叠，但群落之间的关系比较友好[②]。

---

① 似乎存在一种明显的倾向，儿子（半兄弟）彼此接近，而女儿（半姐妹）彼此接近。由于在青少年和成年期儿子会离开母亲而女儿不会，因此由几代个体组成的亲属亚群体中雌性的比例总是要高于雄性。

② 《灵长类行为》中的两篇文章以及德沃尔有关自由放养的狒狒的母婴关系的文章。

幼年狒狒的成熟性要比恒河猴稍低一些。大概四岁左右进入青春期，六岁时雌性可以第一次生育。雄性要比雌性高大得多，但它们要到九或十岁时才完全成熟。

幼狒狒在整个第一年都与母亲保持亲密的接触和紧密的关系，在第二和第三年会有一些中断，但基本也是如此。在这之后，雄性和雌性的发展就出现了差异。

在狒狒出生后的第一个月中，它几乎总是用腹对腹的姿势依附着母亲，就像恒河猴一样。五周之后，婴儿偶尔会离开母亲，也是从这个时期开始，它会骑到母亲的背上。大概到四个月的时候，它离开母亲的时间会更加频繁，大概会离开它2米左右的距离。这个时期，“驯马师式”的骑法变得更加普遍（除了母亲奔跑或攀爬的时候婴儿会恢复腹式依附之外），同时同伴之间的社交玩耍也开始了。从六个月开始，与同伴之间的玩耍会增加并且会消耗幼狒狒大量的时间和精力。不过，在十二个月之内，它仍会与母亲保持较近的距离，并且和它一起睡觉。它骑在母亲身上的时间变少，步行跟随的时间变多。

幼狒狒的第二个年头基本上都是和同伴在一起，有些阶段还会和母亲发生较为激烈的冲突。雌狒狒在哺乳期间不会出现正常的性周期，但是当婴儿大概满一岁之后泌乳就会停止，性周期和交配行为又会恢复。在此期间，母亲会断然拒绝孩子想要含乳头或骑在它背上的尝试，甚至在夜晚也会拒绝它们。行沃尔报告，这些拒绝“似乎使得婴儿更焦虑地想要待在母亲的臂弯中，想要把乳头放到嘴里，想要骑在母亲的背上去树上睡觉”。当性冲动降低之后，母亲“通常会再次接受孩子”。即使存在这些断然的拒绝，当母亲或婴儿警觉的时候，它们仍会寻找对方。而且，当婴儿和它的同伴或其他成年雄性发生冲突的时候，母亲仍会试图去保护它。

在第二年的末尾，婴儿的母亲很可能已经有了另一个孩子，但是幼小的孩子仍会待在它身边，而且频繁地和它一起睡觉。当警觉的时候，两岁大的孩子会跑到母亲身边，如果一个熟悉的成年雄性离它更近，它也更可能会爬到母亲那里。

到四岁之后，青少年期的雌性倾向于加入成年雌性并表现得像它们一样。雄性还需要四到五年的时间才会成熟，在此期间，它们会开始对其他狒狒群落感兴趣。到它们完全成熟之后，大部分雄性会转移到其他群落并切断它们与母亲的联结。相反地，雌狒狒则会与它们的母亲终身保持紧密的关系，有时候还会和它们的雌性兄弟姐妹（母亲一方的）保持相似的关系。

黑猩猩的依恋行为

黑猩猩在中非的丛林地区以及树林高地被观察过，这些是它们的自然栖息地，同时，它们长久以来也是实验室研究的对象。尽管它们很擅长树上运动而且睡在树上，但是当它们行进的距离超过5米的时候通常都在地面上走，而且当它们逃避入侵者的时候也会是在地面上。和其他被研究的灵长类动物不同，黑猩猩并不会在一个稳定的社会群落中很亲近地生活在一起。个体通常隶属于一个由60到80个动物组成的单个社会群体，但这个群体会分成一些持续变化的不同的临时性亚群体。每个亚群体都可以包含任何年龄、性别和数量的动物，但有两种类型的亚群体是非常普遍的，一种是几个雄性在一起，另外一种是几个雌性和它们的婴儿在一起[①]。

黑猩猩比恒河猴或狒狒成熟的速度都要慢。蒲赛（Pusey，1978）在坦桑尼亚的观察显示，雌性黑猩猩大约在第九年进入青春期，且在两到三年之后第一次怀孕。雄性大概也是在九岁的时候达到性成熟，但需要多几年才会达到完全成熟。尽管通常动物之间会相互陪伴，但这种陪伴会持续变化，唯一稳定的社会单元是母亲和它的婴儿以及其他年长一些的后代。古道尔（Goodall，1975）的报告显示，有证据表明，在大部分情况下，母亲和它后代之间以及兄

---

① 有关野外黑猩猩的描述见以下相关研究（Goodall，1965），（Reynolds & Reynolds，1965）和（Pusey，1978）；有关它们关养状态下的社会行为描述见耶基斯的《黑猩猩：一个实验室部落》（Yerkes，1943），以及（Mason，1965b）。

弟姐妹之间的亲密关系会持续整个生命周期。

像其他灵长类婴儿一样，小黑猩猩的整个婴儿期都和它们的母亲保持很近的距离。在最初的四个月里，它会用腹对腹姿势紧靠着母亲，只在极偶尔的情况下才会与母亲分开，随后通常就坐在她身边。每当它冒险离开母亲几米的时候，就会被拉回来；每当母亲观察到捕食者接近的时候就会把孩子抱得更紧。

在出生后六到十八个月期间，婴儿会更多以驯马师姿势骑在母亲背上而不是待在它的腹部，它不再紧紧依附着母亲的时间逐渐增加。在这个阶段的末尾，白天它有25%的时间不和母亲有物理接触，通常是在和同龄的伙伴玩耍，但从不会离开母亲的视线。它中断玩耍回到母亲身边坐在母亲腿上或者旁边的情况也并不少见。当母亲准备离开的时候，它会用碰触婴儿、打手势，或者当它在树上的时候，轻敲树干等信号将它的意图传达给孩子。婴儿会立即服从同时恢复携带姿势。

在接下来的十八个月（一直到三岁）中，小黑猩猩离开母亲和同伴玩耍的活动逐渐增加，不和母亲保持物理接触的时间增加到白天的75%—90%。但是它仍然持续被母亲用驯马师的姿势携带，除非它移动得太快，而且晚上还是和母亲一起睡觉。

在四岁到七岁之间，幼儿已经断奶了，尽管这期间它在进食、移动和睡眠上已经独立于母亲，而且它有很多的时间都在和同龄的伙伴玩耍，但是幼年个体仍会持续和母亲待在一起并一起行进。例如，在贡比鸟兽保护区进行的一项研究中，蒲赛观察到四个母亲尚在的幼年雌性至少有五分之四的时间和母亲待在一起，只有在它们首次发情期才会减少和母亲在一起的时间而增加和成年雄性在一起的时间。同样地，在青春期之前，它们仍会有至少一半的时间和母亲在一起，一直到母亲去世之前都仍会持续偶尔见面。在独立性逐渐增强的这些年中，离开和回来的发起者更多时候是年幼的一方，我们并没有观察到母亲出现阻止或拒绝它的后代的行为。

大猩猩的依恋行为

大猩猩和黑猩猩一样，生活在中非热带雨林和丛林高地，而且近些年来同样也是系统野外观察的对象。尽管它们经常睡在树上，而且幼年大猩猩也在树上玩耍，但剩下大部分时间大猩猩几乎都在地面上。除了一些成年雄性之外，它们都生活在由两种性别、所有年龄段个体组成的社会群落中，每个群落的个体数量从十几个到近三十个不等。在几年的时间内，群体的成员并不稳定，一些群落的不稳定性要高于另外一些。雄性和雌性都有可能在青少年期或稍后离开它们出生的群落。大猩猩群落之间会面不一定总是和平的：单独的雄性或者其他群落的雄性攻击雌性并杀死它们孩子的情况曾几次被观察到。不同黑猩猩社群之间的关系有时也是敌对的①。

生物学证据显示，大猩猩和黑猩猩最接近人类的亲属。

大猩猩的成熟速度大致与黑猩猩相类似，如果要说有所不同的话，可能要更快一些。年幼个体和母亲的关系和我们在黑猩猩身上看到的也很相似。

在生命最初的两到三个月里，年幼的大猩猩还无法安全地抓紧母亲的毛发，还需要来自母亲手臂的支持。但是到了三个月的时候，它们就可以成功地靠住母亲并骑到母亲的背上。在三到六个月内，偶尔会看到幼年个体坐在母亲身边的地上，而母亲则可能会慢慢地走开，鼓励它跟上来。但是，婴儿很少会被允许离开超过十米的范围，母亲会立即拉它们回来。直到大约八个月大的时候，它对母亲要离开还没有意识，因此需要母亲抓它走。之后，它会对自己位置和行为的意识会更加清楚，并且一看到母亲离开的征兆就会立即跑回来爬上去。

到一岁之后，当群落休息的时候，婴儿可能会在其他动物之间漫步，可能会短时间地离开母亲的视野。同时它们还会花时间坐在母亲身边而不是腿

① 关于野外大猩猩的描述，见夏勒的研究（Schaller，1963，1965）。

上。等它们到十八个月大的时候，母亲常常会变得不太愿意再带着它们。

> 经常见到的情景是雌性个体慢慢地行走，后面跟着蹒跚学步的婴儿（有时候用一只或者两只手抓住母亲尾部的毛发）。但是，一旦出现危险或者开始快速移动，所有三岁以下的幼儿都会冲到母亲身边并爬到它们身上。（Schaller，1965）

三岁到七岁的青少年大猩猩与母亲之间的互动和在黑猩猩身上看到的并没有太大不同。这些孩子不再被携带，而且可以独立进食和睡眠。白天大部分时间都和其他青少年个体在一起。但是，它们与母亲的关系仍会持续，即使在另一个孩子出生之后也还会保持，尽管这时它得到的关注可能比新生儿要少。随着它们逐渐成熟，孩子会决定来还是走，与母亲的关系变得没有那么紧密。到大猩猩八岁的时候，大部分都会花更多的时间和其他成年动物在一起。

幼猴和类人猿与群落中其他成员的关系

在婴儿期（一岁以内的恒河猴和狒狒，三岁以内的大猿），除了母亲之外，婴儿很少和其他成年个体在一起。当它们离开母亲的时候，通常才有可能是和其他婴儿或青少年个体在一起玩耍。不过，成年的没有孩子的雌性想要做养育其他孩子的母亲并且成功得到一个婴儿的情况也并不少见。在大部分种群中，母亲都不会喜欢这种情况的出现，它们会很快把孩子抢回来[①]。不过，印度叶猴会允许其他成年雌性抱它们的孩子。夏勒也曾描述观察到两只大猩猩婴儿与母亲以外的雌性保持更强烈的联结：有一只六个月大，会和“阿姨”在一起一小时甚至以上的时间，另外一只两岁大，“在六个月的大部分时间里都和另一雌性及它的小婴儿待在一起，白天会间断地回到母亲身边，晚上则和母亲

① 海因德（Hinde，1965a）有一篇文章的主题就是雌性恒河猴“阿姨”的侵入行为。孩子的母亲会极度限制这些行为并保护它们的孩子不被“阿姨”偷走。

待在一起”。

大部分种群的雄性成年个体对带着孩子的母亲都会非常感兴趣，它们不仅允许携带幼崽的母亲待在它们身边，而且还可能会待在它们后面保护它们。不过，在通常情况下，成年雄性不会或者很少会自己携带孩子。唯一的例外是日本猕猴（恒河猴的近亲）。在这个物种的某些群落中，高等级的成年雄性通常会在母猴生育新的孩子的时候“领养”它一岁大的婴儿。在有限的时间段内，它们的行为“与母亲对婴儿的行为非常相似，除了没有吮吸动作之外”（Itani，1963）。这种父亲的行为在印度雄性恒河猴身上并没有出现，它们不是对婴儿不感兴趣，就是对它们充满敌意。

在很多种群中，随着年龄的增长，幼儿与成年雄性的关系会增强，但是这种情况出现的年龄差异很大。在热带草原狒狒中，带着婴儿的母亲通常会和一个特定的雄性（有时两个）建立联系。它的孩子很可能会开始依恋这个雄性，并且当母亲生育另一个婴儿之后这种关系还会持续下去（Altmann，1980）。因此，幼年狒狒在第二年的开始当它们警觉的时候就会跑到成年雄性身边而不是母亲身边也就不足为奇了。幼年大猩猩会被具有支配地位的雄猩猩吸引，当整个群落休息的时候，它们会在雄性身边坐着或玩耍。有时候，它们还会爬到雄性身上甚至搭个车。如果玩耍并不是很吵闹的话，雄性对此也具有很高的耐受性。幼年时期的大猩猩有时候也会寻求成年雄性的陪伴并且会跟在它后面离开群落。这些友好的关系在黑猩猩中并没有看到，不过当黑猩猩长到青少年期时，无论哪种性别，通常都会与成熟的雄性建立联系。由于在所有这些种群中，群内交配都是混乱的，因此观察者可以假设这些动物无法知晓哪个雄性是哪个婴儿的父亲。但是近期的研究发现，至少在某些种群中，雄性和一些婴儿在一起的时间要超过另外一些，而这些婴儿通常是那些与该雄性交配时更有可能怀孕的雌性的后代（Berenstein，1982；Altmann，1980）。

婴儿和母亲在关系中的角色

从以上叙述中可以清晰地看到，对于所有非人灵长类动物来说，在婴儿出生后最早的几个月中，母亲在保证孩子与自己接近的过程中扮演着极其重要的角色。当婴儿抓不住的时候它会给予支持，当婴儿离开太远的时候，它会把它拉回来。当有老鹰在头顶上盘旋的时候或者有人类过于接近的时候，它就会把婴儿抱起来。所以说，即使婴儿有想要离开的倾向，母亲也不会允许它们这样做。

但是所有的证据都显示，婴儿并没有想要远离的倾向。这一点在婴儿被带离母亲身边的时候就可以看出来，猴和类人猿的很多不同种群的婴儿都是一样的。在婴儿被人类养育的情况下，研究者对此有传记式的描述。比较好的案例有洛威尔（Rowell，1965）研究的幼年狒狒，鲍尔维格（Bolwig，1963）研究的幼年赤猴（也是陆生种群，其成熟速率与狒狒相似），凯洛格（Kellogg，1933）以及海因斯（Hayes，1951）研究的幼年黑猩猩，以及马蒂尼（Martini，1955）研究的幼年大猩猩。众所周知，有关于一个实验模型下长大的婴儿的最好的报告就是哈洛及其同事的工作（Harlow，1961）。

所有这些扮演了幼年灵长类动物养父母角色的勇敢的科学家，都可以证明这些动物靠近他们的强度和持久度。洛威尔这样描述她照看的一只小狒狒（从15周到17周）：“每当因某个很大的噪声或者突然的移动感到警觉时，它就会跑到我这儿，绝望地抓住我的腿。”在她养育它十天之后，她说：“它不再允许我离开它的视线，也不接受模型或者是围裙，而是更强烈地要靠紧我。”鲍尔维格在描述他从几天大就开始照顾的赤猴时写道：“一开始它会紧紧抓住任何放在它手里的东西，如果被移走的话，就会大声尖叫着反抗，之后它的依恋很快就会变得越来越紧密直到最后变得几乎牢不可破。”海因斯描述她从三天大就开始抚养的黑猩猩维吉时，报告了在四个月的时候维吉已经可以走得很好了，但是“除了大概一小时的午睡之外，维吉会像一个婴儿一样挂在我身上，直到晚上把它哄睡”。所有这些描述都包含了相似的信息。

婴儿对母亲的区分

依恋行为被定义为寻求和保持与另一个个体的接近性。尽管这些报告无疑证明灵长类所有种群的幼年个体都会以最大的韧性紧靠住某些客体，但是从什么时候开始它们可以区分并依恋于一个特定个体仍有待考察。

哈洛认为恒河猴婴儿“学会依恋一个特定的母亲（这个母亲）”是在其生命的第一到第二周的时候（Harlow，1965）。海因德支持这样的观点：在刚出生的几天里，恒河猴婴儿的指向行为就会更偏向母亲而不是其他猴子。例如，在第一周的末尾，它可能会很短暂地离开母亲爬到另一只雌猴那里，但是它很快就会转向并回到母亲身边。对一个特定个体的辨认能力在如此短的时间内就已经获得，也就不奇怪现在有证据证明非人灵长类在刚出生的时候就具备某种程度的模式视觉（Fantz，1965）。

来自人类养父母的有关这种联结的报告也是相当有意思的。

鲍尔维格抚养的五到十四天大的赤猴在来到人类家庭不久之后就开始区分不同的个体成员。在它来到家里三天以后，如果照顾它的鲍尔维格小姐走开，把它留在鲍尔维格博士身边，它就会跟着跑到门口，大声尖叫，直到她回来把它抱起来才会停止哭泣。

> 在接下来的几天里，这种依恋从对我的女儿转移到对我，而且变得越来越强烈，以至于我到哪里都不得不把它带在我的肩膀上……到三个半月大的时候，如果把它给家里的其他人照顾，它就会感到非常痛苦。

尽管到五个月之后，猴子与其他人类以及其他同种类的猴子相处的时间变得更多，但它对鲍尔维格博士的偏爱仍然持续，尤其当它感觉痛苦的时候，而且这种偏爱在四个月后又再次明显地出现（这时它已经九个月大），尽管在此期间鲍尔维格博士并不总在它身边。

洛威尔大概是在小狒狒五周大的时候成为它的养母的。在第一周，小狒狒就已经可以区分出来熟悉的人和陌生人而且可以辨认出它的主要照顾者。一开始，如果它不饿的话，就可以满足地单独和模型或者照顾者的围裙在一起待着。但是，十天之后，“他就不再允许我离开他的视线……如果他看到我移动或者只是看到了我的眼睛，他就会扔掉模型跑到我身边来”。

所以，这些报告都毫无疑问地证实了一些种类的猴的依恋行为在一周左右的时间内就会指向某个特定的偏好的个体，并且一旦这种对偏好个体的指向形成，就会变得极其强烈和持久。

与其成熟速率相一致，黑猩猩婴儿出现对照顾者的清晰偏好的时间要更慢一些。但是，一旦这种偏好发展起来，它的强烈程度丝毫不亚于任何猴子。在海因斯的描述中，维吉在三个月之前就开始关心它是跟谁在一起了。然而一旦到了这个时期，它的偏好变得非常明显。例如，海因斯描述了维吉在不到四个月的时候参加了一个晚会，它探索客人和退回养母身边两种行为互相交替着出现。当客人们转移到一个相邻房间的时候，它不小心抓住了另一位女士的裙子，但当它抬头看到自己犯了错误的时候，就哭了起来，然后立即转移爬到她养母的身上[①]。

依恋行为强度的变化

所有对野外灵长类婴儿的描述都显示，至少在警觉的时候，离开母亲的婴儿会飞奔到它身边，而已经在母亲身边的婴儿则会把它抓得更紧。这种毫无例外的依恋行为对于我们理解原因和功能都具有极其重要的意义。

其他一些导致依恋行为出现或强度提升的情景还出现在人类养父母抚养

---

① 耶基斯的描述还显示幼年黑猩猩要在几个月大之后才能够非常好地辨认。一对由母亲养大的双胞胎在大概五个月之前看起来都无法“将对方看作一个社交的客体”（Tomilin & Yerkes，1935）。

的动物婴儿身上。洛威尔报告当她的小狒狒饿了的时候，“它会坚持与我保持接触，并且如果我离开它就会大声尖叫”。洛威尔和鲍尔维格都曾经描述过，当婴儿长大一些之后开始有探索的倾向，但是哪怕最轻微的照顾者要离开的迹象都会被立即留意到并促使这个小动物很快出现紧靠的动作。短暂的分离会有同样的效果。鲍尔维格记录了当他的小赤猴和其他同类的猴子被留在笼子里几个小时后被放出来的时候：

> 它会紧靠住我，那一天接下来的时间里再也不让我离开它的视线。晚上，它醒来会轻声叫唤着并紧紧靠着我，当我尝试放开它的时候，它显得非常害怕。

依恋行为的减弱

在对野外幼年灵长类动物依恋行为的描述中可以看到，随着它们逐渐长大，它们和母亲在一起的时间会减少，和其他同伴在一起的时间会增加，随后和其他成年个体在一起的时间也会增加，并且这种变化主要是它们自己发起的。而母亲对这种变化的促进作用在不同种群之间存在很大的差异。母狒狒在孩子十个月之后经常会拒绝它们，尤其是当它准备再要一个孩子的时候。恒河猴母亲也会做出一些拒绝的动作。但是雌性黑猩猩和大猩猩似乎很少有这样的表现。

不过，已有的证据似乎可以清楚地表明，即使没有来自母亲的拒绝，在某个特定年龄之后，依恋行为被引发的强度和频率都会减弱。这时很可能有很多不同的过程正在发生。其中一种变化可能发生在调节依恋行为的系统本身。而另一个变化是好奇心和探索行为的增加，哈洛和他的同事对这一点的影响力有很多说明。

鲍尔维格对他的赤猴的依恋行为减弱的过程的描述非常具有启发性。他非常生动地描写了从第一天开始，小猴子就充满好奇心，它喜欢盯着手和脸看。它对非生命物体的探索从一开始就有，而且会稳步增长，到了第二个月月末，它在家里的时候会有很多时间都爬在家具上。大概到了四个月的时候，它就会很享受和一群学生待在一起，甚至叫它的时候也不愿意回来；随后这样的拒绝变得越来越多。鲍尔维格认为小猴子对玩耍和探索的兴趣“就像依恋阶段的对手一样，并且会逐渐主导它每个小时的活动”。

依恋行为减弱的速度显然受到很多因素的影响。其中之一就是警觉事件出现的频率：所有的描述都一致显示，在警觉的时候，即使是大一些的幼儿也会立即回到母亲身边。另一个因素是过早出现的强制分离的频率。在鲍尔维格的描述中，小赤猴在照看者被别人说服（与自己更好的判断相反）并训诫了它们之后就会出现更强烈的紧靠行为，例如把它们锁在门外或关到笼子里。“每次我这样做了以后……就会造成小猴子发展上的后退。它会有更多的依附行为，更淘气更难相处。”

尽管在非人灵长类的自然发展过程中，指向母亲的依恋行为会逐渐减弱，但却不会完全消失。不过，由于来自野外观察的数据太少，有关它在成年生活中所扮演的角色还并不能得出确定的结论，关养动物方面也同样是这种情况。

上文提到的所有人类养育的猴子和类人猿都是在幼儿时期来到动物园或实验室群落的。从这些动物得到的普遍经验是，尽管它们通常会恰当地与同种类的成员社交，但仍会持续表现出一种比自然生长的动物更强烈的对人类的兴趣。此外，其中一些还会因人类产生性唤起并将性行为指向人类。因此，婴儿时期依恋行为所指向人物的性质特征也具有长期影响。

人类的依恋行为

与非人灵长类的异同

初看之下，人类的依恋行为和非人灵长类之间似乎存在很大的鸿沟。对于后者来说，婴儿对母亲的紧靠行为在出生时或者出生后不久就会出现，但是人类的婴儿意识到母亲存在的过程很慢，而且要在有能力移动之后才会寻求母亲的陪伴。差异确实是存在的，但是我相信其重要性很容易被人们夸大。

首先，我们可以看到，至少在一种类人猿——大猩猩中，婴儿出生的时候并没有足够的力量支持自己的体重，因此在前两到三个月都需要母亲去支持它。其次，我们要知道在更原始的人类社会，例如游猎部落时期，婴儿并不是被放在小床或者婴儿车上，而是被母亲带在背上的。所以说，大猩猩和人类之间在母婴关系上的差异并没有那么大。实际上，从最低等的灵长动物到西方人类社会，我们可以看到一个连续的图谱。在进化水平最低的灵长类中，例如狐猴和狨猴，婴儿从一出生开始就要发起所有的紧靠行为，它不会从母亲那里得到任何支持。在更高级一些的猴类中，例如恒河猴和狒狒，婴儿需要发起大部分的紧靠行为，但是在其生命早期的几天里母亲会给予一些帮助。在最高级的大猩猩和人类中，婴儿也会有依附行为，但是没有力量可以长期地支持它；所以，在几个月内，需要母亲的行动来保持婴儿与母亲的接近性，但仍会保持母婴亲近。只有在经济发展水平更高的社会，尤其是西方社会，婴儿通常才会在一天中有很多时间不与母亲接触，晚上也常常不在一起。

这种进化上的从完全由婴儿发起接触到完全由母亲发起接触的转变是非常重要的。这也就是说，恒河猴在学会将母亲从其他猴子（以及非生命物体）中识别出来之前就已经出现了很强烈的依附行为，但是人类婴儿在还不会紧靠或主动移向母亲的时候已经能够将母亲从其他人（或物体）中识别出来了。这一现象就使得我们能更好地确定人类依恋行为开始的标准。

依恋行为在第一年中的发展

有足够的证据表明，在家庭中，大部分婴儿在三个月左右的时候对母亲的反应就已经区别于其他人了。比起看到其他人来，这个年龄的婴儿在看到母亲来的时候更会微笑，更愿意发出声音并且会更长久地跟随她的眼睛。因此，这时已经出现了知觉辨认。但是，直到有证据表明婴儿可以辨认出母亲并表现出要保持与她接近的行为倾向之前，我们还很难说依恋行为已经存在。

保持接近的行为最明显的时候是母亲离开房间婴儿哭泣，或者哭泣并想要跟随她的时候。安斯沃思（Ainsworth，1963，1967）曾报告，在一组非洲婴儿中，最早在十五到十七周的时候就会出现哭泣并试图跟随的行为，到六个月大的时候，这些行为就已经很普遍了。除了其中四个以外，所有的婴儿刚刚会爬的时候就试图跟随他们正要离开的母亲[①]。

在这个研究中，安斯沃思对乌干达干达部落进行了观察，她用下午几个小时的时间去拜访那里的母亲，通常这个时候她们经过一上午的工作可以休息下来并接待访客。在这个时候，醒着的婴儿不是被抱着放在大腿上就是在自由地爬行。由于这时候周围会有很多成年人，可以很容易地看到婴儿区别化的行为以及对母亲的依恋行为。在大约七个月的时间内，她对二十五位总共有二十七个婴儿[②]的母亲做了隔周的拜访。在研究结束的时候，其中最小的两个婴儿还只有六个月，但大部分都已经是十到十五个月大了；除了其中四个之外，所有的婴儿都表现出依恋行为。

安斯沃思的发现使我们清晰地看到，除了少数情况之外，干达儿童的依恋行为在六个月的时候已经展现得非常清晰，这些行为不仅表现在母亲离开房间时婴儿的哭泣，而且也表现在当母亲回来的时候孩子用微笑抬起的手臂以及发出的愉快的声音来迎接她。孩子被单独留在陌生人身边的时候更有可能哭泣，但在这个年龄段并不是每次都会哭。但是，在接下来的三个月里，当婴儿进入六到九个月的年龄段时，这些行为出现得更有规律也更生动，“就好像对母亲的依恋变得更加强烈更加巩固”。这个年龄的孩子在母亲离开房间的时候

① 干达儿童样本中会爬行的年龄中数是二十五周，而美国白人儿童会爬行的年龄中数是七个半月（Gesell，1940）。在这个方面以及其他很多运动发展方面，干达婴儿与白人婴儿相比要先进得多（Geber，1956）。

② 还有一个婴儿也出现了依恋行为，但由于她在研究结束时才三个半月大，所以把这个案例从整理样本中删除了。

会跟随她，在她返回的时候会迎接她并尽可能快地爬到她的身边。

所有这些行为模式都会保持到第一年的最后三个月以及整个第二年。满九个月之后，当母亲离开房间的时候孩子可以更有效地跟随她，因此这些情境下哭泣的情况就会减少，而紧靠母亲的行为在九个月之后也变得十分明显，尤其是有什么事物导致孩子警觉的时候，例如陌生人的出现。

尽管这些孩子的依恋行为也会指向其他熟悉的家庭成员，但是对母亲的依恋总是最早出现而且最强烈也最持久。在六到九个月的年龄段，父亲如果有规律地回家，那么当他出现的时候孩子都会愉快地迎接他，但是跟随一个熟悉的成年人（不是母亲）离开的行为要到九个月才能看到。自此以后，如果母亲不在，孩子就会倾向于跟随任何他恰好遇到的熟悉的成年人。

在安斯沃思观察的二十七个干达孩子中有二十三个准确无误地出现了依恋行为，其余四个婴儿在观察结束之前却没有出现任何形式的依恋行为。这四个孩子当时的年龄是八个半月（双胞胎）、十一个月和十二个月。他们发展迟滞的可能原因会在第十五章中讨论。

安斯沃思在干达观察到的依恋行为出现的年龄与谢弗和爱默生（Schaffer & Emerson，1964a）在苏格兰孩子身上观察到的并没有很大的差异。他们的研究包含了六十个从刚出生到十二个月大的婴儿。每四周一次从父母那里收集信息。对依恋的标准严格地限定在母亲离开时的反应。研究者定义出了七种可能的情境，如被单独留在房间里、晚上睡在小床上，并对反抗的强度进行了打分。研究者并没有进行一手的直接的观察，迎接反应除外。

在苏格兰的调查中，三分之一六个月大的孩子和四分之三九个月大的孩子都出现了依恋行为。就像干达的情况一样，有些婴儿出现得很慢，其中有两个孩子在十二个月大的时候仍没有看到。

表面来看谢弗和爱默生的发现显示苏格兰孩子依恋行为的发展要比干达孩子更慢。这也是有可能的，而且这与干达孩子更显著超前的动作发展也是一致的。但另外一种解释是这些差异来自对依恋的不同评价标准以及两个研究所采用的不同研究方法。通过现场本人的观察，安斯沃思可能会记录到依恋最早的迹象，但是谢弗和爱默生所依赖的母亲的报告可能做不到这一点[①]。即使是这样的话，这两个研究的发现仍有很多一致的地方。其中包括不同的孩子出现依恋行为的年龄范围不同——从四个月前到十二个月之后。这一巨大的个体差异不能被忽视，我们在第十五章会对可能的原因进行讨论。

在依恋行为指向母亲以外的人物的频率上两者也是一致的。谢弗和爱默生发现，在孩子第一次出现依恋行为后的一个月内，其中四分之一的孩子会将之指向其他家庭成员，到他们十八个月大的时候，除了少数几个之外，几乎都会依恋至少一个妈妈以外的人，常常还是几个人。父亲是其他人中引发依恋行为最多的人物。其次是年长的孩子，“不只是那些有时候会代替母亲进行日常照料的较大的孩子，还有那些学龄前的孩子”。谢弗和爱默生没有发现有证据表明当孩子的依恋行为同时指向其他人的时候对母亲的依恋强度会减少。相反，在依恋出现的前几个月中，孩子依恋对象的数量越多，他将母亲作为主要人物来依恋的强度就越大。

两个研究不仅都记录了孩子之间发展速度的差异，而且报告了对于任何一个孩子来说，其出现的依恋行为的强度和持久性每天或者每个小时都有巨大的差异。造成短期变化的因素可能有两种类型，有机体的或者是环境的。有机体方面安斯沃思列出了饥饿、疲劳、疾病和不愉快，这些都会导致哭泣和跟随行为的增加。谢弗和爱默生同样也列出了疲劳、疾病和疼痛。在环境因素方面，两个研究都指出当孩子警觉的时候，依恋行为会更加强烈。安斯沃思对这个方面的观察更有发言权，因为作为一个白皮肤的陌生人，她尤其容易唤起孩子的警觉反应。在四十周之前，没有一个干达孩子出现警觉反应，但是在随后的几周内，几乎所有的观察都发现：“在这个季度中（第四个）第一次见到，孩子看上去都很怕我……这种情况下可能看到他们伴随着恐惧的依附行为。”

---

① 之所以认为谢弗和爱默生可能没有汇报最早出现的那些不那么持久的依恋行为是因为当他们第一次报告依恋出现的时候，母亲离开时的反抗行为都已经存在而且几乎接近最大强度。

谢弗和爱默生注意到的另一个引起依恋强度增加的场景是母亲的缺席①。

需要注意的是，所有报告过的短期内影响人类婴儿依恋强度的因素与短期内影响猴子和类人猿婴儿依恋强度的因素都是一致的。

尽管很充分的证据显示婴儿从母亲那里得到的照顾的类型在决定他的依恋行为的发展中起到了很主要的作用，但我们不能忘记婴儿本身发起的互动及其所采取的形式的影响程度。安斯沃思，谢弗以及其他一些观察者都注意到人类婴儿扮演着的非常主动的角色。

安斯沃思在回顾她在干达的观察时写道：

> 依恋行为尤其令我震惊的一个特点是婴儿本身在发起互动时的主动程度。至少从两个月大开始，在第一年中还会逐渐增长，这些婴儿在寻求互动的过程中就变得越来越主动而不只是被动接受。

谢弗一脉相承地描述他的苏格兰婴儿们：

> 孩子似乎经常会用他们对需求的坚持来指示他们父母的行为，我访谈过的很多母亲都曾报告她们被迫做出的反应比她们本来想要做的更多……

除了哭泣这种无法令人忽视的行为之外，婴儿通常也会不断地发出叫声，当他们被注意到并转向他的时候，就会对着母亲或其他陪伴者微笑。之后，他会迎接并接近母亲，用一千种有吸引力的方式来寻求她的注意。他不仅用这些方法引起陪伴者的反应，而且“他还会通过强化其中一些而不是另外一

① 谢弗和爱默生报告，他们无法确定强度变化的影响因素，“有些本质上似乎是自发的”。不过，很有可能，更频繁且直接的观察会揭示一些仅通过每月对母亲的访谈所得不到的信息。

些，来维持并进一步细化他们的反应”（Rheingold，1966）。母婴之间逐渐发展出来的互动模式源于两者共同的作用，尤其是两者交替影响对方行为的方式。这个观点在第十六章还会有更多的阐述。

人类依恋行为的后续过程

尽管生命第一年依恋行为的发展已经被很好地记录下来了，但它在后续几年中的发展过程还未有详尽的记录。有证据显示在第二年以及第三年的大部分时间里，依恋行为出现的强度和频率并不亚于第一年的末尾。但是，随着婴儿知觉范围和理解周围事件能力的增加，引发依恋行为的环境事件也会发生变化。

其中一个变化是婴儿对即将到来的分离开始有越来越多的意识。在第一年，婴儿会反抗，尤其是当他被放到小床上，并且稍后看到母亲离开视线的时候。随后，在孩子全神贯注于其他事情的时候，如果母亲离开他的话，他就会开始注意到她的离开并表示抗议。在此之后，他对母亲的行踪会变得极其警觉：他会花很多时间看着她，或者当母亲不在视线范围内的时候，他会仔细地倾听母亲移动的声响。在第十一或十二个月时，孩子变得可以通过注意母亲的行为来预期她即将表现出的离开，并且在她离开之前就开始抗议。基于对这种情况的了解，很多两岁大的孩子的父母会隐藏他们对离开的准备直到最后一分钟，以避免孩子大吵大闹。

大部分孩子强烈的有规律的依恋行为会保持到大概第三年的末尾。之后就会发生变化。保育学校的老师对此有着非常普遍的经验。在孩子大概两岁九个月的时候，也就是他们去保育学校而母亲离开的时候，他们大部分都会感到不安。尽管哭泣只会持续一段较短的时间，但是他们很容易会保持安静且不活跃的状态并持续寻求老师的注意——这与他们在相同的设置下母亲在的时候的表现大相径庭。但是，等孩子们过了三岁生日之后，他们通常会更好地接受母亲暂时的离开并加入到与其他孩子的游戏中。对于很多孩子来说，这一变化的发生似乎是很突然的，这说明在这个年龄孩子可能达到了某个成熟阈限值。

在三岁生日之后，大部分孩子最主要的变化在于他们变得更可以在陌生的地方带着安全感和次要依恋人物待在一起，如亲戚或老师。不过，即便如此，这种安全感仍是有条件的。首先，这些次要人物必须是熟悉的人，最好是那些孩子在母亲的陪伴下认识的人。其次，孩子必须是在健康且不警觉的状态下。最后，他必须知道母亲在哪儿并且有信心在很短的时间内就可以恢复与她的接触。如果没有这些条件，他就更有可能保持一种非常“孩子气”的状态，或者出现其他的行为紊乱。

这种随着年龄增长逐渐增加的信心可以很清晰地在墨菲和她的同事们（Murphy et al.，1962）对两岁半到五岁半的孩子对一个游戏邀请的反应的描述中看到。当他们第一次拜访孩子的家庭时，研究者就按照计划告知几天之后会开车来带孩子去参加一个游戏项目。尽管研究者会鼓励孩子们单独前往，但是如果孩子抗议要求母亲陪同，或者母亲想要陪同的话并不会有什么阻碍。虽然对母亲们来说研究者是熟悉的人，但对于孩子们来说仍是陌生人，只有在研究者初次拜访的时候见过面。

不出意料，当研究者来到孩子们家里要带他们去游戏中心的时候，大部分年幼的孩子只有在母亲陪同的情况下才会前往。这种拒绝和年龄高度相关：在十七个四到五岁的孩子中，除了两个之外，其余的都接受了母亲的安慰和鼓励并愿意单独和研究者一起去，但是在十五个两到三岁的孩子中只有一小部分愿意这么做[①]。大部分年幼的孩子不仅坚持要母亲一起去，而且在第一个游戏时段中，他们一定要保持与母亲的物理接触，比如坐在她旁边，紧抓住她的衣服，抓住她的手或者拉着她。在这些支持的基础上，他们在稍后的时段中逐渐获得了更多的信心。相反，大部分年长的孩子第一次就很高兴地单独前往而且立即或很快就投入到中心提供的玩具和测试中。四岁半以上的孩子中，没有一

① 墨菲并没有给出具体数字或相关系数。

个出现年幼孩子典型的依附行为。为了详细阐述这些差异，墨菲对每一个孩子的行为表现给出了生动的概括。

墨菲在这个研究中所描述的孩子都来自从事技术或专业工作的白人家庭，大部分是老美国人血统。他们的成长环境比较保守和严格。因此，他们没有被溺爱，也没有理由假设他们在任何方面是非典型的。

英国孩子也没有什么不同。纽森夫妇（Newson & Wewson，1966）详细记录了七百名四岁的居住在英国中部的儿童样本中依恋行为的发生率。在四岁的孩子“是否会紧靠你的衣服撒娇”这个问题上，16%的母亲回答“经常”，47%的母亲回答“有时候”。尽管剩下三分之一的母亲回答了“从不”，但是在有些情况下这更有可能是个一厢情愿的想法。一个通常不会表现出紧靠行为的孩子出现这种行为的常见原因是他身体不舒服或者嫉妒比他小的弟弟妹妹。尽管几乎所有的母亲都表示她们会对孩子的要求做出反应，但其中有四分之一的人表示她们的反应是不情愿的。纽森夫妇注意到这是一个在他们和母亲的访谈中经常出现的主题，孩子在其中施加了影响而且这种影响成功地达成了他们自己的目的。纽森夫妇评论到，这个事实是“大部分父母会意识到，但很少在育儿手册中被警示到的”。

因此，尽管大部分孩子在三岁之后出现的依恋行为在急迫程度和频率上要低于之前，但这仍是他们行为中很主要的一部分。此外，即使在减弱的情况下，在四岁孩子身上有一种与常见的依恋行为相似的行为在学龄早期仍会持续。外出散步的时候，五到六岁甚至更大的孩子喜欢不时地握住甚至是很紧地抓住父母一方的手，如果父母拒绝的话他还会充满怨气。当他们和其他人玩的时候，一旦有什么不好的事情发生，他们就会立即回到父母或者父母替代者的身边。一旦害怕的感觉变得更多一点，他们就会立即寻求接触。所以说，在一个普通孩子的整个潜伏期中，依恋行为仍然是其生活中的一条主线。

到了青春期，孩子对父母的依恋就会发生变化。其他成年人可能会拥有与父母等同甚至超过父母的重要性，而同龄人之间性的吸引又会扩展这一范围。这就导致原本已经很大的个体差异变得更大。一个极端是青少年切断与父母的关系；另一个极端则是强烈地保持对父母的依恋并且不能够或不愿意将他们的依恋行为指向其他人；大部分青少年处于两个极端的中间，他们对父母的依恋继续保持，但与其他人的联结也同样重要。对大部分个体来说，与父母的联结会持续，并且成年期会以无数的方式影响他们的行为。在很多社会中，女儿对母亲的依恋要比儿子对母亲更加明显。杨和威尔莫特（Young & Willmott，1957）就曾表示，即使在城市化的西方社会中，成年女儿和母亲之间的联结仍然在社会关系中扮演着重要的角色。

最后，当人进入老年期，依恋行为无法再指向更年长一代的成员或同一代的成员的时候，就有可能会指向年轻一代的成员。

在青少年期和成年期，有一部分依恋行为不仅常常会指向家庭以外的人，而且还会指向家庭以外的群体或机构。学校或学院、工作团体、宗教团体或者政治团体可能会成为很多人的次要依恋“人物”，以及一些人的主要依恋“人物”。在这种情况下，很可能，至少在一开始，对团体中占据重要位置的人物的依恋对个体对这个团体的依恋行为起到中介作用。也就是说，很多公民对国家的依恋是他对这个国家君主或总统的最初的依恋的一种变式。

对容易引发成年期依恋行为的条件的研究可以说明成年期依恋行为是儿童期依恋行为的直接延续。当遭遇疾病或不幸的时候，成年人常常会需要其他人。当突然遇到危险或灾难的时候，大部分人肯定会寻求与一个认识并信任的人接近。在这些情况下，很自然地就会发现依恋行为的增加。因此，用“退行”这个词来形容所有成年期出现的依恋行为显然是一种误导，这种情况在精神分析文献中经常出现，而且这个词往往带有病理性的含义，或至少被认为是不受欢迎的（Benedek，1956）。将成年期的依恋行为当作退行实际上忽视了它在人类的一生中所扮演的至关重要的角色。

对依恋起中介作用的行为形式

在较早的对这个主题的讨论中（Bowlby，1958），研究者列出了五种产生依恋行为的反应。其中两种——哭泣和微笑，会将母亲带到婴儿身边并保持紧密的联系。另外两种——跟随和依附，则可以将婴儿带到母亲身边并保持与母亲的接近。第五种吮吸的角色则不太容易被归类，仍需要进行细致的考察。第六种叫声也是重要的：超过四个月大的婴儿在任何时候都会用短促而尖锐的叫声呼唤他的母亲，当然，后来就会叫她的名字。

由于这些反应所扮演的角色以及它们的特点最好能够和它们的发展一同进行讨论，因此对它们的进一步考察会推迟到稍后的章节。

将母亲作为出发探索的基地

描述生命第一年中依恋行为的发展需要用到两种标准：母亲离开之后的哭泣和跟随，以及母亲回来的时候的迎接和接近。其他标准还有对母亲区别性的微笑，通常在第四个月中可以观察到，以及当孩子警觉的时候向母亲移动以及对她依附的行为。还有一个指标是有依恋行为的孩子在母亲在和不在的时候不同的表现方式。

在安斯沃思对干达婴儿的研究中（Ainsworth，1967），她注意到，在婴儿会爬之后就不会总是与母亲保持接近。相反，婴儿有时候会离开她一点去探索其他物体或人，并且，如果得到允许的话，他甚至会离开母亲的视线。不过，时不时地，他会回到她身边，就好像是要确定母亲还在那里。这种自信的探索在两种条件下会突然中断：（1）孩子害怕或受伤的时候；（2）母亲离开的时候。这些时候他就会尽快地回到母亲身边，伴随着或多或少的痛苦的迹象，或者会无助地哭泣。安斯沃思观察到的这种行为最早出现在孩子二十八周大时。在八个月之后，大部分孩子都会出现这种行为。

从这个年龄阶段开始，孩子在母亲在的时候的行为表现与母亲不在的时候之间开始出现很大的差异，当孩子面对一个陌生人或者在一个陌生的地方时这种差异表现得尤为明显。当母亲在的时候，大部分孩子对探索明显要更有信心；但当她不在的时候，他们就会更加胆怯甚至还会常常陷入痛苦当中。安斯沃思和威蒂格（Ainsworth & Wittig，1969）以及莱茵高尔德（Rheingold，1969）的实验展示了十二个月大的孩子的这类互动。这些研究的结果都是清晰而鲜明的。有关这个主题会在第十六章中进一步讨论。

感受

没有什么形式的行为所伴随的情感强烈程度可以超过依恋行为。行为所直接指向的人物是被爱的，婴儿对他们的到来会带着愉快的欢迎。

只要确保孩子的主要依恋人物在场，或者很容易接近，那么他就会感觉安全。丧失的威胁会制造焦虑，真实的丧失则会产生悲伤；此外，两种情况都可能会引发愤怒。对于所有这些主题我们都会在第二和第三卷中做进一步的探索。

第十二章

依恋行为的本质与功能

你知道，至少你应该知道，
因为我常常这样对你说，
永远不要让孩子在人群中，
离开他们的照顾者；

吉姆现在就有这样的问题，
他一有机会就会跑开，
就在那个不祥的日子，
他松开手跑开了！
当时他还没有跑出一码远，忽然一声巨响，
一头狮子张着大口跳了出来，
饥饿的狮子开始吃起了这个男孩：
从他的双脚开始。

***

他的父亲，竭力地克制自己，
命令周围所有的孩子注意，
吉姆悲惨的结局，
并让他们永远抓住照顾者的手，
因为他害怕更糟糕的事情发生。

——希莱尔·贝洛克（Hilaire Belloc）

次级驱力理论：起源和目前的状态

在上一章中，我们对五种灵长类动物生命周期中依恋行为的发展过程做了概述——从恒河猴到人类。现在我们的任务是考察如何更好地理解这类行为的本质以及控制它的因素。

目前为止最广为接受的理论是次级驱力，因此将对这一理论的起源和目前状态的考察作为开始将颇有助益[①]。

次级驱力理论认为对同类其他成员的喜好源于被他们喂养。多拉德和米勒（Dollard & Miller，1950）这样表述："……很可能喂养的体验是孩子学习喜欢和别人相处的机会，也就是说，它是构建社交的基础。"或者，正如弗洛伊德说的那样："母亲怀里的婴儿之所以想要知觉到母亲的存在只是因为通过经验它知道母亲会毫不延迟地满足它所有的需要。"（1926，*SE* 20）。后来，他更有针对性地说："爱起源于依恋关系中对营养需求的满足。"（1940，*SE* 23）

有关这类理论我们首先需要注意到的是它来自一个假设而不是观察或实验。胡尔（Hull）认为初级驱力的数量是有限的——食物、水、温暖和性，而其他所有的行为都源于此，并通过学习获得。弗洛伊德有与此几乎相同的假

---

① 关于这类理论的精神分析的和社会学习的版本较为全面和最新的阐述见麦科比和马斯特斯的研究（Maccoby & Masters，1970）。

设。两种理论——学习理论和精神分析——随后对此所做的进一步阐释都建立在这个基本假设的信念上，从未对此做进一步的讨论。由于并没有其他理论出现，次级驱力理论的适时出现几乎被认为是一种不证自明的事实。

这一理论首次被严肃地质疑是来自劳伦兹早期对印刻行为的研究。尽管发表于1935年，但他的发现在1950年之前并没有得到多少关注，并且是在10—20年之后才对心理学的思想产生了深远的影响。它们毫无疑问显示了小鸭和小鹅的依恋行为可以在没有接受食物或其他任何常规奖励的情况下发展出来。在它们被孵化后的几个小时内，这些幼小的生物会跟随它们看到的任何移动的物体，无论是一只鸟，一个人，一个橡胶球，还是一个纸板箱。此外，一旦它们开始跟随某个特定的物体，它们就会更偏好这个物体并且在一段时间之内不再跟随其他物体。对跟随物体的特征的学习过程就是我们所知的印刻（见第十章）。

当劳伦兹的实验被重复而且他的发现被验证之后，很自然地我们就会想到哺乳动物和人类的依恋行为是否也是以相似的方式发展出来的。现在我们已经有大量的证据证明确实是这样的。所以，继续支持次级驱力理论的人如果希望他们的理论在未来仍能被认真对待的话，就必须拿出一些令人信服的证据。

我们可以在人类以外的哺乳动物中找到充分的证据证明依恋行为在没有任何传统奖励（如食物、温暖或性）的情况下也可以发展并指向一个客体的只有豚鼠、狗、羊与恒河猴。

在一个系列实验中，斯普利（Shipley，1963）发现出生4小时的被单独隔离的豚鼠会跟随一个移动的白色扁平木质形状的东西并对它产生反应。这些反应不仅包括接近，还包括很多其他典型的社交反应，如嗅、舔和寻求接触。在另外一个实验中，小豚鼠和母亲一起在完全黑暗的环境中待了5天。之后把它们从母亲那里移走并被暴露在光线和移动的物体中。它们再一次对模型产生了接近、跟随以及其他社交反应。由于它们是在黑暗中被养大，因此不可能从母亲那里获得视觉泛化，而且，由于接近先于对模型的接触，因此可以排除之前与母亲接触的效应。

斯科特和他的同事们对小狗所做的实验尽管没有那么严格，但其结论仍是令人印象深刻的（Scott，1963）。小狗在出生之后完全与人隔离，只和母亲以及同一窝的小狗待在一起，保持光照直到他们两到三周大实验开始的时候为止。他们所提出的问题是，一只从没有见过人也没有被人喂食过的小狗会不会接近和跟随人类，如果会的话，在哪个年龄？在什么样的条件下？

在其中一个实验条件中，不同年龄的小狗首先被暴露在坐着不动的人面前，暴露时间是每天十分钟持续一周。所有的三周或五周大的小狗在第一次暴露在人面前的时候都立即开始接近实验者并且整个十分钟都和他待在一起。第一次暴露时更年长一些的小狗则更多会感到害怕，十四周大的小狗在第一次暴露的时候没有一只接近人类。这也就是说，大约在小狗刚刚会爬的几周内，它们都会接近人类，即使人类保持不动而且从未产生过与食物有关的联系。

在另外一个实验中，斯科特的一个同事将三周大的小狗单独由机器喂养。此后每一天它们都会被放出来一小段时间，并观察它们对走动的人的反应。结果所有的小狗都会跟随他。其中一组小狗不仅不会得到任何奖励，而且在它们每次试图跟随的时候还会被惩罚，“这样一来它们所有与人接触的体验都是痛苦的”。几周之后，实验者停止了这样的惩罚。很快这些小狗就不再逃开，实际上，它们和人待在一起的时间要比控制组那些接近人时得到爱抚和善待的小狗更长。

凯恩斯对羊的实验得到了类似的结果（Cairns，1966a；Cairns & Johnson，1965）。小羊从六周大开始被单独养育，但视觉和听觉上可以与一台开着的电视机保持接触。小羊不仅会维持对电视机的接近，而且在九周之后分离时，它仍会搜寻电视机并且在发现它之后立即接近它。在另外的实验中，使小羊保持与一只狗的视觉、听觉和嗅觉接触，一些情况下两者被铁丝网隔开以避免发生直接的互动。几周之后，小羊就又会把狗作为依恋“人物”，分开的时候会咩咩叫，寻找它并且一旦找到就跟着它到处跑。这也就是说，小羊对一个客体的依恋可以在只有视觉和听觉暴露但没有任何身体互动的情况下发展出来。

此外，小羊和小狗一样，即使在这种陪伴中遭受惩罚，也仍会发展出这样的依恋行为。如果羊和狗被关在一起并且不对它们的行动做任何限制的话，狗很容易就会咬、打或者用其他方式虐待羊。但是，即便如此，当它们被分开的时候，小羊仍然会立即寻求狗的陪伴并接近它。所有的这些发现都不符合次级驱力理论。

哈洛对恒河猴的实验也同样不支持次级驱力理论。在一个系列实验中，幼儿从一出生就离开母亲，给它们提供的模型母亲是一个由铁丝做成的圆筒或一个类似的裹上软布的圆筒。喂食通过放在模型上的瓶子来完成。这就使我们能够分开评估食物和可依靠的某些舒服的东西的作用。所有的实验都显示，“接触舒服”会导致依恋行为，而食物不会。

在一个实验中，八只小猴子可以选择被软布模型或铁丝模型养育。其中四只（在要求下）由软布模型喂食而其余四只被铁丝模型喂食，实验者对幼猴和模型待在一起的时间进行了测量。结果显示，无论哪个模型提供食物，幼猴很快就会把大部分时间花在和软布模型一起。两组幼猴每天都有十五个小时的时间紧靠着软布模型，但它们与铁丝模型相处的时间在二十四小时中不会超过一两个小时。其中有些会吃来自铁丝模型的食物，幼猴在探出身体吮吸奶嘴的同时仍然会抓住软布模型。哈洛和齐默尔曼（Harlow & Zimmermann，1959）推断：

> 这些数据清楚地显示接触舒服在对代理母亲（例如模型）的情感反应的发展中是一个非常重要的变量，而扮演喂养的角色则可以忽略。随着年龄和学习机会的增加，被铁丝母亲喂奶的幼猴并不会像驱力衍生理论所预期的那样对它产生更多的反应，相反，它对非喂奶软布母亲的反应则会逐渐增加。这些发现与情感发展的驱力减少理论完全不符。

哈洛的另外一些实验也支持这一结论，尤其是那些对由软布母亲陪伴但不喂食的幼猴以及由铁丝模型陪伴并喂食的幼猴的行为进行比较的实验。两个实验考察了在警觉的情况下和在陌生的环境中幼猴的行为。

被不喂食的软布模型养育的幼猴在警觉的时候会立即寻找模型并紧靠它（就像在野外相似情况下会立即寻找母亲并紧靠它一样）。这样做了以后，幼猴会变得不那么害怕，甚至此后还有可能会开始探索引起警觉的客体。但在同样的实验条件下，被“喂奶”的铁丝模型养大的幼猴的行为则大相径庭：它并不会寻找模型，而是持续感到害怕且不会探索。

在第二个实验中，幼猴被放在一个陌生的测试房间（6号立方体），其中有各种各样的“玩具”。只要软布模型在场，幼猴就会探索这些玩具，将模型作为随时返回的基地。但是如果模型不在的话，婴儿就会：

> 在测试房间乱跑，面朝下猛冲，紧紧抓住自己的头和身体并痛苦的尖叫……铁丝母亲的存在不会比没有母亲带来更多的安慰。控制组的幼猴从出生开始就只和喂奶的铁丝母亲在一起，即使是这些幼猴对它都不会有什么感情，也不会因为它的在场感受到任何安慰。（Harlow，1961）

在两个实验中，典型的依恋行为都指向非喂食的软布模型，并没有发现这些行为会指向喂食的铁丝模型。

洛威尔对其所养育的小狒狒的经验也与Harlow在小恒河猴身上发现的结果一致。狒狒是被一个奶瓶喂食的，同时它还有一个可以吮吸的模型和一个在它想要的时候可以紧靠的照顾者。在这些条件下，只有当小狒狒饥饿的时候才会对奶瓶感兴趣。只有这种情况下，它会狂热地抓住奶瓶。其他所有的时候，它的行为都指向模型或是养母：“瓶子虽然有时候会在它嘴里，但它对奶瓶的

兴趣似乎不会超过任何与之类似大小的物体。”（Rowell，1965）

在哈洛的实验中，食物唯一的作用似乎就是能够让一个软布模型比另一个更具吸引力一些。也就是说，如果有两个软布模型可以选择的话，那么绿色可喂食的相比褐色不可喂食的两个中，婴儿会更多地和可喂食的模型待在一起。四十天的小猴在喂食模型上待着的时间一天中大约有十一个小时，在非喂食模型上大约为八个小时。但即使如此有限的偏好也会逐渐减弱，到小猴四个月大的时候，两个模型几乎就会被同样对待（Harlow，1961）。

有趣的是，正如费舍尔发现小狗在被惩罚时会更坚持跟随，而凯恩斯发现小羊会有同样的情况，哈洛发现小恒河猴在面临惩罚的时候紧靠行为也会变得更强。在实验中，软布模型被装上了一个喷嘴，可以在压缩空气的压迫下发出冲击气流。有一个蜂鸣器用来作为条件刺激警告幼猴即将到来的冲击气流，这对恒河猴来说是一种十分厌恶的强烈刺激。尽管小恒河猴很快就会学习到什么事情即将发生，但它非但不会采取逃避的行动，反而会出现相反的行为。它们会更用力地抱住模型，在这种情况下它们的脸和腹部会受到最大强度的冲击气流（Harlow，1961；Rosenblum & Harlow，1963）。遭受母亲严重虐待的幼猴也会表现出很强烈的依恋行为（Seay，Alexander & Harlow，1964）。显然，这种矛盾的行为是依恋行为在任何警觉情况下被引发出来之后出现的不可避免的结果。这一点我们会在下一章中做更多的讨论。

人类的情况

尽管所有这些实验都可以有效地在低于人类的哺乳动物身上排除次级驱力理论，但是人类的情况仍是未知的。不过，已经有不少观察数据提示我们，影响人类依恋行为的因素与影响他在哺乳动物中的近亲的因素并没有多大的区别。

首先，众所周知的是人类婴儿出生的时候就具备依附的能力，这使他可以支撑起他的体重。弗洛伊德观察到这种能力并称之为“抓握本能”（Freud，

1905，*SE* 7）。其次，婴儿很喜欢有人陪伴。即便是在出生的第一天，婴儿因为社交互动而安静下来，比如被抱起来、对他们说话或者爱抚，并且很快他们就会开始享受看着人们在他身边走来走去。第三，婴儿咿呀学语和微笑这两种行为如果得到一个成年人以纯社交的方式回应，也就是给予婴儿一点点关注的话，其强度就会大大增加（Brackbill，1958；Rheingold，Gewirtz & Ross，1959）。这种反应无需任何事物或身体上的照顾，虽然它们的出现会有很好的辅助作用。也就是说，有清晰的证据显示，人类婴儿可以很容易地对社交刺激产生反应并很快参与到社交互动中（进一步的讨论见第十四章）。

人类婴儿对社交刺激的反应如此强烈，以至于它们也常常会依恋其他同龄或大一点的婴儿，当其他孩子离开的时候，他们会抗议和跟随，当他们回来的时候会欢迎和接近。谢弗和爱默生（Schaffer & Emerson，1964a）报告了这种类型的依恋。他们的想法成形于安娜·弗洛伊德和索菲戴安的一篇文章中（Freud & Dann，1951），这篇文章描绘了六个三到四岁在纳粹集中营中生活的孩子，互相之间持久的陪伴显然是他们生活当中唯一的关系。作者强调“这些孩子的积极感受完全集中在团体内部……他们对彼此非常关心，但不关心除此之外的任何人或任何事情”。

婴儿可以依恋同龄或年长一些的人这一现象清楚地说明了依恋行为可以发展并指向一个与满足婴儿生理需要完全无关的人物。即使依恋人物是成年人的时候情况也是一样的。被谢弗和爱默生评定为他们研究的六十个苏格兰孩子的主要依恋人物的人中，不少于五分之一的人“没有参与过哪怕一点点对孩子生理上的照顾。看上去，依恋仍可以发展出来”，他们推论，“即便它所指向的人物与生理满足完全没有联系”。这些研究者发现的最能够清晰地决定孩子依恋人物的变量是一个人对婴儿做出反应的速度以及他与婴儿互动的强度。

关于这一结论的信息持续增多，近期的实验发现要提高孩子在识别或运动技巧任务上的表现，最有效的方法之一就是用另外一个人的欢迎的反应去奖励他。鲍尔（Bower，1966）描述了通过运用操作条件技术来探索两周以及更大一点的孩子的视觉世界，其中的强化物只不过就是一个成年人用躲猫猫的形式出现在孩子面前。史蒂文森（Stevenson，1965）回顾了很多研究，在这些研究中，当每一次做出正确反应之后都能得到一点社交性肯定的时候，孩子在简单任务中的表现就会提升①。

也就是说，现在已经有证据可以有力地支持这一观点，正如其他物种一样，人类的依恋行为可以在没有传统的食物或温暖等奖励的情况下发展出来。这就意味着，在与人类关系相当紧密的种群中站不住脚的次级驱力理论如果要在人类的例子中被证实的话，就需要更多新的有力的正面的证据，但我们看不到这些证据存在的迹象②。那么，为什么还要坚持次级驱力理论呢？

精神分析师之所以不愿意放弃这个理论的原因之一是他们需要一个理论来解释在各种神经症和精神病性状态下高频出现的口欲症状。

基于次级驱力理论，这些症状可以很容易地被解释为是简单地退行到早期客体关系中口欲的阶段。如果这个解释不被接受的话，那还有其他什么选择吗？有三种方法可以去处理这个问题。首先，尽管我们提出的假设认为依恋行为的发展是独立于食物的，但并不认为它是独立于吮吸的——这个矛盾我们在下一章中会做充分的讨论。因此，退行的理论不能完全被排除。第二，有时候病人会使用象征替代的方式把口欲症状等价于与一个人的关系，对他来说部分就等于全部。第三，在很多情况下，很可能口欲活动可以被归为一种移置活

---

① 有很多学习方面的理论家受到这些结果的启发，都推断依恋行为的发展可以完全用操作条件化来解释，婴儿的社交反应受到来自其依恋人物的社交性的强化（Gewirtz，1961）。尽管这种观点与我们所提出的观点并没有矛盾之处，但它似乎轻视了关系中每一方具有并带到关系中的先天的倾向。当这些先天的倾向被忽视的时候，安斯沃思（Ainsworth，1973）指出，就有可能出现将所谓行为系统都无限程度地当成环境依赖型的危险，并有可能对实践产生不利的影响。

② 墨菲（Murphy，1964）提出了次级驱力理论的一个改进形式，但并没有呈现支持这一理论的新证据。在之前提到的对我的观点的批评中（Bowlby，1958），墨菲承认食物可能并不是唯一重要的奖励。但是她认为，婴儿依恋之所以会发展只是因为他知道母亲人物会满足他、保护他和支持他："依附和跟随行为并不会产生依恋；它们所表达的是婴儿对一个满足需求的、保护的和支持的母亲—人物的依赖。"如果真是这样的话，那么它就很难会指向其他孩子或是与此无关的成年人。

动，也就是说这个活动的唤起是因为另一个活动受挫，所以看起来它与背景是不一致的。这类活动在冲突情境中被引发的可能方式已经在第六章中讨论过。由于我们所推论的过程处于象征以下的水平，因此有必要对它们在人类生活中的角色做一个简要的讨论。

在我们对人的研究工作中，一种活动通过等价象征的方式代替另一种活动的现象是如此司空见惯，以至于我们可能很难想象表面上与此类似的替代物也可能发生在象征以下的水平上。可以举两个例子来说明——一个孩子丢人地吮吸大拇指，一个和母亲分开的孩子贪食。在这种情况下，人们很有可能会认为大拇指和食物是母亲的一个象征或者至少是乳头和奶水的象征。但另一个想法是把这些活动看作是象征以下的水平运转过程中的替代性产物，就像是受惊吓的海鸥会出现筑巢行为一样。换句话说，也就是当孩子对母亲的依恋受挫之后，吮吸或贪食是一种非象征性的脱离背景的活动。值得注意的是，此类情形几乎肯定会出现在非人灵长类身上。没有可以依靠的母亲的恒河猴和黑猩猩幼仔会出现过度的自慰性吮吸。尼森报告尽管在被母亲养大的小黑猩猩中没有看到吮吸拇指的情况，但是在独立长大的幼年黑猩猩中有80%都会出现这种行为。恒河猴也是一样。在哈洛的实验室中，成年的雌性恒河猴习惯性地吮吸它自己的乳头，而雄性会吮吸它们的阴茎。两者都是独立长大的。这些情形我们都可以描述为源于婴儿被剥夺对母亲人物的依恋的口欲症状，这些过程显然是属于象征以下水平的。那么人类婴儿的口欲症状是否也是如此呢？

安娜·弗洛伊德和索菲·戴安对集中营里六个孩子的观察对我们会有所启发：“彼得，鲁斯，约翰和利亚都有吮吸大拇指的癖好。”作者认为其原因在于对他们来说“客观世界都是令人失望的”。她们还写道：

> 这种过度的吮吸与他们的客体关系的稳定性直接相关，这种关系在年末的时候更可以得到确认，当孩子们知道他们要离开布鲁道格斯了以后，白天吮吸大拇指的情况变得非常普遍。这种对口欲满

足的坚持……会随着孩子们与环境的关系变化而波动……

如果这种形式的替代可以在人类婴儿中发生的话，那么是不是有可能这一象征水平之下的过程至少也可以解释一部分发生在更年长的主体在客体关系由于某种原因发生问题时的口欲症状呢？

这种看待口欲症状的方式是否站得住脚还需要进一步的研究来证明。我们在这里对此进行描述的原因是为了展示依恋理论能够为基于次级驱力理论的传统的对口欲症状的解释提供一个替代性的合理选择。

印刻的问题

一旦我们抛弃次级驱力理论并在劳伦兹及其追随者的工作中找到新理论的线索时，就会出现这样一个问题，人类依恋行为的发展和印刻行为是一致的吗？

在劳伦兹最早对印刻的表述中很直接地否认了在哺乳动物中此类行为发生的可能性。但是，随着时间的推移，观点也发生了变化。一方面，印刻的概念被进一步拓展（见第十章）。另一方面，对非人灵长类的实验性工作显示，至少在一些种群中，其发展过程可以与孵化离巢的鸟类相比，并从中获得丰富的成果。所以，如果要避免海因德竭力反对的那种轻易做出的假设的话[①]，就有必要首先考察人类是否存在任何与印刻相似的行为。这就再次涉及之前提到的问题，这些类型的行为是否发生在非人哺乳动物身上。

---

① 海因德在回顾哺乳动物和鸟类比较的作用时曾提出这样的警示“任何相似性都可能只是源于类似的选择力量，而不是类似的机制”（1961）。“一种情况下的问题”，他继续说道（1963）：“可能会提示其他情况下的问题但无法提供答案。我们必须分别对每一种情况进行细致的分析。”

非人哺乳动物

在之前的小节中我们已经充分说明了很多哺乳动物的依恋行为和孵化离巢的鸟类之间拥有很多共同之处。这也就是说，从一开始，指向母亲的很多行为反应可以被很大范围的客体所引发。通常很快有效客体的范围就会减少，这似乎是由于暴露学习以及被某种知觉特征强化所致，如接触、移动以及母亲呼唤的声音。一旦个体学习到依恋人物的特征，那么反应的指向就会主要或完全地指向它。此外，一旦人物被选定，那么个体对这个人物的偏好就会保持稳定，而依恋行为从一个熟悉的人物转向一个新的陌生人物就会变得越来越困难。其中最主要的原因就是，哺乳动物与鸟类一样，随着它们的不断成长，对任何陌生人物的反应可能越来越会是恐惧和退缩。

随着动物的长大，恐惧会扮演限制依恋发展的角色，这一点在斯科特对小狗的实验中可以清楚地看到，之前已经提及（Scott，1963）。小狗第一次暴露在人类面前时只要没有超过五周大，那么它就会立即接近人类。相反，七周大的小狗第一次暴露在人面前时，在实验最开始的两天里会走开，后来才开始出现接近行为。九周大的小狗在首次暴露开始的三天内都会与人保持明显的距离。另外一些已经十四周大的小狗在首次暴露后实验周的每一天都是与人保持一定距离的。斯科特（Scott，1963）写到，只有经过极其小心的更长时间的对待，最后一组的小狗才会克服它们的恐惧；不过即使如此，在它们之后的生活中，在人面前仍然是很害羞的[①]。

Harlow和他的同事们对恒河猴的研究发现与此方向一致。在六到七周之前，小恒河猴由视觉引发的恐惧反应是很少的（Harlow & Zimmermann，1959）。所以，在这个年龄之前，小猴会很容易去接近任何新的动物或物体；

---

① 富勒和克拉克在后续的一系列实验中（Fuller & Clark，1966a）发现，如果给先前被隔离的小狗在社交测试之前用一点氯丙嗪的话，它们对陌生情境的恐惧反应会降低。这些从三周到十五周被隔离的小狗对新情境的恐惧反应要比没有用药的比较组的小狗更少，它们不会那么不情愿接近实验者，它们会开始建立依恋。

但是超过这个年龄之后，它退缩的可能性就会增加。因此，在生命的头三个月被隔离的小猴被转移到更多样化的与其他猴子在一起的环境中时就会出现很大的问题，它会保持原地不动并且可能会不吃东西。即便如此，这些小猴子在随后的几周内会出现某种程度的恢复，一两个月之后，它们就会相当主动地与其他幼猴一起活动（Griffin & Harlow，1966）。但是在最初六个月都被社交隔离的小猴就没有出现类似的恢复，当被带到多样化的环境中时，它们在接下来的十六个月里仍会保持孤立，只会出现蜷缩、拥抱自己以及摇晃的行为，这种情况至少还会持续两到三年（Mason & Sponholz，1963）。这种行为上的缺陷似乎是由于它们对所有新事物，当然也包括对其他的猴子感觉到极度的恐惧。

这就是说，无论是狗还是恒河猴，依恋最容易发展的阶段是有限的。一旦过了这个阶段，尽管它们还是有可能会依恋一个新的客体，但这一进程会变得更加困难。

在这个方面以及依恋行为发展的其他很多方面，哺乳动物和鸟类之间明显有很高的相似性。实际上，如果把这些相似性看作趋同进化的结果而不是共同先天进化的结果的话，这种程度的相似性是非常显著的。海因德指出，这无疑是由于动物王国中每一个分支所面对的生存问题是一样的。

人类的印刻

在后续的章节中，我们会更加清楚地看到，从目前所见而言，人类婴儿依恋行为的发展尽管要慢很多，但仍可以在非人哺乳动物的发展中看到一部分。有很多证据支持这一结论且没有发现与此矛盾的证据。

当前有关人类依恋行为发展的知识，可以用第十章中描述鸟类印刻知识的八个主题来简要地概括：

1.人类婴儿的每种社交反应一开始都可以被很大范围的刺激引发，但随后这一范围会逐渐变小，在几个月之后，缩小到一个或一些特定个体所产生的刺激上；

2.有证据表明婴儿的社交反应对某些刺激比另外一些刺激有更显著的偏好；

3.婴儿与一个人的社交互动体验越多，他对这个人的依恋也就越强烈；

4.对不同面孔辨认的学习通常在注意性注视和倾听阶段之后，这一现象说明暴露学习可能在其中扮演一定的角色；

5.大部分婴儿对一个偏好人物的依恋行为是在第一年发展出来的。似乎在这一年中存在一段依恋行为更容易发展出来的敏感期；

6.敏感期不大可能在六周以前开始，很可能在再几周之后出现；

7.比起更小的时候，在六个月甚至八九个月之后婴儿对陌生人更可能会出现明显的恐惧反应，并且更有可能会以强烈的恐惧反应来回应他们。由于这种恐惧反应在频率和强度上的增加，婴儿对一个新人物的依恋在第一年末尾以及之后的时间里会变得更加困难；

8.一旦一个孩子对一个特定的人物形成了强烈的依恋，那么他就会偏好这个人超过所有其他人，并且这种偏好即使在分开的时候也会持续。

支持这些论点的证据会在后续章节中呈现。

因此，我们可以推断，以目前所知而言，人类婴儿依恋行为的发展及其聚焦到一个可识别人物身上的过程与其他哺乳动物以及鸟类的发展方式是足够相似的，所以它也可以合理地被归到印刻的标题之下——只有当我们使用的是这个词的广义意思。实际上，如果不这样做的话，反而会造成人类和其他物种之间毫无根据的鸿沟的产生。

依恋行为的功能

在第八章中，我们提出了一个特定类型的行为的原因及其所达成的功能之间非常鲜明的差异。拿行为系统的结构来说，造成其运转的变量包括激素水平和来自环境的特定种类的刺激。但行为达成的功能则应该是其对生存的贡献。可以用雄性的交配行为来举例：它常见的出现原因是雄性激素水平和雌性的出现，它的功能则是对繁殖做出了贡献。

在对孩子和母亲之间做联结的传统讨论中，原因和功能并没有被清楚地区分开来。因此，研究者并没有对这一联结的功能做过系统性的考察。认为这种联结是来自饥饿的次级驱力的想法似乎假设这一联结是为了使婴儿能够和它的食物供应保持接近，尽管这个部分未被明确地讨论。

尽管我们很容易认为弗洛伊德也认为孩子与母亲联结的功能主要是为了保证食物的供应，但实际上弗洛伊德的想法稍稍与此不同。在他第一次系统地对这个问题进行讨论的时候（Freud，1926），就曾提出：婴儿所要面对的最基本的危险，在于它的生理器官的秩序可能会因生理需要未被满足而激起的过度刺激打破。婴儿独自处理这一危险的时候是非常无助的。所以，当婴儿了解到“通过经验，母亲会毫无延迟地满足自己的所有需要”时，“它就想要知觉到母亲的存在”。这一论点的结论似乎是，刺激驱力将婴儿与母亲联结，其功能的达成是通过确定母亲的存在，防止其生理器官受到“它需要处理的大量的积累的刺激”的威胁。从这个角度上来说，食物是重要的，因为它可以帮助婴儿处理大量积累的刺激。

所有的证据都显示，无论用何种形式的次级驱力理论去解释婴儿与母亲的联结都是错误的，即使在哺乳动物中，食物在依恋行为的发展和保持中只起到了边缘的作用，孩子与母亲联结的功能必须用新的视角去考察。

我已经提到过的一种观点是依恋行为的功能在于防备捕食者（Bowlby，1964）[①]。近些年还提出了另外一个理论，也就是它给婴儿提供了从母亲那里学习各种生存技能的机会。后者有时会被提出来讨论，在墨菲的一篇论文中（Murphy，1964）似乎也有所提及[②]。

这两个假设互相之间并不冲突，不仅如此，它们每一个都是非常合理的。如果有捕食者在附近的话，婴儿的依恋行为无疑有利于它的安全。此外，

① 金（King，1966）也提出了这个假设。

② 墨菲写道：“……母亲不仅满足婴儿的营养和其他身体的需要……而且还会支持其特定自我功能的发展……”

当拥有母亲陪伴的时候，婴儿拥有更好的学习活动的条件和其他有助于生存的事物。既然这些结果都是依恋行为带来的，并且每一个都是有利的结果，那么我们为什么不能把它们都作为可能的功能呢？

但是，如果我们这么做的话，就规避了一个问题。在第八章中，我们已经讨论过，一个特定行为的生物学功能并不是这个行为的表现会带来的任何有利的结果。生物学功能的定义是更细致的：功能指的是那些在进化过程中能够导致该行为整合到一个物种生物学构造中去的结果。这种整合的发生源于这一行为会给拥有它的个体所带来的某些优势（在生存和差别化的繁殖成功方面）。由于具备发展出这一行为的能力的个体会比没有这一能力的个体留下更多的后代，而且，通过遗传的作用，所有的后代都具备了这一能力，这就使得一旦达到一定的时间，这个种群的所有成员（或至少其中一部分）都具备了发展出这种行为的能力。为了确定这个行为的生物学功能需要回答的问题就是：这些发展出这个行为的个体所拥有的具体的优势，使它们能够比那些缺少这一能力的个体更好地达成繁殖的成功吗？

对于依恋行为来说，证据太少仍然无法得出明确的结论。那么支持和反对这两个观点的论据又有哪些呢？

初看之下，认为依恋行为的关键优势在于为婴儿提供一个可以向母亲学习各种生存所需技能的机会的观点似乎更有前景。高等动物，尤其是哺乳动物的幼仔出生的时候，其行为构造是具有可塑性的。在发展的过程中，这些构造通过学习的过程变得更加精巧，其中很多的学习都来源于对母亲的模仿，其行为与母亲的行为指向同一个客体，例如，母亲的行为所指向的食物。因此，毫无疑问，幼年动物留在母亲附近导致的结果之一就是有足够的机会从它那里学习有用的东西。

但是，还有两个原因使得这一优势并不太可能是我们想要寻找的根本性的优势。首先，在很多哺乳动物种群中，为什么依恋行为会在学习已经完成的情况下仍然持续到成年期？而且，为什么它在雌性中持续的时间尤其长呢？其次，为什么在动物警觉的时候依恋行为会被高度引发呢？把依恋行为的功能假设为是学习机会的理论似乎并不能回答这些问题。

认为依恋行为保护动物免受捕食者伤害的作用是其主要优势的理论，则需要一系列的逻辑推理过程，这一过程对所有野外自然学家来说非常熟悉，但心理学家和精神分析师们却对此一无所知。不过，有一点是毫无疑问的，对于所有种类的动物来说，攻击带来的死亡的威胁与饥饿带来的死亡威胁是同等强度的。所有动物都是捕食者，无论是素食还是肉食或两者结合。因此，为了生存，每种动物都必须成功获取它们自己的食物供应并能够在不成为其他动物食物供应的一部分的情况下，或至少在成为之前进行繁殖。因此，保护动物免受捕食者攻击的行为构造与那些获取营养或繁殖的构造具有同等的重要性。但是这一基本的自然现象在实验室或城市环境中往往都是被遗忘的。

保护动物免受捕食者攻击可能是依恋行为最主要的功能这一观点目前得到了三种现象的支持。首先，来自对很多种类的鸟和哺乳动物的观察的证据很好地显示，落单的动物比待在同类动物群体中的动物更有可能被捕食者攻击和捕获。其次，在那些由于年龄、体型或者其他条件而在捕食者面前显得脆弱的动物当中，依恋行为最容易被引发，例如年幼的动物、怀孕的雌性以及生病的动物。最后，依恋行为在警觉的情况下总是容易被高强度的引发，这些情境通常都是捕食者被感知或者疑似出现的时候。其他的理论都不符合这些现象。

幼年个体得到的惩罚越强烈，它对惩罚它的人物的依恋就越强烈的矛盾性发现很难用任何其他理论解释，但是却可以与认为保护动物免受捕食者攻击是依恋行为的功能的观点相符合。有一个非常重要的观察证据可以说明这一点，当一个处于支配地位的雄性感知到捕食者或其他危险的时候，它通常会威胁甚至攻击那些毫无防备地接近危险地点的幼年个体（Hall & DeVore，1965；Kawamura，1963）。通过恐吓幼年个体，这些具有支配地位的雄性的行为引发了幼年个体的依恋。这就导致幼崽会寻求与成年动物的接近，而且接近的往往就会是那个恐吓它们的雄性；当它们这么做的时候，就避开了危险①。

尽管这些论点具有很高的重要性，但对亚人类的灵长类动物的野外研究对它们的效度似乎有所质疑。捕食者对猴子的攻击只在极偶尔的情况下被观察到过，对黑猩猩和大猩猩的攻击则从未被观察到过。实际上，这两个种类的大猿就似乎生活在对敌人免疫的伊甸园里一样。事实究竟是否如此仍不能确定。Washburn和他的同事们对此有所质疑。在对这个问题的讨论中（Washburn，Jay & Lancaster，1965），他们写道：

> 灵长类的捕食—被捕食关系问题很难进行研究。像被鹰攻击这样的罕见情况对灵长类的生存是极其重要的，但是这样的攻击很少会被观察到，因为人类观察者的在场会阻碍捕食者和被捕食者的活动。我们认为，目前这种对灵长类动物被捕食情境的不重视就源于这些观察上的困难，同时也源于这样一个现实——即使在今天，大部分对自由放养的灵长类动物的研究都是在那些捕食者已经被人类减少或消除的地区进行的。大部分捕食者在夜间活动，但对任何一种猴或大猿夜间行为的研究都仍然是不充分的②。

对此问题的讨论就到此为止了。总而言之，我们认为，在众多对依恋行为功能的假设中，最有可能的一种假设是保护动物不受捕食者攻击。以下我们

---

① 库默（Kummer）描述了离开了母亲但尚未成熟的幼猴的行为。当它被群内的成年个体严重威胁的时候，它总是会寻找可接触的最高级别的个体，通常就是占据主导地位的雄性。由于这通常就是一开始威胁它的那个个体，所以，经常会发生幼猴接近引起恐惧的情况（Chance，1959）。

② 在对评估灵长类捕食者的方法学问题的进一步讨论中，沃什伯恩（Washburn，1968）推断，唯一有效的方式就是研究潜在的捕食者。在对叶猴的深度野外研究中，从没有观察者报告过美洲豹对这些猴子的攻击。但是夏勒（Schaller，1967）的研究却显示，27%的美洲豹的粪便都含有它们曾吃掉这些猴子的证据。沃什伯恩还对近期显示捕食是决定灵长类动物形态和行为的主要原因的证据也做了讨论。

就会采用这一假设。

对术语“依赖”的注解

读者可能会注意到，尽管“依赖”和“依赖者”长久以来都是支持次级驱力理论的精神分析师和心理学家常用的术语，但本文的说明中没有用到这两个词。这一术语源于这样一个观点，孩子之所以与母亲联结是因为他依赖母亲获取生理上的满足。不过，除了因为这些词是源于这个几乎肯定是错误的理论之外，还有其他很重要的理由使得我们没有在这里用到这些词。

事实在于对母亲人物的依赖和对母亲的依恋是两件完全不同的事情。可以说，婴儿在最早的几周当中无疑是依赖于母亲的照顾的，但在这时候，他还没有依恋母亲。反而，一个两到三岁大的被陌生人照顾的孩子却可能会最为清晰地展现出他对母亲强烈的依恋，尽管这个时候他已经不再依赖她了。

从逻辑上来说，“依赖”一词表示的是个体以他人存在为依靠，因此是一个功能上的参照；但这里依恋指代的是一种行为形式，因而是纯描述性的。由于两者意义的不同，我们可以看到，依赖在出生时处于最高值，随着个体的成熟逐渐稳定地减少，而依恋在出生时是完全没有的，一直到婴儿六个月之后才明显变得强烈起来。所以，这两个词完全说不上是同义词。

尽管存在逻辑上的问题，但因为有那么多的心理学家都习惯使用依赖这个词，所以或许还是可以继续使用“依赖行为”来代替“依恋行为”。但是，还有一个比之前所呈现的更重要的理由使我们不能用它。那就是，“依赖”一词所隐含的价值与“依恋”一词所传递或可能传递出来的价值是完全相反的。

在通常的评价中，一个依赖的人是不如一个独立的人好的：实际上，说一个人在人际关系中比较依赖通常可以表示一种轻视。但是，如果要说一个人依恋的话，就完全不是轻视了。相反地，如果说一个家庭里面的人相互依恋的话，对很多人来说是值得羡慕的一件事情。反过来，说一个人在人际关系中疏离的话通常并不是一种欣赏。这也就是说，人际关系中的依赖是一种需要回避或摆脱的状态，但依恋则是被珍视的一种状态。

基于这些原因，我们认为，如果继续用“依赖”和“依赖需要”这些词来表示保持接近的行为的话，就只会造成混淆。有意思的是，尽管支持次级驱力理论，但西格蒙德·弗洛伊德和安娜·弗洛伊德采用的都是“依恋”一词（Freud，1931；Burlingham & Freud，1944）。

其他使用过的词还有“情感投注的客体”和“合群”。

“情感投注”有两个缺点。首先也是最主要的缺点在于它来源于弗洛伊德的能量理论，这个问题在第一章中已经讨论过。次要的缺点是，它无法对依恋行为指向的客体和性行为指向的客体进行区别化的讨论，这个问题在本章后面的部分会做讨论。

“合群”一词是由默里（Murray，1938）引入的：“这个词包含了所有种类的友好和善意的表现，是想要和其他人一起做事情的愿望。”这是一个比依恋要宽泛得多的概念，并且它并不包含那些指向一个或几个特定人物的行为，但这些恰是依恋行为标志性的特点。默里自己也意识到这个区别因而提出了另外一个需要——“寻求抚育的需要”。在默里的图式中，依赖源于“合群”与“寻求抚育的需要”的结合。

“合群”的另外一个缺点在于它是从“需要”的角度所产生的概念，其中的模糊性已经在第八章中讨论过。由于这个词仍被用来表示默里最初的意思（Schachter，1959），因而很显然它不太合适用来替代依恋。

依恋与其他社会行为系统

在本章以及之前的章节中，对孩子与母亲的联结的讨论并没有参考有关于性或其他类型的社会行为。依恋反而被阐释为一个拥有其内部组织模式并完成自身相应功能的一个行为系统。此外，在目前为止对性行为的讨论中（见第十章），都将它作为一个不同于依恋行为的系统，拥有不同的发育过程，当然也具备不同的功能。那么，这是否就意味着在新的图式中，依恋和性之间不存在任何联系？如果是这样的话，那不就忽略了弗洛伊德最主要的贡献？

对这些问题的简短回答就是，尽管依恋行为和性行为被作为不同的行为系统，但是我们相信两者之间存在不同寻常的紧密关系。也就是说，新图式在清楚意识到弗洛伊德所提出的理论所解释的现象的基础上，对它们提出不同的解释。

弗洛伊德的理论中有关婴儿性欲的一些部分是用来解释性倒错通常（可能总是）源于童年期的现象。在第十章中提到的很多已知的幼年动物中常见的发展过程，如果出现扭曲的话，就可能会导致性行为组织形式的异常发展，并且这些情况也很可能是人类异常发展的原因。

精神分析理论中其他有关婴儿性欲的部分旨在解释个体成年期的性行为模式受到其幼年时受母亲和/或父亲的行为模式的很大影响这一现象。在传统精神分析理论中，对这一联系存在的解释是基于婴儿期和成年期这两种形式的行为不过是单一的力比多驱力的不同表达而已。从这个角度来说，两者之间的联系和影响是理所当然的，需要解释的反而是两种行为形式之间的差异。但是，在新的理论中则相反，理所当然存在的是两种形式行为之间的差异，而需要解释的则是两者之间的联系。

将依恋行为和性行为在概念上进行区分有三个主要的原因。首先，两个系统的激活是相互独立的；其次，两种行为指向的客体类型可能是相当不同的；最后，两者发展的敏感期很可能发生在不同的年龄段。让我们对这些原因逐一进行考察。

充分实现功能的依恋行为成熟于生命周期的早期并很快就在一个较高强度水平运转起来；在成年期，依恋行为通常处于低强度运转水平，或者，在一些种群中几乎完全不运转。相反，性行为则成熟得更晚；并且，当它们出现在未成熟个体中时，通常只是碎片式且不具备功能的形式。

依恋行为和性行为在生命周期中运转方式不同的一个较为显著的例子就是有蹄子的动物。小羊在年幼时会跟着母亲，如果是雌性的话，还会一直保持这种跟随。因此，我们已经提过，羊群是由小羊跟它们的母亲、外祖母以及曾外祖母这样的形式组成的，因此它们是被最年长的母羊带领的。对于雌羊以及很多相似的种群来说，依恋行为从出生到死亡都明显很强烈。但这些动物的性行为则是片段式的。当幼年雄性成熟之后，它们会离开羊群组成一个单身群落。每年一到两次，雄性在发情期会侵入雌羊的群落，求偶并交配。随后，雄性再次离开，两种性别的个体在下一个发情期之前都恢复到非性活跃的生活中。所以说，依恋行为和性行为不仅实际的模式不同，而且它们最活跃的生命周期阶段也不同。

其次，这两个不同形式的行为所指向的客体类型在某些情况下是非常不同的。例如，一只依恋行为指向人类的小鸭子，其性行为却可能指向与其同种的鸟类。其中的原因在于，首先，能够引发两类行为的刺激范围可能是非常不同的，其次，两者范围缩小的敏感期也可能是不同的。绿头鸭的实验表明，跟随的敏感期是最开始的四十八小时左右，而性行为的敏感期则是三到八周（见第十章）。尽管关于哺乳动物的实验证据还不尽如人意，但性对象的选择敏感阶段比依恋人物的选择敏感阶段似乎更晚。在人类中，病人出现恋物偏好的时间通常集中在大约三周岁左右，也就是说要比选择依恋人物的敏感阶段至少晚两年的时间。

无论事实是否如此，哈洛对非人灵长类的实验工作令他确信在这些动物中应当与其他动物一样，最好将依恋行为和性行为作为两种不同的系统来看待。

在近期的综述中，哈洛（Harlow，1965）区分了五种情感系统：[①]

① 如果用本书中的术语来说的话，那么每一个情感系统都是调节某种特定社会指向的本能行为的一个整合的行为系统。

> 它们将一个（灵长类）种群中的不同个体以合作性和建设性的社会关系连接在一起……每一个系统都有自身的成熟发展阶段，产生和控制其特定反应模式的潜在变量也是不同的。通常它们成熟的阶段会相互重叠……这五种情感系统，按照其发展顺序来说是：（1）婴儿—母亲情感系统，将婴儿与母亲联结（这里被叫作依恋行为）；（2）母亲—婴儿或母性情感系统；（3）婴儿—婴儿，同龄伙伴或同辈情感系统，孩子们和婴儿们之间通过这个系统相互联结……并发展出彼此之间的情感；（4）性和异性恋情感系统，在青少年时期性欲达到顶点并最终通过成年期行为导致生育；（5）父性情感系统，被宽泛地定义为成年雄性对婴儿、幼儿及其他特定社会群体成员的积极反应。

值得注意的是，哈洛对这些系统进行区分的理由和我们已经提到的一样，就是"每一个系统都有其自身的成熟发展阶段，产生和控制其特定反应模式的潜在变量也是不同的"。导致他得出这些结论的实验证据可以在他的科研论文中找到。

所以说，已经有很有力的证据表明灵长类动物和其他物种的动物一样，依恋行为和性行为的特性是不同的；同时也没有证据表明人类会是一个例外。但是，尽管两个系统是相互区别的，但也有很有力的证据表明它们很可能联系紧密且会相互影响彼此的发展。这种情况在人类当中与其他动物是一样的。

依恋行为是由很多成分模式组成的，性行为也是一样。其中有些成分是两者共享的。因此，尽管它们通常在一个系统中比在另外一个系统中更加典型，但却是两种类型的行为都有的元素。例如，在某些种类的鸭子身上可见的典型的求偶动作也可以在刚刚孵化的小鸭子身上看到，在这种情况下，这些动作会指向任何引发它们印刻反应的客体（Fabricius，1962）。在人类中，紧靠和亲吻是两种共同行为模式的例子。

安德鲁（Andrew，1964）还报告了其他一些依恋行为和性行为相互联系的证据。对于一些种类的幼年雄鸟和幼年雄性豚鼠，如果注射雄性激素来加速它们的性发展的话，就会出现性行为指向它们已经印刻的依恋行为客体的现象。控制组尚未印刻的动物也被注射但并没有出现针对同样客体的性行为。一种可能的解释是，在这些种群中，依恋行为和性行为共享某些引发和控制机制。

实际上，不仅依恋行为和性行为之间共享着某些成分和因果机制，父性行为也可能与它们分享着其中的一些部分。例如，之前已经引用过的鸟类中性行为和父性行为的重叠部分——求偶性喂食，在这种情况下，公鸡会用对待小鸡的方式来对待母鸡，而母鸡会对公鸡做出一个只有小鸡从父母那里求食时才出现的姿势（Hinde，1966）。

在人类当中，依恋行为、亲职行为和性行为之间的重叠是很常见的。例如，个体将性伴侣当作父母来对待而伴侣也采用父母的方式来回应他的情况并不少见。对扮演幼年角色的伴侣一方的一个可能也是合理的解释是，在这一方中，依恋行为不仅持续到了成年期（这点是很常见的），而且，由于某些原因，它的引发就像在小孩子身上一样容易（这一点是不常见的）。

坦率地说，要阐明这几类行为之间的重叠部分以及相互之间的影响还需要开展很多的研究工作。不过，我们希望，我们已经充分地说明了将依恋行为、性行为和亲职行为作为相互区别的系统并不会危及精神分析所取得的成果。

第十三章

依恋行为的控制系统观点

它们必须自由，
就像大海中的鱼，
天空中的星星，
当你停在岸边，
它们就可以随意地回来。

——弗朗西斯·科恩福德（Frances Cornford）

引言

对于次级驱力类型的理论来说，依恋行为是笨拙而顽固的。相反地，对于控制类型的理论来说，它们却是一个有趣的挑战。实际上，一旦这一观点获得支持，那么我们就不难看到一个可能的解决方案的大致框架。

我们在第五章中曾经指出，对于一个动物来说很多本能行为会在某些特定的环境下，某些特定的关系中保持很长一段时间。例如：孵蛋行为，意味着在几周内保持对蛋和巢的接近；领地行为，意味着在几个月或几年内保持在环境中某个特定的位置。同时具有此类可预测结果的行为可能是以不同程度的复杂形式组织起来的。较为不复杂的，例如当与目标客体的距离较远的时候，趋向一个特定目标客体的移动就会增加。本章的一个重要议题就是说明依恋行为也是以这类方式组织起来的。

当然，以上的想法仅仅是我们提出的所有理论的基本架构。要对所见行为进行解释需要更进一步的详细阐述。首先，孩子表现出来的依恋行为的强度在每一天、每一个小时甚至每一分钟都在变化，因此有必要考察激活和终止依恋行为或改变其激活强度的条件。其次在婴儿期和儿童期，调节依恋行为的各种系统之间的组织方式会发生巨大的改变。不过，在对这些问题进行讨论之前，必须首先考察母亲作为伙伴的角色。这是因为不仅距离的增加可能源于母亲或孩子，距离的减少同样也可能源于两者中任何一方的动作。

母亲—孩子互动中孩子和母亲的角色

几种类型行为合力产生的互动

任何对一个母亲以及她的一到两岁的孩子的行为进行过一段时间观察的人都能够看到，两者会展示出很多不同的模式。尽管每一方的某些行为对增加或保持两者的接近性具有影响，但还有很多完全是其他类型的行为。有一些与接近性的问题毫不相关：母亲做饭或者缝纫；孩子玩皮球或是掏空母亲的手袋。另外一些行为则与接近性的保持相反：母亲走到另外一个房间或者孩子离开她去爬楼梯。还有一些行为则是有悖于接近性的寻求：通常在很少的情况下，母亲或孩子被激怒以至于他们会采取增加与对方保持距离的行为方式。因此，接近性的保持只是两者可能会有的行为结果中的一个而已。

但是，在平常的一天当中，两者之间的距离不太可能会超过某个最大值。一旦这种情况发生，这对组合中的某一方就可能会很快采取减少距离的方式。有些情况下是母亲主动——她会呼唤孩子，或者去看看孩子到哪儿去了；

另外一些情况下则是孩子主动，他会跑回母亲身边或者哭泣。

所以说，在母亲—孩子组合中存在一种动态的平衡。尽管两者都有很多不相关的行为，其中一些是竞争性的，还有一些是不兼容的或者相反的行为，但两者之间的距离却会常规地保持在某个稳定的界限之内。将两者之间的空间关系作为以下四种类型行为的结果，会有助于我们理解这一过程：

1.孩子的依恋行为；

2.与依恋对立的孩子的行为，明显的探索行为和游戏；

3.母亲的照顾行为；

4.与照顾行为对立的母亲的行为。

其中第1种和第3种是与功能同质的行为，而第2种和第4种属于不同质的行为。

这四种类型行为的强度每时每刻都不同，在某些时候其中一种类型的行为可能是完全看不到的。此外，每一种类型的行为都有可能会被其他类型行为的存在或缺失影响，因为任何一种行为的结果可能会引发或抑制其他三种类型的行为。也就是说，当母亲呼唤孩子的时候，孩子的依恋行为可能会被引发但探索行为可能会被抑制。相反，当孩子探索太远的时候，母亲的照顾行为可能会被引发而她正在做的其他事情就会被抑制。在一对快乐的母婴组合中，这四类行为以一种和谐的方式发生。不过冲突的威胁始终是存在的。

这一分析显示，孩子的依恋行为只是四种不同类型行为中（两种是孩子固有的，两种是母亲固有的）的一种组成母亲—孩子互动的行为。在对依恋性做进一步讨论之前，我们有必要简要地考察一下其他三种类型的行为。我们从把孩子从母亲身边带离的这些与依恋行为相对的行为开始。

探索行为和游戏

在过去的十年中，皮亚杰的观点被广泛地接受：探索和研究是一组与摄食和交配同样独特和重要的行为类型。

探索行为有三种主要的形式：首先，头部和身体的指向反应使得感觉器官进入一个对刺激客体进行取样的位置，同时警觉的肌肉和心血管系统做好行动的准备；其次，身体接近刺激客体，促使所有的感觉器官获得更多更好的关于客体的信息；最后，通过其他方式的操作或实验来进一步研究客体。这些行为在所有的鸟类和哺乳动物中都是常见的，在某些种群中尤其突出，例如鸟类中的乌鸦，哺乳类中的灵长类动物。幼年的动物会比年长的动物表现出更多此类行为[①]。

典型的引发探索行为的刺激是新异的且复杂的，这两种特征常常相伴出现。任何新的物体被放到动物的笼子里之后，例如猴子、大鼠或是犀牛，迟早都会被原有动物检查和研究。一段时间之后，兴趣会减弱："新异性逐渐消失。"但是新物体的出现会引发新的兴趣，一个旧的物体在一段时间间隔后再次出现也会有相同的效果。

当奖励仅仅是与新异物体游戏或看一眼新异的物体时，动物就会长时间地按压杠杆或打开挡板。食物并非必要。而且，当食物和某些新的东西一起出现的时候，对新物体的探索通常先于进食——即使动物处于饥饿状态。

人类，尤其是幼年的个体，也有同样的行为方式。所有的母亲都知道，孩子喜欢观看有变化的情景，而且，正如富诺尔德（Rheinold，1963a）在实验中已经展示的那样，仅四个月大的婴儿就可以很快学会重复地触摸一个小球，如果他这么做的结果是可以观看一个简短的小电影的话。每一个母亲都知道，当某个新的事物或人进入他的视野范围的时候，孩子会立刻停止进食。实际上，这就是新异性对人类儿童的影响，"就像孩子拿到一个新玩具"这样的短语所表达的就是孩子将注意力放在环境中某个物体的一个缩影。

因此，探索行为并不是进食行为或性行为的附属品。相反，它是一类独立的行为。它可以被理解为由一组为了达成从环境中提取信息的功能而进化出

① 对动物和人类探索行为的经验性工作的综述可见伯莱茵的《冲突，唤起和好奇》（Berlyne，1960）一书。也可见于《简·皮亚杰的发展心理学》。

的行为系统所中介的行为。像其他的行为系统一样，这些系统可以被具备某种特质的刺激激活并被具备某些其他特质的刺激终止。在这一行为系统中，激活源于新异性而终止源于熟悉性。探索行为的特殊之处就在于它将新异转变为熟悉，并且通过这个过程将一个激活刺激转变为一个终止刺激。

探索行为的一个矛盾性的特点是所有引发探索的特质都会同时引发警觉和退缩。因此，感兴趣的接近与警觉的退缩常常在动物或孩子身上同时出现或者快速地交替。一般来说，两者之间的平衡会从警觉转变为感兴趣。一开始，完全陌生的事物只会引起退缩。接下来，会从一段距离之外对它进行检查——通常会带着紧张且持续很长时间。随后，迟早都会出现，只要物体保持静止并不发出令人惊讶的声音或图像的话，这个物体就有可能被接近并探索——开始非常小心，后来变得更有信心。在大部分动物中，这一过程在朋友在场的情况下进展会快得多。而对于幼年动物来说，这一过程的加速在母亲在场的情况下会尤其明显。

同伴之间一开始的游戏可以被看作对静物探索和游戏的延伸。哈洛（Harlow，1965）对小猴子的描述或许可以同样应用到人类的孩子身上：

> 引起个体探索和社会探索的变量无疑是一个类型的……移动的物理客体为猴子提供了互动性反应的机会，而不动的物体则给了灵长类婴儿很多机会去体验刺激性的反馈，这也可以通过与社交伙伴或其他伙伴的接触来达成……游戏的阶段可能从个体与物理客体之间非常复杂的活动开始……个体的游戏出现一定的模式……这些模式无疑是随后出现的多样而复杂的互动的先兆。

由于探索行为和游戏会将孩子带离母亲身边，因此它们成了依恋行为的对立面。相反，通过把母亲带到孩子身边，母亲的母性行为则与他的依恋行为具有互惠关系。

母性照顾

在所有的哺乳动物，包括人类，母性行为都不止一种形式。在很多物种中，我们从一开始就可以辨别出养育、筑巢和取回行为。其中每一种对于幼崽的生存都至关重要，但我们当前最感兴趣的是取回行为。

取回行为的定义是任何来自父母的，可预期结果是将幼崽带回巢穴或母亲身边，或两者皆有的行为。啮齿动物和食肉动物用嘴，而灵长类动物用手臂。除此之外，大部分种类的动物都会使用特定的叫声——通常是较为温和的低音——来引发依恋行为并产生将幼崽带回它们身边[①]。

在人类当中，取回行为有很多不同的说法："母性""母性的照顾"以及"养育"都是其中之一。在一些情景中，会偏向使用更普通的术语"母性照顾"；在其他一些情况下，使用"取回"则会更好一些。尤其是，"取回"让人注意到很多母性行为涉及减少母亲和孩子之间的距离，以及恢复婴儿与母亲身体的亲密接触这一现象。当使用其他词语的时候，这一现象很容易被忽视。

灵长类母亲的取回行为是用手臂将婴儿收过来并抱起它。它和幼崽的依恋行为具有相似的结果，所以也可以用相似的术语来理解，也就是说，它是很多可预期结果是保持与婴儿接近的行为系统的中介。激活和终止这些系统的条件可被研究。在引起激活的有机体变量中，母亲的激素水平几乎肯定扮演了一定的角色。在环境变量中，婴儿的位置和行为会是其中之一，例如：当婴儿偏离到一定距离之外或哭泣的时候，母亲就会采取行动。当她处于警觉状态或看到婴儿被其他个体带走的时候，会紧急和强烈地努力找回孩子。只有当孩子安全地回到她怀里的时候，这类行为才会停止。其他时候，尤其是当孩子很开心地与其他认识的个体在附近玩耍的时候，母亲就会顺其自然。但是她的取回倾向并不是完全处于休眠状态：她会持续警惕地观察孩子，对任何哭声都保持警

---

① 哺乳动物母性行为的综述见莱茵高尔德的研究（Rheingold，1963b）。

觉，一旦注意到就能够立即行动。

正如母性取回行为的可预期结果与孩子的依恋行为相似，导致取回行为和依恋行为指向所选择人物的过程也是相似的。就像婴儿的依恋行为会指向一个特定的母亲人物一样，母亲的取回行为也会指向一个特定的婴儿。有证据显示，在所有种类的哺乳动物中，对婴儿的识别在他出生后的几小时或几天内就会出现。一旦他被识别出来，母性行为就会只指向这个特定的婴儿。

母亲的取回行为和孩子的依恋行为的相似性还表现在第三个方面——其生物学功能。母亲对婴儿保持接近并在警觉的情况下将他收回的行为显然具有保护性的功能。在野外，婴儿的主要危险就来自捕食者。其他危险包括从高处摔下去和溺水。

母性取回行为在非人灵长类身上可以看到其最为基本的形式，在人类母亲身上也是十分明显的。在灵长类动物的社会中，母亲可能会与婴儿保持很近的距离，几乎总是在其视野和听力范围之内。母亲的警觉或婴儿的痛苦会立即引发行动。在发展程度更高的社区中，情景会变得更加复杂，部分是由于母亲经常会指定一个人一天中的短时或长时间内代理她的角色。不过，即便如此，大部分母亲还是会体验到一种把她们与她们的婴儿或幼儿拉近的强烈力量。她们是服从这种力量还是与之抵抗取决于成百上千的变量，包括个人的、文化的和经济上的。

与照顾婴儿相独立的母性行为

当一个母亲照顾孩子的时候，她同时总是还在做另外一些事情。这些其他的行为有时候本身不会与照顾行为不兼容，但却会或多或少地与其竞争。不过，还有其他一些行为与照顾行为是相反的，并且本质上来说是不兼容的。

与照顾婴儿在不同程度上具有竞争关系的行为包括所有的平常家务劳动。但是，其中大部分都是可以在短时间内放下的，所以它们与母性行为并不冲突。但还有一些行为则不是那么容易就可以搁置的，其中最棘手的就是来自其他家庭成员的要求，尤其是丈夫和其他年幼的孩子。因此，母亲不可避免地会体验到冲突，她对婴儿的照顾也会受到损害。

但是，那些仅仅是与照顾孩子竞争时间和精力的母亲的活动与那些本质上与照顾行为不兼容的行为是两个完全不同的类型。例如不喜欢与婴儿接触，或者不喜欢他的尖叫，可能会导致母亲从婴儿身边撤离。对于一个正常的母亲来说，退缩行为尽管偶尔会发生，但是却不太可能频繁持久，它很快就会被当时所需要的照顾行为替代。但是对于一个情绪紊乱的母亲来说，它有可能会严重地干扰照顾行为。

也就是说，就像婴儿的依恋行为会受到其探索行为和游戏的平衡一样，母亲的取回行为也会被很多竞争性的和不兼容的活动平衡掉。

至此我们就对与孩子的依恋行为一起组成母亲—孩子互动的一些其他类型的行为做了简要总结。

需要牢记的是，所有这些互动都伴随着强烈的感受和情绪，无论是快乐还是其反面。当组合之间的互动比较顺畅的时候，每一方在对方的陪伴下都会展现出高度的愉悦，尤其是当另外一方表达出情感的时候。相反，当互动出现持续冲突的时候，每一方都有可能会间或地出现强烈的焦虑或不愉快，尤其是被对方排斥的时候。

如果用第七章中的理论来描述的话，也就是说母亲和孩子对这些行为结果的内部评估标准是它们是否有利于依恋的发展：接近和爱意的互动被双方评估为愉快，而距离和排斥的表达则被双方评估并感受为不愉快或痛苦。或许再也没有其他行为，人类对其评估标准会在一开始就如此清晰，环境稳定程度如此高了。这种稳定性高到人们会认为孩子爱母亲、母亲爱孩子是那么理所当然，这就是人类的天性。也正因为如此，任何个体在发展过程中出现的这些明显偏离正常标准的情况有时候确实会发生，都会被评判为病理性的条件。

保持接近的责任转换

在所有灵长类的婴儿期和幼儿期，母亲和幼崽保持接近的责任会逐渐从母亲转换到孩子身上。

在所有的种群中，包括人类，起初婴儿的依恋行为是缺失或非常无效的。他的强壮程度可能不足以抓紧或移动，甚至当他能够移动的时候，有可能会不小心离开太远。因此，在婴儿期存在这样一个阶段，在此期间保持对母亲的接近主要依靠母亲自己的行为来达成。一开始，她会把婴儿抱在身上，这种情况在非人种群和人类种群中很相似。在进化程度更高的人类社会中，这一阶段表现为母亲将孩子放在摇篮里或绑在摇篮板当中，无论哪种情况下，母亲都对婴儿负有全部责任并且不大可能在不指定其他人替她的情况下离开孩子很远。

下一阶段中，婴儿变得可以移动——一到两周之后的恒河猴，一到两个月之后的大猩猩，以及六个月以后的人类。在所有这些种群中，尽管婴儿经常会表现出强烈的要保持与其母亲人物接近的倾向，但他能够持续这么做的能力是很低的。当母亲处于静止状态的时候，他不仅会探索而且会不加辨别或判断地去做，结果他就可能会离开母亲可接受的范围。不幸的是，当母亲走开的时候，他跟随她的能力仍然是不足的。因此，在这个阶段，接近性的保持仍然更多地通过母亲的行为达成。在人类当中，这个阶段大概要持续到第三年的末尾。在整个两年半的时间内，（从六个月到三周岁）依恋行为尽管强烈，但并不总是有效的。

在随后的阶段中，这一平衡发生了转换。自此之后婴儿的依恋行为变得更加有效，他对接近性是否足够的评判得到了改善，随后接近性的保持就会同时通过婴儿和母亲两者的行为来达成。实际上，有时候，母亲还会拒绝他并鼓励他远离自己。不过，当母亲警觉的时候，她的第一反应还是寻找她的孩子并把他抓回身边。当一对母子身处陌生环境中时，母亲会紧紧盯着孩子以确保他不会鲁莽行事。在人类中，这一转换会持续数年之久，时间的长度取决于家庭居住的条件。例如，在现代城市化的社会，很少有十岁以下的孩子会被允许到离家很远的地方。

这一过渡阶段会在几乎毫无察觉的情况下进入最终阶段，在这个阶段中，母亲离开的时候变得越来越多，直到几乎完全离开成长中的幼年个体。自此之后，除了在紧急条件下，她所扮演的角色会非常微小。

中介依恋的行为形式及其组织

人类的依恋是由一些不同种类的行为中介的，其中最明显的就是哭泣和呼唤，咿呀学语和微笑，紧靠，非营养型的吮吸以及用来接近、跟随和寻找的动作。从发展很早期的阶段开始，每一种动作都会产生接近母亲的可预期结果。之后，它们会被组织进入一个或多个更高级的通常是目标校准的系统中去。

所有形式的依恋行为都会指向空间中一个特定客体，通常就是特殊的依恋人物。为了能够达成这一指向，婴儿必须转向这一人物，他会采用很多不同的方式。例如，在六个月的时候，婴儿已经可以很熟练地从其他人物中识别出母亲，并从视觉和听觉上追踪她的移动。通过这些方式，婴儿就可以了解到母亲的位置并激活一种或多种指向她的依恋行为形式。因此可以说转向行为是依恋行为的基本要求（当然，对很多其他类型的行为来说它也是如此）。

有助于依恋的特定行为形式可以分成两个主要的类型：

1.信号行为，其效果是将母亲带到孩子身边；

2.接近行为，其效果是将孩子带到母亲身边。

信号行为

哭泣、微笑、咿呀学语以及后来的呼唤和某些特定的姿势，都可以被很容易地划分为社交信号，并且它们都具备让母亲接近孩子的可预期结果。但是，每一种信号发出的情境和它们对不同母性行为元素产生的效应是非常不同的。即使是一种单一的信号行为形式，例如哭泣，也可以分成几个不同的种类，每个种类会被不同的条件引发并且与其他种类所具有的效应有很大的差异。也就是说，进一步的考察发现，依恋行为的不同信号元素之间完全不能相互交换。相反，每一种都是独特的，它们之间起到相互补充的作用。

有很多不同的条件会引起哭泣，而且会有一些不同的形式[①]。举例来说有饥饿的哭泣和疼痛的哭泣。饥饿的哭泣加强的速度很慢。刚开始听到的是强度较低且无节奏的，随着时间的推移逐渐变得更响亮和有节奏，呼气的哭声与吸气的啸啸声相互交替。另一方面，疼痛的哭声则从一开始就会很响亮。最初突然的一声持久且强烈的哭声之后跟随着一段长时间的因窒息产生的完全的安静。最终这些消失，而短促的喘气声和呼气的咳嗽声交替出现。

两种类型的哭泣都会对母亲的行为产生影响，但每一种的影响并不相同。沃尔夫发现，疼痛型的哭泣是会将母亲很快带到孩子身边的刺激中最有力量的一种。而另一方面，对于从低强度开始的哭声，母亲的反应可能会更加从容。一种情况下她准备好了要对孩子的情况做出紧急的干预，而另一种情况下则会摇动并给他喂食。

微笑和咿呀学语发生的情景与哭泣完全不同，但也同样具有不同类型的效应[②]。

哭泣从出生一开始就有效了，但微笑和咿呀学语与哭泣不同，它们要在四周之后才会有效地影响一个母亲的行为。与哭泣不同，微笑和咿呀学语会在孩子清醒并满足的时候被引发，也就是说，他不饿，不感觉孤单或痛苦的时候。最后，哭泣导致母亲采取保护、喂食或安慰孩子的行动，而微笑和咿呀学

---

① 我的信息来自沃尔夫对十四个家庭孩子哭泣的自然历史研究以及与我的同事安东尼·安布罗斯（Anthony Ambrose）博士的个人交流。

② 微笑和咿呀学语的早期发展见沃尔夫的研究（Wolff，1963）。关于微笑对母性行为的影响的讨论见安布罗斯的研究（Ambrose，1960）。

语引发的行为是完全不同的类型。当孩子微笑和咿呀学语的时候，母亲会用微笑来回应他，对他“说话”，轻抚并轻拍他，并且可能会把他抱起来。在所有这些过程中，每一方似乎都在表达对方的存在所带来的快乐，而且这一效果肯定延长了他们之间的社交互动。很难找到一个词语来形容母性行为的这种非常重要的元素：“母亲爱着的行为”或许是比较恰当的。

婴儿的微笑不仅会对母亲的行为产生即时的影响，而且它们还可能会产生长期的影响。安布罗斯（Ambrose，1960）曾经描述过母亲第一次看到孩子的社交性微笑时的惊人效果，似乎它使得母亲自此以后对孩子表现出更多的反应。当她感到疲惫或被孩子激惹的时候，孩子的微笑会舒缓她的感受；当她喂食或用其他形式照顾孩子的时候，孩子的微笑就是对她的奖励和鼓励。用严格的科学术语来说，孩子的微笑对母亲的影响在于她在未来会更快地对他的信号做出反应，而她也会采取更有助于孩子生存的反应方式。听到孩子满足的咿呀学语的声音可能也具有相同的长期效果。

最初，无论是哭泣还是微笑或咿呀学语都不是目标校准型的。相反，当信号发出的时候，可能会被对方回应但也可能不会。当获得对方回应的时候，哭泣和微笑通常就停止了。所以，众所周知，想让孩子停止哭泣的一个好办法就是把他抱起来摇晃或对他说话。不过人们不太了解的是，其实当孩子被抱起来的时候，微笑也会停止（Ambrose，1960）。

咿呀学语的组织形式又是不同的。孩子的咿呀学语通常会引发母亲相同的回应，并形成一个或长或短的交流链。不过，抱起孩子同样也会使它停下来。

当信号未被回应时，出现的行为是各式各样的。例如，在某些情况下，哭泣的信号会持续发出很长一段时间。但是在另外一些情况下，它可能会停止，或者被一个不同的信号取代。例如，当微笑未被回应时，它不会一直无限地持续下去，被哭泣所替代也不是罕见的情况。类似地，大一点的孩子一开始呼唤母亲如果她不来的话，可能会变成哭泣。

还有一种与我们已经考察过的完全不同的非常有意思的信号就是抬起手

臂的姿势，这种姿势可以在母亲出现在大概六个月大[①]的婴儿的小床边上时看到，也常常会发生在学会爬行或者蹒跚学步的孩子在接近母亲或者母亲接近他们的时候。对于母亲来说，这个姿势总是被解读成孩子想要被抱起来的愿望，而且她通常会做出相应的反应。

人类抬起手臂的姿势在形式上和猴子伸出双臂从侧面抓住母亲的行动非常相近，后者发生在非人灵长类婴儿当中，是孩子依附母亲的行为序列的一部分。因此，看起来人类婴儿抬起手臂的姿势可能是与此同源的行动，它逐渐变成了一种仪式化的功能信号。

另外还有一种形式的行为看起来也能够很好地被理解为一种信号行为的形式，但是从一开始它就是目标校准型的，那就是试图引起并抓住母亲的注意。在雪莉（Shirley，1933）研究的二十三个婴儿中，最先展现出这种行为形式的是一个三十二周大的婴儿，其中半数的孩子在两星期之后都表现出了这种行为。

婴幼儿从大约八个月开始尝试引起父母注意并且得不到就不罢休的强度是众所周知的，有时候还会引发不少的烦恼。实际上，它们有时候被认为是幼儿令人讨厌的一个特点，需要尽快被治愈，就像很多其他依恋行为一样。但是，一旦将它当作依恋行为的一个整合的部分时，这点就可以被理解了，并且还可以用更共情的态度来看待这种行为。在人类的进化适应性环境中，三到四岁孩子的母亲知道孩子在哪里和做什么，并准备好在危险来临的时候进行干预显然是至关重要的。因此，对于孩子来说，将他的位置和活动告诉母亲并且持续这么做直到她发出“信息收到”的信号为止是具有适应性的。

接近行为

将婴儿带到母亲身边或者将他保持在那里的行为有两个最有名的例子：

① 婴儿中这种反应首次出现的最早时间是十四周，最晚是三十七周（Shirley，1933）。

第一个是接近，包括寻找和跟随，在每种情境下使用任何可能的方式移动；第二个则是依附。第三种不太容易识别的是非营养性的吮吸或抓握乳头。

接近母亲和跟随她通常在孩子移动的时候变得更加明显。此外，很快，通常是在第一年的第九到十二个月的时间里，这种行为的组织形式会变得更加目标校准型。这意味着，当母亲改变她的位置的时候，孩子自己的移动方向也会相应地改变。此外，一旦孩子的认知器官成熟到可以开始认知缺失的客体并寻找它们的时候，皮亚杰认为大约从九个月开始发展这一阶段，孩子不仅会接近或跟随他可以看得见或听得见的母亲，而且还可以在她不在的时候去熟悉的地方寻找她。

为了达到接近母亲的设定目标，所有孩子所具备的移动技能都会被展现出来。他会爬行，拖着脚走，步行或者奔跑。当他的行动能力严重受损时，例如由于药物的作用，他仍然会去达到这个目标，即使翻滚着过去（Decarie，1969）。这些观察所得意味着这些行为系统不仅是目标校准的，而且还是计划组织形式的：总体目标是恒定的，但达成它所要使用的技巧则是灵活的。

虽然人类婴儿比起他们的近亲猴子来说更不善于依附，不过他从出生开始就已经具备紧靠的能力。在随后的四周中，他的这种行为越来越有效。到了三十天的时候，麦格劳（McGraw，1943）发现，他可以用手抓着杆子支撑自己半分钟的时间。后来，在西方国家，这一能力会降低，其中一部分原因可能是不被使用。在大概十八个月之后，这一能力又会有所提高，但那个时候它会以一种更复杂的方式被组织起来。

在较早或稍后的几周里，引发婴儿紧靠行为的条件包括：赤裸身体，例如没穿衣服待在母亲的膝盖上，并且突然面对变化，例如母亲跳起来或被绊了一下①。之后他就会紧紧地依靠，尤其是在警觉的时候。例如，在九个月的时候，如果一个婴儿在陌生人的怀抱里，当她要把他放到陌生的环境中的时

① 我要感谢我的女儿玛莉。总是赤裸着来激发吸引我的注意。

候，他就会紧紧地靠住她，想要“把他剥下来”会非常困难（Rheinglod，个人交流）。

尽管人类婴儿的紧靠行为曾一度被认为是原始人类树上生活时代的遗留，但我们没有理由怀疑它实际上是在所有的猴子和大猿中发现的婴儿紧靠行为的人类版本，虽然没那么有效，但起到的是相同的作用。在其组织方面，紧靠一开始似乎是相当简单的反射反应。但随后才变成目标校准形式。

尽管吮吸通常被看作简单的食物摄取方式，但它也有更进一步的功能。所有的灵长类婴儿，无论是人类还是低于人类的种群，都会花费很长的时间抓住或吮吸乳头或类似乳头的物体，尽管大部分时候他们并没有获得食物。在人类婴儿中，吮吸大拇指或安抚物都是极常见的。在没有母亲带大的小猴子当中也很普遍。但是，如果它们被母亲带大，那么小猴子吮吸或者抓住的就是母亲的乳头。所以说，在自然条件下，非营养性吮吸和抓住乳头的主要结果就是婴儿保持了与母亲的亲密接触。海因德等人（Hinde，Rowell & Spencer-Booth，1964）也强调了这一点，他们指出，当小恒河猴紧靠住奔跑或攀爬的母亲时，它通常不仅用双足和双手依附住母亲，而且还会用嘴巴含住一个或两个乳头。实际上，是那种五点位置方式的抓住。在这种情况下，抓住乳头也发挥了紧靠的功能。

这些观察清晰地显示了，在灵长类中，抓住乳头和吮吸有两个不同的功能，一是营养，另一个是依恋。这两种功能都具有很高的重要性，假设营养在某种程度上是最主要的而依恋只是次要的会产生一个错误。实际上，它花在非营养吮吸上的时间要远远超过营养性的吮吸。

从两种不同功能的角度来看，这一行为的两种形式在动作上有所不同也就不足为奇了，洛威尔（Rowell，1965）提到，非营养性的吮吸要比营养性吮吸更表浅。在她养育的小狒狒身上，其实很容易区分出两种不同形式的吮吸，因为营养性吮吸总是指向奶瓶而依恋吮吸总是指向安抚者。当感到饥饿的时候，小狒狒总是会去吮吸奶瓶。而当它警觉的时候，则会去吮吸安抚者：“食物供应者无法提供安全供应者所提供的价值”，反之亦然。当小狒狒警觉的时候，只要一开始吮吸安抚者，很快就会放松并感到满足。

这些发现有助于解释人类婴儿花费在非营养吮吸上的时间。在灵长类社群中，婴儿的非营养性吮吸通常指向母亲的乳房。在其他社群中，通常会指向乳头替代品，大拇指或安慰物体。不过，无论指向的是什么物体，能够进行非营养性吮吸的婴儿要比那些无法进行的更容易感觉满足和放松。此外，就像猴子一样，尤其是在不安或警觉的时候，人类婴儿会进行非营养性吮吸。所有这些发现都支持这样一个结论：非营养性吮吸是一个独立于营养性吮吸的活动；并且，在人类的进化适应性环境中，非营养性吮吸是依恋行为整合的一部分，其可预测结果是与母亲的接近。

到此为止我们就对中介母亲人物依恋的主要行为形式做了概括。在下一章中，有关这些和其他行为的发育过程将会被更加细致地讨论。

依恋行为的强度

由于很多形式和序列的行为都可能是依恋行为的中介，因此并不存在对强度的简单标定。反而是，每一种中介依恋的行为形式强度都是千差万别的，并且，当总体强度升高的时候，也会唤起更多更加不同的行为形式。总体依恋强度较低时通常会被唤起的行为形式包括微笑、放松地移动、观察和触摸。当依恋强度较高的时候可能会被唤起的行为形式包括快速地移动和紧靠。强度高的时候总会伴随哭泣，但有时哭泣也会在强度低的时候出现。

中介依恋的行为系统的组织形式

在第五章的一个小节中，已经对行为系统潜在组织方式的一些主要原则进行了解释。在目标校准型系统和非目标校准型系统之间存在根本性的差异。尽管两种类型的系统在进化适应性环境中被激活的时候通常都会产生特定的可预测结果，但是两者的方式却是不同的。在目标校准型系统中，可预测结果之所以会在激活之后出现，是因为这一系统的结构形式会持续关注设定目标和表现之间的差异。猎鹰的俯冲就是其中一个例子。在其他没有设定目标的系统中也就不会存在对这一差异的计算。相反，可预测结果来源于某些行动以某些序列在某些场景中被简单地执行。这类系统的一个例子是鹅通过推蛋的行为来将蛋重新放回巢里。

在中介依恋的行为系统中，有一些的组织形式是目标校准系统，另外一些则是简单的线性。最早发展出来的系统肯定不是目标校准型的，但在婴儿后期阶段，尤其是在一周岁之后，目标校准型系统开始扮演越来越多的角色并最终成为一个主导的角色。

让我们来看看两个可预测结果是接近母亲但本身并非目标校准型的行为系统的例子。当一个四个月左右大的孩子在母亲短暂离开之后又看到她的时候，很可能会微笑。母亲可能会用更加接近他、微笑和对他说话，或者轻轻拍他或抱起他来做出回应。所以说，婴儿微笑的可预测结果就是更加接近母亲；在达成这个结果的过程中，微笑似乎并没有因为是否看见母亲过来就与常规的形式有所差异。事实反而是，这个年龄的婴儿微笑似乎是一种主要由母亲的脸（正脸而不是侧脸）引起的固定行动模式，会被社交互动加强，并且会在被抱起的时候终止。

第二个在激活的时候通常会产生接近性但并非是目标校准型的系统例子是哭泣。当年幼的个体在其进化适应性环境，也就是处于母亲听觉范围之内哭泣时，可预测结果就是母亲会走到他身边。但是，同样地，在最早的几个月中似乎并没有像一个目标校准系统那样，因为母亲的位置是远还是近，或者她是来还是走，就会出现哭声的变化的倾向。

在婴儿大概八个月大的时候，尤其是在一周岁之后，中介依恋的更加精致的系统的存在变得更加明显。孩子紧紧盯着母亲，当她在的时候可以很满足地游戏但当她移动的时候要跟随她的情况并不少见。在这种情况下，对孩子行为的理解可以推断它是被一个只要母亲在视野或接触范围内时就不运转，但一旦这些条件变化就会被很容易被激活的系统所掌控。一旦它被激活，带有恰当的目标校准性的接近行为就会一直持续到孩子再次回到母亲的视野或接触范围之内，只有达到这种条件时，系统才会终止运转。

另外一种中介依恋的目标校准行为是呼唤。在第二年的某个时间点，孩子通常会开始以某种新的方式呼唤他的母亲。这时候，他的呼唤会随着他对母亲位置以及当前动作的评估有所不同，当他评估母亲较远或正在离开的时候，呼唤的行为会增加，当他评估到她很近或者正向他走来的时候，则会减少。

继一个目标校准型行为序列如移动或呼唤之后，会出现一些其他形式的依恋行为如抬起手臂的姿势或抓手的动作，这类情况并不少见，这些行为的可预测结果就是随之而来的孩子和母亲之间的身体接触。在这种情况下，整个行为的演进似乎是链式组织形式。只有当孩子和母亲之间的距离缩小到一定范围内时，第二种类型的动作才会被引发。

两岁孩子在不同情境下的典型行为

中介依恋的特定行为形式以及它们在不同年龄段不同情境中特定的组织形式和出现的组合几乎是无限多的。但是，在某个特定年龄之后，可以说是十五个月之后，某些特定的行为形式和组合出现的频率就会很高，而其中一些只会在孩子处于某些有限数量的情境之一时才会发生。定义这些情境的主要方式就是母亲的位置和动作，另外一种方式就是孩子对所处环境的感受是熟悉还是陌生。

接下来，我们会尝试描述一些常见情境下的典型行为。由于孩子之间巨大的个体差异以及细致研究的缺乏，我们只可能就影响行为的变量绘制出一张草图。

母亲在场且保持静止时孩子的行为

一个一岁到两岁大的孩子在一个熟悉的情境中将静止的母亲作为基地可

以满足地玩耍或探索半个小时或更长时间的情况并不少见。在这种情境中，他依赖于转向母亲、记住她的位置来保持接近性。紧靠、吮吸和哭泣都不会出现。偶尔一瞥的眼神、微笑以及触摸的交流都可以让一方确信对方知道自己的位置。

安德森（Anderson，1972）报告了对年幼孩子与母亲在公园的观察所得。所选择的孩子处于十五个月到两岁半之间，他们的母亲安静地坐着，允许他们在一个相对熟悉的环境中四处奔跑，安德森注意到每十五分钟就会出现一次孩子与母亲联系的动作。在三十五个被观察的孩子中，二十四个孩子在整个过程中都与母亲保持不超过200米的距离，在此范围内孩子会在母亲身边来来回回，而母亲不需要采取任何行动来确定接近性。安德森对这些孩子在离开母亲即刻控制距离时保持转向母亲姿态的能力做了评论。在余下的十一个孩子中，有八个走得更远，被秋千或者其他感兴趣的东西吸引。在所有的情况下，母亲都会护送孩子过去。只有三个孩子由于走得太远或离开母亲的视线而被抓了回来。

在典型的情况下，保持转向母亲的孩子不是直接离开母亲就是直接朝她移动，移动一阵子之后总是会停下来一会儿。回到母亲身边的移动比起离开的旅程来说似乎伴随着更多的跳跃而且速度更快。在母亲身边停留并不常见，但相对时间会长一些；与母亲保持一定距离的停留则更多一些但时间会更短。

安德森强调，只有在极少的情况下，离开或返回与正在发生的事件有关："孩子自由地扭动并离开几步时，只不过是出于脚下想要离开母亲的一些愿望，而没有任何其他明显的动机，他会在那儿站一会儿直到下一次活动开始"；通常，返回的旅程开始的时候幼儿会看一眼母亲。在七个孩子的四十九次返回移动中，只有两次似乎是被母亲的情况引发出来的，两次都是因为母亲的朋友的到来。

返回移动也会在与母亲有一段距离的时候停下，在离她几米近的地方或接触她。大概四分之一的情境中孩子会通过爬到她腿上，靠着她的膝盖或拉着她的手来进行接触。很多时候他只是靠近但不会有真实的接触。有二分之一的情况他就停在有一段距离的地方。

除了两人在一起很近的时候之外，无论孩子还是母亲都不会进行言语的交流。当距离变远的时候，孩子会发出一些声音，但只是对自己说的。而母亲一方则很少会尝试通过呼唤让孩子回来，而且当她们这么做的时候，除了极少数例外的情况之外，结果都是徒劳的。

尽管安德森并没有做系统的报告，但我们从其他的途径可知，当孩子在静止的母亲身边玩耍的时候，他常常会寻求她的注意，如果不能获得就会感到不满。在阿佩尔和戴维（Appell & David，1965）对十三个月的孩子在家里与母亲的互动情况的报告中，他们描述了一对相对很少有接触的母子，二者之间大部分的接触就是互相看着对方。在记录了母亲如何看着儿子并为他提供很多玩的东西之后，他们写道：

> 鲍勃自己也有很多时间在看母亲……他需要被看到，当母亲过于聚焦在她的工作上时，他便无法忍受……他会变得烦躁而沮丧，程度和他母亲离开的时候是一样的……

与这一对相对照的是，阿佩尔和戴维发现其他组合的触觉交流和视觉交流一样多。

当母亲在场且移动时孩子的行为

到了某个时间，孩子变得有能力通过目标校准型的移动来保持对一个移动人物的接近性了。这一年龄大致是在三周岁，比通常认为的要晚得多。尽管一个两岁半的孩子可能已经能够非常好地行走并且有能力在母亲保持静止的情况下进行长期且具有良好指向的短途旅程，但一旦母亲开始移动，他就会变得异常笨拙。这一儿童发展的现象不大为人所知，对此现象的忽视产生了很多养育中的烦恼。我们仍然可以在安德森的观察中找到更细节的信息。

通常，当安德森正在观察的一个两岁大孩子的母亲在外出结束站起来的时候，她会给孩子发出信号。如果有的话，他就会很乐意地爬到他的推车里去。但是如果母亲想让他走路的话，那么很快就会出现困难，除非她走得非常慢并且拉着他的手。安德森报告，母亲常常会失去耐心，抓住孩子的手臂把他拎起来并拽着他走。

如果母亲的站起是在意料之外并没有信号发出，比如要去取点东西，那么孩子最有可能的情况就是会站在原地保持不动。如果随后她希望孩子过来的话，那么她就需要非常耐心地鼓励他，否则他就有可能会一直保持不动。

安德森对另外十二个相同年龄不坐婴儿车而他们的母亲在公园里步行的孩子的观察确认了他们跟随行为的极度无效性。孩子会不断地停下来，通常是在与母亲有一定距离的地方，以至于在每个五到八分钟的时间段内，母亲停下来等孩子的时间要超过行走的时间。其中八个孩子完全偏离了方向需要母亲抓回来。不少于一半的孩子在短暂观察期结束之前都会进入被运载的状态，其中三个由孩子发起，其余三个由母亲发起。

安德森的证据明显地表明三岁以下的孩子尚不具备有效的目标校准系统使他们能够保持对一个移动人物的接近性，并且在此之前，人类的适应性安排就是由母亲来运载他们。这个年龄段的孩子在接受被转移时的乐意程度、当他们被带着的时候所保持姿势的满足和有效性以及他们要求被携带时的确定和突然的方式，都支持了这样一种可能性。安德森报告了一个走在母亲侧面的孩子是如何突然地移动到面对她的位置并举起双臂的。这一行为发生得如此突然以至于母亲很容易不小心把孩子撞到。这一不良后果并没有阻碍孩子的行为就表明这种行为是本能性的而且是由于看到母亲的移动而被引发的。

已有的证据表明，无论是在经济发达还是不发达的社区，父母无论去哪儿，三岁以下的孩子都是被父母带着的。在西方社会这种运载通常是通过某种类型的婴儿车。不过，由父母一方携带也并不少见。在莱茵高尔德和基恩（Rheingold & Keene，1965）的一项研究显示，在华盛顿特区公共场所被成年人（大部分是父母）携带的五百个孩子中，大约89%小于三岁，三个年龄段大致是平均分布。三周岁以上的孩子只占观察到的被携带的孩子中的一小部分：8%四岁，只有2%超过四岁。

看起来，在三周岁之后，大部分孩子开始具备恰当的目标校准系统，能够使他们在母亲人物移动的情况下也保持接近。即便如此，之后的很多年这些孩子还会抓住父母的手或衣服或者抓住婴儿车的扶手。只有在七周岁之后，大部分孩子才不再会抓住父母的手，但是在这个方面就像在其他方面一样具有很大的个体差异。

当母亲离开时孩子的行为

超过十二个月大之后，往往还会在此之前，当孩子看到母亲离开时通常会反抗。这种反抗可能是以从低声啜泣到大声哭喊之间的任何形式发生。他们通常还会试图跟随她。不过，实际表现出来的行为要取决于很多因素。例如，孩子越小，他哭泣的可能性越高而跟随的可能性越低。另外一个影响因素是母亲离开的方式：缓慢而安静的撤退引起的反抗和跟随可能会少一些，快速慌忙地离开则会引发大声的抗议和艰苦的跟随。还有一个因素涉及环境的熟悉或陌生程度。被留在熟悉设置中的孩子可能相对更满足，但被留在不熟悉设置中的孩子则肯定不是哭泣就是试图跟随。

看到母亲离开所引发的行为与孩子单独一个人时的行为非常不同。很多在看见母亲离开时会反抗并试图跟随的孩子，在得知母亲在哪里并且只要愿意的时候都可以得到她的情况下，即使母亲不在身边也可以很满足地一个人玩。在他出现某种形式依恋行为之前——通常不是寻找母亲就是哭泣，取决于年龄和其他因素——他一个人玩的时间可以达到一两个小时。

当母亲回来时孩子的行为

母亲回来时孩子的表现取决于她离开的时间以及她再次出现时孩子的情绪

状态，而这些又反过来取决于他与母亲之间所形成的关系模式（见第六章）。

在经历了短暂而常规的离开之后，孩子几乎肯定会转向母亲并接近她。他会微笑。如果他在哭很有可能会停止，尤其是如果母亲把他抱起来的话。如果他哭得比较厉害的话，很可能会紧紧抓住母亲，当他被抱起来的时候会紧紧地靠着母亲。

在经历了一段较长时间的不那么常规的离开之后，当母亲最终返回的时候，孩子的表现可能要痛苦得多。在这种情况下，刚看到母亲的时候，他可能反应会更少甚至可能会退缩。如果他没有在哭的话，他可能会保持沉默一段时间然后开始哭泣。一旦他与母亲之间建立了身体的接触，哭泣就会减少，并最终停止。随后，他很有可能会紧紧靠住母亲并且不让母亲把他放下来。还有可能会出现很多非营养性吮吸。

在经历了持续几天或更长时间的分离后，尤其如果出现了陌生环境的话，那么孩子的依恋行为就有可能出现异常形式，其与正常情况的区别不是强度过大就是明显的缺失。

在母亲返回时孩子的不同形式的表现中，有些行为明显是目标校准型的，但另外一些则不是。

中介依恋行为的系统的激活与终止

在依恋行为最明显的第二和第三年中，观察任何一个孩子我们都会发现，这些行为在激活、形式和强度上差异巨大。某个时刻当母亲不在视野范围内且显然不在孩子心里的时候，他可以满足地探索环境，但下一个时刻他可能就在绝望地寻找母亲或放声痛哭地要找到她。某一天他还很快乐并不需要母亲，第二天可能就会变得烦躁和“孩子气”。

在对一个孩子身上决定依恋行为这些差异的条件的考察，用我们所提出的理论来说，就是考察中介这些行为的系统的激活和终止。

在本章中，我们只对目标校准型系统以及影响它们的条件进行考察。对非目标校准型系统的激活和终止条件的讨论会推迟到下一章，到时候也会对它们的发育进行考察。对解释一个孩子在几个月或几年中的行为差异的变量以及可能解释孩子之间个体差异的变量的简要讨论会放到第十六章。

在本书的第一版中我们所提出的是一个相当简单的即停即止型的模型，但是在经过深入研究之后，尤其是布雷瑟顿（Bretherton，1980）的研究显示，尽管这是一个好的开始，但它是不充分的。因此，在第十九章中，我们会对这个模型做更详细的阐述。同时，我们从这个简单的版本开始。

就像其他大部分行为系统被激活时的状态一样，中介依恋行为的系统在激活强度上会有从低到高的差异。我们所提出的模型的一个主要特征是，终止条件根据激活强度会有很大的不同。当系统被高度激活的时候，只有与母亲本人的身体接触才能终止它们。当系统的活动程度低一些的时候，看到或者听到母亲的声音就可以终止，并且对某些次要依恋人物的接近作为母亲的替代可能就已经足够了。终止条件的差异可以说从严格到宽松不等。

很多条件都会激活依恋行为。其中最简单的可能就是与母亲之间的绝对距离。安德森的观察显示了这一变量所扮演的角色。除了很少一部分之外，他所观察的孩子与母亲的距离保持在6米的半径范围之内，达到这个距离之后，他就会返回而不是离得更远。另外一个这种类型的条件可能是时间的流逝。尽管只有几个与之相关的系统性观察研究，但普通托儿所的经验显示时间的流逝扮演了一定的角色。例如，通常一个安心玩耍的两岁孩子会时不时地检验母亲的位置。这些检验可以被看作依恋行为的强度被周期性激活的例子。

其他已知的激活依恋行为并影响其表现形式及强度的条件主要可分为以下三种：

1.孩子的状态——疲劳、疼痛、不良健康状况、饥饿、寒冷；

2.母亲的位置和行为——母亲不在、母亲离开、母亲阻碍接近；

3.其他环境条件——警觉事件的发生、被其他成年人或孩子拒绝；

让我们首先考察一下被归到“孩子的状态”这一类因素的影响。

每一个母亲都知道，当孩子感到疲惫、饥饿、寒冷、处于不良的健康状况或感到疼痛的时候更有可能会变得“孩子气”。他不仅会不愿意母亲离开他的视线范围，而且还会要求坐在她膝盖上或被她携带着。在这种强度水平上，依恋行为只可能被身体接触终止，任何由母亲的动作引起的接触的打断都会再度引发强烈的依恋行为——哭泣、跟随、紧靠——直到两者再次建立接触。相反，当孩子不再疲惫、饥饿、寒冷、处于不良的健康状况或感到疼痛的时候，他的行为就会相当不同：他又会感到满意，即使母亲跟他之间有一段距离或者只是在他听觉范围之内。因此，对这五种条件的理解可以说是它们会导致依恋行为的高强度显现，也因此导致其终止条件也相应地比较严格。

当孩子警觉或受到其他成年人或孩子拒绝的时候变化也是类似的——也就是被归为“其他环境条件”的条件。

尤其容易引起孩子警觉的事件有：导致巨大的尤其是突然的刺激水平变化的事件，如亮光、突然的黑暗、巨大的噪声；本身较为陌生的客体或者是出现在意料之外的背景中。两岁或再大一点的孩子在这些情况下几乎都会受到惊吓并冲到母亲那里。换句话说，依恋行为被高强度激活且相对应的终止条件也是严格的。除了接近之外，哭泣或紧靠也有可能被引发。另一方面来说，当一个孩子只受到一点惊吓的时候，依恋行为的强度较低且其终止条件也比较宽松。他之后可能只是会移动到离母亲近一点的地方，或者甚至只是转过头检验一下母亲的位置并关注一下她的表情和姿势[①]。

此外，母亲本身对待孩子的方式也会对依恋行为表现的强度有所影响。通常会引发高强度依恋行为和对应的终止条件的母性行为，是任由那些阻碍或

---

① 罗森塔尔（Rosenthal，1967）在一个针对三岁半到四岁半的小女孩的实验中发现，在警觉的情况下，被试倾向于与在实验房间中任意可接近的人保持近距离（有时候是母亲，有时候是陌生人）。也就是说，在警觉条件下接近性保持的平均值要比不警觉条件下高50%。相反地，寻求关注和帮助的均值在两种情境下没有差异。

威胁接近的表现。当母亲拒绝孩子想要接近她或坐在她膝盖上的愿望时，出现与其意愿相反的结果的情况并不少见——他会更加紧紧地靠住她。类似的，当孩子怀疑他母亲要把他留下的时候，他会坚持不懈地要待在她身边。另一方面，当孩子观察到母亲正在关注他而且准备好对他任何的想要更接近她的意愿给予回应的时候，他可能会感到满足并可能会离开一定距离去探索。尽管这些行为看起来似乎违背常理，但实际上这符合了依恋行为会达成保护功能的假设。当母亲看起来不能扮演保持接近性的角色时，孩子就会警觉并用他自己的行为来努力确保接近性得以保持。另外一方面，当母亲表现出准备好保持接近性的时候，孩子就可以放松了。

对于大多数幼儿来说，仅仅是看到母亲怀里抱着其他的孩子就足以引发强烈的依恋行为。大一点的孩子会坚持与母亲保持接近，或者要爬到她腿上去。通常他会表现得像一个婴儿。很可能这一众所周知的行为只是孩子对母亲缺乏对他的关注和回应的一个特殊例子。但事实是，大一点的孩子即使在母亲给予更多的关注和回应时仍然会有这样的表现。利维（Levy，1937）开创性的实验也表明仅仅是一个婴儿出现在母亲腿上就足够让大一点的孩子出现更多的紧靠行为。

随年龄发生的变化

在第十一章中已经描述了，在满三周岁之后，大部分孩子的依恋行为在紧迫性和频繁度上会比之前更低，这一趋势会持续多年，尽管依恋行为并不会完全消失。用我们所提出的理论来理解的话，这些变化的出现很大程度上是因为行为本身变得不那么容易被激活，并且在任何给定的条件下，它被激活的强度都变得更低了。因此，终止条件变得更加宽松。也就是说，对于年长一些的孩子来说，早前会引发高强度依恋行为的条件现在引发的强度会变低，也因此，早前只有通过亲密身体接触才能终止的行为现在可能可以被一个轻轻的触碰甚至一个确认的眼神来终止。

什么导致依恋行为更不容易被激活且强度更低的原因目前还是未知的。经验无疑扮演了一定的角色，例如：先前陌生的事物变得更加熟悉，因而也就没那么警觉了。不过，这一随年龄发生的变化似乎不可能完全是经验这一个因素的影响。在本能行为的主要系统中，例如性行为和母性行为，激素平衡的变化众所周知是非常重要的。对于依恋行为来说，激素平衡的变化似乎有可能也扮演了重要的角色。如果能够确认那些证明依恋行为在女性当中更容易被引发的证据的话，就有可能支持这一结论。

除了依恋行为的激活变得更不频繁强度更低之外，另外一个随年龄发生的变化是依恋行为会变得可以被越来越多的条件终止，其中有一些是纯象征性的。也就是说，只要强度不是很高的话，照片、信件以及打电话都会变成某种程度上有效的“保持接触”的方式。

关于依恋行为的这些以及其他一些形式的变化会在最后一章中做更深入的讨论。

到此为止，我们对依恋行为的控制理论做了概述。我们内心有两个目的。一是要展示这种类型的理论可以合理地容纳当前人类生活已知的早年依恋行为。二是鼓励更多研究的出现。在这种模型下，行为可以被准确地预测且这些预测是可以被检验的。

第四部分

人类依恋的个体发生

第十四章

依恋行为的开始

遗传提出建议，
发展做出决定。

——梅达沃

依恋的发展阶段

绝大部分儿童都成长在普通的家庭环境中。在这种环境中，调节依恋的行为系统会以一种相对稳定的方式逐渐衍生和发展，因而可以变得相当复杂。对于该系统的发展过程及影响因素，我们了解哪些？

婴儿降生后，可不是白纸一张。与此相反，婴儿天生配备了很多套行为系统，准备着被激活，而且每一套都已经设定了偏好设置。若刺激属于某个或某些大范围，特定的行为会被激活；若刺激属于别的范围，这行为会终止；若是其他种类的刺激，行为要么增强，要么减弱。在这些系统中，有一些奠定了后来依恋发展的基石，例如那些原始的系统，用来调节新生儿哭泣、吮吸、依附和定向行为。短短几周之后，这些行为系统就有了新成员，加上了婴儿的微笑和咿咿呀呀。几个月后，又多了爬行和走路。

这些行为最初出现时，结构非常简单。有一些动作模式本身就是线性的，只比固定的行动模式精细一点点。很多刺激都能激活和终止这些动作，而系统只是用一种最粗略、最省事的方式来区分这些刺激。即便如此，有些差别还是一开始就存在，而且从一开始，婴儿就有一种明显的偏好，会用几种特定的方式来回应通常源自人类的几种刺激，例如来自人类声音的听觉刺激、来自人类面孔的视觉刺激以及来自人类手臂和身体的触觉、运动刺激。这些细小的发端，衍生出所有具有高度鉴别力的复杂系统。在婴儿后期和儿童期，乃至人类终生，这些系统调节都指向特定个体的依恋。

在第十一章，我粗略地勾勒了人类婴儿的依恋行为发展。为了更方便地进行深入分析，我把发展过程分为几个阶段。不过我们必须得注意，这些阶段之间并没有清晰的界限。下面的段落会简要描述四个阶段。在本章和下一章，我会对此进行充分的探讨。

阶段1：对象区分度有限的定向和信号

在这个阶段，婴儿对人们的回应已经有一些特点，但还只能通过嗅觉和听觉刺激来区分不同的人。这个阶段开始于婴儿出生时，结束的时间不会早于八周，而且通常会持续到大约十二周时。在不利的情形下，这个阶段还会持续相当长。

有人出现在婴儿的感知范围内时，婴儿的反应包括转向这个人、用眼神追踪、抓握和伸手、微笑和咿咿呀呀。通常，在听到声音或看到面孔时，婴儿会停止哭泣。通过影响陪伴者的行为，这些婴儿行为都很可能增加陪伴者待在婴儿身边的时间。在大约十二周后，这些友好行为反应的强度会有所增加。从此以后，婴儿“主动、快活而愉悦地”提供“极具社会性的反应”（Rheingold，1961）。

阶段2：对一个或多个区分对象的直接定向和信号

在这个阶段，婴儿跟阶段1一样，会用友好的方式回应人们，但对母亲的反应会比其他人更明显。婴儿对不同听觉刺激的反应差异在大约四周后才能观察出来，而对视觉刺激的反应差异则要到大约十周后才能看出来。然而，对于大部分在家里长大的婴儿，对这两种刺激的反应差异都会在十二周左右变得非常明显。根据周遭环境的情况，这个阶段会持续到六个月，或者更晚一些。

阶段3：通过定向和信号，让特定的对象一直在旁边

在这个阶段，婴儿对待人们的方式的差异越来越大，而且反应方式有所增多，包括母亲离开时跟随她、母亲回来时迎接她，以及将母亲作为基地，从母亲那儿出发去探索周围。与此同时，对其他人的友好而无差别的反应会减弱。某些人会被婴儿选中，成为次要的依恋对象，其他人则没有这份荣幸。婴儿对待陌生人会越来越谨慎，而陌生人的出现迟早会激起婴儿的警觉和退缩。

在这个阶段，调节婴儿对母亲行为的一些系统会根据目标进行校正偏差，变得越来越有条理。随后，所有人都能够看出婴儿对母亲形象的依恋。

这个阶段通常在六七个月时开始，但也可能延迟到一岁以后，尤其是当婴儿跟主要的依恋对象没什么接触时。这个阶段可能会贯穿第二年，持续到第三年。

阶段4：根据目标进行调整的合作关系形成

在阶段3，婴儿和幼儿已经拥有根据目标进行校正的行为系统，该系统略有条理，但会运用相对原始的认知地图，让特定的对象一直待在身边。在这幅认知地图中，婴儿迟早会把母亲形象感知为独立的客体，在时空中一直存在，而且在时空连续体中的行动或多或少是可以预测的。但即使婴儿拥有了这一概念，我们仍然不能假定孩子就已经理解了是什么在影响母亲的行为，让她靠近或远离自己，或者他可以采取什么行动来改变母亲的行为。以下认知很可能仍

在他的理解范围之外：母亲的行为是围绕着自己的目标来组织的，这些目标数量繁多，而且在某种程度上会相互冲突，但婴儿有可能推断这些目标，并据此采取行动。

但是，这迟早会发生变化。通过观察母亲的行为及影响因素，儿童可以推断出母亲的某些预定目标，并觉察出母亲为了实现目标而采用的某些计划。从这点开始，儿童对世界的认知变得复杂多了，而他的行为也可能更有灵活性。换言之，儿童即将获得对母亲感受和动机的洞察。一旦儿童走到这一步，就已经奠定了基础，让亲子间就可以发展出复杂得多的关系，也就是我所说的合作关系。

这显然是一个全新的阶段。虽然目前的证据不足，但已有的案例表明，一些孩子在三岁半就已经做得很好，例如希雷瑟顿（Bretherton & Becghly-Simith，1981）在研究中提及的例子。在十八章中，我们会进一步讨论这一点。

若要判定孩子在哪个阶段形成了依恋关系，这肯定是完全武断的。显然，在阶段1，孩子还没依恋母亲，而在阶段3则明显有了依恋关系。至于在阶段2，孩子是否形成了依恋，或者依恋到哪种程度，则取决于我们如何定义依恋。

一些内在过程和外在条件能让婴儿发展出一套行为系统，从而渡过上述四个连续的阶段。在这一章以及后面几章，我们会尝试描述这些内在过程和外在条件。为了追溯这套系统的发展，我们会持续地提及第十章中探讨过的个体发育原则，即下列三种趋势：

1.有效刺激的范围变得有限；

2.原始行为系统变得精细，并被复杂行为系统取代；

3.行为系统最初没有任何功能，后来被整合到具有功能的整体中；

但在踏上个体发育的追溯之旅前，让我们暂缓脚步，仔细审视我们的起点，也就是人类婴儿降临到这世间时所配有的行为装备 。

人类新生儿的行为装备

关于人类婴儿在出生后前几个月的行为装备，这方面的无意义论述已经很多。一方面，新生儿的反应被视为毫无差异、尚未成熟的；另一方面，小婴儿竟具备了阶段4的那些典型意念或行为。至于婴儿的学习能力，变化范围从几乎毫无能力到等同于三岁孩子的能力。

即使在六十年代，这些近似于神话的看法也毫无存在的理由。而到了现在，到了八十年代早期，由于发展心理学家大军的辛勤研究，在之前只能止步于猜测的领域我们已拥有了丰富的知识。若读者希望了解更多，可以参阅奥索夫斯基（Osofsky，1979）编撰的文献集合，这本集子非常棒。事实证明，莱茵高尔德十年前的概论其实是一则预言："用业已验证的方法进行细心探测，几乎总是能得出很多证据，而这些证据的敏感度远远高于猜想。"

实验表明，在婴儿出生时或出生后不久，所有感觉系统都已经在运转。不仅如此，几天之后，他就可以区分不同个体的气味和声音。通过更加频繁地转头和加快吮吸，婴儿会展现出他更加喜欢母亲的气味和声音（Macfarlane，1975；DeCasper & Fifer，1980）。婴儿在视觉方面没这么厉害，但很快就可以聚焦在一束光线上，并追踪光线的运动，而几周后，婴儿就可以感知到图案。

研究者会给婴儿某个选择或改变刺激，观察婴儿是否做出不同的反应，从而判断婴儿能在多大程度上区分不同的刺激。通过留意婴儿对不同刺激的反应方式，研究者能够获得非常有价值的信息，了解婴儿的偏好。结果是，有些声音让婴儿哭泣，有些声音则让婴儿平静下来；婴儿对某些东西会格外注意，对其他物体则不怎么留意；有些味道会激起吮吸反应和快乐的表情，而其他味道则会引发厌恶的行动和厌烦的表情。很显然，通过这些不同的反应，婴儿会对接收到的感觉输入产生不容忽视的影响，显著地提高某些输入出现的频率，并将其他输入出现的频率降为零。而研究者一再发现，这些内在的偏好有利于社会互动的发展。

在一项较早的实验中，海泽和哈特（Hetzer & Hart，1927）给婴儿呈现多种声音，有些响亮有些柔和，有些是人类的嗓音，有些是陶器撞击或碎裂的声音，有些是口哨声。出生几天后，婴儿对响亮和柔和的声音就会有非常不同的反应。听到响亮的声音时，婴儿会退缩皱眉，显得不太愉快；而听到柔和的声音时，婴儿会平静地向上看，缓慢地伸展双臂，并发出愉快的声音。从第三周开始，婴儿对人类声音的反应就会比较特别。听到人类嗓音时，婴儿会开始吮吸，咯咯笑，并出现愉悦的神情；嗓音停止时，婴儿会开始哭泣，表现出不太愉快的模样①。

研究者做了大量的工作，探索婴儿的视觉能力发展的速度，尤其是婴儿喜欢看什么物体（Cohen，1979）。虽然很多研究的结果会让我们相信，在前四个月，婴儿还没有将人类面孔跟其他同等刺激区分开的视觉能力，但托马斯（Thomas，1973）证明这个结论是错误的。托马斯考察了单个婴儿的偏好（而不是对很多婴儿的偏好取平均值），指出早在第五周，婴儿就会偏好跟面孔相似的刺激。在其中一项研究中（Thomas & Jones-Molfese，1977），研究者向2到9个月大的婴儿呈现四种图片，分别是空白的椭圆形、打乱的面孔简笔画、正常的面孔简笔画、真实面孔的黑白照。从婴儿2个月大开始，图片越像面孔，婴儿就越喜欢。

但对不同人面孔的区分似乎在婴儿出生后十四周前不会出现。到十四周后，在家里长大的婴儿对母亲形象的面孔识别就非常明显了，表现方式是当母亲出现时，婴儿会立刻绽放出笑容来迎接妈妈，而且比给其他人的笑容更灿烂。

因此，由于天生的有选择的敏感性，不同种类的刺激会引发不同种类的行为，而且婴儿会对环境中某些部分的刺激给予更多的注意（Sameroff &

---

① 对于婴儿三周大时对女性嗓音的不同反应，海泽和哈特倾向于解释为婴儿已经把嗓音跟食物联系在一起。但这其实是毫无必要的假设。此外，他们的研究也表明，在同样大的年龄，婴儿对准备奶瓶的噪音并不会有特别的反应。

Cavenagh，1979）。不仅如此，在得到集中反馈时，不同单个行为的结果会对将来的行为产生不同的效果，因而某些种类的行为序列会急剧增加（被强化），而其他序列则会急剧减少（被抑制）。在两三天大的新生儿身上就可以看到这种变化。显然，经过最初几周和几个月的积累，这种变化将产生深远的影响。

在过去，研究者曾经想象，调整婴儿行为的主要方式在于该行为是否能带来食物。这种把食物视为奖赏的执念产生两种负面效果：一是这带来一种纯属猜测而且绝对错误的理论；二是这会让人们非常悲哀地忽视其他奖赏，而跟食物相比，其中一些奖赏在社会依恋的发展过程中作用更大。即使就吮吸而言，虽然食物肯定是一种强化物，但得到食物并非是唯一能够增强反应的行为结果，例如莱普西特（Lipsitt，1966）在研究中表明，被吮吸物体的形状也很重要。

在这一章的剩下部分，我们会着重探讨调节依恋的各种行为形式。首先，婴儿的感知装备系统倾向于让婴儿注意母亲形象，因而让婴儿跟母亲更加熟悉；其次，婴儿的感受器装备系统，尤其是手和脚、头和嘴，总是把握各种时机，把婴儿跟母亲黏在一块；最后，婴儿的信号装备系统，如哭泣微笑、咿咿呀呀、挥舞胳膊等，都会影响母亲的活动和对待婴儿的方式。在考察每一个装备系统时，我们会聚焦于这些装备在婴儿出生后几个月内的发展过程，此时婴儿仍然处于依恋发展的第一个阶段，也就是“对象区分度有限的定向和信号”阶段。至于已知的或我们猜想中的进程影响因素，则留到下一章讨论。

对人的早期反应

定向

新生儿对人类做出反应时，并非完全把人当作人。不过，正如上文讨论的，新生儿的感知装备系统设计精良，能够识别和处理人类产生的刺激，而且新生儿的反应装备系统有一定偏好，让婴儿以特定的方式对这些刺激做出反应。研究者经常发现，婴儿的行为方式会最大化地利用这类刺激。我们已经举出了一些例子，例如倾向于观看图案或至少是轮廓图，尤其是跟人类面孔相似的图。除此之外，婴儿还倾向于聆听人类的嗓音，尤其是女性的，而且在声音停止时会开始哭泣。还有一个偏好一开始就出现了，那就是倾向于看运动的物体，而不太喜欢静止的。

不仅婴儿会有偏好，以特定的方式对人类做出反应，母亲也有偏好，会以特定的方式对待婴儿。母亲让婴儿跟自己脸对脸，让婴儿有机会看着自己。母亲抱着婴儿时，会让婴儿的肚腹贴着自己，因而更可能激发反射性反应，不仅更精准地让婴儿对着自己，而且让婴儿有机会用嘴、手和脚来抓住自己的身体。母亲和婴儿双方越多地体验这种互动，双方相关的反应越强烈。在这种互相激发中，母亲和婴儿的早期互动就这样开始了。

让我们更深入地考察婴儿的视觉行为，以及这种行为如何促进跟母亲形象的互动。在母乳喂养时，若新生儿碰巧处于警觉状态，碰巧睁开眼，就很可能会注视母亲的面孔（Gough，1962；Spitz，1965）。我们大可不必感到惊讶。回想一下新生儿对特定图案类型的偏好。另外，在最初几周，婴儿只能清晰聚焦距离眼睛八九米的物体（Haynes，1966）。一旦注视某个物体，新生儿就倾向于用眼睛和头部追踪该物体。最初只是偶尔追踪，而且效果欠佳，但两三周时就会卓有成效（Wolff，1959）。我们会发现，喂养婴儿时，母亲的面孔正好处于被注视和追踪的最佳位置。

到婴儿四周大时，跟其他物体相比，婴儿注视人类面孔的倾向已经变得非常明显（Wolff，1963）。麦格劳（McGraw，1943）对这一点加以强调。在研究视觉收敛的发展时，麦格劳注意到，跟非生命物体相比，放在合适位置的人类面孔更容易引起视觉收敛。对于麦格劳记录到的这种偏好，或许有个很简单的解释：跟实验中的其他物体相比，人类的面孔包含更多的轮廓，因为伯莱茵发现，至少从三个月大开始，婴儿更加喜欢注视相对而言包含大量轮廓的对象。当然，另一个因素也非常重要，而且变得越来越重要，那就是表情变化带来的面孔运动。沃尔夫（Wolff，1963）认为“到两个月大时，关键因素就是运动”。

婴儿不仅仅在早期表现出对人类面孔的偏好，而且到大约十四周大时，至少在某些情况下，婴儿还会表现出另一种偏好，那就是喜欢看着母亲的面孔，而不是其他人的面孔。此外，安斯沃思观察到，在大约十八周时，干达人的婴儿在其他人怀中时，即使跟母亲有一点距离，也会一直朝向母亲：

> 当婴儿与母亲分开不在母亲怀里但能够看到母亲时，眼睛总是或多或少地盯着母亲。婴儿可能往别处看一会儿，但总是会不停地瞥向母亲。当婴儿被其他人抱着时，我们可以感觉到，婴儿一直有朝向母亲的动作定向，因为婴儿既不愿意跟抱着自己的成人互动，也不愿意在这人怀里放松下来。（Ainsworth，1964）

至于决定发展过程，至少有以下四种进程在发挥作用：

1.跟其他物体相比，更喜欢看特定图案和运动物体的天生偏好；

2.暴露学习，陌生和熟悉的刺激由此逐渐区分开来；

3.靠近熟悉刺激的天生偏好（以及后来出现的远离陌生刺激的偏好）；

4.结果的反馈，当行动序列之后出现特定结果时，该序列会因该结果的反馈而增强，而之后出现其他结果时，该序列则会因此而减弱。

至于在增强婴儿行为中起主要作用的行为结果，研究者传统上认为是食物。但是，没有任何证据表明食物能增强婴儿对母亲的视觉定向。相反，有一点已非常清楚，那就是婴儿越多地注视母亲，母亲就越可能走向婴儿，向婴儿打手势，向婴儿说话或唱歌，轻拍婴儿或拥抱婴儿。显然，正是对婴儿行为结果控制系统的反馈，在增强婴儿的视觉定向和注视。

作为观察对象，母亲既有趣，又会给予奖赏，不仅值得看，也值得聆听。我们已经描述过女性嗓音对三周大婴儿有非常独特的抚慰效果。除了抚慰效果，听到嗓音还可能让婴儿转头，并发出舒服的声音。实际上，沃尔夫（Wolff，1959）发现，这种有区分性的反应在出生后二十四小时内就已经存在：

> 在安静的育婴房，研究者呈现尖锐清晰的声音，让怠惰的婴儿警觉。婴儿会左右转动头部和眼睛，似乎想发现声音的来源……跟响亮的声音相比，柔和的声音会激起更加清晰的追求动作。

此外，近期的研究表明，到第三天时，婴儿已经能区分出母亲的嗓音。

另外，跟视觉注意和追踪一样，婴儿的听觉注意和追寻也会得到反馈和学习进程的激励和强化。一方面，婴儿对母亲嗓音的兴趣可能让母亲更多地对婴儿说话；另一方面，婴儿对母亲的注意能增加母亲说话和其他指向婴儿的行为，而这一事实会让婴儿对母亲的嗓音给予更多的注意。通过这种交互强化，母亲和婴儿之间的口头和听觉互动增强①。

转头和吮吸

婴儿跟其他人实现身体接触的主要器官是头和嘴、手和脚。

在新生儿的嘴跟乳房接触的过程中，普雷希特尔（Prechtl，1958）细致地研究了新生儿的头部运动。普雷希特尔区分出两种主要的行为形式。两种都被称为“觅食反射”，虽然或许这名称最好只留给第一种形式。

---

① 近期的研究已经表明健康的新生儿有强大的潜能，能够参与简短的社交互动，而敏感的普通母亲也具备成功参与到互动中的潜能。在婴儿出生后两三周时，活跃的社交互动跟疏离的状态会交替出现。在最开始，婴儿开始互动或退出互动，完全跟随自己的自主节律，而敏感的母亲会调节自己的行为，从而跟婴儿的行为一致。之后，婴儿的节律会转换，适应母亲的干预。这些对话发展的速度和效率，以及双方共同获得的乐趣，清晰地表明每位参与者都已经预先适应，准备参与这些对话。若想阅读关于这些研究的精彩综述，请参阅谢弗的研究（Schaffer，1979）。

第一种是交替的左右运动，似乎是一种固定的动作模式。只要出现在嘴唇周围的较大区域，很多种触觉刺激都可以激发出这种运动。当婴儿很饿时，这也会表现为“吸尘器活动”。虽然这种运动的频率和强度不同，但形式相对刻板，不会被刺激的任何特性影响。

第二种运动形式则是定向的转头动作，组织的方式复杂得多。当触觉刺激出现在贴近嘴唇的区域时，头会转向刺激即将到来的方向。此外，如果刺激在皮肤某个点上停留更久，然后移开，婴儿的头部会跟着移动。这表明，触觉刺激不仅会激发这种运动，而且刺激的确切位置还会持续不断地调节运动的形式和方向。

早产婴儿出生二十八周后，很容易被激发出这种左右移动的固定动作模式，而定向的转头行为则出现得晚很多。即使是足月婴儿，也只有大约三分之二出现这种定向转头。至于剩下三分之一的足月婴儿，大部分会经历一个同时存在这两种运动的阶段；而在小部分婴儿身上，固定动作模式的消失和定向有规律的运动的出现之间会出现一天或更长的时间间隔。

若婴儿所处的环境符合进化要求，无论婴儿使用哪种运动，都会产生同样可预期的结果，即食物摄入。在两种情况下，作为一个链条的行为序列，都跟下面的描述相同（Prechtl，1958）：

1.头部运动让婴儿的嘴巴接近母亲的乳头；

2.触觉刺激出现在嘴唇或贴近嘴唇的区域，让婴儿的嘴巴张开，让嘴唇含住乳头；

3.婴儿嘴内任何区域的触觉刺激，尤其是硬腭上的（Gunther，1961），会激发吮吸运动；

4.奶在嘴内激发吞咽运动。

留意这个序列：转头、含住乳头、吮吸……都出现在获得食物之前。正如巩特尔（Gunther）所强调的：

> 婴儿进食是因为感到饥饿，这个人们常有的观点其实站不住脚。即使在婴儿刚刚出生时，如果你把空奶瓶放到婴儿嘴里，婴儿也会被驱使着尝试进食。但你给婴儿一匙牛奶时，牛奶只是从婴儿的口腔内滑过，跟婴儿对奶瓶的反应形成鲜明对比。

新生儿通过这种链条式的序列来开始喂养行为，不久之后，这行为就开始变化发展。例如，在出生头几天，婴儿吮吸的强度已经会得到增强或减弱（Lipsitt，1966）。毫无意外，食物是增强强度的重要因素。因此，若形状糟糕的物体能产生食物，就会更多地被吮吸。但是，食物远非增强吮吸强度的唯一因素：被吮吸物体的形状也有很大关联。若形状相对传统，例如橡胶奶嘴，不仅更可能被婴儿吮吸，而且即使没产生食物，被吮吸的强度也会增加；当形状跟传统奶嘴差异显著，例如橡胶管子，而且不会产生食物，那物体被吮吸的频率较低，而且强度会减弱。

在婴儿出生后头几天还会有另一项发展，即婴儿预期到自己的脸和嘴会接触到乳房或奶瓶时，婴儿会朝向乳房或奶瓶。考尔（Call，1964）观察到，早在第四次喂奶时，这种预期性的定向就会出现；到第十二次，这种定向就非常常见了。发展出这种定向后，一旦婴儿被放到哺乳位置，婴儿就会张开嘴，把能自由移动的胳膊移到嘴巴附近，接近母亲不断靠近的乳房。在哺乳位置时，虽然婴儿的脸没有跟母亲接触，但婴儿的身体会接触到母亲的身体。在考尔的观察中，有几个婴儿的这种定向发展较慢。在哺乳时，这些婴儿跟母亲的身体接触非常少。

最开始，激发婴儿的预期性运动的并非是乳房或奶瓶的出现，而是婴儿被放到哺乳位置时的触觉和本体感刺激。直到三个月大时，婴儿的预期性运动才会受到视觉内容的指引（Hetzer & Ripin，1930）。

在婴儿饥饿时，普雷希特尔描述的定向转头运动很容易被激发出来，而且这运动通常会让嘴巴接触乳房，因此定向转头运动显然是进食的有机组成部分。但除此之外，在没有进食时，定向转头也有让婴儿朝向母亲的效果。布劳维尔特已经提出这个观点。通过使用时间和动作研究技术，布劳维尔特和麦肯纳（Blauvelt & McKenna，1961）证实了对刺激做出反应时，婴儿头部转动有多么的精确。因此，当触觉刺激从耳朵移向嘴部，婴儿会转头迎接该刺激；与此相反，若刺激运动的方向相反，婴儿会改变嘴巴的位置，去追随该刺激。在两种情况下，结果都是相同的：婴儿会借此面对着刺激。

抓握、依附和伸手抓

研究者已经描述过婴儿的依附能力，即紧抓或抱住某个物体，让自己的身体悬空；此外，有研究者进一步假定，这种行为跟非人类灵长类动物的依附行为是同源的。近年的研究支持这个观点，并揭示出人类婴儿的定向依附反应是如何从新生儿具备的某些原始反应发展出来的。拥抱反射和抓握反射正是其中两种原始反射。

在1918年，德国儿科医生莫罗首次描述了一种拥抱反射，也就是现在通常所说的莫罗反射。普雷希特尔称这是“一种非常复杂的模式，由多个成分组成”，若突然摇晃、倾斜、举高或扔掉婴儿，就会激发出莫罗反射。激发这种刺激肯定跟前庭觉有关，可能也跟婴儿脖子的本体感觉有关联。

关于莫罗反射的本质和序列，以及这种反射在婴儿行为程式中的位置和功用，学术界争议纷纷。值得注意的是，很多困惑和争议之所以会出现，是因为人类婴儿通常所处的环境具有进化适应性，而研究莫罗反射的环境却往往不具备适应性。一旦我们在生物学意义上适宜的情境下研究这种运动，就可以从全新的角度看待这个问题，答案也就水落石出了。

在传统研究中，研究者会在婴儿的双手没有抓握任何东西的情况下激发莫罗反射。之后，反射通常分为两个阶段。在第一个阶段中，手臂和某些手指会外展张开；在第二个阶段则是手臂的内收。与此同时，腿部也会伸展和弯曲，只是顺序并不固定。但普雷希特尔的研究表明，当人们抱住婴儿，让婴儿的双手和双臂受到牵引力时，激发出的莫罗反射会截然不同，即手掌的抓握反射。当婴儿突然掉落时，激发出的伸展只有一点点或根本没有，而内收反射则非常强烈，或者依附会非常有力。普雷希特尔由此得出结论，在婴儿的手臂没有受力的情形下激发莫罗反射，其实是挑了个生物学生不适宜的情境，因此只引发出怪异的动作模式，令人费解。若把人类的莫罗反射放到原始依附的背景下，一切就昭然若揭。此外，普雷希特尔继续写到，这一新发现“跟从小恒河猴身上观察到的反射一致……母亲的突然移动会激发幼崽增加钳握和抓握的力度，防止幼崽从母亲背上掉落”。换言之，莫罗相信这种反射的功用是“拥抱”母亲，无疑非常正确。

霍尔沃森（Halverson，1937）和丹尼-布朗（Denny-Brown，1950）研究了人类婴儿的这种抓握反射。丹尼·布朗区分三种复杂程度不同的反应类型。

最简单的是牵引反射：当悬空的婴儿突然被放低，婴儿会对牵引做出反应，双手双脚弯曲。复杂程度稍高的是真实抓握反射，包含两个阶段。第一个阶段是单手或单脚的轻微闭合，由手掌上的触觉刺激激发。闭合涉及的肌肉群出现本体觉，激发出第二个阶段，即手脚的强烈弯曲。

无论是牵引反射，还是抓握反射，都没有空间定向性，而几周后发展出来的本能抓握反射则具备空间定向性。跟抓握反射相同，本能抓握反射也分为两个阶段。当触觉刺激突然消失时，会出现第一个阶段，即手向最后的接触点运动，像在摸索一般。一旦手掌接受到触觉刺激，就会激发第二个阶段，即猛烈的闭合。

在之后的阶段，这些反射形式会再次被更加复杂的反射取代，尤其是抓握会受到视觉刺激的控制。婴儿不再本能地抓住手掌接触到的第一件物体，而是选择性地抓握视野中自己偏好的某个物体。

怀特，凯索尔和赫尔德（White，Castle & Held，1964）研究过伸手和抓握受到视觉控制的过程。这些研究者发现，两个月大时，人类婴儿才能将手臂、手的动作跟所看到的内容整合起来。在出生后第二个和第三个月，眼前出现规律运动的物体时，婴儿会伸出手，用拳头重击这物体，但不会试图去抓握物体。但到了第四个月，婴儿伸出去的手就是张开的，当手接近物体时，会交替地看自己的手和物体，直到最终抓住这物体。虽然婴儿最开始的表现很笨拙，但几周之后，所有动作都整合到一起，婴儿可以又快又准地伸手抓住这物体，而且一击必中。

到这时候，婴儿已经五个月大，不仅能够认出自己的母亲，而且很可能会把自己的大部分社交行为都指向母亲。因而，婴儿很可能会伸手抓住母亲身体的某个部分，尤其是头发。但是，要一两个月之后，婴儿才开始真正地依附母亲，尤其是在婴儿感到警觉或不舒服时。在安斯沃思对干达婴儿的观察中，有些婴儿早在六个月大时就会依附母亲，而有些直到九个月大时才会这样。在此之后，当陌生人出现，尤其是母亲试图把婴儿交给陌生人时，依附行为就会非常明显。

在这项视觉定向抓握发展实验的结果讨论部分，怀特、凯索尔和赫尔德得出结论，认为多个相对独立的运动系统都作出了贡献：

> 这些系统包括眼—手臂和眼—手的视觉运动系统，以及双手的触觉运动系统。这些系统似乎是在不同的时期发展出来……而且可能是相对独立的……但逐渐地互相协调，演变成一个融合了各个系统能力的复杂高级系统。

三位研究者还作出推论——这种发展依赖于一些自发活动，而这些活动是婴儿在家庭环境中通常会参与的。例如婴儿的自发抓握和对双手的控制：当这些运动受到视觉调节时，视觉和触觉“通过一种双重反馈系统”联结起来。“因为不仅是眼睛会看到双手感觉到的内容，即婴儿和物体，而且两只手会同时进行触摸和主动地被触摸。”这种寻常的系统整合，会让婴儿得以实现视觉调节的抓握。但如果婴儿没有机会得到这种类型的积极体验，这种系统整合就可能根本不会出现，或者会发展较晚，而且有一定缺陷。这再次阐释了一项普遍原则，即虽然行为系统有朝着特定方向发展的强烈偏好，但除非小动物在适宜该种族进化的环境中得到良好的照顾，否则这种行动就不会发展。

微笑

人类婴儿的微笑如此讨人欢喜，对父母的影响如此强烈，因而毫不奇怪，自达尔文以来，无数研究者将注意力倾注在微笑上。弗里德曼（Freedman，1964）简要回顾了大量文献，安布罗斯（Ambrose，1960）则作出了细致的评判。

研究者曾认为婴儿微笑的运动模式是后天习得的，而且让婴儿对其他人微笑的主要因素就是被喂养。但两种观点都没有得到证据支持。如今得到支持最多的观点如下：（1）微笑的运动模式属于本书所说的本能类；（2）虽然各种刺激都可以激发出微笑，但整个机制有一定的偏好次序，某些刺激比其他刺激更有效；（3）在适宜进化的环境中，有效的刺激更可能来源于婴儿的母亲或其他家人，而不是源于其他来源，无论这来源是否有生命；（4）通过学习，有效的刺激逐渐仅限于人类，尤其是人类的嗓音和面孔；（5）通过进一步的学习，跟其他刺激相比，熟悉的声音（大约四周）和熟悉的面孔（大约十四周）激发出的微笑更加迅速、灿烂。除了这些广为接受的观点，我们或许还可以审慎地增加以下观点：（6）婴儿的笑容可以充当社交诱发因子，引发可以预期的结果，即母亲或其他婴儿微笑的对象会以充满爱意的方式对待婴儿，让彼此间的社交互动延长，并且增加母亲出现母性行为的概率（参见第十三章）；（7）婴儿微笑的功能是增加跟母亲的互动，并让婴儿和母亲保持亲近。

在出生后第一年，婴儿的微笑经过了四个主要发展阶段：

（1）自发和反射微笑阶段，各种各样的刺激都可以偶尔激发出微笑，但这种微笑转瞬即逝，而且尚不完整。这个阶段从出生开始，通常持续大约五周。在前三周，微笑反应非常短暂，以致观察者丝毫不为所动。换言之，这种微笑不会带来功能性的结果。在第四和第五周，甚至偶尔在更早的时候，微笑仍然很短，但更加接近完整，开始具有社交影响力。因此，这两周是进入第二个阶段的转换期。

（2）第二个阶段是非选择性社交微笑，能激发出微笑的刺激越来越有限，而有效的刺激大都来自人类的嗓音和面孔。虽然仍然很难激发出微笑反应，但微笑本身已经很完整，而且可以维持一段时间。微笑引发的结果具有一定的功能，能让陪伴婴儿的人以充满趣味和爱意的方式对待婴儿。到第五周结束时，大部分婴儿的非选择性社会微笑已非常明显。

（3）第三个阶段是选择性社交微笑，婴儿对微笑对象的区分度越来越高。在第四周时，婴儿不仅能够区分嗓音，而且对熟悉的嗓音会更容易微笑。十周之后，跟不太熟悉的人或绘制的面具相比，熟悉的照看者的面孔会激发出婴儿更加鲜活大方的微笑。在家里长大的婴儿，早在十四周时就会出现这种对面孔的差异性微笑，而在机构中成长的婴儿会稍晚，大约在二十周时。尽管如此，直到婴儿六七个月大时，陌生的面孔、甚至面具，仍然可能激发出微笑，虽然有时候比较迟缓微弱。

（4）最后一个阶段是差异性社交反应，将持续终生。到现在，面对熟悉的面孔，尤其在玩耍或见面时，婴儿会自在地微笑。至于对陌生人，婴儿的反应五花八门，从害怕的后退，到迟疑的欢迎，再变化成几乎有意识的社交微笑。而在露出社交微笑时，婴儿通常会跟陌生人保持安全的距离。

自发和反射微笑阶段。关于微笑起源的这个最早阶段，我们的知识大都源于沃尔夫（Wolff，1963）对八位婴儿在出生后头几周行为的细致观察。这些婴儿最初在产科医院，后来回到家里。沃尔夫每周进行观察，其中五天每天观察4小时，一天观察10小时，既有系统观察，也有轶事趣闻，而且还进行了计划周密的实验，涉及所有跟社交相关的行为。弗里德曼及其同事开展了另一项非常有价值的研究，观察二十对相同性别的双胞胎的社交行为发展（Freedman & Keller，1963；Freedman，1965）。

在Wolff的观察中，在婴儿出生后十二小时内，八位婴儿的唇部偶尔都会抽动，看上去就像微笑。但是，这种动作都非常短暂，而且没有眼部的典型微笑表情（这种表情源于眼部周围的肌肉收缩，会让眼角产生褶皱）。通常，这种运动是单侧的。这些早期微笑尚不完整，没有任何功能，总是会时不时地自发出现，但也能被激发出来。在最初几周自发出现时，这通常“正好在婴儿困意袭来眼睛合上的时候”（Wolff，1963）。我们没有理由认为这些微笑是因为婴儿被风吹了，目前的最佳解释是“吸尘器运动”，但有待进一步验证。对于大部分婴儿，这种偶尔的自发式微笑/鬼脸，在最初几个月之后就再也不会出现（Freedman，1965）。

根据Wolff的报告，在出生后头两周，唯一能激发出婴儿微笑的情景就是婴儿处于毫无干扰但不太规律的睡眠时。但到了第二周，当婴儿被哺乳时，双眼圆睁却兴味索然地打量周围空间，也可以被激发出微笑。在这两种情况下，若温柔地抚摸婴儿的脸颊或肚子，用柔和的灯光照入婴儿的眼睛，或者发出温和的声音，都能偶尔激发出短暂的微笑动作。但这种反应不太确定，而且延迟期较长，一旦出现后，会有一段时间不能再出现更多的反应。在第一周，几种不同种类的声音似乎同样有效，但到了第二周，跟铃声、鸟笛或拨浪鼓等相比，人类的嗓音似乎更有效。

在这头两周，不管是激发出来的还是自发的，微笑都转瞬即逝，而且并不完整，因而对观察者没什么影响。换言之，这些微笑没有任何功能。

非选择性社交微笑阶段。沃尔夫发现，新阶段通常开始于大约十四天时，而且到第五周结束时就已经非常扎实。这个阶段伴随着两个巨大的变化：（1）微笑出现时，婴儿处于警觉状态，眼睛明亮；（2）婴儿嘴部的运动幅度更大，而且眼角会皱起。另外，很显然，明显的人类刺激最容易激发出婴儿的微笑。但是，这种反应仍然出现得很慢，而且持续时间较短。

在出生后第三周，能够最有规律地激发出这种原始的社会微笑的是听觉刺激，而且到目前为止，最有效的是人类的嗓音，尤其是高频的。到第四周结束时，沃尔夫发现女性的声音非常有效，以致在婴儿哭泣或吮吸时，也能够激发出微笑。当婴儿哭泣时，"女性的谈话声首先会让婴儿停止哭泣，然后让婴儿警觉，最后让婴儿绽放出灿烂笑容"。当婴儿吮吸奶瓶时，即使是刚开始吮吸不久，听到嗓音也会让婴儿停止吮吸，绽放出笑容，然后再继续吸奶。

到第四周结束时，视觉刺激在激发微笑方面仍然几乎没什么作用。视觉刺激唯一的作用就是让人类嗓音更有效一点。例如，点头的画面能增强嗓音的效果，但点头本身几乎没什么明显的效果。

到第五周时，嗓音本是到目前为止最有效的刺激，却丧失了激发微笑的大部分魔力。激发微笑最常见最有效的刺激变成了人类的面孔。从此以后，婴儿的微笑就会在欢乐的视觉互动中浮现。

在视觉刺激登上舞台中央的同时，本体觉和触觉刺激也变得重要。因此，沃尔夫发现，在第四和第五周，即使婴儿无法看到或听到陪伴者，拍手游戏的本体觉、触觉刺激突然间也可以非常有效地激发出微笑。

在婴儿开始对看到的事物微笑前，通常会经历一个持续数天到一周的阶段。在这一阶段，婴儿会专心注视面孔。在出生后前三周内，婴儿可能会看着面孔，并用眼神追踪面孔，但似乎不会聚焦在面孔上。但是到三周半时，观察者得到的印象变得截然不同。沃尔夫报告说，从此以后，婴儿似乎会聚焦在陪伴者的面孔上，并进行眼对眼的交流。我们很难界定到底是发生了什么变化，但这对婴儿陪伴者的影响毋庸置疑。在沃尔夫留意到婴儿注视的变化后的两三天后，婴儿的母亲开始惊呼“他能看到我了”或“现在跟他玩特别有趣”。与此同时，母亲突然开始花更多的时间跟婴儿玩耍。①

在第四周，专心注视已然是常态，而少数婴儿会第一次出现视觉刺激激发的微笑。但大部分婴儿要到第五周才会出现这种微笑。从一开始，陪伴者的眼睛就是最重要的：

> 这婴孩最初会搜索面孔，看看发际线、嘴部和面孔的其他部位，而一旦建立了眼对眼的接触，婴儿就会咧嘴微笑。其他婴儿出现这种行为的时间较晚，但也遵循同样的模式，在聚焦在眼睛和露出微笑之前，会先检索面孔的其他部分。（Wolff，1963）

到第五周结束时，几乎所有婴儿都会出现视觉激发的微笑，而且微笑持续的时间越来越长。微笑的同时，婴儿会更多地咿咿呀呀、挥舞胳膊或踢蹬小腿。从今以后，母亲会以全新的方式来体验自己的孩子。

虽然在第二和第三个月，几乎所有婴儿都会出现社交微笑，微笑仍然会出现得比较慢、强度比较低，而且持续时间相对较短。但是在十四周之后，大部分婴儿都会笑意融融——微笑出现得更容易、更灿烂、更持久（Ambrose，1961）。

自从婴儿开始对视觉刺激微笑，最有效的视觉刺激就是运动的人类面孔。如果面孔处于柔和的光线下，并不断靠近婴儿，会更有效；要是还伴随着抚摸和嗓音，就越发有效了。换言之，当婴儿看到运动的形象，而且这形象会看着他、靠近他、跟他说话并抚摸他，婴儿就会绽放出最灿烂最优质的微笑（Polak，Emde & Spitz，1964）。

至于婴儿对人类面孔之外的视觉刺激微笑的程度，研究者还不太确定。

---

① 罗布森（Robson，1967）描述过同样的时间序列。布朗森指出，人际交流的这个转换可能正标志着新皮层控制初现端倪。

包括斯皮茨在内的几位实验者，报告说婴儿不会对喂食的奶瓶微笑。但皮亚杰有观察到十到十六周的婴儿会对熟悉的玩具微笑，例如小棉球或赛璐珞胶片。在回顾自己的研究结果时，皮亚杰格外强调物体是婴儿熟悉的，并由此得出结论："微笑主要是对熟悉的图像、对已经看过的事物的反应。"以这个结论为出发点，皮亚杰推演出另一项结论：渐渐地只有人类能够激发出婴儿的微笑，是因为人类"正是最可能不断地出现、不断重复的熟悉物体"。

在格外强调熟悉性的作用这一点上，皮亚杰的观点跟近期的研究一致（参见第十章）。但皮亚杰认为熟悉性是主要的或唯一的因素，导致婴儿逐渐地只对人类微笑，这一观点却不太可能是正确的。我们已经讨论过，婴儿来到这世间，很可能已经带着一些天生的偏好。其中一个偏好就是跟其他物体相比，婴儿更喜欢看人类面孔。而另一个偏好则是婴儿更可能对人类面孔微笑，尤其是运动中的人类面孔。

自凯拉（Kaila，1932）和斯皮茨、沃尔夫（Spitz & Wolf，1946）的经典研究问世以来，很多实验者都致力于发掘到底是什么让人类面孔在激发婴儿微笑时能有如此强大的效力。在解释这方面的工作时，我们有必要先区分足够刺激和最佳刺激。任何能激发微笑的刺激，即使是偶尔出现，都可以被视为足够刺激，但很显然，足够刺激在很多项标准上都远远不及最佳刺激。一般而言，好的刺激能够激发出迅速、持久而强烈的微笑；弱的刺激激发出的微笑则缓慢、简短而微弱（Polak et al.，1964）

虽然运动的人类面孔很快就成为最佳视觉刺激，但在两个月到七个月的这整个半年期间，某些面孔草图有时也足够激发出某种微笑。所有实验中使用的草图都有一个共同点，即有一对像眼睛的点。这一发现非常一致，而且跟沃尔夫的自然观察相符，即在激发微笑方面，婴儿看到陪伴者的眼睛起着重要作用。此外，这一发现也跟另一项观察一致，即侧脸不会激发出婴儿的微笑。

阿伦斯（Ahrens，1954）在一系列实验中使用不同的面具，发现两个月大的婴儿会对有一对黑点的面孔大小的卡片微笑，而且有六个点的模型会比两个点的更有效。阿伦斯还发现，三个月大的婴儿仍然会对只有眼睛眉毛、没有嘴巴或下巴的面具微笑。而随着婴儿年龄渐长，面具必须提供更多的细节，才足以激发出微笑。到八个月时，只有完全符合真实人类面孔的材料，才能激发出微笑。

虽然这些实验都表明，七个月大的婴儿仍然不太能识别出自己是在对谁微笑，但我们不能就此得出结论，认为婴儿缺乏辨别力。与此相反，波拉克等用延迟度、强度和持续时间作为标准，发现满三个月的婴儿已经能区分真实的面孔和大小相同的彩色照片，而且虽然照片仍然足够激发婴儿微笑，却远非最佳刺激。婴儿对人类面孔的微笑会更快、更长、更强烈。

眼盲婴儿也会微笑，而对这些婴儿微笑的发展的研究，则帮助我们更好地理解视力正常儿童的微笑（Freedman，1964）。

对于眼盲婴儿，嗓音和抚摸是激发微笑的主要刺激，而且单独出现的嗓音也足够激发出微笑。但是，眼盲婴儿到六个月大时才会正常地微笑。跟视力正常婴儿的持久微笑不同，眼盲婴儿的微笑长时间来一直是转瞬即逝的，跟视力正常婴儿在出生后头几周的惺忪状态类似。眼盲婴儿的微笑在大约六个月时会变得持久，而在此之前，眼盲婴儿会经过一个阶段，这个阶段的微笑其实是一连串快速的反射性微笑。

因此，在视力正常婴儿的微笑中，人类嗓音只在最初几周扮演重要角色，而在眼盲婴儿中，嗓音在之后的婴儿期会一直发挥重要作用。尽管作用如此重要，在眼盲婴儿六个月大之前，嗓音仍然无法激发出正常婴儿具备的持久微笑。这无形中支持了观察正常视力儿童时得出的观点，即在婴儿出生五周之后，能让微笑保持的正是持续地看到激发微笑的视觉图案。例如，视力正常的婴儿能看到陪伴者正面时，会持久地微笑，但一旦陪伴者的面孔变成侧脸，婴儿就会停止微笑。

选择性社交微笑阶段。到了第四周，跟其他人的声音相比，婴儿听到母亲的声音时会更加一贯地出现微笑（Wolff，1963）。但是对于视觉刺激，婴儿毫无区分力的阶段更持续更长。实际上，到第三个月月末时，婴儿对陌生人的微笑跟对母亲一样自在。在机构中抚养大的婴儿到第五个月结束时才会对熟悉的面孔和陌生的面孔有不同的反应。

一旦婴儿开始区分陌生人和熟悉的人，婴儿对陌生人的微笑就比之前更少。例如，在十三周时，婴儿可能对陌生人的静止面孔都会笑得非常自在，但十四天后，婴儿却可能完全不露出笑容。而对母亲，婴儿的笑容会跟以前一样放松，甚至放松程度有增无减。对于这一反应变化，安布罗斯（Ambrose，1961）讨论过多种可能的解释。虽然对陌生人的警惕在半岁到一岁间毫无疑问起着一定的作用，但在三个月到半岁之间，这不太可能是主要因素。相反，母亲看到婴儿微笑时会有充满爱意的举动，或者仅仅是母亲这一熟悉对象的出现，似乎都发挥着重要影响。

有明确的证据表明，得到充满爱意的社交反馈时，婴儿的微笑会更加强烈。布莱克比尔（Brackbill，1958）在八位三个月大的婴儿身上进行实验，将自己的面孔凑近婴儿，从而激发微笑。每次婴儿微笑时，布莱克比尔都会报以微笑，并柔声细语，把婴儿抱起来，拥在怀里。几次体验后，所有的婴儿都变得更加爱笑（用回应的频率来衡量）。与此相反，若实验者不再有这样的回应，婴儿微笑的频率会逐渐降低，直到完全消失。布莱克比尔的结果完全符合操作性条件作用的模式。对于到底是什么让婴儿逐渐跟某个特定对象形成依恋，这一实验的结果跟很多观察结果一致。在下一章，我们会详细讨论这些因素。

婴儿在微笑时也会做其他事情。婴儿不仅会看着靠近的人，还会把头和身体转向这个人，挥舞胳膊，踢踏小腿。婴儿还会咿咿呀呀。这会带来第二种人类婴儿天生就具备的强大的特征性反应，而这一反应会让婴儿进入跟陪伴者的社交交流中。

咿呀

咿呀在社会交往中的作用跟微笑非常相似。二者都发生在婴儿清醒满足的时候，二者都会带来可预期的结果，让婴儿的陪伴者用社会性的方式回应婴儿，并进行一连串的互动。此外，二者成为有效的社交触发因子的时间点都差不多，也就是婴儿五周大时。由于激发二者的刺激相同，因此可以一起发生。显然，主要的区别就在于微笑及与之相关的四肢运动是视觉信号，咿呀则是听觉信号。

大约在四周时，婴儿第一次发出咯咯哼哼声，主要是回应某个嗓音，而嗓音在这时也会激发出微笑。虽然之后一周左右，嗓音会同时激发出咿呀和微笑，但很快，嗓音激发出的微笑减少，而主要激发出咿呀（Wolff，1963）。在激发出咿呀学语方面，嗓音非常有效。沃尔夫报告说，从大约六周后，“通过模仿婴儿的声音，成人可以参与到大约十到十五种发声的交互中”。沃尔夫还发现，到这个年龄时，母亲的嗓音就已经比研究者的声音更有效。

但是视觉刺激也可以激发咿呀。自打开始对移动的人类面孔微笑，婴儿就会对着面孔咿呀，虽然不会像微笑那么有规律。当婴儿既看到移动的面孔又听到嗓音时，咿呀的可能性最大。

因此，咿呀跟微笑相似，在社交情境下出现的频率较高，也会出现在其他情境中。莱茵高尔德（Rheingold，1981）曾强调三个月大的婴儿看到拨浪鼓并听到拨浪鼓的声音时会咯咯作笑，而五个月大的婴儿却不会。婴儿不再咯咯作笑的原因，很可能是非生命的物体不能受到婴儿的微笑和咿呀影响，而这一点跟婴儿的人类陪伴者形成鲜明对比。

布莱克比尔每次都用微笑、喃喃说话和抱起婴儿来回应，从而成功地强化婴儿的微笑，与此相似，莱茵高尔德等人（Rheingold，Gewirtz & Ross，1959）也运用类似的社交奖赏，成功地增加婴儿咿呀的频率。实验的对象是二十一位三个月大的婴儿。实验者俯身，面无表情地看着婴儿三分钟，从而激发出婴儿的咿呀。在第一天和第二天，实验者对婴儿的咿呀一直毫无反应。到第三和第四天，每次婴儿发出声音，实验者就会立即回应，而且每次回应都是三重的：灿烂的微笑、三次啧啧声，以及轻轻捏一下婴儿的腹部。到第五和第六天，实验者再次对婴儿的咿呀毫无反应。结果非常清晰。当婴儿发出的声音得到回应时，婴儿会发出更多的声音：到得到奖赏的第二天，婴儿的发声几乎翻倍。当婴儿的发声不再得到回应时，发声又会再度减少。

至于婴儿的咿呀是否能被其他方式强化，如果能，又是哪种方式，这依然不为人所知。不过，若每次婴儿咿呀时都出现门铃音乐，咿呀的频率并不会增加（Weisberg，1963）。

就目前所知，这些结果显然支持以下观点：跟微笑相似，咿呀也是社交触发因子，其功能促进婴儿和母亲形象的社会交互，从而让母亲待在婴儿身边。

跟其他社交反应一样，婴儿跟熟悉的母亲形象互动时的发声迟早会超过对其他人。沃尔夫早在婴儿五六周大时就留意到这一点。安斯沃思到二十周时才留意到，但也指出自己对这一行为特征的观察并不是系统的。

到四个月大时，婴儿能够发出很多种声音。从此之后，婴儿会更加频繁地使用某些声音，而六个月到一岁期间，婴儿表现出一种明显的趋势，会明显倾向选择陪伴者使用的语音和语调。在这一发展中，有两个因素似乎都起着重要作用，即婴儿模仿陪伴者发出的特定声音的趋势，以及陪伴者会选择性地强化婴儿发出的相同声音。

哭泣

到目前为止，我们讨论的婴儿反应都受到婴儿陪伴者的欢迎，而且陪伴者通常会非常乐意激发和鼓励这些反应。与此相反，哭泣不仅不受欢迎，而且一旦婴儿哭泣，陪伴者会尽己所能终止哭泣，并减少哭泣再次出现的可能性。因此，社交刺激对哭泣的作用刚好跟对友好反应的作用相反。对于友好反应，社交刺激是主要的激发因子和强化因子；对于哭泣，社交刺激则是主要的终结因子，也是降低未来哭泣可能性的主要机制。

在之前的章节中，我们已经指出哭泣分为很多种。每一种哭泣都有独特的音高、模式、激发刺激和终结刺激，并在婴儿的陪伴者身上产生独特的效应。一般来说，母亲都会采取措施让婴儿停止哭泣；当母亲听到突然迸发的痛苦哭泣时，会立即采取行动；而当婴儿的哭泣是有节奏的，而且声音逐渐走高，母亲会根据自己的时间采取行动。实际上，人们很难忽视或容忍婴儿的哭泣。安布罗斯指出，这里的主要缘由是任何婴儿哭泣的节奏和范围变化都非常大，这就意味着人们很难习惯这些哭泣。

正如每位母亲所知，每位婴儿哭泣的方式都是独一无二的。确实，声谱图表明“哭泣印”跟手印一样独特，可以用来识别出新生婴儿（Wolff，1969）。母亲很快就能识别出自己婴儿的哭泣。弗卢姆贝（Fromby，1967）的研究对象是二十三位母亲。在婴儿出生四十八小时内，半数母亲都能熟练地识别出自己婴儿的哭泣，而在四十八小时后，接受测试的八位母亲没有任何一人犯错。沃尔夫也发现大部分母亲很快就会成为这方面的行家里手。从此以后，母亲就会有选择地做出反应，会安抚自己的婴儿，却不一定会照顾别的婴儿。

我们已经描述过两种哭泣——源于饥饿的哭泣（逐渐开始，并变得有节奏）以及源于疼痛的哭泣（突然开始，且毫无节奏）。沃尔夫简要描述了第三种哭泣，其特征是响亮急促，通常被解释为愤怒的信号。第四种哭泣，主要源于或只源于有脑损伤的婴儿。沃尔夫报告中婴儿的陪伴者尤其对这种哭泣感到不快，会变得容易激惹，希望远离能听到这种哭泣的范围。

幼小婴儿最常见的哭泣是有节奏的，但这哭泣可能源于饥饿之外的原因。例如，若哭泣开始得相当突然，那可能是由外部刺激导致的；或者若哭泣从烦躁开始，声音逐渐变强，那这要么源于婴儿的内在变化，要么源于寒冷。

激发有节奏哭泣的外部刺激包括突然出现的噪音，以及光亮和姿势的猛烈变化。裸露也属于这种外部刺激：沃尔夫报告说，尤其在出生后第二到第四周，一旦被脱掉衣服，很多婴儿就会开始哭泣，而再次穿上衣服或盖上厚重的毯子时，婴儿会立马停止哭泣。

感到饥饿或寒冷的婴儿很可能发出有节奏的哭声，且声音逐渐升高，来表明自己的需求。一旦得到食物或温暖，哭声就会停止。但是，刚吃过东西、浑身温暖的婴儿也可能发出逐渐升高的有节奏的哭声。这种哭泣很寻常，但其原因却有点让人费解。

母亲可以通过多种途径确认婴儿哭泣的原因。若是疼痛，哭泣的类型很可能会提供线索。若是外界刺激，母亲自己可能已经留意到这不愉快的起因。若是饥饿或寒冷，环境本身会有提示，而提供食物或温暖就可以有效地检验母亲猜测的准确性。若这些都不是原因，母亲可能会感到惶惑不安。

关于这些原因不明的哭泣，有一个特点让人震惊，那就是某些刺激可以有效地终止这种哭泣，而在自然环境中，这些刺激几乎肯定源于人类。这些刺激包括声音，尤其是人类的嗓音，以及触觉和本体觉刺激，而后者源于非营养性吮吸和摇晃。关于这些源于社交的终结因子在终止婴儿哭泣方面的有效性，我们已有所了解，在此回顾一下。

沃尔夫在波士顿研究了十四位婴儿的早期社交反应，这些婴儿都在自己家里（Wolff，1969）。沃尔夫对哭泣进行了很多自然的观察，并进行了多项实验。沃尔夫注意到，自婴儿出生以来，几种不同的声音都可以有效地终止婴儿的哭泣，或至少暂时停止。在出生后的第一周，拨浪鼓或铃铛声的有效程度跟人类嗓音不相上下，有时甚至更有效。但这种有效性的均势并未持续多久。若仍然持续，则可能是因为跟婴儿的哭泣相比，铃铛或拨浪鼓的声音更容易被听到。无论如何，到第二周时，人类嗓音成为终止婴儿哭泣的最有效刺激，而到第三周，女性的嗓音比男性的更有效。几周之后，母亲的声音通常是最有效的，而且效果非常显著，以至于婴儿停止哭泣后，若母亲的嗓音仍然持续，婴儿可能会露出微笑（Wolff，1963）。

大部分母亲都知道，吮吸本身就可以让婴儿安静下来。在西方国家，橡胶安抚奶嘴已行销多年。英格兰中部省（Newson，1963）的儿童养育大型研究中，得到满意评价的母亲中有半数会给婴儿安抚奶嘴，而这没有带来负面效果。在欠发达国家，母亲通常会让哭泣的婴儿吮吸自己的乳房，而不太关心乳房是否有分泌乳汁。

凯森和鲁滕道尔夫（Kessen & Leutzendorff，1963）的实验探讨了非营养性吮吸安抚婴儿的有效性，实验对象是三十位出生二十四小时到六十小时之间的婴儿。实验目的是比较短时间吮吸橡胶乳头和温柔抚摸额头在安抚婴儿方面的有效性。实验记录了婴儿手脚运动和哭泣的量。在半分钟吮吸后，婴儿的运动平均减少一半，而哭泣减少五分之四。在同样时间的抚摸后，平均而言，婴儿的运动和哭泣都轻微上升了（虽然并不显著）。作者评论道，因为婴儿已经在其他场合通过吮吸接受了食物，所以可能这种安抚效应是“从乳房和吮吸食物的关联中学习到的次级强化的结果”。但是沃尔夫报告的证据却并不支持这一结论。出生时食道闭锁[①]的婴儿无法通过嘴部接受食物，但有东西可吮吸时，仍然会停止哭泣。

沃尔夫还注意到，即使不被吮吸，唇间出现安抚物也能让婴儿停止哭泣。沃尔夫指出，如果婴儿吮吸着安抚物睡着了，但尚未进入深层睡眠，那么移开安抚物可能会让婴儿再次醒来，并开始哭泣。

摇晃婴儿通常也是让婴儿安静下来的好法子，这很久以来都是托儿所传说的一部分。近些年来，人们错误地坚持喂养是最重要的，摇晃婴儿的价值已经被湮没，但我们仍然有理由思索一下在婴儿出生三个月内，人们在两种截然不同的环境下获得的实践经验成果。

第一份报道来自一位英国的儿科医生：

> 在这段时期，引发哭泣的最重要的原因是孤独，或者想被抱起来的欲望。至少，这看上去是导致哭泣的原因，因为一旦婴儿被抱起来拥抱着，就会立即停止哭泣。引人注意的是，很多母亲都没能

---

① 食道闭锁是一种新生儿疾病，因食管内的上层细胞在胚胎初期的实变阶段繁殖增生，导致食管闭塞。——译者注

> 意识到婴儿渴望和需要拥抱，因此错认为所有的婴儿哭泣都是源于饥饿。有一个基本的特征可以区分源自饥饿的哭泣和源自孤独的哭泣，那就是若导致哭泣的原因是饥饿或其他的不适，把婴儿抱起来并不能终止哭泣。（Illinworth，1955）

第二份则提及东非班图语社区中的育儿实践：

> 在前三个月，母亲会识别出无法被喂食安抚的哭泣……通常发生在晚上……母亲会开灯，把婴儿绑在背上，在屋子里走动，上下晃动婴儿。婴儿的脸紧紧地贴着母亲的背部，通常会因为摩擦而安静下来。在白天，照顾婴儿的人也会用摇晃的办法，要么在背上，要么在臂弯里，从而安抚哭泣不止却拒绝进食的小婴儿。（Levine，1963）

数年前，安布罗斯通过实验（Ambrose，1969）分析在这种情景下有效的刺激。安布罗斯观察刚出生5天的足月产婴儿，每天下午一次，婴儿刚吃完东西换好尿布就开始。每个婴儿都会躺在婴儿床里。婴儿床放在某个装置上，这装置既能让婴儿床摇晃，也能让床稳定下来。装置最初处于静止状态。在观察的一个小时期间，研究者会用多种波动描计器[①]来记录婴儿的行为和生理变量。

在这些情境下，婴儿可能会安静地躺着，醒着或睡着，整个观察过程中都不哭泣。但大多数情况下，婴儿迟早会开始哭泣，而且通常没有明显的原因。婴儿的哭泣有时是在开始后不久就停止，有时则一直持续。哭泣超过2分钟时，研究者就会开始摇晃婴儿。摇晃的频率会有变化，从而判定在终止哭泣方面特定的频率是否比其他的更有效。

---

① 多种波动描计器，可以同时描记动静脉搏、心动及呼吸运动。——译者注

预实验显示，在这种情景下，受到摇晃床的前庭觉刺激后，所有婴儿都会停止哭泣。这种运动是上下运动，加上三英寸的左右晃动。每分钟三十转的低速摇晃，对终止哭泣几乎没什么效果。但是一旦速度提高到每分钟五十转，哭泣就会减弱；若每分钟六十转或以上，所有婴儿都会停止哭泣，而且几乎都会保持安静。此外，一旦速度达到每分钟六十转，婴儿的心跳就会急剧降低（在哭泣时，心跳会达到每分钟200次或以上），呼吸变得更规律，婴儿逐渐放松下来。这项观察最令人瞩目的是对速率的精确计算：在每分钟60转时，大部分婴儿会停止哭泣，虽然有几位婴儿需要达到每分钟七十转。五十转以下毫无效用。还有一点值得注意，那就是随着时间推移，摇晃仍然是让婴儿停止哭泣的有效手段（基于个人观察）。换言之，婴儿对这种刺激似乎不会出现习惯化。

在实验过程中，安布罗斯也比较了其他刺激在终止婴儿哭泣方面的有效性。在非营养性吮吸方面，安布罗斯的观察验证和拓展了凯森和鲁滕道尔夫的结果。

安布罗斯发现，把普通的安慰物滑到婴儿的嘴里，婴儿很快就会安静下来。但安慰物的效果不及摇晃。从这两种方式对心跳的影响上，也可以看出差异。当婴儿被摇晃时，心跳通常会降到休息水平附近。但另一方面，在非营养性吮吸时，虽然婴儿的表现可能跟摇晃一样，哭泣完全停止，心跳降低，但心跳的频率仍然高于休息水平。

从上述观察和实验中，我们可以得出结论，当婴儿没有感到饥饿、寒冷或疼痛时，按照有效性由低到高排列，终止哭泣的因素分别是噪音、非营养性吮吸和摇晃。这些发现充分地解释了为什么人们说婴儿会因为孤独而哭泣，会渴望被抱起来。虽然我们不能想当然地给这些刚出生几个月的婴儿贴上多愁善感的标签，但这说法确实有道理。婴儿没有被摇晃，也没人对婴儿说话时，婴儿确实有哭泣的倾向。当有人摇晃婴儿，并对婴儿说话时，婴儿会停止哭泣，显得心满意足。到现在为止，最可能摇晃婴儿、对婴儿说话的人必然是婴儿的母亲。

由于存在这种关联，以特定的方式摇晃婴儿这种方法一击必中，百试不爽，其有效性尤其令人印象深刻。事实是，如果要终止婴儿的哭泣，摇晃必须是每分钟六十转或以上，这是跟成人走路的速率有关。实际上，每分钟六十步是比较慢的，人们走路几乎都会超过这速率。这意味着，当小婴儿躺在母亲的背上或臀部上，婴儿被摇晃的速度至少是每分钟六十转，因而不会哭泣——除非婴儿感到饥饿或疼痛。这一有趣结局可能是因为概率：这很可能源于在人类进化期间一直存在的选择压力。

因此，作为有节奏哭泣的终止因子，摇晃显然跟喂食对等。当婴儿饥饿时，喂食是有效的终止因子；当婴儿没有感到饥饿时，摇晃则是最有效的。若在相反的情境下，任何一种的有效性都无法持久。

研究者还发现，摇晃婴儿不仅能让有节奏的哭泣停止，还能延缓这种哭泣的出现。戈登和福斯（Gordon & Foss，1966）的实验证明了这一点。作为产科医院日程的一部分，出生后几小时到十天不等的婴儿，每天下午都会在育婴室里度过一个小时左右。因为刚刚进食，除了一两个例外，大部分婴儿都很安静。在实验的十八天期间，研究者每天都会从最安静的婴儿中（随机）选择一位，在婴儿床中摇晃半个小时。在接下来的半小时，实验者继续留在育婴室，留意那些安静的婴儿是否开始哭泣。结果显示，在观察期间，跟没被摇晃过的婴儿相比，被摇晃过的婴儿哭泣的可能性更低。

随着婴儿年龄增长，激发和终止哭泣的刺激也会发生变化。婴儿能够看到的事物变得特别重要。沃尔夫发现，早在第五周时，婴儿看着的人离开视野范围时，原本满足的婴儿会开始哭泣，而当这人再次出现，婴儿又会停止哭泣。在这段时间以及后续的几个月内，婴儿看到的人到底是谁，几乎一点都不重要；即使是宠物的离开和再次出现都会有同样的效果。但是，从第五个月开始，出现和离开的人是谁开始变得非常重要。

在对干达婴儿的记录中，安斯沃思报告说，虽然个体差异很大，但从大约五个月开始，当母亲离开房间时，即使婴儿身边还有其他陪伴者，婴儿也倾向于开始哭泣。大约九个月时，婴儿的哭泣会减少，因为婴儿可以更有效地追随母亲的身影。这种哭泣不仅有个体差异，也有情境差异。例如，在任何家庭中，我们都会观察到，母亲离开房间时，十二个月大婴儿的反应跟母亲离开的方式有很大关联。缓慢轻柔的离开几乎不会激起抗议，快速忙乱的离开则会激起响亮吵闹的哭声。

第一年快结束时，婴儿对陌生面孔和陌生情境的觉察度和警觉度都会越来越高。从此之后，陌生性成为让婴儿哭泣、转向母亲的常见因素。由于这跟依恋行为之间有重要而紧密的关联，我们会在下一章详细探讨婴儿对陌生面孔和地点的恐惧。

大约在跟婴儿看到陌生人时开始哭泣的同一时期，婴儿若预期会发生不愉快的事情也会开始哭泣。例如利维（Levy，1951）的记录中，婴儿几周前接受了注射，然后现在在诊所看到医生准备注射也会开始哭泣。在十一个月之前，只是偶尔有婴儿会做出这样的反应。而在十一二个月时，观察的婴儿中大约有四分之一会这样。十二个月的婴儿对周围世界的理解正快速提高，而这种行为正是了解世界的重要部分。

先天和后天

跟其他生物特征的发展一样，在依恋行为的发展中，先天和后天相互交织。若环境的因素被限制在一定的范围内，不同儿童的行为差异似乎大部分都可以被归结为基因差异。但一旦环境的变量增强，这些变量的作用就显而易见。

有些个体差异几乎肯定源于基因差异，其中一个例证是男孩和女孩视觉注意的差异（Lewis，Kagan & Kalafat，1966；Lewis & Kagan，1965）。这些研究者观察二十四周大的婴儿，发现跟非面孔的图案相比，女婴表现出对面孔的强烈偏好，而男婴没有这种偏好。

弗里德曼（Freedman & Keller，1963；Freedman，1965）对同卵和异卵双胞胎的比较研究表明定向和微笑的首次出现也会受到基因的影响。研究表明，跟性别相同的异卵双胞胎相比，同卵双胞胎中首次出现定向和微笑的年龄会更加接近。因为研究中的双胞胎都在同样的家庭中长大，环境变量的影响几乎为零。

一旦不同儿童的环境差异增加，环境对发展的影响很快就变得显而易见。很多研究对家庭中和机构中养育的儿童进行比较。因此，在安布罗斯使用的实验情境中，家中婴儿出现微笑的时间要早于机构婴儿（家中是六到十周，机构是九到十四周）。普罗旺斯和利浦顿（Provence & Lipton，1962）报告说，早在三个月大时，机构婴儿咿呀学语的时间就少于家中婴儿。自此之后，在剥夺性的机构中长大的婴儿，其发展逐渐偏离家中婴儿。普罗旺斯和利浦顿报告说机构婴儿较晚学会区分面孔和面具、区分不同面孔（安布罗斯也报告了类似的内容），较少尝试发起社交接触，富有情绪表达的行为种类较少。此外，到十二个月大时，机构婴儿仍然没有跟某个人建立依恋的迹象。在婴儿情绪低落时，这种依恋的缺失越发明显。即使在这时候，婴儿也很少向成人求助。

至于机构环境中的哪些因素引发这些发展迟缓的效应，研究者有很多讨论。有些人认为原因在于母亲缺失，而凯斯勒等认为这观点有错，导致迟缓的主要因素是刺激输入的减少。对于这个争论，安斯沃思做出回应，强调在婴儿出生后头几个月，无论是什么刺激，婴儿的母亲都是主要的刺激来源。此外，除了提供刺激，在跟婴儿互动的寻常过程中，母亲还会提供婴儿用手和眼主动探索世界的机会。皮亚杰首次提出这种机会对感觉—运动发展至关重要，而怀特和赫尔德（White & Held，1966）的实验研究支持这一论断。因此，在剥夺性的机构中成长的婴儿其实遭受了多重剥夺——例如缺乏刺激输入、缺乏接触学习的机会、缺乏“在可信任的结构化环境中产生由自己引发的动作”的机会。

因此，在后续的讨论中，环境变化会带来巨大的发展差异这一点我们必须时刻铭记。在第十六章，我们会进一步讨论这个主题。

第十五章
聚焦在一个对象上

"啊，"猫说道，"但婴儿到底喜欢什么？""他喜欢软软痒痒的玩意儿，"蝙蝠回答，"他喜欢抱着温暖的家伙进入梦乡。他喜欢有人陪着他玩。这些，他都喜欢。"

——拉迪亚德·克普里诺（Rudyard Kiplino）

引言

依恋的发展分为四个阶段，我们上一章的叙述只是略微超出第一个阶段，"对象区分度有限的定向和信号"。在这一章，我们会描述第二和第三个阶段，但局限于普通家庭环境中成长的婴儿。这两个阶段分别是：

阶段2——转向一个或多个经区分的对象的定向和信号；

阶段3——通过定向和信号，让特定的对象一直在身旁。

至于在尝试理解阶段4（"根据精确目标进行调整的合作关系形成"）的发展时浮现的论题，我们会留到第十七章和第十八章。

关于阶段2的行为发展，主要的数据来源是三项细致的观察研究，分别是沃尔夫（Wolff，1963）对波士顿的爱尔兰裔美国婴儿、亚罗（Yarrow，1967）对华盛顿婴儿、安斯沃思（Ainsworth，1967）对干达婴儿的研究。关于阶段3的发展，主要的信息来源则是安斯沃思对干达婴儿、谢弗和爱默生（Schaffer & Emerson，1964a）对格拉斯哥的苏格兰婴儿的观察。

关于阶段3的发展，我们特别幸运，手头的数据非常具有可比性，因为接受观察的婴儿成长于截然不同的环境，即非洲的乡村和苏格兰的城市，而这两种环境下婴儿共同经历的行为变化很可能也适用于其他环境中成长的婴儿。但是，在比较这两组数据时，我们需要时刻牢记一个难处。在谢弗和爱默生的研究中，依恋行为只有一个标准，即有人离开时，被留下的儿童会抗议。相形之下，安斯沃思在干达地区的研究中，标准要广泛很多：除了对分离的抗议，依恋的标准还包括婴儿对某个人的迎接以及婴儿将某个人作为探索的基地。

不同导向的行为模式差异

我们之前说过，行为起源过程中总会出现的主要变化能够有效地激发或终止某个反应的刺激范围变得越来越有限。对于婴儿的友好反应和哭泣反应，这显然非常正确。

在出生后几天，婴儿就具备通过气味和嗓音来分辨母亲的能力。这种能力的表现是，婴儿会更明显地朝向母亲，而不是其他人，或者听到母亲的嗓音时会吮吸加快。此外，到第五周，跟父亲或观察者的嗓音相比，母亲的嗓音一直都能更有效地持续激发出婴儿的微笑（Wolff，1963）。亚罗（Yarrow，1967）也观察到，虽然只有少数婴儿身上会出现，但在第一个月快结束时，婴儿对母亲和陌生人的反应是有差异的。亚罗的样本中，每个年龄层都有40多位婴儿，观察标准是（与陌生人相比），婴儿选择对母亲的嗓音和身影表现出注意偏好，即对母亲会有兴奋的表现和积极的感情，而对陌生人不会。亚罗发现20%的婴儿在一个月大时就会表现出对母亲的明显偏好。到三个月大时，

80%的婴儿都会表现出此偏好，而到五个月时，接受观察的所有婴儿都表现出此偏好。

安斯沃思（Ainsworth，1967）列出了十二种不同的行为，婴儿在出生后第一年间会出现这些行为。对于大部分在家中成长的婴儿，渐渐地都只有特定的人能引发这些行为，或这些行为会指向特定的人。我们接下来的大部分内容，都源自安斯沃思的记录。正如安斯沃思自己强调的那样，由于观察是在自然发生的情境中进行，若进行更加系统、更加敏锐的观察，每种区分出现的时间可能都比她观察到的要早几周、甚至几个月。鉴于婴儿之间有巨大的个体差异，而且每位婴儿接受观察的精确环境不同，我们尽可能给出这些区分首次浮现的大致年龄。

发声有区分

标准是跟其他人相比，婴儿跟母亲互动时会更容易发出声音，且发声更加频繁。沃尔夫在婴儿出生后五周或六周就留意到这一点。

在被拥抱时是否停止哭泣

标准是其他人抱起婴儿时，婴儿会继续哭泣，若是母亲拥抱，婴儿会停止哭泣。安斯沃思在九周大的儿童身上首次留意到这种区分。

母亲离开时哭泣

标准是母亲离开房间时，婴儿会马上哭泣，而其他人离开时不会。安斯沃思在十五周大的儿童身上首次留意到这种区分。

对视觉刺激的微笑有区分

标准是跟看到其他人相比，婴儿看到母亲时更容易绽放微笑，而且微笑更加频繁，更加灿烂。在对干达儿童的观察中，一位孩子早在第十周就出现这种区分。安斯沃思（Ambrose，1961）对一些伦敦的婴儿进行实验，发现婴儿对陌生人的微笑在第十三周达到高峰；在此之后，婴儿倾向于主要对母亲微笑，或只对母亲微笑。

视觉—姿势定向有区分

标准是被其他人抱着时，婴儿更喜欢注视着母亲，而且身体会朝向母亲。安斯沃思在十八周的儿童上留意到这一现象。

有区分地迎接反应

标准是母亲离开后返回，婴儿看到母亲时，会用比较典型的方式迎接母亲。在最开始，完整的迎接通常包含微笑、发声和普遍的身体兴奋；晚些时，迎接还会包括举起手臂。安斯沃思在二十一周的孩子身上留意到这种完整的迎接，但安斯沃思有些怀疑，在小几周的孩子身上，人们也可以观察到这种反应。一旦孩子能够爬行时，爬向母亲也会成为迎接反应的一部分。

另外两种迎接反应也相当普遍，但似乎取决于文化。第一种是拍手，安斯沃思发现在干达婴儿三十周后，拍手非常普遍，但在白人美国婴儿的样本中，并没有发现这一现象。第二种是亲吻和拥抱，干达婴儿没有这种反应，但西方文化中的婴儿在第一年快结束时会表现出这些行为。

有区分地接近

标准是，跟母亲和其他人在同一个房间时，儿童会选择爬向母亲。有时候，当母亲再次出现时，儿童也会用这种方式来迎接母亲。安斯沃思在一个二十八周的婴儿身上留意到这种行为。

有区分地跟随

标准是母亲离开房间时，婴儿会试图跟随，而对其他人则不会。安斯沃思注意到，一旦会爬，婴儿就会倾向于跟随，而大部分干达婴儿在二十四周时就会这样做。更幼小的婴儿会边哭闹边跟随。大约到九个月大之后，只要母亲没有非常快速地离开，婴儿通常就不再哭泣，只是跟随。

有区分地攀爬和探索

标准是婴儿会爬到母亲身上，探索母亲的身体，玩弄母亲的面孔、头发或衣服，而对其他人，即使会这样做，也相对较少。安斯沃思在二十二周的婴儿身上首次注意到这种行为。

有区分地埋下面孔

标准是在攀爬和探索的过程中，或在活动结束后，婴儿会把脸埋在母亲腿间或其他部位。安斯沃思观察到，儿童的这种行为只会指向母亲，而从不指向任何其他人。有一位孩子在二十八周时就出现这种行为，而其他孩子则是几周之后才会出现。

将母亲作为探索的基地出发

标准是儿童会从母亲身边出发，进行探索活动，并时不时回到母亲身边，但不会以同样的程度来对待其他人。安斯沃思在一个二十八周大的儿童身上观察到该现象，而对于八个月大的儿童，这种现象非常普遍。

逃到母亲身边，将母亲作为安全天堂

标准是当儿童警觉时，会以最快的速度逃离警觉刺激，逃向母亲，却不会逃向其他人。安斯沃思在儿童八个月大时留意到该现象。在亚罗的研究中，三个月大的婴儿中大约有一半会在心情低落时看向母亲，期待着母亲给予安慰。

有区分的依附

当婴儿感到警觉、疲劳、饥饿或不舒服时，有区分的对母亲依附尤其明显。虽然安斯沃思没有对依附的发生进行特别的研究，但报告中提及在九个月到十二个月期间，婴儿的这种依附尤其明显。

综合上述研究和其他研究成果，我们可以说，在十六周之前，有区分的反应还相对较少，只有使用敏锐的观察方法才能看到；在十六到二十六周之间，有区分的反应变得更多、更明显；在大部分在家中长大的婴儿身上，到六个月时，这些反应就都显而易见。

依恋行为指向的对象

到目前为止的讨论中，我们似乎都暗示儿童会将依恋行为指向特定对象，即母亲形象，或者简单地说就是婴儿的母亲[①]。为了简洁的缘故，这个用语难以避免，但会带来误解。诸多问题可能随之浮现，并需要解答，例如：

1.儿童通常是否会将依恋行为指向更多对象？

2.如果会，指向不同对象的依恋是同时发展出来，还是某一种依恋总是会先于其他？

3.儿童有多个依恋对象时，是否会以相似的方式对待所有对象，还是会对其中一人有所偏好？

4.若一位女性并非婴儿的亲生母亲，那能胜任主要依恋对象的角色吗？

由于对这些问题的答案相互交织，在分别讨论每个问题之前，先给出一套简单的答案会比较方便：几乎从一开始，很多儿童依恋行为指向的对象都不止一个；儿童对待这些对象的方式会有所不同；亲生母亲之外的人可以胜任儿童的主要依恋对象的角色。

---

① 例如，有人宣称我曾经说应该由儿童的亲生母亲来养育孩子，以及养育“不能安全地分散到多个对象上”（Mead，1962）。我可从没表达过这样的观点。

首要的和次要的依恋对象

在一岁到两岁之间，大部分婴儿依恋行为的指向对象不止一个，而且通常是很多个。有些婴儿刚开始表现出区分时，就会选择多个依恋对象，但大部分婴儿会稍晚一些。

谢弗和爱默生（Schaffer & Emerson，1964a）研究了58位苏格兰婴儿，其中17位（29%）刚开始表现出依恋行为时，就会指向多个对象。在四个月之后，不仅有一半的婴儿拥有不止一个依恋对象，而且不少婴儿会有五个或五个以上依恋对象。到十八个月时，依恋行为仍然局限于一个对象的儿童所占比例降到了样本的13%。也就是说十八个月大时，若儿童仍然只有一个依恋对象，就会非常独特。安斯沃思在干达的研究中发现的状态也具有可比性：除了少数例外，大部分儿童到九个月或十个月时，都会表现出多重依恋。

尽管如此，虽然到十二个月时，多个依恋对象几乎成为定则，但婴儿对待这些依恋对象的方式并不等同。在我们考察的两种文化中，婴儿都表现出明显的区分。在苏格兰样本中，研究者设计了一个量表，用来衡量各依恋对象离开时婴儿抗议的强度。结果显示，大部分儿童在某一位特定的依恋对象离开时，通常会表现出更多的抗拒，而且儿童的依恋对象可以按等级进行排序。安斯沃思采用更加宽泛的标准，发现干达婴儿倾向于将大部分依恋行为都指向某个特定的个体。到九个月大时，安斯沃思观察到，拥有多个依恋对象的儿童实际上只会追随一个特别的对象。此外，当儿童感到饥饿、疲劳或不适时，通常会特地转向该对象。另一方面，儿童精神十足时，会转向其他对象，而这个对象可能是经常一起玩耍的年龄较长的孩子。

这些发现表明，从出生早期开始，不同的对象可能激起不同的社交行为模式，若把这些对象都称为依恋对象，把这些行为都称为依恋行为，会令人困惑不解。在未来的研究中，研究者有必要更加注意这些差异：靠近玩伴跟靠近这里所定义的依恋对象很可能有不同的特征。我们会在后续对这个问题进行更多的考察。与此同时，我们需要留意安斯沃思的结论：

> 在我的观察中，所有结果都支持下面的假设：即使周围有很多位照顾者……在有机会寻求依恋时，婴儿总是会寻求某一位特定的对象。（Ainsworth，1964）

首要依恋对象

很明显，儿童选择谁作为自己的首要依恋对象以及会依恋多少人，很大程度上都取决于是谁照顾他，以及他生活中的家人构成。实际上在每种文化环境中，被选择的对象最可能是儿童的亲生母亲、父亲、哥哥姐姐，或许还包含祖父母或外祖父母，而且儿童最可能从这些对象中挑选出自己的首要依恋对象和次要依恋对象。作为经验之谈，这一点毋庸置疑。

在苏格兰和干达的研究都只选择了跟亲生母亲住在一起的儿童作为观察对象。在这种环境下，绝大部分案例中，儿童的首要依恋对象都是自己的亲生母亲，这不足为奇。不过也有少许例外情况。两位九个月大的干达儿童，一男一女，据说会同时依恋母亲和父亲，但是更偏好父亲。这男孩即使在疲劳或生病时，也会这样。还有一位干达女童，到十二个月时，仍然没有表现出对母亲的依恋，而是依恋父亲和（同父异母或同母异父的）姐姐。

在苏格兰婴儿中，母亲在第一年期间几乎都是首要依恋对象，而到第二年，通常会是父亲在某些情况分享这个角色。但五十八位苏格兰婴儿中，有三位的第一位依恋对象并不是母亲：两位选择父亲，另一位婴儿选择了祖母，因为这位婴儿的母亲是全职工作，婴儿大部分时间由祖母照顾。（由于谢弗和爱默生使用的依恋标准有限，我们很难确定应该如何解释他们的其他数据。）

这几例观察以及其他研究非常清晰地表明，虽然儿童的亲生母亲通常会成为首要依恋对象，但其他人也可以非常有效地替代这个角色。我们手头的证据是，如果母亲替代者以充满母性的方式对待儿童，儿童也会像其他儿童对待亲生母亲那样对待这个人。至于什么构成对待儿童的“母性方式”，我们会在下一章进行讨论。简要而言，这种方式似乎是跟儿童进行活跃的社交互动并迅速对儿童的信号和靠近做出反应。

虽然毫无疑问，替代母亲可以用全然母性的方式对待儿童，而且很多人确实做到了，但替代母亲这样做，会比亲生母亲更难。例如，就目前所知，关于其他物种中激发母性行为的因素，分娩后的荷尔蒙水平和新生儿自己产生的刺激可能都非常重要。如果人类母亲也是这样，那跟亲生母亲相比，替代母亲肯定处于劣势。一方面，替代母亲不可能处于跟亲生母亲相同的荷尔蒙水平；另一方面，在婴儿长到几周或几个月之前，替代母亲可能感到自己跟婴儿没什么关联。由于这两个限制的存在，跟亲生母亲相比，替代母亲的回应可能没那么强烈，也没那么始终如一。

次要对象

我们已经申明，对依恋对象和玩伴的区分应该比目前为止的研究更加细致。在疲劳、饥饿、生病或感到警觉时，或者不太确定依恋对象在哪儿时，儿童会寻求依恋对象。找到依恋对象后，儿童会想要待在依恋对象身边，可能想被拥抱抚摸。相比之下，儿童精神状态很好，而且非常确定依恋对象在哪儿时，才会寻求玩伴；此外，找到玩伴后，儿童会跟玩伴进行游戏性的互动。

如果上述分析是正确的，那依恋对象和玩伴的角色截然不同。但由于两种角色并非毫不相容，某个对象在不同时间可能承担这两种角色，因此，儿童的母亲有时候既是玩伴，又是主要依恋对象，而另一个人，例如年龄较长的儿童，会主要充当玩伴，但偶尔也可以充当次要依恋对象。

不幸的是，作为我们的信息来源，这两项探索实验并没有做出这些区分。结果是，我们其实不太容易确定研究描述的“次要依恋对象”是否都应该被划入这一类。因此，在两项研究的描述中，这些其他对象都被简单地称为“次要对象”。这其中的假定是，有些人确实是次要的依恋对象，有些人则主要是玩伴，而少数人则兼具两种身份。

根据报告，在干达和苏格兰婴儿中，最常见的次要依恋对象是父亲和哥哥姐姐。其他的还有祖父母或外祖父母，或者家里的其他人，偶尔还包括邻居。两项研究一致表明，对于这些喜欢的人和其他不喜欢的人，婴儿的对待方式明显不同。安斯沃思注意到“对于熟悉的人群，偏好的特异性和明显度非常高”，例如；婴儿会一直兴高采烈地欢迎某一位哥哥或姐姐，却不会这样对待其他人。

不过不可避免地，对于所有儿童来说，这些次要对象的数量和身份都会随着时间流逝发生变化。谢弗和爱默生记录了儿童的次要对象的数量可能怎样突然增加，而后又可能怎样减少。虽然并非总是如此，但作为常规，这些变化显然反映出当时是哪些人待在家里，哪些人是婴儿容易接触到的。

但有一点仍然无法确定，那就是社交行为开始指向有区分的次要依恋对象的时间，是跟首次指向主要依恋对象的时间相同还是稍微晚一些。谢弗和爱默生使用的标准是婴儿在有人离开时抗议，支持第一种观点。但Ainsworth倾向于第二个观点，即依恋行为指向次要对象的时间会比对主要对象晚一些。但两项研究使用的方法都不够精确，无法解决这个议题[①]。

当婴儿有多个依恋对象时，人们很可能会假定婴儿对主要对象的依恋会比较弱，而相反的，婴儿只有一个依恋对象时，对这个对象的依恋会非常强烈。但事实并非如此：实际上，苏格兰和干达的婴儿都表现出相反的情况。在苏格兰，婴儿最开始对主要对象表现出强烈的依恋，那这位婴儿也更可能对其他有区分的对象表现出社会行为；而婴儿依恋较弱时，更可能把所有社交行为都局限于单个对象。安斯沃思在干达婴儿中留意到相同的关联性。安斯沃思提出一个可能的解释，即婴儿对主要对象的依恋越不安全，那婴儿在跟其他对象发展依恋关系时，就越发受限。另一个解释有待推演，可以作为对安斯沃

① 安斯沃思观察的间隔是十四天；谢弗和爱默生的研究主要基于父母的报告，而报告的时间间隔是四周。

思的观点的补充或替代：儿童越不安全，在跟其他对象发展玩伴关系时就越发受限。

无论这种关联的正确解释到底是哪一种，有一个结论似乎非常明显：若假定幼童会将依恋分散给很多对象，以致不会跟任何人形成强烈的依恋，并因此不会在某个人离开时思念这个人，那这假定肯定是错误的。与此相反，不管是较早的证据还是近期的依据（Rutter，1981；Ainsworth，1982）都证实了我之前提出的一个假设（Bowlby，1958），即儿童有一种强烈的倾向，会将依恋行为主要指向某个特定的对象。我们需要注意以下支持该观点的事实：在寄宿托儿所中，只要有机会，幼童都倾向于把自己跟某个特定的看护者绑在一起。在《离开家庭的婴儿》（1944）一书中，伯林厄姆和安娜·弗洛伊德对此给出了很多实例。例如：

> 布丽奇特（2到2岁半）属于简护士的小家庭，布丽奇特非常喜欢简。简曾经因病离开几天，然后再回到托儿所。布丽奇特这时会反复说："我的简，我的简。"莉莲（2岁半）有一次也说"我的简"，但布丽奇特提出抗议，并解释说："是我的简，莉莲的鲁思，基恩是伊尔莎的。"

儿童倾向于把自己跟某个对象绑定起来，这一点似乎已确信无疑，而且对心理病理学有深远的影响，因此我相信应该给这一点一个独特的术语。在之前的文章中，我称之为"单向性"。

非生命物体的角色

到目前为止，我们只考察了依恋对象可能指向的各种人类对象。但众所周知的是，某些依恋行为的成分有时候是指向非生命物体的，例如非营养性吮吸和黏附。

当然，指向非生命物体的营养性吮吸也很常见，例如奶瓶。但由于喂食行为区别于依恋行为，对母亲乳房之外的物体的营养性吮吸不在本书的讨论范围之内。

在最简单的社会中，婴儿可能在一天中的大部分时间都跟母亲在一起，非营养性吮吸和黏附都指向母亲的身体，这跟非人类灵长类动物中的情形一样。但在其他社会中，例如西方社会，非营养性吮吸在婴儿出生后头几周可能指向橡胶奶嘴或大拇指。晚些时候，而且通常是在婴儿满一岁前，婴儿可能会转向衣服或毯子的某个角落，或者是某个适合抱抱的公仔。婴儿会坚持带着这些睡觉，而且白天也可能会要带在身边，尤其是婴儿感到沮丧或疲惫时。婴儿会经常吮吸和紧紧地抱住这些柔软的物体，但也可能会做些别的事情。

温尼科特（Winnicott，1953）首次留意到这些最早被儿童珍视的物品，之后多位研究者向父母收集了相关的报告。这些报告表明，在英国，目前这种依恋的发生率相当高。在谢弗和爱默生研究中，28位18个月大的苏格兰儿童中，有11位正在或曾经依恋着某个特别的适合拥抱的物体，也就是比例超过三分之一。此外，三分之一的儿童曾经或一直喜欢吮吸大拇指。另外有一点特别有意思，几乎所有有拥抱公仔或喜欢吮吸大拇指的儿童，正是那些更喜欢被母亲拥抱的儿童。

虽然吮吸大拇指或橡胶奶嘴通常是在出生后头几周就开始了，对特定的惹人拥抱的柔软物体的依恋则很少在九个月之前出现，而且通常开始得相对较晚。在一项研究中，43位儿童曾经依恋这种物体，或正在依恋这种物体。根据儿童母亲的报告，9位儿童在十二个月之前出现这种依恋，22位在一岁到两岁生日之间出现，而12位在两岁生日后才出现（Stevenson，1954）。

在这些方面，没有任何证据表明男孩和女孩有差异。

儿童习惯的这个特定的拥抱物体对儿童的心神平静有着十分重要的意义，这一点已为母亲所熟知。如果有这物体，儿童会心满意足地上床睡觉，不用母亲的陪伴。但当这物体遗失时，儿童可能完全没法得到安慰，除非再次找到这物体。有时候，儿童会依恋多个物体。马克是三个孩子中的老大，一直拥有母亲的全部注意。以下是马克的例子：

> 到四岁半之前，马克都会吮吸自己的大拇指，尤其是感到有压力时，或在夜里。在十四个月之前，马克会用左手拉起毯子的顶端，一边吮吸右手大拇指，一边用毯子缠绕左手拳头。然后马克会用包裹起来的拳头打自己的额头，直到睡着。这毯子成了他的“斗篷”，到哪儿都陪着他（在床上，在休假时，等等）。从三岁开始，马克还有了一个木头松鼠。到晚上，马克会把松鼠裹在“斗篷”的尾端，然后压在自己身下。（Stevenson，1954）

我们没有任何理由认为儿童对非生命物体的依恋对他们不利。与此相反，众多迹象表明这种依恋跟令人满意的人际关系是相互融合的。实际上，在一些儿童身上，对柔软物体缺乏兴趣可能让人心生疑虑。例如，普罗旺斯和利普顿（Provence & Lipton，1962）报告说，他们观察的儿童在出生后第一年就在剥夺性的机构中长大，而所有儿童都没有对某个喜爱的拥抱物体产生依恋。还有些婴儿有时候会对柔软物体表现出明显的厌恶，而我们有理由认为这些婴儿的社交发展可能陷入歧途。史蒂文森（Stevenson，1954）描述了这样一个孩子：从婴儿期早期开始，他就因对柔软玩具的强烈厌恶而惹人注意。最初，这孩子被母亲拒绝，之后更被母亲抛弃。我们完全可以假定，这孩子对柔软物体的厌恶在某种程度上反映了对母亲的厌恶。

研究不仅发现儿童对拥抱物体的依恋跟满意的人际关系一致，而且对非生命物体的依恋延长到儿童期这一现象，也比之前广泛假定的要普遍许多：将这依恋延长到学校时光的儿童可不止一两个。虽然人们很容易做出假设，认为这些依恋的延长意味着儿童感到不安全，但实际上这一点并不确定。而当较之于人儿童更喜爱非生命物体时，这观点可能完全不同。史蒂文森给出了一些例子：

罗伊的母亲告诉我，当罗伊跌倒时，总是会叫“塞”，也就是他的掸子，而不是呼唤母亲来寻求安慰。两位母亲告诉我，在手术醒来后，他们的儿子一开口就要平常依恋的物体。

这两个孩子中，其中一个正是马克。在六岁时，马克摘除了扁桃体。麻醉醒来后，马克要“松鼠”，而拿到松鼠后，就安静地进入梦乡。

假定若儿童的所有依恋行为可以都指向非生命物体，而对人没有任何依恋行为，若这样的情形持续一段时间，则几乎都会对儿童未来的心理健康有害。哈洛的观察强烈支持这种“常识”观点。在哈洛的观察中，恒河猴婴儿期的依恋行为全都指向玩偶。这些小猴后来跟其他猴子在一起时，在所有的社交关系中的表现都严重失常。

很多临床医生已经讨论过儿童对非生命物体依恋的理论意义，其中温尼科特（Winnicott，1953）提出的“过渡性客体”尤为著名。在温尼科特推出的理论框架中，这些物体在客体关系的发展中占有重要位置。温尼科特相信，这些物体属于某个阶段，在该阶段，婴儿虽然还无法使用象征，却已朝着象征发展，因此，会有“过渡”这个术语[①]。虽然温尼科特的命名已经被广泛接受，其依据的理论仍然值得探讨。

在看待这些非生命物体的作用时，有一种更加简省的方式，就是将这些物体视为某些依恋行为指向或再次指向的对象，而原因是“自然”物体无法获得。非营养性吮吸指向的不是乳房，而是橡胶奶嘴；依附不再指向母亲的身

① 由于温尼科特的主张不容易描述，所以最好用他的原话来呈现：……毯子（或别的物品）象征着某个部分客体，例如乳房。但这毯子的意义，更多地在于其现实存在，而不是其象征意义。其实毯子作为乳房（或母亲）的重要性，不及毯子象征着乳房（或母亲）这个事实……我认为我们可以适时地采用一个术语，来表示这种象征的起源，可以描述婴儿从纯主观走向客观的旅程；对我而言，过渡性客体（毯子等）正是我们在这个通往经验的发展之旅中经常看到的。

体、头发或衣服，而是毯子或拥抱玩具。我们有理由假定，这种对物体的认知状态跟儿童对首要依恋对象的发展阶段等同——最初是精细程度跟单一刺激差不多的某些物体，之后是能够识别和期待的物体，最后才是在时空中永存的对象。至于这些所谓的过渡性客体在儿童认知或其他方面的发展中发挥的任何特殊作用，还需要更多的证据来说明，我们还没有任何理由来做出这样的假设，因此，更加适合的术语应该是简单的"替代性物体"。

自第一卷出版以来，这种更加简省的理论得到了研究的强烈支持（Boniface & Graham，1979）。对不在母亲身边长大的非人类灵长类动物的行为观察也支持该理论。人类婴儿、猴子和猿的婴儿都非常容易从奶瓶中获得食物，并对安慰物奶嘴和大拇指进行非营养性吮吸。非营养性吮吸也可能指向他们身体的其他部位，通常是脚趾头，女性偶尔会指向自己的乳头，男性则是自己的阴茎。至于依附的对象，Harlow的研究表明，只要代表母职人物的玩偶非常柔软，小猴子很快就会依附上去。

得到人类养母的照顾时，小猴子和猿会立刻把人类当作母亲，不屈不挠地粘着她。由于它们坚持不懈地粘着，如果能用一片布暂时哄骗它们放开，那可是非常幸运。海斯（Hays，1951）养大了一只小猩猩，非常生动地描述了这种重新指向的行为。在报告维吉九个月大的行为时，海斯写道：

> 虽然维吉和我是好朋友，但它感到压力时，我并不是它的唯一安慰。我们发现……如果给维吉一条毛巾来抓着……维吉也可以得到安慰……不管去哪儿，维吉总是拖着一条毛巾，要么是一只手握着，要么是一只拳头攥着，要么是搭在背上……（当）维吉对玩具感到厌倦，决定干点别的事儿，总是会自信满满地伸手到背后拿毛巾。如果没法拿到毛巾，维吉会转头看。若没看到毛巾，维吉会发疯般地在整个屋子里搜寻。之后，维吉会抓住我的衬衫，跳上跳下，直到我为了自我防卫给她一条毛巾。

对于在非典型环境中长大的非灵长类婴儿，出现这种行为的例子还有很多。

因此，显然，无论是人类婴儿还是小猴子，当依恋行为的“自然”对象不在身边时，行为可以指向某些替代性客体。即使是非生命的，这样的物体似乎也经常能够扮演重要的依恋“对象”的角色，虽然是次要的。跟主要依恋对象相似，儿童尤其会在感到疲劳、不适或沮丧时寻求这些非生命替代物。

引发对象选择的进程

在前一章，我们提出婴儿依恋行为指向特定的对象，这种发展其实是至少经过四个进程才能在婴儿身上起作用的结果。以下是前三个进程，以及当婴儿在普通家庭环境中成长时，这三个进程必然会导致的结果：

1.更愿意朝向、观看或聆听某类刺激的天生倾向，这导致非常幼小的婴儿也会对照顾他的人类给予特别的注意；

2.暴露学习，使婴儿了解照顾者的知觉特征，并学会区分这个人跟其他人或物；

3.接近熟悉的对象的天生倾向，一旦婴儿的运动功能允许，这就会让婴儿靠近已经学会区分的熟悉对象。

第四个过程正是众所周知的操作性条件学习，即通过行为结果的特定反馈，行为会增强（被强化）。人们现在可能会问，在得到集中反馈时，原始的依恋行为形式引发的哪些结果会有增强该行为的效果？

传统理论认为依恋行为的关键强化物是食物，儿童依恋某个特定对象的原因是这个人会给儿童食物，并满足儿童的其他生理需要。在第十二章，我们已经谈论到没有任何证据支持这种传统理论。与此相反，现在有重要证据表明，依恋行为最有效的强化物是婴儿的陪伴者对婴儿的社交尝试做出反应。我们可以更加细致地呈现这些证据。该证据源于自然观察和实验这两种渠道。

自然观察的研究包括谢弗和爱默生对苏格兰儿童的观察、安斯沃思对干达儿童的观察，以及一些对以色列集体农场的孩子系统性稍弱的研究。所有的发现都趋于统一。

谢弗和爱默生关注十八个月的婴儿对母亲依恋的强度是高是低，以及与此相关的因素，而强度的衡量标准是母亲离开时婴儿的抗议程度。两位的结论是基于对36位儿童的观察结果。

结果表明，人们传统上认为跟依恋强度相关的一些因素其实没有显著关联。这些因素包括跟喂食、断奶和如厕训练方法有关的一些变量。其他无关的因素是儿童的性别、排行和发展商数。与此相反，跟母亲和婴儿的社交互动相关的两个因素非常突出，有显著相关。这两个因素是母亲对婴儿哭泣的反应程度和母亲发起跟婴儿的社交互动的程度：母亲对婴儿的哭泣反应越迅速，发起的互动越多，十八个月婴儿跟母亲的依恋就越强烈（衡量标准是母亲离开时婴儿的抗议强度）。虽然这两个因素有某种程度上的重叠，但其相关指数在数据上并不显著：

> ……某些母亲……会迅速地对婴儿的哭泣做出反应，但却很少自发地跟婴儿互动，而与此相反，有些不鼓励哭泣的母亲却会跟儿童有大量互动。

对哭泣的反应度和社交互动的敏感度是最相关的变量，该结论也得到谢弗和爱默生在次要对象上获得的数据的支持。对婴儿的哭泣迅速反应但可能没有给予生理照顾的人，更可能被婴儿选为次要对象；而偶尔会给婴儿生理照顾，但在社交上毫无反应的人，则不可能被选中。

通常，对哭泣反应灵敏、频繁地跟婴儿互动的人通常就是那些最常在婴儿身边的人。但事实并非总是如此，例如：一些母亲整天都在孩子身边，但对孩子的反应不敏感，或很少互动，而有些父亲虽然不是经常在孩子身边，但在一块儿时都会跟婴儿频繁互动。谢弗和爱默生发现，在这样的家庭里，婴儿对父亲的依恋会比对母亲更强烈。

> 几位母亲……实际上会抱怨她们的“不溺爱”政策被丈夫给毁了。只有母亲在身边，婴儿其实没什么要求，但只要是假期、周末和晚上，婴儿就会强烈要求父亲出现，并寻求父亲的注意。

在分析干达儿童的数据时，安斯沃思倾向于做出相似的结论，虽然观察中的某些不足让她相对谨慎。但在后续的研究（马里兰州的白人婴儿）中，安斯沃思借鉴了在非洲的经验，对母亲倾向于对婴儿表现出的社交反应的速度、频率和形式都进行了更加系统的记录。该研究（Ainsworth et al.，1978）的结果清晰地表明，两个变量跟依恋行为的发展显著相关：（1）母亲对婴儿发出信号的反应灵敏度；（2）母亲和婴儿互动的量和质。婴儿最依恋的那些母亲，正是会迅速恰当地对婴儿信号做出反应的那些母亲，是跟婴儿进行大量社交互动的母亲——而且母婴双方都为此感到愉悦。

对以色列集体农庄中成长的婴儿的依恋行为发展，有一些经过检验的观察，但结果不太容易用传统理论来理解，但若强调社交互动在依恋发展中的重要性这一理论，这些观察结果就非常符合。

在某些以色列农庄中，孩子大部分时间由集体托儿所中的护士照顾。除了安息日可以全天陪伴，孩子的父母每天只照顾孩子一两个小时。因此，到目前为止，孩子的大部分进食和日常护理都由护士完成。但尽管如此，农庄儿童的主要依恋对象仍然是父母——在这一点上，所有观察者似乎都一致同意。例如，在研究某个集体农庄的儿童发展后，斯皮罗（Spiro，1954）写道：

> 虽然父母在儿童的社交或满足生理需求方面不会发挥重要作

用……父母对儿童的心理发展非常关键……他们给孩子提供某种安全感和爱，而这是孩子无法从其他人那里获取的。如果有什么区别的话，那就是这些孩子对父母的依恋比我们社会中的更加强烈。

派拉德（Pelled，1964）重复了这一概论，而其结论的基础是对农庄长大的个体的二十年心理治疗工作：

……集体农庄中成长的儿童的主要客体关系是跟家人的关系，即父母和同胞……在所有案例中，我都没有发现儿童对农庄护士的强烈持久的联系……农庄护士属于过去，通常只是被短暂谈及，而且语调中不带一丝情感，有时甚至有强烈的反感……在追溯时，跟农庄护士的关系似乎是某种转瞬即逝的、可替代的、用于满足需求的客体关系，而一旦需求情境消失，这种关系就会终止。

显然，这些发现跟传统理论的预期完全相反。但另一方面，若从现在推出的理论出发，就不难理解这些现象。在集体农庄，护士总是要照顾多个孩子，而且必须给这些孩子准备食物、换衣服等。因此，护士可能几乎没时间对婴儿的信号做出反应，或跟婴儿玩耍。当母亲照顾孩子时，会心无旁骛，有空闲对孩子的接触做出反应，并发起社交玩耍。在一周的时间里，跟护士相比，孩子跟母亲有更多的社交互动和更加合适的时机交流，这似乎有点不太可能。当然，到底这是否可能发生，是可以通过系统观察来确认的[1]。如果这是集体农庄的真实图景，那就跟谢弗和爱默生对一些家庭的报告相映成趣。在这些家庭中，母亲整天照顾孩子，却很少跟孩子互动，父亲看到孩子的时间较少，却

---

① 格维尔茨（Gewirtz，1968）的发现有力地支持这个推想。两位研究者采用直接观察法，发现一位婴儿出生后头八个月在集体农庄度过，而婴儿每天看到母亲的时间几乎是看到护士的时间的两倍。其中的大部分原因是在护士照顾婴儿的大部分时间里，其实护士都不在婴儿跟前。

会时刻对孩子做出回应。在这种情况下，孩子更加依恋父亲。

目前报告的这些观察都是在孩子们被照顾的日常环境中进行的——其优点是发生在现实生活中，而其难处是在这些情境的发现较难解释。但是我们可以注意到，从这些研究中得出的结论跟目前进行过的寥寥几项实验（上一章已提及）的结果完全一致。因此，布莱克比尔在每次婴儿微笑时就做出简单迅捷的社交反应，即报以微笑、咕咕叫、抱起婴儿或拥抱婴儿，就能够增加三月大婴儿的微笑频率，而莱茵高尔德等人能够用非常相似的手法来增加同样年龄的婴儿的咿咿呀呀——每次婴儿咿咿呀呀时，研究者就用灿烂的微笑回应婴儿，发出三声“啧啧”声，并轻轻地捏一下婴儿的小肚子。

依恋形成的延迟

从依恋发展得较缓的婴儿身上，我们得到的数据跟提出的理论也是一致的。虽然大部分儿童到九个月时，就会表现出非常明显的有区分的依恋行为，但在少数儿童身上，这种行为的出现推迟了，有时候甚至延迟到两岁时。有证据表明，跟发展较快的婴儿相比，这些婴儿通常因为种种原因，从母亲人物那儿得到的社交刺激要少很多。

在冷冰冰的机构中长大的婴儿就是典型例子。我们已经留意到普罗旺斯和利普顿（Provence & Lipton，1962）的发现：在两位研究者的报告中，75位婴儿到十二个月大时，都没有出现任何有区分指向的依恋行为（这些婴儿都是不到五周大就进入机构）。

安斯沃思观察在家中长大的干达婴儿，其结果跟普罗旺斯和利普顿的发现完全一致。在被观察的27位干达儿童中，4位异于常人，即表现出依恋的时间显著延迟。两个婴儿是同父异母的姐妹，到十一个月大时，仍然几乎没表现出任何区分或依恋。另外两位是龙凤胎，到观察结束时三十七周大，这时仍然没出现依恋行为。

研究者用七点评分量表评价27位儿童的母亲给予自己婴儿的照顾时间，

分数最低的母亲正好是没有出现依恋的孩子的母亲。这些母亲经常长时间离开孩子，即使自己有时间时，也让其他人分担照顾的责任。在对比每位婴儿从母亲或其他人那儿得到的总照顾时长时，这四位婴儿远远低于其他出现依恋的婴儿（其中一位除外）。

在讨论结果时，安斯沃思指出在该研究中使用的“母亲照顾”维度太笼统。正如之前提过的，在安斯沃思看来，最重要的母性照顾成分是社会互动，而不是日常照顾。

不同感受器官的角色

在实验和日常情境中，研究者报告的能够有效促进依恋行为的社交刺激由视觉、听觉、触觉混合组成，而且通常还有本体知觉和嗅觉。因此带出了下面的疑问：这些交互模式中是否有对依恋发展必不可少的？如果有，是哪些？对于依恋发展，哪些是最有力的？

在讨论该主题时，有两个趋势值得注意。大部分早期文献都假定依恋是儿童得到喂养的结果，故强调的重点放在触觉刺激上，尤其是口腔的。之后，该假定受到挑战，尤其是莱茵高尔德（Rheingold，1961）、沃克斯和帕克（Walkers & Parke，1965）的研究，其理论假定跟本书相似。这些研究者强调，从出生后头几周开始，婴儿的眼睛和耳朵就非常活跃，会调节社交互动，因此研究者开始质疑之前对触觉和本体觉刺激赋予的特殊角色。对于发展出母婴间的联结，除了微笑和咿咿呀呀，婴儿与母亲间眼对眼的接触似乎也发挥着特殊作用（Robson，1967）。

在日常照顾中，母亲抱着婴儿的方式会妨碍面对面接触的发生。当母亲想跟婴儿互动时，总是习惯性地让婴儿面朝自己，而这进一步支持了视觉接触的重要性（Waston，1965）。这一观察也跟之前的发现一致，即跟只满足婴儿身体需求的人相比，婴儿更容易依恋与他有社交互动的人。

乍看之下，读者可能会推想视觉比触觉和本体觉更有优势，这一观点也会得到谢弗和爱默生（Schaffer & Emerson，1964b）的研究支持。这项研究关注婴儿的依恋发展，而这些婴儿讨厌被拥抱抚触。这一结论几乎无法得到证实。

该研究是针对依恋发展的大型研究的一部分（Schaffer & Emerson，1964a），研究者从37位婴儿中找出9位婴儿。在十二个月大时，婴儿的母亲报告说这些婴儿非常抗拒被拥抱：正如其中一位妈妈的描述："他不让抱，他会挣扎着逃开。"根据报告，另外19位婴儿享受被拥抱，而剩下的9名婴儿则占据了中间位置[①]。讨厌拥抱和喜欢拥抱的婴儿之间的发展差异其实寥寥无几，唯一显著的差异是：根据研究者的评估，喜欢拥抱的婴儿的依恋强度更强。但是，到了十八个月大时，虽然差异仍然存在，却不再显著，而且到这时，儿童依恋行为指向的对象人数也没有任何差异。

虽然两组婴儿之间的差异非常小，或许可以解释成这意味着身体接触对依恋的发展几乎毫无效用，但做这种解释必须谨慎。原因在于，如果假定谢弗和爱默生描述的讨厌拥抱的婴儿没有接受到任何触觉或本体知觉的刺激，那就犯了严重的错误。与此相反，讨厌拥抱的婴儿其实很享受被左右摇摆、嬉戏玩耍。此外，这些婴儿在吃东西时很乐意坐在母亲的膝盖上，而且觉察到危险时，他们也喜欢抓住母亲的裙子或把脸藏到母亲膝盖上。实际上，这些婴儿唯一的与众不同之处就是他们讨厌被限制：只要拥抱会限制行动，他们就会抗议。因此，虽然这些婴儿得到的触觉刺激可能少于喜欢拥抱的婴儿，但这些刺激并非无足轻重。

对眼盲婴儿的依恋发展研究也得出了非常模糊的结果。一方面，研究者

---

① 谢弗和爱默生称，按照母亲的描述，所有讨厌拥抱的婴儿在出生后头几周就表现出这种怪癖。但"他一直都不喜欢抱抱"这种回溯性的报告，安斯沃思博士（私人交流）持怀疑态度。安斯沃思博士针对马里兰州白人婴儿的工作表明，讨厌抱抱的婴儿中，至少有一部分是出生后头几个月里，母亲很少抱他们：

> 对于那些母亲说讨厌拥抱的婴儿，我的助手和我有一套特殊的拥抱手法。被我们抱着时，这些婴儿其实很喜欢拥抱。事实是，这些母亲其实不喜欢抱着婴儿。我们发现，这些婴儿后来会变得讨厌拥抱，每次被抱着时都会浑身扭动。当然，一些有脑损伤的婴儿会出现张力亢进，可能一开始就讨厌拥抱。

称，跟视力正常的婴儿相比，眼盲婴儿跟母亲的依恋关系的特异度和强度都显著较弱（Robson，1967）；另一方面则有观点认为，眼盲儿童有时会给人留下一种印象，似乎他们很容易用不熟悉的个体来替代熟悉的依恋对象，但这印象其实是虚假的，而这种印象的来源，其实是眼盲儿童跟正常视力的儿童警觉一样，如果熟悉的对象暂时不在身边，儿童在感到危险时会倾向于黏着在身旁的任何人（Nagera & Colonna，1965）。对这些看似截然不同的观点，有一个解决之道，那就是跟正常视力的婴儿相比，眼盲婴儿对特定对象发展出依恋的速度相对较慢，但一旦发展出了依恋，眼盲儿童的依恋会更加强烈，而且持续的时间更长。

事实是目前的数据尚不足以回答我们提出的问题。远距离感受器官发挥的作用比我们赋予的角色更加重要，这一点似乎毋庸置疑，但这远远不能让我们做出结论，说触觉和本体觉感受器官微不足道。与此相反，当婴儿非常沮丧时，不管是安抚刚出生几个月的哭泣婴儿，还是安慰稍大一点的受到惊吓的大孩子，身体接触似乎非常重要。就目前而言，最明智的假设是很有可能所有社交通道都发挥着重要作用，但是由于依恋行为的组成其实相对冗余，某种通道的不足只要是在一定的范围内，就可以通过其他通道来弥补。就目前所知，在动物王国中，有大量的可替代手段可以满足生存的需求，这是司空见惯的。

敏感阶段和陌生人恐惧

研究者已经证实在其他物种中存在某个阶段，在该阶段最可能发展出对某个偏爱对象的依恋行为，因此人们自然会问人类身上是否也有相同的阶段。大部分生态学导向的工作者都认为很可能有。那证据是什么呢?

存在敏感度升高的阶段的证据

研究该主题的一些学生，例如格雷、安布罗斯、斯科特和布朗森猜想婴儿在出生后最初的五六周还没准备好，不能发展出对有区分对象的依恋行为。无论是知觉能力，还是行为组织的水平，都不足以让婴儿以非原始的方式来进行社交互动[①]。

在大约六周后，婴儿区分所见、所听和所感的能力越来越强，此外，行为也更加有序。因此，到三个月大时，在家里长大和在机构中长大的婴儿的社交行为差异变得显而易见。参照这些证据，并考虑婴儿神经系统的迅速发展，我们可以尝试性地得出结论，认为虽然出生后头几周发展依恋的倾向比较低，但到第二和第三个月时会提高。到六个月末，依恋行为在很多婴儿身上已经完全成熟，这一事实表明，在之前的几个月里，也就是第四到第六个月，大部分已经处于依恋行为发展的高度敏感阶段。

但我们止步于这种宽泛的陈述，无法再深入。尤其是没有任何证据表明到底在哪个月里敏感性会更高。

例如，在没有进一步的证据时，我们不能接受安布罗斯的意见，即从第六到第十四周，婴儿正学习人类面孔的特征（超个体学习），但还无法区分特定的面孔，因此这可能是一个特别敏感的时期。安布罗斯呈现的证据其实无法导出这个结论；此外，他的意见部分依据于某个理论，即印记是焦虑降低的产物（Moltz，1960），而这个理论其实没有得到广泛认可（参见第十章）。

某种程度的敏感会持续几个月的证据

虽然在家里长大的绝大部分婴儿在六个月大时会出现依恋行为，但有些婴儿并不会，在机构长大的大部分婴儿也不会。由于这些孩子中的大部分之后确实会发展出依恋，很显然某种程度的敏感性至少会持续一段时间。

谢弗的一项研究有助于解开这个疑问。在该研究中，儿童大约六个月时经历了长期分离，谢弗致力于发现这对依恋行为发端的影响。研究中的20位儿

① 格雷提到的论据，即人类婴儿在出生后的六周内无法学习，其实显然是错误的（参见第十四章）。

童都在两种机构设置下度过了十周或十周以上的时间，在这两种设置下，儿童都没有机会发展出有区分的依恋，所有儿童回到家的年龄都在三十到五十二周之间。由于儿童回到家的年龄正是有区分的依恋行为应该会出现的时期，研究者的兴趣在于发现之前的分离会使依恋行为的出现产生多长的延迟。

谢弗发现，到十二个月大时，只有一位儿童没有发展出依恋行为。期间的延迟差异很大——从三天到十四周不等。八位儿童在回到家两周后就表现出依恋；另外八位是四到七周之间；剩下的三位儿童则花了十二到十四周。

在可能影响延迟时间变异的诸多因素中，有两个最容易识别出来：（1）机构中的情况；（2）回家后的经历。令人惊讶的是，离家的时长或回家的年龄似乎都不重要。

这些婴儿可以分为两组。第一组包含十一位婴儿，待在医院里，几乎没接受什么刺激，无论是社交的还是其他刺激。母亲可以探视孩子，但是大部分都只是每周一次，小部分会每周去四或五次。第二组包含九位婴儿，为了避免感染肺结核而被隔离在婴儿之家。虽然这些婴儿不会得到母亲的探视，但这儿的护士相对较多，会给这些婴儿相当多的社会互动刺激。

回家后，跟在医院待过的孩子相比，婴儿之家的孩子会更快地发展出跟母亲的依恋。在医院的孩子中，除了其中一位之外，所有的孩子都花了四周或以上的时间才表现出依恋，而在婴儿之家的孩子中，除了其中两位，所有的都在十四天内就表现出依恋。有一位在婴儿之家的婴儿在那儿待了三十七周，十二个月大时才回到家，但回到家第三天就已经表现出依恋行为。

从这些发现中，我们似乎可以得出结论，即婴儿若在六个月到十二个月之间得到大量的社交互动，那一旦有机会，就能够迅速发展出有区分的依恋。相形之下，如果没有这种社交刺激，发展依恋的速度就会慢很多。很显然，当整体的社交刺激水平比较低时，母亲的偶尔探视不足以改善这种状况（虽然聊胜于无）。

毋庸置疑，在谢弗的研究中，最令人感兴趣的部分涉及曾在婴儿之家的婴儿发展出依恋的速度。在九位婴儿中，七位在回家后十四天内就表现出依恋，而另外两位婴儿中，有一位出现延迟的原因几乎可以肯定是婴儿回家后得到的社交注意非常少。这位男孩在婴儿之家呆了十二周，在三十六周大时回到家。男孩的父亲身有残疾，母亲在外工作，这意味着孩子由父亲照顾，很少见到母亲。虽然父母都很喜欢这孩子，但在这段时间里，两人都没有给孩子很多关注，孩子没有出现依恋行为。但两个半月后，母亲放弃工作，回归家庭。这时孩子已快满一岁，但短短几天后，就对母亲发展出了强烈而特别的依恋。

这些数据表明，在社交条件高于最低值时，发展出依恋的主动性在一些婴儿身上可以保持到一岁时。但很多疑问仍然无解。第一，什么是最低条件？第二，较晚发展出来的依恋会跟更早发展出的依恋一样稳定安全吗？第三，发展出依恋的主动性可以在婴儿两岁期间保持多久？不管安全基准线在哪儿，可以确定的是，在六个月大之后，发展依恋的情况会变得比较复杂。主要原因在于成长减缓，恐惧反应更容易唤起，而且强度更大。

陌生人恐惧和敏感性降低

随着年龄渐长，人类婴儿跟其他物种的小生物一样，看到任何陌生的事物都会表现出恐惧，其中包括陌生的人。一旦这种反应变得常见或者强烈，婴儿就会倾向于退缩，而不是主动接触。结果是，婴儿跟新对象建立依恋的可能性降低。

在表现出恐惧之前，婴儿看到陌生人时的反应会经历下列三个阶段（Freedman，1961）：

1.第一个阶段，无法靠视觉区分陌生人和熟悉的人；

2.第二个阶段，通常持续六到十周，婴儿对陌生人的反应相对积极，而且会主动靠近，虽然不会像对熟悉的人那样主动；

3.第三个阶段，通常持续四到六周，婴儿看到陌生人时会聚精会神地盯着看。

在这个阶段之后，婴儿才会表现出典型的恐惧行为，例如远离陌生人，啜泣或哭泣，或露出厌恶的表情①。

至于看到陌生人时第一次表现出明确无误的恐惧，其年龄的个体差异很大，而且也因评估的标准不同而有差异。在为数甚少的婴儿身上，早在二十六周时就已出现；在大部分婴儿身上，是到八个月大时出现；在小部分婴儿身上，则会延迟到两岁时出现（Freedman，1961；Schaffer，1966；Ainsworth，1967）②。跟看到陌生人时流露出恐惧相比，对陌生人触碰或拥抱的恐惧出现得更早（Tennes & Lampl，1964）。

一些婴儿很晚才会在看到陌生人时流露出恐惧，在解释这一现象时，不同的研究者指出了不同的影响因素。弗里德曼和安斯沃思报告说婴儿依恋发展得越晚，对陌生人的恐惧也就越晚；而谢弗报告说婴儿平常接触的人越多，恐惧出现越晚。毫无疑问，除了这两个因素，肯定还存在其他因素。

随着年龄增长，婴儿对陌生人的恐惧通常会更加明显。田尼斯和兰普尔（Tennes & Lampl，1964）把七到九个月列为强度最高的年龄段，而摩根和里丘蒂（Morgan & Ricciuti，1969）相信峰值出现在两岁期间。安斯沃思留意到，在九或十个月时，强度会明显增强。但安斯沃思也注意到，婴儿之间的个体差异非常大，而且对每个婴儿，不同月份之间都可能出现难以解释的变化。

在确定恐惧的发端和强度高峰时，主要的困难在于对于任何婴儿，陌生人恐惧的发生都因情境而有很大差异。例如，恐惧的出现和强度在很大程度上都取决于与陌生人的距离、陌生人是否接近婴儿以及陌生人的其他举动，这也取决于婴儿是在熟悉的环境里，还是在陌生的环境里，以及婴儿是生病了还是

---

① 安布罗斯（Ambrose，1963）提出在婴儿表现出这些外显的行为之前，恐惧反应可能就已经存在。他的观点基础是十四到十六周时，婴儿对陌生人的微笑反应会有剧烈下降，而他相信这是源于“一种新出现的干扰反应的强大抑制……这反应可能是恐惧”。但这一结论绝对不可能得到证实；进一步说，即使这结论合理，似乎这种反应的强度也很低，而且婴儿很快就习惯了。

② 亚罗（Yarrow，1967）观察的样本的恐惧发生率如下：在三个月时为12%；在六个月时为40%；在八个月时为46%。

身体健康，是精疲力竭还是神清气爽。此外，摩根和里丘蒂特别研究了另一个因素，即婴儿是坐在母亲腿上，还是不在母亲身旁。从八个月开始，这就会导致不同：跟坐在母亲腿上相比，距离母亲一米多的婴儿会表现出特别多的恐惧。毫无疑问，这一发现也跟下述事实有关：从八个月开始，婴儿会将母亲作为安全基地，从这基地出发去进行探索。

其他证据指出，婴儿在离开母亲到其他人那里时，随年龄的不同，对陌生人会有负面反应增强的倾向。亚罗报告，对75名婴儿进行研究的初步结论是，每一个婴儿在六周到十二个月从暂时抚养的家转移到收养家庭中，都验证了上述结论。

在六到十二个周时被转移的儿童没有一个被观察到出现不愉快的表现，但那些在三个月时被转移的儿童就会出现不愉快的表现。因此，随着年龄的增加，不仅困扰会被大量记录，而且这些困扰的严重性和广泛性会更强。86%六个月大的婴儿会表现出一些困扰，年龄在七个月或更大，每个婴儿都会出现“明显困扰”。困扰行为包括：微笑、咿咿呀呀这些社会反应会减少，哭泣和依附反应会增加。还包括非同寻常的冷漠，进食与睡眠的困扰，以前已经发展出来的能力的丧失。

结论

正如卡德韦尔（Cadwell，1962）曾经强调的，敏感期的问题错综复杂。例如，海因德（Hinde，1963）提出每种分离反应可能都有自己的敏感期。当然，这很大部分取决于我们关注的是有区分的依恋的发展，还是建立的依恋一旦被打断会有什么影响。例如，毫无疑问，在婴儿一岁之后的几年内，已经建立的依恋其实处于相当脆弱的状态。

关于第一份依恋的发展，显然在六个月到十二个月期间婴儿很敏感，已准备好建立有区分的依恋。在六个月后，婴儿仍然可以建立依恋，但随着岁月流逝，困难日益增加。到两岁时，显然难度已非常大，而且困难不会消失。在十八章，我们会呈现进一步的证据。

斯皮茨的观点：批评意见

只要熟悉斯皮茨关于婴儿一岁前客体关系发展的理论，任何读者都会意识到Spitz的理论跟本书呈现的内容截然不同。由于斯皮茨的观点已得到广泛认同，我们有必要在此进行细致讨论。

斯皮茨的观点雏形出现于早期的文章中（Spitz，1950，1955），后来在《生命的第一年》中原封不动地再现。斯皮茨观点的主要内容在于真正的客体关系要到八个月时才会确立。

在得出这一结论前，斯皮茨的论据聚焦于他所谓的“八月焦虑”（本书所指的“陌生人恐惧”）。斯皮茨的观点可总结为以下四条：

1.多项观察，关于远离陌生人这一现象普遍出现的年龄：斯皮茨认为大部分婴儿在大约八个月大时首次出现该行为。

2.一个假设，即远离陌生人不是因为恐惧：由于陌生人没有给婴儿造成疼痛或不快，在斯皮茨看来，婴儿没有任何理由恐惧陌生人。

3.一项理论，即远离陌生人其实不是从令人恐惧的事物那儿退缩，而是分离焦虑的表现形式：“婴儿遇到陌生人时，做出的反应是针对这陌生人而不是他的母亲，他的母亲‘已经离开他’……”

4.一项推论，基于这些数据和理论，关于婴儿能够分辨母职人物、发展出“真正的客体关系”的年龄，斯皮茨写道：

> 我们假定八个月大的儿童识别陌生人的能力反映出儿童现在已经建立了真正的客体关系，母亲已经成为他的力比多客体，他的爱的客体。在此之前，我们几乎不能说是爱，因为在能够区分爱的对象和其他人之前，其实并没有爱。（Spitz，1965）

根据本章详述的观察，显然斯皮茨的观点站不住脚。

第一点也是最重要的一点是，斯皮茨错误地假定儿童对人或事物的恐惧的唯一来源是曾经遭到袭击或这曾给儿童带来疼痛或不快。陌生人本身其实是常见的恐惧来源。因此婴儿从陌生人那儿退缩，原因就是对陌生人感到警觉，我们没有必要再去寻找别的解释。

第二，有明显的证据表明，陌生人恐惧是与分离焦虑截然不同的反应：即使母亲也在视野里，婴儿也可能表现出陌生人恐惧。有人首次提出该反对意见时，斯皮茨回应说这样的婴儿其实是例外，少之又少。但这一观点现在已无法成立。摩根和里丘蒂（Morgan & Ricciuti，1969）进行了细致的实验研究，观察发现10到12个月大的婴儿中，几乎一半会表现出这种行为（32人中有13人）。

最后，有充分的证据表明，早在表现出陌生人恐惧之前，婴儿就可以分辨出熟悉的和不熟悉的人。

对斯皮茨的观点的考察表明，其核心缺陷在于以下推测：遇到陌生人时，婴儿不可能产生“现实的恐惧”。而这一推测又以以下假设为基础：只有儿童把某个人或物跟“曾经的不愉快经历”联系在一起时，才会激发出“现实的恐惧”。

斯皮茨的理论已经产生了某些不良影响。首先，由于将“八月焦虑”视为真正的依恋关系的第一个指针，该理论让人们无法注意到观察的结果，而观察的结果准确无误地表明，在大部分婴儿身上，对熟悉对象的区分和依恋行为早在八个月之前就已出现。第二个影响是，该理论将陌生人恐惧跟分离焦虑绑在一起，混淆了这两种反应，而让两种反应保持泾渭分明的界限其实是至关重要的[①]。

陌生人恐惧、分离焦虑和依恋行为

分离焦虑跟陌生人恐惧虽然有联系，但仍是截然不同的两种行为形式。我们在此推出该观点，但事实上几乎所有呈现过数据、思索过该论题的研究者都已经提倡过该观点。这些研究者包括弗里德曼、安斯沃思、谢弗；爱默生与亚罗。

虽然细节方面仍有诸多争执，但这些研究者都认为在儿童的发展中，陌生人恐惧和分离焦虑是相互独立的。例如，谢弗（私人交流）报告说，在一个23位婴儿组成的样本中，12位婴儿先出现分离焦虑，再出现陌生人恐惧；8位婴儿身上二者同时出现；3位婴儿身上，陌生人恐惧出现的时间比分离焦虑更早。相比之下，本杰明（Benjamin，1963）报告，在他使用的样本中，分离焦虑的发端和达到峰值的平均年龄都比陌生人恐惧的要晚几个月[②]。

由于影响因素众多、研究使用的标准五花八门，关于陌生人恐惧和分离焦虑的关系众说纷纭，但共识是大家都认为二者的关系不简单。所有研究者的报告都没有给出证据，表明两种反应是源出同时或相互独立。

分离焦虑和陌生人恐惧是截然不同的反应，这跟弗洛伊德的观点一致。弗洛伊德一开始就认为焦虑跟害怕环境中某些让人警觉的物体是不同的，需要使用两个不同的术语。大部分精神分析师都觉察到这区分是正确的，虽然形成

---

① 斯皮茨的术语“八月焦虑”有两处欠缺：（1）由于在不同的婴儿身上陌生人焦虑开始的年龄不同，遵循的轨迹不同，而且受到多种因素的影响，标定时指向特定的月龄其实会引人误解；（2）根据弗洛伊德的用法，“焦虑”这个术语最好限于“思念所爱所渴望的某个人”这种情景（*SE* 20）。

② 虽然本杰明及其同事的数据（Tennes & Lampl，1964）强烈支持存在两种截然不同的行为模式，但他的理论其实是某种折中。一方面，本杰明遵循斯皮茨的路数，认为“陌生人恐惧”和分离焦虑有相同的主要决定因素，即对客体丧失的恐惧。另一方面，跟斯皮茨不同的是，本杰明相信两者并非完全相同：对客体丧失的恐惧是“分离焦虑的唯一即时动态决定因素”，它“只是陌生人焦虑的重要共同决定因素……”。本杰明认为，另一个共同决定因素是对这种陌生对象的恐惧。

这种觉察的构想迥异。在之前的文章中（Bowlby，1960a，1961a），我曾讨论过这些问题，特别提及分离焦虑，并提出了一种模式，跟弗洛伊德晚年采用的有许多相似之处。

要陈述这种区分，最简单的方式如下：一方面我们有时候会尝试从我们感到警觉的环境中退缩或逃离，另一方面我们试图靠近让我们感到安全的人身边或者留在让我们感觉到安全的地点。第一种行为通常会伴随着害怕或警觉的感觉，跟弗洛伊德所说的“现实的恐惧”相去不远（Freud，1926，*SE* 20，p108）。第二种行为类型当然就是这里所说的依恋行为。只要个体能够保持跟依恋对象之间必要的接近度，就不会体验到不愉快的感觉。但是，若因为对象不在或有障碍干扰，个体无法保持这种接近度，由此引发的搜寻和挣扎就会伴随着剧烈程度不同的不安。当受到丧失威胁时，也会发生相同情况。在后期的作品中，弗洛伊德从这种面对分离或分离威胁的担忧感中看到了“理解焦虑的关键”（Freud，1926，*SE* 20）。

在本书的第二卷，我会呈现早年文章的修订版，详述这些议题。而在这一卷，我们还要进一步探讨依恋行为的发展。

第十六章

依恋的模式和影响因素

我们被爱过我们的人反复塑造。纵然爱可能逝去，我们却依然是他们的作品，无论好坏。

——弗朗索瓦·莫里亚克（Francois Mauriac）

待解决的问题

令人满意的依恋发展的重要性若跟我们所宣称的心理健康一样，我们就亟须区分出良好的发展和恶劣的发展，并了解哪些条件会促进这两种发展。实际上，有四类相互独立的问题需要解决：

1.在婴儿特定年龄时，就描述而言，依恋行为的变化范围是什么，用来描述这些变化的最佳维度是什么？

2.哪些先决条件影响每种模式的发展？

3.在不同的年龄段，每种模式有多稳定？

4.每种模式如何跟后续的人格发展和心理健康发生关联？

虽然大量研究致力于解答上述问题或与之相关的议题，我们却很难得出结论。事实是，这些论题极度复杂，没有任何一项研究能期望厘清这些论题的一鳞半爪。此外，在1970年前实施的所有研究几乎都无法胜任最初给自己设定的任务——无论是在理论层面，还是在经验层面。

在理论层面，“依赖”这个陈旧的概念无法承担起人们期望的角色。例如，西尔斯在一项长期研究项目中使用了多种方式来测量依赖，其假设是幼儿的“明显依赖行为”反映“统一的驱力或习惯结构”，但实际结果表明二者之间其实没什么关联。因此，西尔斯得出结论，认为“整体性的依赖特质这个观点其实站不住脚”（Sears et al.，1965）。后来，西尔斯还强调，在人们的构想中，依恋由某个行为系统控制，而依赖是驱力的表达，但实际上，依恋和依赖没有任何关联（Sears，1972）。

在经验层面，之前研究选择的很多前因变量，例如喂食、断奶和如厕训练的技术，就目前所知，跟依恋只有间接的关系。此外，关于这些变量和其他变量的信息，其实都是来自父母本人的回溯性信息，因而无法避免这种方法本身带来的不准确和误解。因此，我们有必要从零开始。

在前一章，关于依恋是否会指向某个对象，可能的影响因素包括：（1）该对象对婴儿发出的信号的反应敏感度；（2）该对象跟婴儿互动的量和质。如果真是这样，那回答上述问题所需要的基础数据，就只能从母亲和孩子详细的互动第一手报告中获得。近年间已经出现了一些这样的研究和报告，大部分限于婴儿出生后的第一年和第二年。这些研究和报告是一项伟大的进步。但要利用这些结果其实会有困难，因为关于儿童的依恋行为的数据和关于母婴互动的模式的数据并非截然分开。但是，正如我们在第十三章中提及的那样，儿童的依恋行为其实是母亲和儿童互动的大系统中的一个成分。

不管怎样，对于我们的探索目的，这些有待商榷的研究并非毫无价值。因为如果我们要理解依恋行为的模式和导致儿童间个体差异的因素，就有必要一直谨记依恋行为所属的大系统中的一部分以及母婴之间不同的互动模式的差异。关于母亲和婴儿互动的一些早期的一手资料非常有指导意义，例如戴维和阿佩尔的报告。首先，研究比较了多对母婴，用令人印象深刻的方式记录了母婴间的互动，而且互动的数量和类型的变化范围都非常大；其次，这些研究证实，到婴儿一岁时，每一对母婴通常都已经发展出高度特异化的互动模式；第三，这些研究表明这些模式会以可辨认的方式持续存在至少两年或三年时间（Appell & David，1965；David & Appell，1966，1969）[①]。对一些风格迥异的母婴，研究者的描述非常生动。

关于这些母婴互动的描述中，或许最令读者动容的是很多母亲和婴儿在相处十二个月后是那么适应彼此。显然，在这个过程中，双方在很多方面都发生了或大或小的变化。无论儿童的行为方式提供了什么，母亲都会有所预期，并以特有的方式作出回应。相应的，无论母亲提供什么，儿童通常都会有所期待，而且也会以特有的方式来回应，而这鲜有例外。母亲和婴儿塑造了彼此。

因此，在考虑不同的孩子特有的依恋模式时，我们有必要不断地提及不同的母亲特有的养育模式。

描述依恋模式的标准

在描述儿童的依恋行为时，最明显的标准之一是当母亲短时间离开儿童时，儿童是否会抗议，以及抗议的强度。谢弗曾将此作为依恋强度的标准（Schaffer & Emerson，1964a）。但安斯沃思发现只用这个标准的话，其实并不够，而且会产生误导。在思索对干达婴儿的观察时，安斯沃思写道：

---

① 在互动模式的诸多差异中，这些研究者留意以下种类：儿童和母亲互动习惯的数量表现为每天儿童醒着时，跟母亲互动的时间比例；双方互动行为序列的长度、发起者和终止者；双方习惯的互动模式，例如通过注视、抚摸或拥抱，以及双方保持的典型距离；儿童对分离的反应；跟母亲在一起或不在一起时，儿童对陌生人的反应；当儿童探索其他人或跟其他人交朋友时母亲的反应。

> 一些婴儿……似乎跟母亲有最牢固的依恋，几乎不会出现抗议行为或分离焦虑，而是用另一种方式来展现依恋的力量。这些婴儿随时准备着将母亲作为安全基地，这样双方都可以探索世界，并通过纳入其他依恋关系来拓展彼此的疆界。快乐安全的儿童似乎把母亲视为理所当然的存在，相形之下，焦虑、不安全的儿童可能显得更依恋母亲。那些害怕世界和世界中的人的儿童会粘着母亲，不愿意离开母亲去探索其他人或事物……他们是依恋更强烈，还是只是更不安全？

显然，对一个或多个有区分对象的依恋的强度，这个概念本身太简单，无法发挥效用（跟概念“统一的依赖驱力”一样）。我们需要新的概念。在发展出新概念之前，我们有必要记录儿童的依恋，而具体方法是观察不同特定情境下的多种不同行为方式。行为方式应该包括：

1.发起跟母亲的互动行为，包括迎接。例如靠近母亲、触碰、拥抱、攀附在母亲身上、把脸埋在母亲腿间、呼唤母亲、说话、挥手示意和微笑；

2.母亲发起互动后，儿童做出反应和维持互动的行为，包括上述行为和注视；

3.致力于避免分离的行为，例如跟随、黏附和哭泣；

4.在充满压力的分离后跟母亲重聚时的行为，不仅包括迎接反应，也包含回避、拒绝和矛盾的反应；

5.探索行为，尤其是该行为如何指向母职人物，以及儿童对环境中物体的注意有多强烈和持久；

6.退缩（恐惧）行为，尤其是该习惯如何指向母职人物。

观察儿童行为的情景必须至少包含母亲的位置和行动、其他人是否在场、非人类环境的状况和儿童自身的状态。下面的清单可以让大家观察应当考虑的情境的多样性：

A.母亲的位置和行动：

母亲在场；

母亲即将离开；

母亲不在；

母亲归来。

B.其他人：

熟悉的人在场或不在场；

陌生人在场或不在场。

C.非人类环境：

熟悉；

有一点陌生；

非常陌生。

D.儿童的状态：

健康、不适或感到疼痛；

神清气爽或精疲力竭；

饥饿或饱足。

值得强调的是，儿童感到疲劳或疼痛时的行为通常特别具有揭示性。在这种情况下，通常孩子肯定会去找母亲，但因长期缺乏母亲照顾而变得疏离或者是孤独症的孩子则不可能这样做。罗伯逊报告的案例中描述了疏离的儿童在极度疼痛时的举动（Ainsworth & Boston，1952）。贝特汉姆（Betteheim，1967）则报告了孤独症儿童的案例。

在实践中，若从这种理论上完备的情境范围中作出相对有限的选择，或许也足以描述某个儿童。如果事实证明确实如此，那通过描述儿童在一系列选定的情境中的行为，就可以描述儿童的依恋行为。安斯沃思本人在自然观察和设计实验时都采用了该思路。

当然，为了反映全貌，我们有必要构建出相辅相成的剖析图，描绘儿童的母亲如何采取行动，包括在一系列具有可比性的情境中，母亲如何对儿童的依恋行为做出反应，以及发起互动的方式和时间。只有这样，我们才能理解母亲和儿童之间的互动模式，以及儿童在其中的角色。

一岁时显露的一些依恋模式

在这一部分，我们致力于简要描述儿童一岁左右依恋模式的常见差异。我们只考察在家里长大，而且有稳定的母职人物的儿童。至于异常的模式，例如经过分离或遭到剥夺的儿童，则是既宏大又特殊的问题，会留到倒数第二章进行简要讨论。

安斯沃思及其同事在马里兰州的巴尔迪摩市开展了一项短程的纵向研究，选取白人中产阶级家庭中的婴儿为样本，观察婴儿出生后十二个月内的依恋行为发展。在这一卷的第一版，我们只能提供该研究的初步结果。从那以后，该研究已取得长足进展，增加了从出生开始就一直追踪到十二个月的样本数量，并对数据进行了大量细致的分析。研究小组还对83对母婴进行陌生人情境测验，从而获得更多关于特有的依恋模式的证据。关于这项重要研究的完整细节，可以参见研究小组的专著（Ainsworth et al.，1978）。由于我们在本书的第二卷已经呈现了采用的程序和主要的发现（第三章和第二十一章），我们只需要在这儿给出略述。最近的短程纵向研究使用了相似或相关的方法，追踪儿童两岁及以后的情况。这些研究的结果将呈现在第18章。

陌生人情境测验用于评估十二个月婴儿对母亲的依恋行为组织化的个体差异。简而言之，该测验包含一系列三分钟长的片段，时长共20分钟。在测验中，一岁的婴儿处于舒适却陌生的供玩耍的屋子中，屋内有大量的玩具。婴儿最开始跟母亲在一起，然后母亲离开，之后母亲回到屋里。在此期间，研究者会对儿童进行观察。该测验呈现出不断累加的压力情境，观察者有机会研究婴儿在下述方面的个体差异：使用照顾者作为探索基地的能力、从照顾者那儿得到安慰的能力以及随着情境变换而发生变化的依恋和探索之间的平衡。

虽然在每个片段中，婴儿的行为模式有很大的个体差异，但大部分婴儿都呈现出高度的相似性，跟个体差异一样惊人。本书的第二卷第三章用生动的例子详细描述了这些相似性。在最开始的三分钟里，婴儿跟母亲单独在一起，几乎所有婴儿都会忙碌地探索新环境，同时眼神会一直留意母亲：实际上没有婴儿会哭泣。虽然陌生人的出现几乎让所有儿童的探索行为都有所减少，却仍然没有哭泣。但当母亲离开，留下婴儿跟陌生人在一起时，超过半数的儿童的行为突然改变，而反应的不同变得更加明显。

在讨论结果时，安斯沃思特别强调，将儿童按照依恋强度的简单线性关系来排列是极度荒谬的。显然，对数据的合理处理需要多个指标。

安斯沃思觉得特别有用的维度是儿童依恋的安全程度。因此，在陌生人情境中，若十二个月大的儿童可以将母亲作为安全基地，相当自由自在地进行探索，在陌生人出现时不会感到沮丧，在母亲离开时能够觉察母亲的所在，并在母亲回来时迎接母亲，那么安斯沃思会将这个儿童评价为安全依恋，而不考虑在母亲的短暂离开期间婴儿是非常哀伤还是可以毫不沮丧地承受短暂的分离。在另一个极端，则是极度不安全的依恋。即使母亲在场，这样的婴儿也不会进行探索，陌生人出现时非常警觉；母亲不在时，会一蹶不振，极度无助，陷入弥散的痛苦中；而母亲回来时，婴儿也可能不会迎接她。

事实证明，衡量儿童对母亲的依恋的安全性时，特别有价值的指标实际上是母亲短暂离开后回到儿童身边时儿童对母亲的反应。安全依恋的儿童会展现出目标校正的一系列有组织的行为：在迎接母亲、靠近母亲后，儿童要么让母亲把自己抱起来，黏在母亲怀里，要么会一直待在母亲身旁。其他儿童的反应则主要分为下面两类：一类是对母亲的归来毫无兴趣，或者避开母亲；第二类则是矛盾的反应，既渴望又抗拒。

研究者用这些标准来评判婴儿在测验中的表现，得出了三种主要的依恋模式。最初是临床判断识别出了这些模式，而自从测验施行，这种已确立效度的复杂分析方法证实了这些模式的存在（Ainsworth et al.，1978）。安斯沃思将这些模式命名为B、A和C型，具体如下：

B型

被划为安全依恋的婴儿在大部分样本中都占据大多数，其主要特征是他们在玩耍中非常活跃，在短暂分离时感到沮丧，在分离结束后会寻求跟母亲接触，很容易被安抚，而且很快就会继续全神贯注地玩耍。

A型

被划为焦虑和回避依恋的婴儿在大部分样本中占20%。在母亲回来时，尤其是母亲第二次短暂离开后，这些婴儿会回避母亲。很多B型婴儿对陌生人比对母亲更友好。

C型

被划为焦虑和抗拒依恋的婴儿占大约10%，在寻求跟母亲亲近接触和抗拒跟母亲交流互动之间摇摆。跟其他类型的婴儿相比，有些C型婴儿明显更愤怒，少数C型婴儿会更消极。

该分类完全基于婴儿在陌生人情境测试中的表现，而有证据表明该分类触及了具有普遍心理重要性的因素。这些证据来自研究者的发现，即在家里观察母亲在旁边时婴儿的行为，不仅跟陌生人情境中的大部分结果相似，而且根据婴儿所属的分类，会有系统性的差异。将安全依恋（B组）的婴儿跟焦虑依恋的婴儿比较，无论焦虑的婴儿是属于焦虑回避型（A组）还是焦虑抗拒型（C型），行为差异都会令人吃惊。

在九到十二个月期间，跟其他组的婴儿比较，B组婴儿在家行为的主要特征如下：在探索和玩耍时，B组婴儿很可能会将母亲作为安全基地；婴儿会满足地离开母亲，也会不时转头，留意母亲的行动。这呈现出探索和依恋之间的愉悦平衡。但焦虑依恋的婴儿不会出现这种平衡。有些会比较消极，不怎么探索周围，而且几乎不发起交流。在这些婴儿中，研究者也最常观察到刻板动作。其他焦虑依恋的婴儿会进行探索，但跟安全依恋的婴儿相比，他们探索的时间更短，他们似乎会一直担忧母亲在哪儿。虽然焦虑依恋的婴儿通常热切地渴望留在母亲身边，并跟母亲相互交流，但这样做似乎并不会给他们带来愉悦感。

跟A组或C组婴儿相比，B组婴儿更少哭泣。当母亲离开房间时，B组婴儿不太可能沮丧，而母亲回来时，他会立即愉快地迎接母亲。在被抱起来时，B组婴儿会享受拥抱，之后被放下时也会满意地继续玩耍。到一岁时，B组婴儿不仅比焦虑依恋婴儿哭得更少，而且在跟母亲的交流方面，已发展出更加丰富和微妙的交流方式。此外，在满足母亲的口头愿望和命令时，B组婴儿会更加合作，而在自己心情不好时，B组婴儿表达愤怒的可能性也较低。

在婴儿家里观察A组（焦虑回避组）和C组（焦虑抗拒组）婴儿的行为发现，两组之间也有各种差异，虽然差异没有上文呈现的惊人。A组婴儿的主要特征是在跟母亲的亲密身体接触方面会有典型的靠近—回避冲突。例如，A组的婴儿可能靠近母亲，但随即停止，要么退缩，要么调转方向。在母亲身旁时，婴儿不太愿意触碰母亲，而且即使触碰母亲，也可能只是碰母亲身体的外围部分，例如脚。在被抱起来时，婴儿不太可能舒服地在母亲怀里放松，但被放下时，跟其他婴儿相比，A组婴儿又更可能表示抗议，想再次被抱起来。跟其他婴儿相比，A组婴儿在母亲离开房间时更可能追随母亲。

跟另外两组相比，A组婴儿更可能出现愤怒的行为。但这种愤怒出现时，几乎不直接指向母亲，而通常会指向某些物体。尽管如此，在一些偶然情况下，婴儿可能击打或啃咬母亲，而且没有明显的理由，也不显露任何情感[①]。

C组焦虑抗拒组的婴儿也会显露出很多冲突。但是这一组婴儿不是回避跟母亲接触，而是看上去想要更多接触。此外，在母亲尝试转移婴儿的注意力让

---

① 这种行为类型似乎是非常早期时反应跟激发情境脱节的理解，而这在很多心理病理性情况下会出现。参见第三卷第四章和第十四章。

他到别处玩耍时，他会特别抗拒，非常愤怒。与此一致的是，在其他儿童会活跃玩耍的情境中，这些婴儿可能非常被动。

对于使用这些标准来区分依恋类型，这些发现让安斯沃思有了信心。自本卷书的第一版问世以来，很多研究问世，进一步增强了安斯沃思的信心，第十八章将报告这些研究。同时，我们也注意到安全—不安全维度也对临床学者有意义。这显然指向婴儿的一种特质，贝内德克（Benedek，1938）称之为“有信心的关系”，克莱茵（Klein，1948）称之为“好客体的内投”，而埃里克森（Erikson，1950）则称之为“基本信任”。就此而论，依恋的安全性衡量的是跟心理健康直接相关的人格侧面。

第一年期间影响个体差异的因素

显然任何儿童的依恋模式都部分地取决于婴儿和母亲各自给双方合作关系带来的最初偏向，部分地取决于彼此在这一年间的相互影响。在实践中一直存在一个问题，那就是确定每一方的行为在多大程度上是自己最初偏向的结果，在多大程度上是来自对方的影响。由于几乎存在无限的可能性，系统化的研究还有漫漫长路，故这里我们只能呈现为数不多的例子。

婴儿的偏向及其对母亲的影响

莫斯（Moss，1967）表明婴儿在出生后几个月内的睡眠和哭泣时间有很大的个体差异，并探明了该差异如何影响母亲的行为。在这方面，男孩和女孩之间有性别差异。平均而言，莫斯发现男孩比女孩睡得更少，哭得更多。莫斯相信，在三个月前，这或许会让男孩从母亲那儿得到更多的社会关注和更多的接触（拥抱或摇晃）。至于这如何影响未来的互动，还不得而知，但绝不可能毫无影响。

婴儿偏向的另一个来源是产前期和产期的危险带来的神经生理损伤：有

充分的证据表明，有这种问题的婴儿会表现出一些令人不快的趋向，而这可能直接或间接地影响之后发展出来的依恋模式。尤克（Ucko，1965）的研究记录了29位男孩在出生后头五年的行为，将出生时曾遭遇窒息的男孩和控制组进行了比较，结果发现两组男孩有诸多显著的差异。曾经遭遇窒息的男孩从一开始就对噪音更加敏感，而且睡眠不安稳。环境的变化更可能让这些男孩沮丧，例如家庭度假、搬家或跟某个家庭成员短暂分开带来的变化。在进入幼儿园或正规学校时，跟控制组相比，这些男孩中有更多的人感到害怕，会黏着家人不放。针对这些男孩五岁前所有的行为信息进行评估时，曾经遭遇窒息的男孩更多地被评定为“非常困难”或“大部分时间困难”（窒息组13位，控制组2位）。此外，神经生理受损的这些孩子，在该维度上的分布跟最初记录的窒息程度有显著相关。

显然，这些婴儿出生时就存在的行为偏向不但会在某种程度上持续下去，而且会影响母亲回应的方式。普雷特希尔（Prechtl，1963）提供了一些证据，描述在轻微脑损伤的婴儿中常见的两种症状：（1）运动功能减退的冷淡的婴儿，回应非常微弱，几乎不怎么哭泣；（2）兴奋的婴儿，对轻微的刺激都会有过度的反应，而且会毫无预兆地从昏睡的、难以唤醒的状态转向极度清醒、难以安抚的极端。虽然这两种症状在婴儿出生后一年内都会有所缓解，但跟反应水平正常的婴儿相比，表现出这些症状的婴儿会给母亲带来更大的困扰。冷淡的婴儿较少发起互动，也较少给予母亲奖励，因此容易被忽视，而过度反应、难以预测的婴儿则会让母亲恼怒。母亲可能在养育婴儿的过程中变得过度焦虑，或者会陷入绝望，感觉自己怎么做都不对，因而倾向于拒绝婴儿。在这两种情况下，跟原本可能的正常情形相比，母亲的行为模式可能会发生显著的变化。尽管如此，桑德（Sander，1969）表明，如果母亲性情温和，也可能不会因此而改变。

关于在一开始或很早的时候表现就不同的婴儿对母亲行为的不同影响，亚罗（Yarrow，1963）的工作也可以提供一些证据。亚罗研究了寄养家庭和收养家庭中的婴儿。年龄和性别相同的婴儿出生后头几周都在同一个寄养家庭中，跟天性消沉的婴儿相比，天性活跃的婴儿可能得到更多的社交注意，而原因很简单，那就是这样的孩子更多地要求得到注意，而且在得到注意时，会给予回馈。

亚罗描述对比了两个六个月大的男孩的行为和社交经历。从几周大开始，两位男孩就由同一位寄养母亲照料。从一开始，杰克就相对被动，而乔治则相对主动。杰克“不会发起社交互动，不会伸手去接触人，也不会做出亲近人的回应……在醒着时，他大部分时间都处于消极的满足状态，吮吸着自己的手指或大拇指”。与此相反，乔治在相同年龄时，会“非常强力地要求得到想要的东西，而且会坚持不懈，直到得到满足……他会迅速对社交刺激做出回应，并且会发起互动，从别人那儿寻求社交回应”。结果在意料之中，这两个男孩得到的社交经历的量和形式都差异非常大。“寄养母亲、寄养父亲和其他孩子经常拥抱或逗弄乔治”，“而杰克大部分时间都躺在护栏的地板上……独自在饭厅的角落里，远离家庭活动的主流”。只是在生理照料方面，两个男孩得到的才相差无几。

这些例子一致表明婴儿自身扮演的角色决定了他们所处的环境。当然，我们没有理由假设所有的行为偏差和前面描述的一样，都从出生就开始表现，相反，很可能出现在短短几个月或几年之后。直到有方法可用于确定这种偏差的存在，否则，相关的讨论就只能退化成推论。

母亲的偏向及其对婴儿的影响

正如婴儿最初的特征会影响母亲照料婴儿的方式，母亲的最初特征也会影响婴儿的回应方式。但是，母亲带到这种情境中的因素要复杂得多：这不仅源于母亲的先天禀赋，也来自母亲跟原生家庭的漫长人际关系史（或许还掺杂其他家庭），以及从所在文化中吸收的价值和实践经验。诸多因素相互交织，共同造就母亲行为的多样性，而对这些因素及其影响方式的考察已超出本书的范围。

若发现母亲对待婴儿的方式在某种程度上是婴儿出生前就可以预测的，这可丝毫不会让人感到惊讶。因此，莫斯在我们之前提过的项目中，得以发现在婴儿出生后头三个月内，母亲是否回应婴儿的哭泣以及回应的程度跟母亲在两年前表达的观点和情感相关——关于家庭生活、照顾婴儿的宽泛观念，以及想象关于拥有自己的孩子会带来哪些愉悦或挫折体验。在这项针对23对母婴的研究中，莫斯调查了在孩子出生两年前一个女性的“照顾者角色的接受程度”的调查评价水平，以及想象她在拥有自己的孩子后会获得哪些方面的奖赏。在婴儿降临后，跟这两个维度上得到评分较低的女性相比，评分较高的女性会更可能对婴儿的哭泣做出反应。

另一种证据则是母亲在原生家庭中的经历。研究表明这也能预测母亲对待婴儿的方式。这方面的有力证据来自沃尔肯德等人（Wolkind et al.，1977）的报告。

虽然莫斯或沃尔肯德的研究都没有给出非常切题的数据，但我们可以预期，跟反应度较低的母亲相比，反应度更高的母亲的婴儿发展会有差异，而且这种不同的发展会反过来进一步影响母亲自己的行为。通过这种方式，具有深远影响的循环过程得以开启。

这方面的证据来自一些纵向研究。研究者记录了母亲和婴儿的互动，有时候甚至从婴儿出生前就开始。在母婴互动的肖像画画廊中，戴维、阿派尔、桑德、安斯沃思的研究位列其中，呈现出母亲最初偏向的诸多差异。当然，每一位母亲都或多或少受到自己的婴儿的影响。但是，每位母亲都依据自己的意念体系做出回应。婴儿在社交上靠近时，一位母亲会受到鼓励，另一位则会回避；婴儿哭泣时，一位母亲会更加热切，另一位母亲则变得更不耐烦。因此，某位母亲对待某位儿童的方式，其实是复杂的产物，折射出母亲跟婴儿相处的经历是如何确认、调整和放大母亲最初偏向的。

我们之前已经提过，在婴儿一岁时，每一对母婴已经发展出特有的互动模式。此外，不同母婴之间的差异程度非常惊人。例如，戴维和阿派尔（David & Appell，1966；1969）在报告结果时，强调母婴间的互动即使只是量的变化范围已非常大，更不用说质的差异了[①]。两位研究者描述称，一个极端是一对母婴在小女孩醒着的时间里几乎都在连续不断地互动，而另一个极端则是另一对母婴几乎不在一块，母亲自己忙着家务，大部分时间都忽略女儿。至于第三对母婴，母亲和儿子大部分时间会沉默地注视彼此，与此同时，两人都从事自己的活动。第四对母婴是漫长的时间内毫无互动，偶尔毫无预兆地进入母亲发起的长时间的亲密互动中。

虽然戴维和阿派尔发表的数据太少，我们不足以确定各对母婴之间巨大差异的来源到底是什么，但毫无疑问，就一方对另一方发起互动时的反应而言，母亲之间的差异远远大于婴儿。因此，每次母亲发起互动时，这项研究观察的所有婴儿几乎都会做出回应，因而婴儿之间的回应频率差异几乎为零。与此相比，母亲之间的回应频率差异则非常大。每位母亲都会忽略婴儿发起的某些互动，但其中一位母亲平均而言会对一半的互动做出回应，也有母亲几乎从不回应。正如我们可能预期的，回应度高的母亲似乎会享受婴儿的陪伴，而很少回应的母亲则将其视为负担，除了在她们自己发起互动时。

这些发现强有力地表明，在一岁前，互动的量更多地取决于母亲，而不是婴儿。毕夏普（Bishop，1951）的研究可以得出相似的结论。毕夏普对幼儿园中的儿童进行观察，儿童跟母亲在游戏室里度过半小时。母亲和儿童之间的互动模式变化很大，从几乎连续不断的互动到甚少互动，而最主要的影响因素似乎是儿童发起互动时母亲在多大程度上会做出回应或直接忽视。

无论是什么原因导致母亲以某种方式来对待婴儿，有很多证据表明，无

---

① 戴维和阿派尔选择巴黎的25位婴儿，每次去婴儿家里拜访三小时，两次之间间隔十四天或更短。在拜访期间，婴儿不到一岁，两位研究者收集母婴在自然的家庭环境中如何互动的时时的细致记录。到婴儿三十个月大之前，研究者每个月拜访一次；在婴儿第13、18和30个月大时，研究者在实验室环境下观察婴儿，对上述记录进行拓展。但是发表的数据非常有限，大部分局限于前13个月。

论是哪种方式，都会在决定婴儿最终发展出的依恋模式中发挥主要作用。亚罗（Yarrow，1963）的研究提供了间接的证据。亚罗研究了40位婴儿在出生后头六个月的发展，这些婴儿要么在寄养家庭中，要么在收养家庭中。结果发现，研究者测量的婴儿六个月大时应对挫折和压力的能力跟母亲的行为的下列特征相关：

> 母亲给婴儿的身体接触的量；
>
> 母亲拥抱婴儿的方式跟婴儿的特征、节奏的适合程度；
>
> 母亲的安抚技巧的有效度；
>
> 母亲刺激和鼓励婴儿给予社交回应、表达需求或取得发展进步的程度；
>
> 给予婴儿的物质和体验跟婴儿的个人特质的适合程度；
>
> 母亲、父亲和其他人对婴儿表达积极情感的频率和强度。

这些特征的相关系数都是0.50或以上，而相关最高的两个指标是母亲适应婴儿节律和发展的程度。

近年来，安斯沃思等研究者采用相同和相关的方法，呈现出大量的证据，表明婴儿或年龄较长的儿童的依恋模式跟当时接受的母亲养育模式有高度相关（对于该证据的综述，参见第二卷第二十一章）。不仅如此，也有清晰的证据表明，儿童对母职人物表现出的依恋模式，在很大程度上是儿童得到的母亲养育模式的结果。我们将在第十八章进一步讨论这一重要论题。安斯沃思对纵向研究的数据进行思索，梳理出了有利于婴儿形成安全依恋的母亲行为指标，而实际上，近期的研究都有力地支持这些指标的有效性①。安斯沃思列出的指标包括：（1）婴儿和母亲之间频繁而持久的身体接触，尤其是在婴儿出

① 下面的段落引自安斯沃思的文章（Ainsworth，1969），但稍稍经过精简和意译。支持这些结论的数据来自安斯沃思的研究（Ainsworth et al.，1978）。

生后六个月内，以及母亲通过抱着婴儿来安抚他的能力；（2）母亲对婴儿信号的敏感度，尤其是根据婴儿的节律来选择干预时间的能力；（3）有规律的环境，婴儿可以感到自己的行为会引发特定的结果。安斯沃思列出的另一项条件，或许既是上述条件的结果，本身也能构成一个条件，即母亲和婴儿从彼此陪伴中获得的共同喜悦。

一些具有临床经验的研究者（David & Appell，1966，1969；Sander，1962，1964；Bettelheim，1967）也开始认为这些条件对儿童的发展极度重要。这些研究者特别提及两个条件，一个是母亲对信号的敏感度、对干预时间的选择，另一个则是儿童体验到自己的主动可以带来可预期的结果，以及婴儿的主动程度实际上能成功地开启跟母亲的相互交流。当这些条件都齐备时，母婴双方活跃而愉快的互动似乎就很可能会得到保障，而安全依恋由此发展起来。当这些条件只得到部分满足时，互动中就会有一定程度的断裂和不满，发展出的依恋就会没那么安全。最后，如果这些条件都不满足，可能导致互动和依恋严重缺失。在这些后果中，肯定会由于互动不足而出现依恋发展的严重迟滞，而且可能导致某些形式的孤独症，因为儿童发现母职人物的社交回应太难预测[①]。

针对特定儿童养育技巧的研究得出了很多阴性的结果，若考虑上述在决定依恋行为模式方面非常重要的因素，这些结果就不足为奇了（参见Caldwell，1964）。关于乳房喂养或奶瓶喂养、尊重婴儿自身需求或母亲确定日程、断奶早或断奶晚，即便研究本身非常准确，但也没有告诉我们任何相关性。正如布洛迪（Brody，1956）多年前所证实的，乳房喂养本身并不能确保

---

① 该观点来自两位具有丰富的儿童孤独症治疗经验的临床医师。贝特汉姆（Bettelheim，1967）认为，孤独症儿童缺乏相关的经验，感到自己在社交互动中所做的事情没有任何可预期的效果，因此在跟人们打交道时，这些儿童已经“放弃目标指向的行为……以及预测”，与此形成对比的是，孤独症儿童对非人类物体的行动通常会变成目标指向的，而且会一直保持下去。马勒（Mahler，1965）也认为“退回到次级孤独症”可能是因为儿童发现母亲不可预测。另外可参见丁伯根的研究（Tinbergen，1982）。

母亲对婴儿信号的敏感度，在喂食时抱着婴儿也不能确保母婴间的密切或亲密关系。

尽管如此，我们没有理由认为喂食过程中发生的一切都毫无关联。尤其在最初的几个月，喂食情境构成母婴互动的主要场合，因此，这也提供了一个绝佳的机会，用来衡量母亲对婴儿信号的敏感性，调整干预时间来适应婴儿的节律的能力，以及对婴儿主动发起的社交给予注意的意愿——每一点都对确定母婴社交互动的发展有重要作用。因此，若从这些角度考虑，母亲喂养婴儿的方式可能对婴儿的依恋行为发展非常有预测力。安斯沃思等人（Ainsworth et al.，1978）提供了支持该论点的数据，桑德（Sander，1969）则用案例材料对此进行了阐述。

我们不得不承认，关于跟婴儿出生后一年内的依恋行为发展有关的条件，我们提出的这些假设依然没有得到足够的检验。但是，正如第十八章将表明的，很多新的数据对这些假设给予支持，而且跟六十年代刚提出时相比，这些假设如今的地位已牢固很多。希望这些假设能够继续经受住严格的质询。

模式的持久性和稳定性

到婴儿满周岁时，母亲和婴儿大都已经对彼此做出许多调整适应，而由此产生的互动模式已经变得高度特征化。人们或许会问，这种模式及其两个成分（儿童的依恋行为和母亲的照顾行为）稳定程度有多高？答案相当复杂。

简单而言，母婴采用的互动模式给双方带来的满意度越高，模式就越稳定。而另一方面，若采用的模式给一方或双方带来不满，稳定性就会相对较低，因为不满的一方肯定会试图改变母亲的现有模式，要么自始至终，要么偶尔尝试。桑德（Sander，1964）提供了一个不稳定模式的例子，而该例子的不稳定源于母亲遭受的人格困扰。

尽管如此，无论双方是否满意，母婴在第一年间形成的互动模式倾向于持续下去，至少持续到之后的两三年间（David & Appell，1966）。部分原因是每一方都期望另一方以特定的方式行动，而一般来说，只要期望的行为是对方的惯常反应，每一方都会无可避免地在另一方身上激起这行为。因此，期望倾向于被确认。作为这种过程的结果，无论是好是坏，无论任何一方本身如何，互动的母婴双方都会以独有的方式发展并达到一种稳定状态。

即便如此，也有充足的证据表明，母亲和儿童之间持久的、且看上去很稳定的互动模式，会因后来几年内发生的事件发生实质性的变化。一场事故或慢性疾病可能让儿童的要求更苛刻，母亲会更加保护；母亲精力分散或抑郁则会导致回应度降低；若任何事情导致母亲拒绝儿童，或用分离威胁，或用不再爱儿童来作为惩罚，那儿童几乎肯定会变得更加粘人。新生儿的降临或儿童跟母亲的一段分离本身就会带来失衡，而这两种事情有时会改变一方或双方的行为，以致双方的互动模式急剧恶化。与此相反，母亲富有洞察力地对待儿童，并更多地接纳儿童的依恋行为，可能会急剧降低这些行为的强度，因而母亲可以更容易满足儿童的要求。

因此，千万不要把很多预测性的重要性解读为一种声明，认为到婴儿一岁时，母婴可能已然确立了特有的交互模式。这些重要性只是意味着，对于大部分母婴，可能会持续下去的模式在此时已经显现。

有言论表示，十二个月大的儿童显露出特有的依恋行为模式，而且跟儿童参与其中的母婴间互动模式完全独立，表明儿童具有某种程度的自主稳定性，而近期的所有证据都表明以上言论绝对是错误的，其实就稳定性而言，这时儿童的行为组织远远不及母婴的行为组织。关于作为个体的幼童的行为组织的稳定性或易变性，事实上目前我们所知甚少。唯一一点我们能笃定的，就是随着年龄增加，易变性会降低，无论是否讨人喜欢，现存的行为组织都会逐渐变得更难变化。

在母婴之间，互动模式可能形成得更快，可能是因为不管确立的互动模式是什么，都是作为互相适应的结果出现的。因此，维持这种模式的压力来自双方，且逐渐增加。这种稳定性是这种安排的优势，也是劣势。若这种模式对双方的未来有利，这种稳定就是优势。若这种模式对一方或双方不利，则稳定性其实是很大的问题，因为作为整体，模式的任何变化，都要求双方的行为组织发生变化。

在近些年间，儿童精神病学领域中最重要的就是从业者日益认识到，他们需要处理的问题常常不是限于某个个体，而是通常源于双方发展出的稳定互动模式，而且很多时候是家庭中多位成员的互动模式。诊断技巧其实在于评估这些互动模式，以及每位家庭成员身上让这些互动模式得以维持的偏向；治疗技巧则在于让家庭中所有成员多少能够同时地发生变化，从而催生新的互动模式，并让新模式趋向稳定。

第十七章

依恋行为组织的发展

我们已经反复申明，依恋行为并不会随着童年结束而消失，而会持续终生。个体会选择旧的或新的对象，并维持跟这些对象的亲近和交流。虽然依恋的结果跟之前相差无几，但实现该结果的方式却日益多元化。

年龄较大的儿童或成人维持跟某个人的依恋时，往往会让自己的行为多元化，不仅包含出生后第一年就出现的依恋行为基本元素，还具备一系列日益丰富的更复杂的元素。例如，跟在婴儿期第一次尝试跟着母亲离开房间相比，考量一下学龄期男孩下述行为组织背后的复杂程度：男孩会寻找母亲，并在邻居家发现母亲的身影，或者恳求母亲下周探望亲戚时带上自己。

这些更加复杂的依恋行为元素，其组织形式是有既定目标的计划。让我们考察一下这些既定目标是什么。

在九个月大之前，儿童似乎不可能做出任何有计划的尝试，去引入任何条件来终止自己的依恋行为。若条件齐备，婴儿会感到满足；若条件不足，婴儿感到沮丧，仅此而已。无论婴儿表现出什么依恋行为，其实都还不是目标校正的，虽然在普通的家庭环境中，婴儿行为的可预期结果很可能包括让母亲留在身旁。

但是，到八个月，快一岁时[①]，儿童会变得更有技巧。自此之后，儿童似乎发现了哪些条件可以结束自己的沮丧，让自己感到安全。在这个阶段之后，儿童开始能够计划自己的行为，从而实现这些条件。因此，在两岁期间，儿童可以发展出自己的意志。

由于对每位儿童而言，终止条件会随着依恋行为此时被激发的强度而变化，儿童选择的既定目标也因场合不同而变化。在某一刻，儿童下定决心要坐在母亲膝上，绝不接受任何妥协；在另一刻，通过门廊看着母亲就足以让儿童满足。显然，在平常的环境中，在任何时候，无论让依恋行为终止的条件是什么，都会成为儿童采取的依恋计划的既定目标。

目标校正的依恋计划在结构上会有变化，从简单快捷到精巧细致。特定计划的复杂程度部分取决于儿童选择的既定目标，部分取决于儿童对自己和依恋对象之间的情境的评估，部分取决于儿童在设计达到该计划情境时的技巧。不过，无论简单或精巧，计划的设计都离不开环境和有机体的工作模型（参见第五章）。因此，我们可以推断，工作模型的构建和精细化跟儿童计划能力的出现和发展是同步的。

儿童依恋计划的差异主要决定于这些计划是否影响依恋对象的行为以及影响的程度。当依恋目标仅仅是看到母亲或更靠近母亲时，儿童可能不需要采取任何有计划的行动来改变母亲的行为。当依恋目标可能是要求母亲作出友好的回应时，也不需要儿童采取有计划的行动。但在其他时候，儿童的依恋目标可能要求母亲进行更多的活动，那么儿童的计划几乎肯定得包含一些措施，用来确保母亲会以自己渴望的方式行动。

无可避免地，在改变对方行为方面，儿童最初的尝试比较原始，例如拉

① 德卡里（Decarie，1965）在加拿大法语儿童中重复了皮亚杰的实验，得出了相似的结果，表明若儿童在七个月之前就可以做计划，那可是非常杰出；大部分儿童到八或九个月时才会，有些甚至要到更大时。此外，在这些年龄以及之后的几个月内，做计划的能力还处于萌芽阶段，仅限于最简单的情境（Piaget，1936，1937）。弗拉维尔（Flavell，1963）写出了对皮亚杰文献的全面阐述和导读。皮亚杰本人并不使用“计划”或“目标”这样的术语，而是用“意图”和“意图性”。

和推，以及“过来”“走开”这样的简单要求或指令。但随着年龄渐长，儿童慢慢明白，母亲可能有自己的既定目标，而且母亲的既定目标是可能会变化的，因此儿童的行为变得更加复杂。即便如此，儿童的计划可能构思得很糟糕，因为他对母亲形成的工作模型还不充分了解。例如一个不到两岁的小男孩，为了拿回被没收的小刀，提出把自己的泰迪熊给母亲。

事实是，如果要构建一项计划，其既定目标是改变其他人的行为的既定目标，这需要很强的认知和模型构建能力。首先，是发现其他人具备拥有目标和计划的能力；其次，是从已有的线索中推断其他人的目标可能是什么；最后，是构建计划的技巧，这有可能使其他人的既定目标向儿童期望的方向发生改变。

虽然将他人视为目标指向的个体的这种能力在儿童两岁时已经相当成熟，但儿童把握其他人的目标的能力仍然处于萌芽阶段。主要原因在于，要把握其他人的目标和计划，通常需要通过对方的视角看待事物，而这种能力只能缓慢发展。

虽然这方面的不足限制了儿童的社交关系，可能让儿童被误判，但短暂偏离原有的目标可能是有用的。

自我中心主义的缺陷

年幼的儿童难以从其他人的视角看待事情，皮亚杰首次注意到这一点，并称之为“自我中心主义”。皮亚杰用三维的阿尔卑斯山景象模型进行实验，得出结论，认为儿童到7岁时，才能够从其他人的视角看事情（Piaget，1924；Piaget & Inhelder，1948）。下一章中呈现了更多近期的研究，其结果将证实Piaget的结论太悲观了。尽管如此，在跟其他人打交道时，无论是在语言还是非言语层面，跟成人相比，年幼儿童肯定处于劣势。下面的例子会表明这一点。

研究发现，跟其他人进行言语交流时，不到六岁的儿童只会做出有限的尝试，让自己说话的内容或方式适合听众的需要。儿童似乎假定听众都跟自己一样，完全了解自己想讲述的事件的背景和相关人士，只有在自己看来新奇有趣的细节才需要详细描述。结果是，只要不熟悉背景和人物，听众就很难理解儿童的叙述。

在纯粹现实的领域，也能看出同样的困难，即儿童难以想象其他人眼中的世界以及其他人的目标可能是什么。因此，弗拉维尔（Flavell，1961）报告了三到六岁儿童完成一些非常简单的小任务的情况。一个任务是从一系列物体中选择一个合适的，给母亲送生日礼物，物体形形色色，从玩具卡车到唇膏都有；第二个任务是向坐在对面的人展示一幅图片，让图片在对方看来是上下颠倒的；第三个任务则涉及一根棍子，一头柔软一头尖锐，柔软的一头在儿童手里，尖锐的一头在实验者手里，研究者问儿童是否感觉棍子很柔软，之后再问儿童实验者是否也感到棍子很柔软。在三岁儿童中，任何一项任务的完成率都不到一半，某些任务只有四分之一的儿童完成。在六岁儿童中，每个任务都是全部儿童或大部分儿童都可以胜任。

关于三岁儿童在这些任务中犯的错误，有一个非常典型的例子，就是一位儿童挑了玩具卡车给母亲作为生日礼物。我们之前提及儿童提出用自己的泰迪熊来换回被没收的小刀，跟这如出一辙。

显然，在这些年里，儿童在不断细化关于母亲的"描摹"。因此，儿童关于母亲的工作模型只能慢慢地胜任其角色，能帮助儿童构建计划，来影响母亲对待自己的方式。

莱特（Light，1979）的研究表明，儿童理解其他人的观点的能力的发展速度可能很大程度上受到母亲的影响，即母亲在跟儿童打交道时，是否会考虑儿童的观点。我们将在下一章呈现相关细节。

当然，皮亚杰的自我中心主义概念只是指儿童在构建关于其他人的模型时具备的认知能力，跟自私自利毫无关系，认识到这一点是非常重要的。实际上，没有任何理由认为儿童比成人更自私。正如近期的研究（Zahn-Waxler et al.，1979）证实的，儿童事实上可能对其他人的福利表达出诸多关心，并真诚地尽己所能地帮助对方。但是，正如任何曾被幼童辅助的人所深知的，结果并非总是受人欢迎。但儿童缺乏的并非帮助关怀对象的意愿，而是从对方的角度来理解什么可能有益。

要继续探索这个主题，就必须触及更宏大、困难且深刻的问题，即儿童如何逐渐构建起自己的“内在世界”。我们可以假设，这从儿童一岁时开始，到两岁和三岁时可能特别活跃，因为儿童在此期间掌握语言这一富有力量的非凡天赋。儿童忙着构建工作模型，关于预测物理世界如何运作，预测母亲和其他重要他人会如何行动，自己可能被期望着如何行动，以及每个人是如何跟其他人互动。在这些工作模型的框架中，儿童会评估自己的处境，并打造计划。在关于母亲和自己的工作模型框架中，儿童会评估自身处境的特定方面，制定出依恋计划。

随着儿童年龄增长，若要理解依恋行为随着儿童年龄增长变得有序的不同方式，下列问题非常重要：工作模型如何构建起来，如何影响预期和评估，计划的充足和有效程度，模型表征的真实或扭曲程度，哪些条件促进或妨碍模型的发展……但是，这些主题会引出非常宏大的问题和巨大的争议，故对此的考量会推后。本书的第二卷和第三卷将回顾相关研究，并设计一个构想性的框架，来帮助我们厘清这些议题。

合作和冲突

一旦儿童的依恋行为的组织围绕着目标校正来展开，儿童和母亲的关系就会复杂很多。虽然二者之间真正的合作变得可能，但也会出现难以解决的冲突[①]。

① 当个体试图通过诱发其他个体的目标改变，从而改变自己所处的环境时，就会出现问题。麦克森（MacKay，1964）通过控制理论探讨过其中一些问题。当两个个体试图改变彼此的目标，“要分解这个双目标复合体，在逻辑上可能变得完全不可能。在此时，两个个体就会获得一种关系，在这种关系中，他们的个体性会有部分融合”。该部分内容也可参见海因德的研究（Hinde，1979）。

两人在一起互动，而且每个人都能制定计划，就浮现出一种前景，即双方分享共同的目标和计划。之前的互动基础其实是固定行为模式链条相互交错，而现在的互动会截然不同，具备新的特质。对于新的互动风格，最恰当的名称应该是合作。通过分享同样的既定目标，并参与实现该目标的共同计划，合作双方会产生一种目标一致的满足感，而且很可能认同彼此。

但合作需要付出代价。由于双方各自有想要实现的个人既定目标，只有某一方准备好在必要的时候退让，或至少为了适应对方而调整自己的既定目标时，双方的合作才会成为可能。

当然，对于任何的合作双方，这种调适都取决于多种因素。在普通的母子关系中，每一方都可能做出很多调整来适应对方，虽然有时候某一方也有可能坚持己见，不肯让步。但在愉快的合作关系中，总是会有持续不断的得与舍。

但是即使在愉快的合作关系中，也可能会持续地出现小冲突，直到两人的既定目标达到匹配的状态。因此，母亲可能通常会赞同儿童的要求，但在某些情况下，母亲也可能拒绝。实际上，时间紧迫时，尤其是对年幼的儿童，母亲可能会采用坚定而恰当的措施。但是，当在大多数情况下，如果母亲非常明智，就会力图改变儿童的既定目标，努力通过说服或小小的讨价还价来实现自己的目的。

至于依恋方面的要求，很显然，在寻常的一天中，两岁儿童的母亲很可能多次尝试改变儿童行为的既定目标。有时候，母亲会尝试让儿童远离一会儿，例如当儿童一大早就跑到父母的房间，或在朋友拜访时扭着母亲的裙角。在其他时候，母亲可能尝试让儿童留在身边，例如在街头或商店里时。通过鼓励或劝阻，唠叨或惩罚，甚至收买，母亲时不时地尝试改变儿童依恋行为的既定目标，从而努力调节儿童跟自己的距离。

与此相辅相成的是儿童也会时不时努力改变母亲的行为，改变母亲跟自己的距离，而且儿童这样做时，几乎肯定会采取母亲自己使用的方法，至少会采取少许。在这里同时隐藏着希望和警示。

随着儿童年龄渐长，尤其是过了三岁生日之后，儿童的要求会减弱。其他的兴趣爱好和活动会吸引儿童的注意力，占据儿童的时间，而且让儿童感到害怕的事情也会减少。不仅儿童的依恋行为激活的频率和强度会降低，而且由于儿童的认知能力日益增强，尤其是通过空间和时间来思考的能力大大提高，他可以通过新的方式来终止依恋行为。因此，在持续时间更长的活动中，即使母亲不在，只要知道母亲在哪儿、什么时候回来，或者很确定无论什么时候，只要自己特别想要母亲，母亲肯定会回来，儿童就可以感到满足而安全。

对于大部分四岁儿童，“随时可以回到母亲身边”这个信息可能至关重要。与此相反，在儿童两岁时，这可能没什么意义（Marvin，1977）。

母亲养育的调节

母亲和专业人士都会时常提及一个问题，那就是若母亲总是满足儿童的要求，陪在儿童身边，给予儿童注意，这样做是否明智？让步是否会“宠坏”儿童？如果母亲给儿童太多养育，儿童是否会要求母亲在其他方面也让步，并期望母亲这样？儿童是否会变得依赖母亲？事实上，对儿童而言，到底多少养育是合适的？

看待这个问题的角度最好跟下面的问题相同：“对儿童而言，多少食物是合适的？”目前这个答案已非常清晰。在最开始的几个月，最好跟随儿童的指引。儿童想要食物时，食物很可能对他有益；如果儿童拒绝食物，这对他估计也不会有什么害处。只要新陈代谢没有紊乱，儿童若拥有决定权，天生就可以调控自己摄入食物的数量和质量。因此，除了少数例外，母亲可以放心地将主动权交给儿童。

依恋行为与此相同，尤其是在最初几年。在普通的家庭中，儿童由母亲照顾，若儿童想要多少陪伴和关注母亲就提供多少，这不会给儿童带来任何伤害。因此，跟食物一样，在母亲养育方面，如果一开始就被允许做决定，儿童似乎也是天生就能令人非常满意地调控自己的“摄入”。只有到儿童进入学龄后，才会有一些场合需要温和的劝阻。

至于父母应该施加多大的压力来促使儿童走向独立，以及在什么年龄、什么场合下这样做是明智的，这还不得而知，因而呼唤进一步研究。在西方文化中，或许压力来得太早太多；在东方文化中，或许又出现了相反的情形[①]。在儿童年纪较小时，最能令儿童和母亲双方都感到愉快的模式，正是在上一章提及的母婴互动所描绘的模样。当母亲能够敏感地觉察儿童的信号，并及时恰当地给予回应，那么儿童会茁壮成长，关系也会发展得非常愉快。若母亲没有觉察力，或缺乏回应，或者给儿童的并非儿童想要的，那么情况就会变得糟糕。

对依恋行为的困扰分为很多种。在我看来，西方文化中最常见的类型是源于母亲养育太少，或者养育相继来自不同的人。母亲养育过多带来的困扰则相对少见，若这种情况出现，并非因为儿童对爱和关注无法满足，而是因为母亲有一种冲动，要一股脑儿给儿童浇灌爱和关注。近距离观察的研究发现，这样的母亲不会从儿童那儿捕捉信号，而是自己主动发起所有互动。母亲会坚持靠近儿童，占据儿童的注意力，或护着儿童远离危险——就像进食过多的儿童，其实是母亲会坚持给儿童喂食。在下一卷，我们会更多地探讨父母这样行事带来的风险。通常，这会导致依恋—照看关系的颠倒（参见第二卷第十六和十八章；第三卷第十一、十二和十九章）。

依恋行为的其他困扰因素种类纷繁，其缘由并非母亲养育过多或过少。在寻找原因时，最好将其视为儿童已经接受或正在接受的养育模式有问题。但是，这里并不适合进一步探究依恋行为的心理病理机制，若只是短短几段文字，我们很容易过度简化。

---

① 当前的进化理论用基因存活率作为衡量指标（参见第三章），指出随着幼儿成长，母亲和幼儿之间不可避免地会出现某种程度的冲突（Trivers，1974）。至于将这些观念应用到特定的人类家庭生活中，这还尚待确定。

这一章比较简短，完全不足以支撑起“依恋行为组织的发展”这个主题。这里触及的发展过程，不仅本身就非常有价值，而且正是这些过程让人类跟其他物种不同。人类运用语言和其他符号的能力，制定计划和构建模型的能力，其他人进行持久合作或卷入长久纷争的能力……正是这些能力造就了人类。这些过程都起源于生命的最初三年，而且从一开始就属于依恋行为组织。那么，关于依恋行为组织在婴儿出生后第二年和第三年的发展，是否再无其他?

在本书的第一版，我回答了这个问题，信口猜测说或许未知的内容已不多，并评论说研究得最少的人类发展阶段依然是儿童获得让自己成为人类的特质的阶段。在总结该卷时，我曾指出未知的大陆尚待征服。从那以后，无数天才探索者活跃在这个领域。在下一章，我尝试勾勒出这些探索者的几项发现。

第五部分

旧议题和新发现

第十八章

依恋模式的稳定和变化

对天文学的最佳导览，是将夜空看作属于自家的诸多繁星。

——乔治·艾略特

被评定为安全或焦虑型依恋的婴儿的进一步发展

在第十六章，我们描述了安斯沃思设计的一种程序，用来评估12个月大的婴儿对母亲的依恋类型。该程序测量的是非常重要的社会情绪特质，研究者的信心最初源于两方面：一方面是实证研究，发现表现出同种模式的婴儿在家里的行为也会高度相关；另一方面则是分类用的主要维度，即安全—不安全，显然跟临床医师长期以来使用的维度有关联，该维度有多种名称，例如信任—不信任或客体关系的质量。此外，儿童表现出的依恋模式跟母亲对待儿童的方式高度相关，这一事实不仅跟诸多儿童精神病学家的经验一致，也提示出此间存在一种非常具有重要实践性的因果关系。

如今，对于这种分类的价值，我们的信心因新的研究发现而剧增。研究表明，如果家庭环境保持稳定，这些模式不仅很可能持续到第二年，而且会在后来的数年间继续存在。跟我们的预测相同，儿童跟母亲之外的成人之间的社交和玩耍模式也跟依恋模式相关。因此，人格各方面具有发展连续性的测量方法此前一致渺无踪迹，如今终于有迹可循。

康奈尔（Connell，1976）和沃特斯（Waters，1978）的研究证实，安斯沃思的分类系统对大部分12到18个月大的婴儿都能提供稳定的测量结果。康奈尔评估了47位婴儿在12个月和18个月大时的依恋模式，发现81%的婴儿在两个年龄段的依恋模式相同。在沃特斯研究的50位婴儿中，96%表现出相同的模式。

儿童在12个月大时的依恋模式可以预测很多个月后的社交和探索行为，这方面的证据最初源自早年在巴尔迪摩市开展的一项研究（Main，1973；Main & Townsend，1982）。该研究中，婴儿12个月大时接受陌生人情境测验，9个月后有机会自由玩耍，并跟陌生的成年人玩耍。结果发现，跟之前被划分为回避或矛盾依恋的婴儿相比，安全依恋的婴儿每段玩耍的时间都更长，对玩具的兴趣更浓厚，更关注细节，而且会更多地大笑或微笑。除此之外，无论是跟母亲还是跟其他人，安全的婴儿都更具合作性（Londerville & Main，1981）。马塔斯等人（Matas，Arend & Sroufe，1978）在明尼苏达州的样本中验证了该发现。第三个样本是梅因和韦斯顿（Main & Weston，1981）在伯克利开展的研究。成人最初尝试吸引婴儿玩耍，之后则表现出痛苦，研究者观察婴儿对这位成人的反应。之前被划分为安全依恋的婴儿显然更容易互动，而且对成人的痛苦表现得很关切。早前被划分为非安全依恋的婴儿与成人的互动很微弱。在更深入的同类研究中（Waters，Wippman & Sroufe，1979），研究者在婴儿15个月大时将婴儿分为安全或焦虑依恋，到婴儿三岁半时，再用布朗森制作的录像带观察这些婴儿在幼儿园的行为。在这种情境下，当母亲不在时，跟15个月大时被划分为非安全依恋的儿童相比，安全依恋的儿童更有社交能力，玩耍时更有效率更好奇，对其他儿童的痛苦更加同情。因此，跟理论预测一致，到学前期，安全依恋儿童令人喜欢的行为模式已经变成儿童自身的功能，不再依赖于母亲是否在场。

虽然目前描述的发现只涵盖了12到42个月的孩子，阿伦等人（Arend，Gove & Sroufe，1979）的研究则极大地提高了这些研究的重要性。三位研究者发现，儿童早年被划分为安全或焦虑，类似的差异到儿童五岁或六岁时依然存在。由于随着儿童人格发展，有必要用不同的程序和量表来获得相关的信息，因此需要对使用的工具进行简要描述，工具的设计者是布洛克夫妇。

布洛克夫妇采用两项闻名的伯克利纵向研究以及他们自己开展的一些研究，利用这些数据精心编制了对人格两个维度的测量量表。布洛克夫妇相信这两个维度具有临床价值和跨年龄的稳定性。两个维度分别被称为自我控制力和自我复原力。自我控制的变化范围是从过度控制、适度控制到过少控制，最佳状态是中间的适度控制。自我复原力则从高到低（即脆弱），最佳状态是高自我复原力。

过度控制的个体的特征包括有限的、抑制的反应，降低的情绪表达和对加工信息的过度限制。过少控制的个体的特征则包括冲动性、注意分散、对情绪的开放表达和对加工信息限制过少。

自我复原力指个体根据环境调整自己的控制水平的能力。高复原力的个体的特征包括在适应变化的环境时能有效利用资源、能够灵活使用自己的行为系统，以及有能力处理相互竞争和冲突的信息。与此相比，脆弱的个体则几乎没什么灵活度，面对变化的压力情景时，应对方式要么是僵化地保持原来的反应，要么是变得混乱无序。相互竞争和冲突的信息则会让这样的个体变得无所适从，非常焦虑。

在设计测量自我控制力和自我复原力的程序时，布洛克夫妇收集的数据主要有两个来源：（1）幼儿园老师的观察（因为他们非常熟悉儿童），该观察通过Q分类来记录；（2）儿童在大型的实验室测试中的表现。对于这两类数据，布洛克夫妇都尽可能地从不同的来源获得其指标，并将同类数据汇聚到一起。通过这些方式，跟任何单一来源的单个测量相比，他们的指标可以更具代表性和效度。

为了证实这两个概念的实用性和效用，布洛克夫妇在不同性别、不同年龄的样本中进行研究，并采用多种数据收集方式：观察、测试和自我报告（Block & Block，1980）。在布洛克夫妇进行的一项纵向研究中，样本是100多位儿童，且种族和社会经济地位相当多元化。该研究从儿童三岁开始，目前仍在进行中。布洛克夫妇的报告称，在儿童三岁时进行的测量对四年后儿童七岁时的测量结果有很强的预测效力。

阿伦等人（Arend et al.，1979）进行的纵向研究将18个月和5岁这两个时期勾连起来。研究者用Ainsworth的方法对18个月大的白人中产阶级婴儿样本进行划分，并对其中26位婴儿在4岁半和5岁半之间进行追踪：12位婴儿曾被划分为安全依恋，14位婴儿被划为焦虑依恋。到现在，也就是三四年之后，这些儿童都在幼儿园或日托中心就读。研究者采用两种程序来测量儿童的自我复原力和自我控制力：一个是认识儿童至少八个月的老师完成的Q分类，一个则是布洛克夫妇的实验室程序中的一部分。研究结果符合预期。自我复原力的分数分别来自两个独立的来源，跟14位之前被划分为焦虑依恋的儿童相比，12位安全依恋的儿童的自我复原力分数均值显著较高。来自Q分类的自我控制力均值表明，安全依恋的儿童是适度控制，而8位焦虑和回避依恋儿童是过度控制，另外的6位焦虑抗拒儿童则是过低控制的（来自实验室程序的自我控制力均值没有差异）。还有一项发现跟预期一致，即在三个相互独立测量好奇心的量表中，安全依恋型儿童得分显著高于焦虑依恋型儿童。

需要强调的一点是，研究评估的是这些五岁儿童在学校和实验室的表现，即母亲并不在场。因此，这再度表明，安全依恋型儿童的表现跟母亲是否在场无关。关于上述研究及相关研究的综述，可参见斯劳夫的研究（Sroufe，1979）。

斯劳夫还报告了一项更深入的纵向研究，该研究有力地证实了以上这些结果。在报告中，斯劳夫还对研究的临床和教育意义进行了富有价值的讨论。

依恋的组织：从可变性到稳定性

有充分的证据表明，在最初的一两年间，目前为止描述的依恋模式的稳定性其实更多是儿童所属的母婴双方的一种特质，而非儿童内部的行为组织。但随着时间流逝，依恋的内在组织以及关于依恋对象的工作模型会变得更加稳定，结果是，依恋的组织不仅会抗拒变化，而且抗拒的强度会日益增强。

依恋组织最开始是可变的，其证据有多个来源。在前一章，我们提及了报告依恋模式稳定性的研究，研究的样本都来自白人中产阶级，父母婚姻关系良好，母亲对待儿童的方式具有高度的连续性。但是，在相对劣势的家庭中，这种父母照看的连续性会很少见。一项研究的100位被试来自这样的背景（Vaughn et al.，1979），其中只有一半的母亲已婚，而且大部分母亲不到二十岁。在十二个月和十八个月时测定这些儿童的依恋模式，其中超过三分之一的儿童两次结果不同，有些变得更好，有些则更差。45位儿童一直是安全依恋模式，而10位儿童的依恋模式从12个月时的安全变成了18个月时的焦虑依恋。跟安全依恋儿童的母亲相比，焦虑依恋儿童的母亲报告在这段时间经历的压力事件明显较多。有几位儿童发生了相反的变化，从焦虑依恋变成了安全依恋，而这似乎很可能是祖母或外祖母的到来产生了正面影响（Egeland & Sroufe，1981）。

在梅因和韦斯顿进行的另一项研究中（Main & Weston，1981），在最初的18个月中，儿童对父亲和母亲可能表现出不同的依恋模式。研究者在儿童12个月大时观察60位儿童跟双亲中的一人相处，然后在六个月后再观察儿童跟另一人相处。研究发现，就群体而言，儿童对父亲的依恋跟对母亲的依恋高度相似，不同模式的比率分布大致相同。但若分别检验每个儿童的依恋模式，对父亲的和对母亲的模式就不再相关。儿童接触陌生人和新任务时，跟父母双方的关系都会发挥作用。跟双亲都有安全依恋关系的儿童最自信最有能力；跟双方的关系都不安全的儿童则最不自信最没能力；只跟双亲中的一位有安全依恋的则介于两者之间。

显然，我们手头关于儿童发展的依恋模式的证据证实了照看者角色的重要性，而该重要性已在第十六章强调。指向该方向的众多研究中，包括安斯沃思对23位婴儿的研究。该研究比较婴儿在一岁期间的头三个月和最后三个月的哭泣时间（Ainsworth et al.，1978）。在最开始，婴儿哭泣的时间跟母亲对待婴儿的方式没有关联，但到第一年结束时，跟任由婴儿哭泣相比，若母亲及时地对婴儿的哭泣做出反应，那婴儿哭泣的时间会显著较短。因此，虽然母亲的行为依然跟最初相同，婴儿的行为却会变化。

斯劳夫等人的纵向研究也有类似的发现，即最初几个月的母亲敏感度和跟婴儿十二个月时的依恋模式之间具有紧密关联。此外，该研究开发了几种测量新生儿时期婴儿气质的工具，但气质并不能深入解释一岁时依恋模式的巨大差异。

儿童早期经历对依恋模式的巨大影响以及因此而产生的对人格发展的影响，最明显的例子莫过于曾遭到父亲或母亲的身体虐待或出生后头几年在机构中度过的儿童：这些儿童的社交行为出现了严重紊乱。

乔治和梅因（George & Main，1979）报告了对10位学步期儿童的观察，这些儿童年龄介于1到3岁，曾经遭受身体虐待。对照组是匹配的10位儿童，来自日托中心，这些儿童的家庭正经历压力事件。在遭受虐待的儿童中，频率显著更高的行为包括攻击同伴、侵扰和威胁攻击照看者。面对他人的友好提议，这些儿童的反应要么是回避互动，要么是混合着回避和亲近的行动。通过这些方式，这些儿童将自己孤立起来，并疏远可能对自己有帮助的成人，因而陷入自我塑造的循环。在正常样本的回避型依恋婴儿中，研究者也观察到类似的行为类型，但程度较轻，而且与之关联的因素是母亲对跟婴儿的身体接触感到厌恶，以及对婴儿的愤怒行为（Main & Weston，1982）。这些发现阐明了依恋双方是如何在不同的程度上影响彼此的，以及过去的互动过程如何造就当前的互动模式。

蒂泽德和霍奇斯（Tizard & Hodges，1978）报告了51位八岁儿童的行为，所有儿童出生后头两年都在机构中度过。一半儿童被收养，其中20人在四岁前，5人在四岁后。（其他26人中，13人回到父母身边，6人寄养，7人一直留在机构里。）在25位被收养的儿童中，20人似乎跟新父母形成了互相喜爱的亲密关系，但是5人则没能形成这样的关系。这些收养时间较晚的儿童中，至少一半在学校里非常让人头疼。他们坐立不安，动辄跟人争吵，性情叛逆，讨厌批评，而且似乎“对老师和陌生人等成人的注意有着几乎无法满足的渴望”。

儿童是否（以某种形式）跟养父母形成依恋，主要取决于养父母对待儿童的方式。养父母越能满足儿童对关注和照顾的渴望，给儿童的陪伴越多，依恋就越明显。至于没有被收养的儿童，他们的发展也出现同样清晰的关联。跟预期相同，跟形成了依恋的儿童相比，没有依恋的儿童更可能“过度友好”。即便如此，很多据说跟母职人物有非常亲密的依恋的儿童，其实也会毫无区分地待人非常友好。因此，研究者这些儿童的依恋质量其实严重存疑。各种研究的结果（Rutter，1981）支持该结论，认为儿童在早年有一个敏感阶段，在该阶段之后，形成安全的有区分的依恋能力的发展会变得越来越困难；或者，换言之，儿童依恋行为现有的组织模式会持续下去，而且随着儿童年龄渐长，修正的难度会越来越高，而且修正程度会越来越低。这个议题具有非常重要的现实意义，但正如目前的很多研究表明的，该议题目前亟待系统性的研究。

儿童得到的照顾质量会影响发展中的依恋模式，但该发现并不会排除婴儿的作用。母亲对待婴儿的方式部分取决于母亲的人格和关于婴儿的最初信念，以及在原生家庭中的经历（Frommer & O’Shea，1973；Wolkind et al.，1977），部分取决于母亲当下的体验，其中就包括婴儿的行为类型（Korner，1979）。气质安闲的新生儿可能会协助忐忑的母亲发展出令人喜欢的照顾模式。与此相反，气质复杂、难以预测的新生儿可能让天平向相反的方向倾斜。但所有的证据都表明，如果得到的照料不好，本来气质安闲的婴儿仍然可能发展不佳，而且更加幸运的是，除了少数例外，本来气质困难的婴儿在得到良好的照顾后也可以发展得很好（Sameroff & Chandler，1975；Dunn，1979）。即使是气质复杂、难以预测的婴儿，足够敏感的母亲都可以适应，并借此帮助婴儿得到良好的发展，这种可能性或许是该领域近期的所有发现中最让人心暖的。

观点采择的发展

我在第十四和十七章所说的目标校正的合作关系的发展，有赖于儿童的两种能力，一是明白母亲拥有跟自己不同的目标和兴趣，二是将母亲的目标和兴趣纳入考虑。近期的研究（Marvin et al.，1976）对该发展提供了证据支持。在三岁时，只有极小部分的儿童能够完成这项壮举。但是到五岁时，大部分儿童都可以做到。该转变发生的时期最可能是第四年和第五年。

莱特（Light，1979）对目前的思潮进行了非常有用的回顾，指出皮亚杰关于自我中心主义的工作有严重的局限性。例如，皮亚杰的研究结果只跟视觉观点有关，而且即使只是视觉观点，甚至局限于非人类的场景；在做出结论时，皮亚杰依靠的是对不同年龄的孩子的横断研究的组间差异。

莱特本人对56名儿童（男孩女孩各半）组成的样本进行研究，节点是儿童刚到四岁生日，即差不多在转换时期的中间点。观察在儿童家中进行，每位儿童得到八项任务。最令人吃惊的发现是儿童的得分范围非常广。所有任务的满分是40分，儿童的得分从9分到37分不等，均值是22分，这意味着有些四岁儿童完全有能力进行观点采择，而有些儿童则对此几乎毫无概念。基于组间均值来得出结论具有重大缺陷，在此显而易见。

由于这项研究中的儿童样本属于一项纵向研究（在英国剑桥进行），关于儿童及其家庭还获取了大量的其他信息。这让莱特得以挖掘观点采择的得分是否跟儿童或其家庭的其他特征有关。结果跟儿童的性别或父亲的社会阶层都没有关联。大部分时间都跟同伴相处的儿童，分数也不会比其他儿童高。至于母亲所描述的对自己孩子的理解和养育方式，跟儿童的分数联系在一起时，则出现了非常一致的高度相关。

研究者对每一位母亲都进行了深度访谈，时长为1到2个小时。访谈均为开放式问题，主要跟特定的情境有关，问题询问的顺序比较灵活。访谈结束时是一些相对宽泛的问题，涉及母亲关于儿童和最佳养育方式的观念。观点采择得分高的儿童母亲跟得分较低的母亲相比，在下列方面有差异。高分组的母亲对儿童的情感和意图的关注程度跟对儿童实际行为的关注程度不相上下，而且当情境需要时，会准备好做出合理的退让，而低分组的母亲则会坚持权威的原则。母亲对下面问题的回答非常清晰地呈现出这种差异。对于“你让孩子为你做某件事情，孩子说不行，因为他正忙，例如在玩游戏或做别的事情？你会怎么做？”，高分组的母亲可能回答：“如果他说在忙，我会说‘忙完后可以吗？’，他会答应。”而低分组的母亲很可能回答：“你给我马上做——我已经跟你说过了。”因此，高分组的母亲倾向于让步，并讨价还价，而低分组的母亲则很可能会诉诸惩罚。遭到体罚的儿童观点采择能力特别低。因此，很显然，若母亲通常会考虑儿童的观点和兴趣，那她的孩子也会给予回报，考虑母亲的观点和兴趣——这是父母强大影响力的又一个例证，而且我们或许可以假定，这是向榜样学习。

在思索研究结果时，莱特的结论是，儿童分数的差异的来源可能主要反映了“儿童对观点差异和适应该差异的需要的整体觉知水平”，而不是儿童的基因差异。莱特指出，当我们判断成人的行为非常自我中心时，很少会意味着成人完全不知道其他人的观点可能跟自己不同，或成人无法考虑他人的观点。相反，我们会假定成人有这样的心智能力，但要么还没习惯使用这种能力，要么不想费这心思。

由于莱特和其他研究者发现很多儿童在四岁时已经充分地具备观点采择能力，人们很自然地会问被母亲合适对待的儿童发展出这种能力的最小年龄是多少。布雷瑟顿（Bretherton）和比利格-史密斯（Beeghly-Smith）的一项关于符号发展的纵向研究关注来自中产阶级家庭的30位儿童，对此提供了线索。在儿童年满两岁四个月（约定好进行家访的时间点）的一周前，研究者给母亲提供一张特殊的词汇清单，请母亲留意儿童是否会使用清单上的词语，如果用过，涉及的情境是什么，人物是谁。这些词语涉及儿童对自己和他人、他们的生理状态、积极和消极情感、欲望和能力、认知、道德判断和义务的觉知。后续的访谈中会记录母亲的观察。

大部分儿童使用的词汇包括“看到”和“听到”，一些情感词汇（频率由高到低）依次是“哭泣”（忧伤）、“生气”（愤怒）、“害怕”、“有趣”、“高兴”和“悲伤”，以及“明白”。80%的儿童使用了因果陈述，大部分指的是用来减轻不适感或提高舒适感的行动。几乎60%的词汇既用于他人，也用于自己。研究者发现，“这些儿童解释自己和他人的心理状态，评论自己和他人过去的经历，讨论怎样可能改变自己或其他人的状态，以及是什么导致了这种状态”。研究者总结道，这些数据“表明其他人的目标和动机跟儿童自己的相互联动，而分析他人目标和动机的能力在儿童三岁时已经发展得相当好”，虽然，我们或许应该补充，只有得到母亲的敏感对待的儿童会这样。这些发现激发了一种猜想，即对于人类而言，或者对其他灵长类动物也一样（Premack & Wodruff，1978），认为自己和他人具备心智的内在状态，就跟认为周围的世界有空间性质一样，是自然而然发生的。

第十九章

反对、误解和澄清

……我相信，若没有理论构建，就不存在任何观察。

——查尔斯·达尔文

依恋作为组织性概念

自本书的第一版问世，已过了十二年，期间依恋理论一直是讨论的热点。在一些人看来，依恋理论有所欠缺；在其他人那儿，依恋理论不仅受到欢迎，还需要澄清和强化。最重要的是，依恋理论的应用效果很好，指引了进一步的实证研究。本章的目的是提出一些争议点，澄清误解，并请读者留意我认为有价值的贡献。

误解的来源之一，是我在第一版中没能清晰地区分依恋和依恋行为。幸运的是，很多同事已经对该遗漏进行了很好的弥补，其中最引人注目的是安斯沃思在她的几部著作中做出的贡献。斯劳夫和活特斯等研究者也做出了非常有价值的贡献。

当我们说儿童依恋某个人或跟某个人有依恋，意味着儿童有强烈的倾向，要跟特定的对象保持亲近和接触，而且会在特定的情境中这样做，尤其是儿童感到害怕、疲劳或不适时。这种行动的倾向是儿童的一种特质，随着时间流逝，该特质只会缓慢地发生变化，不会受到当下某一时刻的情境影响。相形之下，依恋行为指儿童为了获得或保持想要的亲近度，而通常会采取的多种行为形式。在特定时刻，这种行为的某种形式可能存在，也可能不存在，在很大程度上取决于当时的条件。

我们提出的依恋理论试图解释依恋行为，包括其片段式的出现和消失，同时也试图解释儿童和年长的个体跟特定对象形成的持续的依恋。在依恋理论中，核心概念涉及一种行为系统。本卷的第三到八章已详细阐述这种系统。

行为控制系统或行为系统这个术语，首次作为一种在理解儿童的行为跟母亲的关系方面可能的方式出现时，对于发展心理学家和临床医师来说都是相对陌生的。因此，很多已经深谙其他理论的人要么无法理解该概念，要么畏缩着不去尝试，这情形丝毫不令人奇怪。但是，对于具备生理学知识和了解体内平衡概念的人，理解行为系统这个概念毫不费劲。不管我们关注的是将血压、体温维持在高低限值内，还是关注其他生理指标，生理控制系统都是解释数据的必须概念。该系统是位于中枢神经系统（CNS）的结构，其运作遵循本书之前提到的原则。

儿童将跟依恋对象的关系维持在特定范围内，在提出用行为控制系统的概念来解释该现象时，其实我们所做的不过是将这些人们已经非常了解的原则用于解释另一种形式的动态平衡。在这种平衡中，高低限值涉及的是有机体跟环境特征的关系，而且维持限值的方式不是生理手段，而是行为。当然，儿童将跟依恋对象的关系维持在特定的限度内，只是环境动态平衡的一个例子。我们在第五章已提过其他例子，包括孵卵的鸟儿设定鸟巢和蛋的距离，以及任何动物在所处的环境内都会调整自己的适应程度。

一旦理解了行为控制系统这个概念，人们就会意识到，不管是将有机体维持在哪种限度内，采用的行为的特定形式仅仅是实现特定手段的不同方法而已，其重要性都是次要的。在靠近母亲时，无论儿童是奔跑、走路、匍匐、拖着脚步，或者像刚服过镇静剂的孩子那样滚着过去，跟运动的既定目标（靠近母亲）相比，这些手段其实毫不重要。既然这些运动方式只是彼此的替代选择，当发现这些运动之间没有正相关时，人们可没必要感到惊奇。但用刺激反应理论来思考的人们错误地假定依恋理论肯定会预测出这一点。这种假定引发对依恋理论的批评其实站不住脚，而斯劳夫和沃特斯（Sroufe & Waters，1977）已经做出了极佳的反驳。

通过提出儿童的依恋行为由一种行为系统控制，而且该系统是儿童内部的组织，我们的关注点从行为本身转向了控制该行为的组织。这种组织其实一直存在，实际上是儿童人格的核心特征。该组织从来都没有闲着——贝雷瑟顿在一篇非常有价值的文章中（Bretherton，1980）强调了这一点①。控制系统要有效地执行自己的功能，就必须配备一些感觉器，用来了解相关的事件，而且系统必须不断地调控和评估这些事件。就依恋控制系统而言，调控和评估的事件分为两类：一类表明潜在危险或压力（内在或外在）的出现，一类涉及依恋对象的位置和可获得性。儿童对这些评估的体验是感到不安、不舒服、不安全、焦虑或可能感到害怕，系统会根据这些评估要求采取提高亲近度的行为。随后，系统会决定适合当前环境的特定行为，并一直持续运作，直到系统的感受器表明儿童的所处环境已经发生适宜的改变，即儿童已感到舒服安全。

在决定采用特定行动而不是其他行动时，我们认为依恋系统会采用关于依恋对象、周围环境和儿童自己的符号表征或工作模型，而且这些已经存储在系统中，是系统当前可使用的。通过假定这些认知成分的存在以及依恋系统对这些成分的使用，理论上能够提供解释儿童跟依恋对象的体验，如何以特定的方式影响儿童发展出依恋模式。

该理论提出个体存在一种内在组织，且该组织具有多种高度特异化的特

① 本书的第一版提出了一些半成形的观点，而贝雷瑟顿在文章中详细阐述了这些观点，并用方块图来阐述这种控制系统可能的组织方式。

征。在这方面，该理论跟各种形式的结构理论具有相同的特质，例如精神分析和皮亚杰的理论。由此跟行为主义的多种形式相区分。此外，这些结构性的特质让理论得以拓展，例如在第三卷第四章中提及的例子，因此，该理论考虑了多种防御过程、信念和活动，并对此提供了解释。自从弗洛伊德的早期文章发表，这些就已经成为精神分析的核心所在。

其他保持亲近的行为类型

在第一版中还有一个议题没有得到充分探讨，因而引发了误解，即区分依恋行为和其他让个体获得或保持跟特定个体的亲近度的行为。例如，儿童经常会试图跟玩伴保持亲近，就像成人会跟有共同利益的同伴保持亲近。但这两种保持亲近的例子都不能算作依恋行为。兴高采烈的儿童靠近母亲，要求一起玩游戏，这也不能被划分为依恋行为。贝雷瑟顿非常正确地指出，我在界定依恋行为时，其实所想的是某种安全调控系统的结果，该系统的活动致力于降低个体受到伤害的风险，而个体体验到的是焦虑感减轻和安全感增加。

因此，如果只是从获得和保持跟特定个体的亲近这个角度来描述依恋行为，其实是不准确的。但是，这不会带来困难，因为还有一些其他标准在区分依恋系统输出的促进亲近感行为和其他系统输出的相似的行为。几乎在所有情况下，激发和终止两种行为的情境不同，行为序列的类型不同，相关的心境不同，而且伴随的情感表达也不同。我相信，这方面的判断几乎很少存疑。

将依恋行为界定为安全调控系统的输出，强调点就放在了依恋行为重要的生理功能上，即保护能够运动的婴儿和日渐成长的儿童远离一些危险。人类进化适应的环境下，来自捕食者的危险很可能是最主要的。对于生态学家，这种提议显然有足够的说服力。但临床医师和发展心理学家还不习惯区分原因和功能，也不习惯从进化的角度来思考，因此这个提议对他们而言完全陌生，而且有时候看上去没什么实际关联。

相形之下，我之所以强调依恋理论的这个方面的主要原因，是我们是给依恋行为赋予有用的生理功能还是将其视为毫无关联的幼儿期特征，这作为传统意义上次级驱动力的依赖理论，让我们对人类同类的理解靠近。

若用我们提出的方式看待婴儿、儿童或成人对自己偏爱的人的依恋，我们很可能会尊重因此出现的行为，跟性行为或进食行为一样，将其视为人类天性的内在部分。因此，当个体对分离或丧失的反应混合着抗议、愤怒、焦虑和绝望时，临床医师更可能认识到这种行为其实是天性的反应，虽然会带来不便，但任何人类在这个个体所处的情境中都会表现出这些行为。之后临床医师就可能会采取所有力所能及的相关行动。

但是，如果从某种学习理论的角度来看待依恋行为和反应，整个情形就截然不同。刚吃过食物的婴儿哭泣时，会被视为要求得到注意，而抱起婴儿很可能会让婴儿哭得更多。当婴儿抗议主要依恋对象的丧失，并要求该对象回来时，婴儿会被视为被宠坏了。青少年或成人恐惧被依恋对象抛弃，会被视为过度依赖、歇斯底里或恐怖症。临床医师的行动很可能与此毫无关联，而且不尽如人意。实际上，正是这类考虑，使得我质疑传统的学习理论跟临床问题的关联，转而采纳生态学方法。无论精神病学家的工作对象是儿童、青少年还是成人，生态学方法都是理解临床现象的最适合的途径。

关于依恋行为发挥的功能是保护性的这一观点，雷杰基等人在综述（Rajeckj et al.，1978）中提出了反对意见，他们认为该行为有时候会指向无法提供保护的物体，例如猴子会依恋玩偶母亲，或人类会依恋心爱的毯子或玩具。但是这个反对意见缺乏实质内容。当小动物成长的条件偏离常态时，行为指向不适宜的物体，这并不少见。例如，性行为可能指向同性、指向其他物种或指向崇拜的物体。但是没人会提出，因为这些行为不能带来繁殖，所以性行为本身就不具备该功能。

依恋—照看：一种社会联结

本卷的重点集中在一种非常特定的社交关系上，即对照看者的依恋。由于现在有一种趋势是将“依恋”这个词的使用扩展到几种其他关系上，我们最好更加精确地明晰这个词在这里的用法。

我们追随海因德（Hinde，1979）和布雷瑟顿（Bretherton，1980）的观点，认为若每个个体都构建出双方共享的互动模型，社交关系就存在于这两个个体之间。这样的关系形式纷繁。例如，在共享的主要程序的类型、每一方扮演的角色是相似的还是互补的、每一个程序的融合度、每一种关系的独特程度、双方期待这种关系持续的时间这些方面，不同的关系都会有差异。因此，向店员买东西等众多关系很可能在范围上比较有限，在时间上则转瞬即逝；其他关系，例如工作关系，则会更加密集而且持续时间更长；但其他的，例如家庭关系，包含的不仅是范围非常广泛的共享程序，而且还有一种每一方都会无限期地持续该关系的承诺。 正是因为“社会联结”这个术语暗示某种具有束缚力的约定，所以该术语只适用于双方都做出了承诺的少数几种社交关系。

通常社会会假定除了因死亡而终止或收养之外，父母与儿女的关系是相互承诺的关系，而且关系双方也有这种感觉，虽然直到儿童对未来有某种概念之前，儿童这一方的承诺其实仅仅是父母的假定。

跟很多其他社交关系一样，父母与子女的关系是互补的关系。因此，母亲的行为通常跟儿女的行为差异很大。不过，在平常的事件中，双方的行为通常互为补充。这让我们回到了依恋。

在这一卷，对于正常情况下共享的双方程序，我们只是考量了其中一半，而另一半是母亲养育。由于联结是需要双方才形成的，我们所关心的这种联结应该被认定为一种依恋—照看关系[①]。

---

① 海因德让人们注意到一个错误，即不仅将“依恋”这个术语用于儿童的行为系统，也用于儿童跟母亲产生的社会联结。

基于过去二十年间的用法，存在一种强有力的主张，要将依恋这个术语限于儿童对父母的典型行为及其背后的行为系统，并避免将依恋用于描述父母的相应的行为和行为系统。若采用这种惯例，我们可以说双方都发生了联结。这样的话，依恋就会仅限于指向人们看来更能适应当前情境的个体，而照看则是指与之互补的行为，指向的是没那么有适应能力的个体。在大部分依恋—照看关系中，尤其是儿童和父母的关系中，双方的角色不会变化。但是角色的可持续性并非必然。例如，在婚姻中，角色的变化是寻常而健康的；当成年的儿女照顾年迈的父母，也会发生角色的变化。相形之下，儿童或青少年跟父母之间的角色颠倒，除非是短暂出现，否则几乎都可以被视为父母病理的征兆，而且通常会导致儿童出现病理反应。

将照看视为行为系统的研究，并且研究父亲和母亲之间的差异（Lamb，1977），是一项正在呼唤学者注意的事业。在别的地方（Bowlby，1982），我曾提出若在跟此处的依恋行为发展相似的框架内研究该主题，会得到丰硕的成果。这种框架将依恋行为视为发展出特定行为类型的强烈基因偏好和环境中特定序列的交互结果。自婴儿期开始，发展就发生在这个框架内。

还有一点值得强调。母子或父子关系包含的双方共享往往不止一个程序。例如，有喂养—进食共享程序，其中一方的行为通常会跟另一方以互补的方式交融在一起。另一种共享程序是玩伴，其中双方的角色至少在表面看来是相似的。此外还有一种关系也是互补的，即学生—教师关系。因此，父母与儿童的关系肯定不会只是依恋—照看的一种。所以，在提及儿童和母亲之间的联结时，最合理的方式是说双方共享程序中优先度最高的是依恋—照看。

作为总结，请容许我勾勒出我们提出的人格发展脉络。幼儿对充满鼓励、支持和合作的母亲的体验，以及之后对这样的父亲的体验，让幼儿拥有价值感，相信他人可以给予帮助，并得到未来构建人际关系的良好示范。此外，通过让幼儿有能力充满信心地探索环境，并有效地应对环境，这样的体验也帮助提升了幼儿的自信心。在此之后，如果家庭关系依然良好，这些早期的思维、感觉和行为模式不仅会持续存在，而且人格会变得越来越结构化，可以按适度控制和富有弹性的方式运转，而且即使环境糟糕，也能够继续维持下去。其他类型的童年早期和后续的经历则会产生另一种影响，通常会让人格结构弹性较低、控制有缺陷且相对脆弱。跟前者相同，这种结构也会持续存在。在此之后，个体的人格结构会决定个体对后续负性事件的反应，其中拒绝、分离和丧失是非常重要的事件。

参考文献

Ahrens, R. (1954). 'Beitrag zur Entwicklung des Physiognomie- und Mimikerkennens.' *Z. exp. angew. Psychol.*, **2**, 3, 412–54.

Ainsworth, M. D. (1962). 'The effects of maternal deprivation: a review of findings and controversy in the context of research strategy.' In *Deprivation of Maternal Care: A Reassessment of its Effects*. Public Health Papers No. 14. Geneva: WHO.

Ainsworth, M. D. (1963). 'The development of infant–mother interaction among the Ganda.' In *Determinants of Infant Behaviour*, Vol. 2, ed. B. M. Foss. London: Methuen; New York: Wiley.

Ainsworth, M. D. (1964). 'Patterns of attachment behaviour shown by the infant in interaction with his mother.' *Merrill-Palmer Q.*, **10**, 51–8.

Ainsworth, M. D. S. (1967). *Infancy in Uganda: Infant Care and the Growth of Attachment*. Baltimore, Md: The Johns Hopkins Press.

Ainsworth, M. D. S. (1969). 'Object relations, dependency and attachment: a theoretical review of the infant–mother relationship.' *Child Development*, **40**, 969–1025.

Ainsworth, M. D. S. (1972). 'Attachment and Dependency: A Comparison.' In J. L. Gewirtz (ed.), *Attachment and Dependence*. Washington, D.C.: Winston (distributed by Wiley, New York).

Ainsworth, M. D. S. (1973). 'The development of infant–mother attachment'. In *Child Development and Social Policy* (*Review of Child Development Research*, Vol. 3), ed. B. M. Caldwell and H. N. Ricciuti. Chicago: University of Chicago Press.

Ainsworth, M. D. S. (1982). 'Attachment: retrospect and prospect.' In *The Place of Attachment in Human Behavior*, ed. C. M. Parkes and J. Stevenson-Hinde. New York: Basic Books, London: Tavistock Pubns.

Ainsworth, M. D. S., and Bell, S. M. (1969). 'Some contemporary patterns of mother–infant interaction in the feeding situation.' In *Stimulation in Early Infancy*, ed. J. A. Ambrose, New York and London: Academic Press.

Ainsworth, M. D., Blehar, M. C., Waters, E., and Wall, S. (1978). *Patterns of Attachment: Assessed in the Strange Situation and at Home*. Hillsdale, N.J.: Lawrence Erlbaum.

Ainsworth, M. D., and Boston, M. (1952). 'Psychodiagnostic assessments of a child after prolonged separation in early childhood.' *Br. J. med. Psychol.*, **25**, 169–201.

Ainsworth, M. D., and Bowlby, J. (1954). 'Research strategy in the study of mother–child separation.' *Courr. Cent. int. Enf.*, **4**, 105.

Ainsworth, M. D. Salter, and Wittig, B. A. (1969). 'Attachment and exploratory behaviour of one-year-olds in a strange situation.' In *Determinants of Infant Behaviour*, Vol. 4, ed. B. M. Foss. London: Methuen; New York: Barnes & Noble.

Altmann, J. (1980). *Baboon Mothers and Infants*. Cambridge, Mass.: Harvard University Press.

Altmann, J., Altmann, S. A., Hausfater, G., and McCluskey, S. A. (1977). 'Life history of yellow baboons: physical development, reproductive parameters, and infant mortality.' *Primates*, **18**, 315–30.

Ambrose, J. A. (1960). 'The smiling and related responses in early human infancy: an experimental and theoretical study of their course and significance.' Ph.D. Thesis, University of London.

Ambrose, J. A. (1961). 'The development of the smiling response in early infancy.' In *Determinants of Infant Behaviour*, Vol. 1, ed. B. M. Foss. London: Methuen; New York: Wiley.

Ambrose, J. A. (1963). 'The concept of a critical period for the development of social responsiveness.' In *Determinants of Infant Behaviour*, Vol. 2, ed. B. M. Foss. London: Methuen; New York: Wiley.

Ambrose, A. (1969). Contribution to discussion in *Stimulation in early infancy*, pp. 103–4, ed. A. Ambrose. New York and London: Academic Press.

Anderson, J. W. (1972). 'Attachment behaviour out of doors.' In *Ethological Studies of Child Behaviour*, ed. N. Blurton Jones. Cambridge: Cambridge University Press.

Andrew, R. J. (1964). 'The development of adult responses from responses given during imprinting by the domestic chick.' *Anim. Behav.*, **12**, 542–8.

Appell, G., and David, M. (1961). 'Case-notes on Monique.' In *Determinants of Infant Behaviour*, Vol. 1, ed. B. M. Foss. London. Methuen; New York: Wiley.

Appell, G., and David, M. (1965). 'A study of mother–child interaction at thirteen months.' In *Determinants of Infant Behaviour*, Vol. 3, ed. B. M. Foss. London: Methuen; New York: Wiley.

Appell, G., and Roudinesco, J. (1951). Film: *Maternal Deprivation in Young Children* (16mm; 30 mins; sound). London: Tavistock Child Development Research Unit; New York: New York University Film Library.

Arend, R. A., Gove, F. L., and Sroufe, L. A. (1979). 'Continuity of individual adaptation from infancy to kindergarten: a predictive study of ego-resiliency and curiosity in pre-schoolers.' *Child Development*, **50**, 950–59.

Arnold, M. B. (1960). *Emotion and Personality*. Vol. 1, *Psychological Aspects*; Vol. 2, *Neurological and Physiological Aspects*. New York: Columbia University Press; London: Cassell, 1961.

Aubry, J. (1955). *La Carence des soins maternels*. Paris: Presses Universitaires de France.

Balint, A. (1939). *Int. Z. Psychoanal. u. Imago*, **24**, 33–48. Eng. trans. (1949): 'Love for the mother and mother love.' *Int. J. Psycho-Anal.*, **30**, 251–9. Reprinted in *Primary Love and Psycho-analytic Technique*. London: Tavistock Publications, 1964; New York: Liveright, 1965.

Bateson, P. P. G. (1966). 'The characteristics and context of imprinting.' *Biol. Rev.*, **41**, 177–220.

Bayliss, L. E. (1966). *Living Control Systems*. London: English Universities Press; San Francisco: Freeman.

Beach, F. A. (ed.) (1965). *Sex and Behavior*. New York and London: Wiley.

Benedek, T. (1938). 'Adaptation to reality in early infancy.' *Psychoanal. Q.*, **7**, 200–15.

Benedek, T. (1956). 'Toward the biology of the depressive constellation.' *J. Am. psychoanal. Ass.*, **4**, 389–427.

Benjamin, J. D. (1963). 'Further comments on some developmental aspects of anxiety.' In *Counterpoint*, ed. H. S. Gaskill. New York: International Universities Press.

Berenstein, L., Rodman, P. S., and Smith, D. G. (1982). 'Social relations between fathers and offspring in a captive group of rhesus monkeys (Macaca mulatta). *Animal Behaviour*, **30**.

Berlyne, D. E. (1958). 'The influence of the albedo and complexity of stimuli on visual fixation in the human infant.' *Br. J. Psychol.*, **49**, 315–18.

Berlyne, D. E. (1960). *Conflict, Arousal and Curiosity*. New York and London: McGraw-Hill.

Bernfeld, S. (1944). 'Freud's earliest theories and the school of Helmholtz.' *Psychoanal. Q.*, **13**, 341–62.

Bernfeld, S. (1949). 'Freud's scientific beginnings.' *Am. Imago*, **6**.

Bettelheim, B. (1967). *The Empty Fortress: Infantile Autism and the Birth of the Self*. New York: The Free Press; London: Collier/Macmillan.

Bielicka, I., and Olechnowicz, H. (1963). 'Treating children traumatized by hospitalization.' *Children*, **10** (5), 194–5.

Bischof, N. (1975). 'A systems approach toward the functional connections of fear and attachment.' *Child Development*, **46**, 801–17.

Bishop, B. Merrill (1951). 'Mother–child interaction and the social behavior of children.' *Psychol. Monogr.*, **65**, No. 11.

Bishop, G. H. (1960). 'Feedback through the environment as an analog of brain functioning.' In *Self-organizing Systems*, ed. M. C. Yovits and S. Cameron. Oxford: Pergamon.

Blauvelt, H., and McKenna, J. (1961). 'Mother–neonate interaction: capacity of the human newborn for orientation.' In *Determinants of Infant Behaviour*, Vol. 1, ed. B. M. Foss. London: Methuen; New York: Wiley.

Block, J. H., and Block, J. (1980). 'The role of ego-control and ego-resiliency in the organization of behavior.' In *Minnesota symposium on child psychology*, Vol. 13, pp. 39–101, ed. W. A. Collins. Hillsdale, N.J.: Lawrence Erlbaum.

Bolwig, N. (1963). 'Bringing up a young monkey.' *Behaviour*, **21**, 300–30.

Boniface, D. and Graham, P. (1979). 'The three year old and his attachment to a special soft object.' *J. Child Psychol. Psychiat.*, **20**, 217–24.

Bower, T. G. R. (1966). 'The visual world of infants.' *Scient. Am.*, **215**, December, 80–97.

Bowlby, J. (1951). *Maternal Care and Mental Health*. Geneva: WHO; London: HMSO; New York: Columbia University Press. Abridged version, *Child Care and the Growth of Love*. Harmondsworth: Penguin Books, 2nd edn, 1965.

Bowlby, J. (1953). 'Some pathological processes set in train by early mother–child separation.' *J. ment. Sci.*, **99**, 265–72.

Bowlby, J. (1958). 'The nature of the child's tie to his mother.' *Int. J. Psycho-Anal.*, **39**, 350–73.

Bowlby, J. (1960a). 'Separation anxiety.' *Int. J. Psycho-Anal.*, **41**, 89–113.

Bowlby, J. (1960b). 'Grief and mourning in infancy and early childhood.' *Psychoanal. Study Child*, **15**, 9–52.

Bowlby, J. (1961a). 'Separation anxiety: a critical review of the literature.' *J. Child Psychol. Psychiat.*, **1**, 251–69.

Bowlby, J. (1961b). 'Processes of mourning.' *Int. J. Psycho-Anal.*, **42**, 317–40.

Bowlby, J. (1963). 'Pathological mourning and childhood mourning.' *J. Am. psychoanal. Ass.*, **11**, 500–41.

Bowlby, J. (1964). 'Note on Dr Lois Murphy's paper, "Some aspects of the first relationship".' *Int. J. Psycho-Anal.*, **45**, 44–6.

Bowlby, J. (1982). 'Caring for children: some influences on its development.' In *Parenthood*, ed. R. S. Cohen, S. H. Weissman, and B. J. Cohler, New York: The Guilford Press.

Bowlby, J., Robertson, J., and Rosenbluth, D. (1952). 'A two-year-old goes to hospital.' *Psychoanal. Study Child*, **7**, 82–94.

Brackbill, Y. (1958). 'Extinction of the smiling response in infants as a function of reinforcement schedule.' *Child Dev.*, **29**, 115–24.

Brazelton, T. B., Koslowski, B. and Main, M. (1974). 'The origins of reciprocity in mother–infant interaction.' In *The Effect of the Infant on its Caregiver*, ed. M. Lewis and L. A. Rosenblum. New York: Wiley-Interscience.

Bretherton, I. (1980). 'Young children in stressful situations: the supporting role of attachment figures and unfamiliar caregivers.' In *Uprooting and Development*, ed. G. V. Coelho and P. J. Ahmen. New York: Plenum Press.

Bretherton, I. and Beeghly-Smith, M. (in press). 'Talking about internal states: the acquisition of an explicit theory of mind.' *Developm. Psychol.*

Brody, S. (1956). *Patterns of Mothering: Maternal Influence during Infancy*. New York: International Universities Press; London: Bailey & Swinfen.

Bronson, G. (1965). 'The hierarchical organization of the central nervous system: implication for learning processes and critical periods in early development.' *Behav. Sci.*, **10**, 7–25.

Burlingham, D., and Freud, A. (1942). *Young Children in War-time*. London: Allen & Unwin.

Burlingham, D., and Freud, A. (1944). *Infants without Families*. London: Allen & Unwin.

Cairns, R. B. (1966a). 'Attachment behavior of mammals.' *Psychol. Rev.*, **73**, 409–26.

Cairns, R. B. (1966b). 'Development, maintenance, and extinction of social attachment behavior in sheep.' *J. comp. physiol. Psychol.*, **62**, 298–306.

Cairns, R. B., and Johnson, D. L. (1965). 'The development of interspecies social preferences.' *Psychonomic Sci.*, **2**, 337–8.

Caldwell, B. M. (1962). 'The usefulness of the critical period hypothesis in the study of filiative behavior.' *Merrill-Palmer Q.*, **8**, 229–42.

Caldwell, B. M. (1964). 'The effects of infant care.' In *Review of Child*

Development Research, Vol. 1, ed. M. L. Hoffman and L. N. W. Hoffman. New York: Russell Sage Foundation.

Call, J. D. (1964). 'Newborn approach behavior and early ego development.' *Int. J. Psycho-Anal.*, **45**, 286–94.

Casler, L. (1961). 'Maternal deprivation: a critical review of the literature.' *Monogr. Soc. Res. Child Dev.*, **26**, 1–64.

Chance, M. R. A. (1959). 'What makes monkeys sociable?' *New Scient.*, 5 March.

Cohen, L. B., DeLoache, J. S., and Strauss, M. S. (1979). 'Infant visual perception.' In *Handbook of Infant Development*, ed. J. D. Osofsky, pp. 393–438. New York: Wiley.

Connell, D. B. (1976). 'Individual differences in attachment: an investigation into stability implications and relationships to structure of early language development.' Doctoral thesis, Syracuse University.

Darwin, C. (1859). *On the Origin of Species by means of Natural Selection.* London: John Murray.

Darwin, C. (1872). *The Expression of the Emotions in Man and Animals.* London: John Murray.

David, M., Ancellin, J., and Appell, G. (1957). 'Étude d'un groupe d'enfants ayant séjourné pendant un mois en colonie maternelle.' *Infs.-sociales.*, **8**, 825–93.

David, M., and Appell, G. (1966). 'La relation mère-enfant: Étude de cinq "pattern" d'interaction entre mère et enfant à l'âge d'un an.' *Psychiat. Enfant*, **9**, 445–531.

David, M., and Appell, G. (1969). 'Mother–child relation.' In *Modern Perspectives in International Child Psychiatry*, ed. J. G. Howells. Edinburgh: Oliver & Boyd.

David, M., Nicolas, J., and Roudinesco, J. (1952). 'Responses of young children to separation from their mothers: I. Observations of children aged 12–17 months recently separated from their families and living in an institution.' *Courr. Cent. int. Enf.*, **2**, 66–78.

Dawkins, R. (1976). *The Selfish Gene.* Oxford: Oxford University Press.

Décarie, T. Gouin (1965). *Intelligence and Affectivity in Early Childhood.* New York: International Universities Press.

Décarie, T. Gouin (1969). 'A study of the mental and emotional development of the thalidomide child.' In *Determinants of Infant Behaviour*, Vol. 4, ed. B. M. Foss. London: Methuen; New York: Barnes & Noble.

Decasper, A. J., and Fifer, W. P. (1980). 'Of human bonding: newborns prefer their mothers' voices.' *Science*, **208**, 1174–76.

Denny-Brown, D. (1950). 'Disintegration of motor function resulting from cerebral lesions.' *J. nerv. ment. Dis.*, **112**, No. 1.

Denny-Brown, D. (1958). 'The nature of apraxia.' *J. nerv. ment. Dis.*, **126**, No. 1.

Deutsch, H. (1919). Eng. trans.: 'A two-year-old boy's first love comes to grief.' In *Dynamic Psychopathology in Childhood*, ed. L. Jessner and E. Pavenstedt. New York and London: Grune & Stratton, 1959.

DeVore, I. (1963). 'Mother–infant relations in free-ranging baboons.' In

Maternal Behavior in Mammals, ed. H. L. Rheingold. New York and London: Wiley.

DeVore, I. (ed.) (1965). *Primate Behavior: Field Studies of Monkeys and Apes*. New York and London: Holt, Rinehart & Winston.

DeVore, I., and Hall, K. R. L. (1965). 'Baboon ecology.' In *Primate Behavior*, ed. I. DeVore. New York and London: Holt, Rinehart & Winston.

Dollard, J., and Miller, N. E. (1950). *Personality and Psychotherapy*. New York: McGraw-Hill.

Dunn, J. F. (1979). 'The first year of life: continuity in individual differences.' In *The First Year of Life*, ed. D. Shaffer and J. Dunn. London: Wiley.

Egeland, B., and Sroufe, L. A. (1981). 'Attachment and early maltreatment.' *Child Development*, **52**, 44–52.

Erikson, E. H. (1950). *Childhood and Society*. New York: Norton; London: Imago, 1951. Revised edn, New York: Norton, 1963; London: Hogarth, 1965; Harmondsworth: Penguin Books, 1965.

Ezriel, H. (1951). 'The scientific testing of psycho-analytic findings and theory: the psycho-analytic session as an experimental situation.' *Br. J. med. Psychol.*, **24**, 30–4.

Fabricius, E. (1962). 'Some aspects of imprinting in birds.' *Symp. zool. Soc. Lond.*, No. 8, 139–48.

Fagin, C. M. R. N. (1966). *The Effects of Maternal Attendance during Hospitalization on the Post-hospital Behavior of Young Children: A Comparative Study*. Philadelphia: F. A. Davis.

Fairbairn, W. R. D. (1952). *Psychoanalytic Studies of the Personality*. London: Tavistock/Routledge. Published under the title of *Object-Relations Theory of the Personality*. New York: Basic Books, 1954.

Fantz, R. L. (1965). 'Ontogeny of perception.' In *Behavior of Non-human Primates*, Vol. 2, ed. A. M. Schrier, H. F. Harlow, and F. Stollnitz. New York and London: Academic Press.

Fantz, R. L. (1966). 'Pattern discrimination and selective attention as determinants of perceptual development from birth.' In *Perceptual Development in Children*, ed. A. J. Kidd and J. L. Rivoire. New York: International Universities Press; London: University of London Press.

Flavell, J. H. (1961). 'The ontogenetic development of verbal communication skills.' Final Progress Report (NIMH Grant M2268).

Flavell, J. H. (1963). *The Developmental Psychology of Jean Piaget*. Princeton, N.J., and London: Van Nostrand.

Formby, D. (1967). 'Maternal recognition of infant's cry.' *Dev. Med. Child Neurol.*, **9**, 293–8.

Fossey, D. (1979). 'Development of the mountain gorilla (Gorilla gorilla berengei): the first thirty-six months.' In *The Great Apes*, ed. D. A. Hamburg and E. R. McCown. Menlo Park, Calif.: Benjamin/Cummings Pub. Co.

Fox, R. (1967). *Kinship and Marriage*. Harmondsworth: Penguin Books.

Freedman, D. G. (1961). 'The infant's fear of strangers and the flight response.' *J. Child Psychol. Psychiat.*, **2**, 242–8.
Freedman, D. G. (1964). 'Smiling in blind infants and the issue of innate versus acquired.' *J. Child Psychol. Psychiat.*, **5**, 171–84.
Freedman, D. G. (1965). 'Hereditary control of early social behavior.' In *Determinants of Infant Behaviour*, Vol. 3, ed. B. M. Foss. London: Methuen; New York: Wiley.
Freedman, D. G., and Keller, B. (1963). 'Inheritance of behavior in infants.' *Science*, **140**, 196–8.
Freud, A., and Dann, S. (1951). 'An experiment in group upbringing.' *Psychoanal. Study Child*, **6**, 127–68.
Freud, S. (1894). 'The neuro-psychoses of defence (1).' *S.E.*, **3**.[1]
Freud, S. (1895). *Project for a Scientific Psychology. S.E.*, **1**.
Freud, S. (1896). 'Further remarks on the neuro-psychoses of defence.' *S.E.*, **3**.
Freud, S. (1900). *The Interpretation of Dreams. S.E.*, **4**.
Freud, S. (1905). *Three Essays on the Theory of Sexuality. S.E.*, **7**.
Freud, S. (1910). *Five Lectures on Psycho-analysis. S.E.*, **11**.
Freud, S. (1914). 'On narcissism: an introduction.' *S.E.*, **14**.
Freud, S. (1915a). 'Instincts and their vicissitudes.' *S.E.*, **14**.
Freud, S. (1915b). 'Repression.' *S.E.*, **14**.
Freud, S. (1920a). *Beyond the Pleasure Principle. S.E.*, **18**.
Freud, S. (1920b). 'The psychogenesis of a case of homosexuality in a woman.' *S.E.*, **18**.
Freud, S. (1921). *Group Psychology and the Analysis of the Ego. S.E.*, **18**.
Freud, S. (1922). 'Psycho-analysis.' *S.E.*, **18**.
Freud, S. (1925). *An Autobiographical Study. S.E.*, **20**.
Freud, S. (1926). *Inhibitions, Symptoms and Anxiety. S.E.*, **20**.
Freud, S. (1931). 'Female sexuality.' *S.E.*, **21**.
Freud, S. (1939). *Moses and Monotheism. S.E.*, **23**.
Freud, S. (1940). *An Outline of Psycho-analysis. S.E.*, **23**.
Frommer, E. A., and O'Shea, G. (1973). 'Antenatal identification of women liable to have problems in managing their infants.' *British J. Psychiatry*, **123**, 149–56.
Fuller, J. L., and Clark, L. D. (1966a). 'Genetic and treatment factors modifying the post-isolation syndrome in dogs.' *J. comp. physiol. Psychol.*, **61**, 251–7.
Fuller, J. L., and Clark, L. D. (1966b). 'Effects of rearing with specific stimuli upon post-isolation behavior in dogs.' *J. comp. physiol. Psychol.*, **61**, 258–63.
Géber, M. (1956). 'Développement psycho-moteur de l'enfant Africain.' *Courr Cent. int. Enf.*, **6**, 17–28.

[1] The abbreviation *S.E.* in this list of references and in the text denotes the Standard Edition of *The Complete Psychological Works of Sigmund Freud*, published in 24 volumes by the Hogarth Press Ltd, London. All quotations from Freud in the present work are taken from this edition.

George, C., and Main, M. (1979). 'Social interactions of young abused children: approach, avoidance and aggression.' *Child Development*, **50**, 306–18.

Gesell, A. (ed.) (1940). *The First Five Years of Life*. New York: Harper; London: Methuen, 1941.

Gewirtz, H. B., and Gewirtz, J. L. (1968). 'Visiting and caretaking patterns for kibbutz infants: age and sex trends.' *Am. J. Ortho-psychiat.*, **38**, 427–43.

Gewirtz, J. L. (1961). 'A learning analysis of the effects of normal stimulation, privation and deprivation on the acquisition of social motivation and attachment.' In *Determinants of Infant Behaviour*, Vol. 1, ed. B. M. Foss. London: Methuen; New York: Wiley.

Goldman, S. (1960). 'Further consideration of cybernetic aspects of homeostasis.' In *Self-organizing Systems*, ed. M. C. Yovits and S. Cameron. Oxford: Pergamon.

Goodall, J. (1965). 'Chimpanzees of the Gombe Stream Reserve.' In *Primate Behavior*, ed. I. DeVore. New York and London: Holt, Rinehart & Winston.

Goodall, J. (van Lawick-) (1975). 'The behaviour of the chimpanzee.' In *Hominisation und Verhalten*, ed. I. Eibl-Eibesfeld, pp. 74–136. Stuttgart: Gustav Fischer Verlag.

Gooddy, W. (1949). 'Sensation and volition.' *Brain*, **72**, 312–39.

Gordon, T., and Foss, B. M. (1966). 'The role of stimulation in the delay of onset of crying in the newborn infant.' *Q. J. expl. Psychol.*, **18**, 79–81.

Gough, D. (1962). 'The visual behaviour of infants during the first few weeks of life.' *Proc. R. Soc. Med.*, **55**, 308–10.

Gray, P. H. (1958). 'Theory and evidence of imprinting in human infants.' *J. Psychol.*, **46**, 155–66.

Griffin, G. A., and Harlow, H. F. (1966). 'Effects of three months of total social deprivation on social adjustment and learning in the rhesus monkey.' *Child Dev.*, **37**, 533–48.

Grodins, F. S. (1963). *Control Theory and Biological Systems*. New York: Columbia University Press.

Gunther, M. (1961). 'Infant behaviour at the breast.' In *Determinants of Infant Behaviour*, Vol. 1, ed. B. M. Foss. London: Methuen, New York: Wiley.

Haddow, A. J. (1952). 'Field and laboratory studies on an African monkey, *Cercopithecus ascanius schmidti* Matschie.' *Proc. zool. Soc. Lond.*, **122**, 297–394.

Haldane, J. S. (1936). *Organism and Environment as Illustrated by the Physiology of Breathing*. New Haven, Conn.: Yale University Press.

Hall, K. R. L., and DeVore, I. (1965). 'Baboon social behavior.' In *Primate Behavior*, ed. I. DeVore. New York and London: Holt, Rinehart & Winston.

Halverson, H. M. (1937). 'Studies of the grasping responses of early infancy.' *J. genet. Psychol.*, **51**, 371–449.

Hamburg, D. A. (1963). 'Emotions in the perspective of human evolution.' In *Expression of the Emotions in Man*, ed. P. Knapp. New York: International Universities Press.

Hamburg, D. A., Sabshin, M. A., Board, F. A., Grinker, R. R., Korchin, S. J., Basowitz, H., Heath, H., and Persky, H. (1958). 'Classification and rating of emotional experiences.' *Archs. Neurol. Psychiat.*, **79**, 415–26.

Hampshire, S. (1962). 'Disposition and memory.' *Int. J. Psycho-Anal.*, **43**, 59–68.

Harcourt, A. (1979). 'The social relations and group structure of wild Mountain gorillas.' In *The Great Apes*, ed. D. A. Hamburg and E. R. McCown. Menlo Park, Calif.: Benjamin/Cummings Publ. Co.

Harlow, H. F. (1958). 'The nature of love.' *Am. Psychol.*, **13**, 673–85.

Harlow, H. F. (1961). 'The development of affectional patterns in infant monkeys.' In *Determinants of Infant Behaviour*, Vol. 1, ed. B. M. Foss. London: Methuen; New York: Wiley.

Harlow, H. F., and Harlow, M. K. (1962). 'Social deprivation in monkeys.' *Scient. Am.*, **207** (5), 136.

Harlow, H. F., and Harlow, M. K. (1965). 'The affectional systems.' In *Behavior of Nonhuman Primates*, Vol. 2, ed. A. M. Schrier, H. F. Harlow, and F. Stollnitz. New York and London: Academic Press.

Harlow, H. F., and Zimmermann, R. R. (1959). 'Affectional responses in the infant monkey.' *Science*, **130**, 421.

Hartmann, H. (1939, Eng. trans. 1958). *Ego Psychology and the Problem of Adaptation*. London: Imago; New York: International Universities Press.

Hayes, C. (1951). *The Ape in Our House*. New York: Harper; London: Gollancz, 1952.

Hebb, D. O. (1946a). 'Emotion in man and animal: an analysis of the intuitive processes of recognition.' *Psychol. Rev.*, **53**, 88–106.

Hebb, D. O. (1946b). 'On the nature of fear.' *Psychol. Rev.*, **53**, 250–75.

Hediger, H. (1955). *Studies of the Psychology and Behaviour of Captive Animals in Zoos and Circuses*. London: Butterworth; New York: Criterion Books, 1956.

Heinicke, C. (1956). 'Some effects of separating two-year-old children from their parents: a comparative study.' *Hum. Relat.*, **9**, 105–76.

Heinicke, C., and Westheimer, I. (1966). *Brief Separations*. New York: International Universities Press; London: Longmans Green.

Held, R. (1965). 'Plasticity in sensori-motor systems.' *Scient. Am.*, **213** (5), 84–94.

Hersher, L., Moore, A. U., and Richmond, J. B. (1958). 'Effect of post-partum separation of mother and kid on maternal care in the domestic goat.' *Science*, **128**, 1342–3.

Hetzer, H., and Ripin, R. (1930). 'Fruehestes Lernen des Saueglings in der Ernaehrungssituation.' *Z. Psychol.*, **118**.

Hetzer, H., and Tudor-Hart, B. H. (1927). 'Die frühesten Reaktionen auf die menschliche Stimme.' *Quell. Stud. Jugenkinde*, **5**.

Hinde, R. A. (1959). 'Behaviour and speciation in birds and lower vertebrates.' *Biol. Rev.*, **34**, 85–128.

Hinde, R. A. (1961). 'The establishment of the parent–offspring relation in birds, with some mammalian analogies.' In *Current Problems in Animal Behaviour*, ed. W. H. Thorpe and O. L. Zangwill. London: Cambridge University Press.

Hinde, R. A. (1963). 'The nature of imprinting.' In *Determinants of Infant Behaviour*, Vol. 2, ed. B. M. Foss. London: Methuen; New York: Wiley.

Hinde, R. A. (1965a). 'Rhesus monkey aunts.' In *Determinants of Infant Behaviour*, Vol. 3, ed. B. M. Foss. London: Methuen; New York: Wiley.

Hinde, R. A. (1965b). 'The integration of the reproductive behaviour of female canaries.' In *Sex and Behavior*, ed. F. A. Beach. New York and London: Wiley.

Hinde, R. A. (1970). *Animal Behaviour: A Synthesis of Ethology and Comparative Psychology* 2nd edition. New York: McGraw-Hill.

Hinde, R. A. (1979). *Towards Understanding Relationships.* London and New York: Academic Press.

Hinde, R. A., Rowell, T. E., and Spencer-Booth, Y. (1964). 'Behaviour of socially living rhesus monkeys in their first six months.' *Proc. zool. Soc. Lond.*, **143**, 609–49.

Hinde, R. A., and Spencer-Booth, Y. (1967). 'The behaviour of socially living rhesus monkeys in their first two and a half years.' *Anim. Behav.*, **15**, 169–96.

Holst, E. von, and Saint Paul, U. von (1963). 'On the functional organization of drives.' *Anim. Behav.*, **11**, 1–20.

Illingworth, R. S. (1955). 'Crying in infants and children.' *Br. med. J.*, (*i*), 75–8.

Illingworth, R. S., and Holt, K. S. (1955). 'Children in hospital: some observations on their reactions with special reference to daily visiting.' *Lancet*, 17 December, 1257–62.

Itani, J. (1963). 'Paternal care in the wild Japanese monkey, *Macaca fuscata*.' In *Primate Social Behavior*, ed. C. H. Southwick. Princeton, N.J., and London: Van Nostrand.

James, W. (1890). *Principles of Psychology*. New York: Holt.

Jones, E. (1953). *Sigmund Freud: Life and Work*, Vol. 1. London: Hogarth; New York: Basic Books.

Jones, E. (1955). *Sigmund Freud: Life and Work*, Vol. 2. London: Hogarth; New York: Basic Books.

Kaila, E. (1932). 'Die Reaktion des Säugling auf das menschliche Gesicht.' *Annls. Univ. åbo.*, Series B, **17**, 1–114.

Kawamura, S. (1963). 'The process of sub-culture propagation among Japanese macaques.' In *Primate Social Behavior*, ed. C. H. Southwick. Princeton, N.J., and London: Van Nostrand.

Kellogg, W. N., and Kellogg, L. (1933). *The Ape and the Child: A Study of Environmental Influence upon Early Behavior*. New York: McGraw-Hill (Whittlesey House Publications).

Kessen, W., and Leutzendorff, A. M. (1963). 'The effect of non-nutritive sucking on movement in the human newborn.' *J. comp. physiol. Psychol.*, **56**, 69–72.

King, D. L. (1966). 'A review and interpretation of some aspects of the infant–mother relationship in mammals and birds.' *Psychol. Bull.*, **65**, 143–55.

Klaus, M. H., and Kennell, J. H. (1982). *Parent–infant Bonding*. (Second edition). Saint Louis, Missouri: C. V. Mosby Co.

Klein, M. (1948). *Contributions to Psycho-analysis 1921–1945*. London: Hogarth; New York: Anglobooks, 1952.

Koford, C. B. (1963a). 'Group relations in an island colony of rhesus monkeys.' In *Primate Social Behaviour*, ed. C. H. Southwick. Princeton, N.J., and London: Van Nostrand.

Koford, C. B. (1963b). 'Rank of mothers and sons in bands of rhesus monkeys.' *Science*, **141**, 356–7.

Korner, A. F. (1979). 'Conceptual issues in infancy research.' In *Handbook of Infant Development*, ed. J. D. Osofsky. New York: Wiley.

Kris, E. (1954). Introduction to *The Origins of Psycho-analysis*. Letters to Wilhelm Fliess, drafts and notes: 1887–1902, by Sigmund Freud, ed. by M. Bonaparte, A. Freud, and E. Kris. London: Imago; New York: Basic Books.

Lamb, M. E. (1977). 'The development of mother–infant and father–infant attachments in the second year of life.' *Developmental Psychology*, **13**, 637–48.

Langer, S. (1967). *Mind: An Essay on Human Feeling*. Baltimore, Md: The Johns Hopkins Press.

Langmeier, J., and Matejcek, Z. (1963). *Psychika deprivace v detsvi*. Prague: Statni Zdravotnické Nakladatelstvi.

Levine, R. A., and Levine, B. B. (1963). 'Nyansongo: a Gusii community in Kenya.' In *Six Cultures: Studies of Child Rearing*, ed. B. B. Whiting. New York and London: Wiley.

Levine, S. (1966). 'Sex differences in the brain.' *Scient. Am.*, **214** (4), 84–92.

Levy, D. M. (1937). 'Studies in sibling rivalry.' *Res. Monogr. Am. orthopsychiat. Ass.*, No. 2.

Levy, D. M. (1951). 'Observations of attitudes and behavior in the child health center.' *Am. J. publ. Hlth.*, **41**, 182–90.

Lewis, M., and Kagan, J. (1965). 'Studies in attention.' *Merrill-Palmer Q.*, **11**, 95–127.

Lewis, M., Kagan, J., and Kalafat, J. (1966). 'Patterns of fixation in the young infant.' *Child Dev.*, **37**, 331–41.

Lewis, W. C. (1965). 'Coital movements in the first year of life.' *Int. J. Psycho-Anal.*, **46**, 372–4.

Light, P. (1979). *Development of a Child's Sensitivity to People*. London: Cambridge University Press.

Lipsitt, L. P. (1963). 'Learning in the first year of life.' In *Advances in Child Development and Behavior*, Vol. 1, ed. L. P. Lipsitt and C. C. Spiker. New York and London: Academic Press.

Lipsitt, L. P. (1966). 'Learning processes of human newborns.' *Merill-Palmer Q.*, **12**, 45–71.

Livingston, R. B. (1959). 'Central control of receptors and sensory transmission system.' In *Handbook of Physiology*, Section I. *Neurophysiology*, Vol. 1, ed. J. Field, H. W. Magoun, and V. E. Hall. Prepared by the American Physiological Society, Washington. Baltimore, Md: Williams & Wilkins; London: Baillière, Tindall & Cox.

Londerville, S., and Main, M. (1981). 'Security of attachment, compliance

and maternal training methods in the second year of life.' *Developmental Psychology*, **17**, 289–99.
Lorenz, K. Z. (1935). 'Der Kumpan in der Umvelt des Vogels.' *J. Orn. Berl.*, **83**. Eng. trans. in *Instinctive Behavior*, ed. C. H. Schiller. New York: International Universities Press, 1957.
MacCarthy, D., Lindsay, M., and Morris, I. (1962). 'Children in hospital with mothers.' *Lancet*, (*i*), 603–8.
Maccoby, E. E., and Masters, J. C. (1970). 'Attachment and dependency.' In *Manual of Child Psychology* (3rd edn), ed. P. H. Mussen. New York and London: Wiley.
McFarland, D. J. (1971). *Feedback Mechanisms in Animal Behaviour*. London and New York: Academic Press.
McFarlane, J. A. (1975). 'Olfaction in the development of social preferences in the human neonate.' In *Parent–infant Interaction*. Ciba Foundation Symposium 33 (new series), 103–17. Amsterdam: Elsevier.
McGraw, M. B. (1943). *The Neuromuscular Maturation of the Human Infant*. New York: Columbia University Press; London: Oxford University Press.
MacKay, D. M. (1964). 'Communication and meaning: a functional approach. In *Cross-cultural Understanding: Epistemology in Anthropology*, ed. F. S. C. Northrop and H. H. Livingston. New York: Harper.
MacKay, D. M. (1966). 'Conscious control of action.' In *Brain and Conscious Experience*, ed. J. C. Eccles. Berlin: Springer Verlag.
MacLean, P. D. (1960). 'Psychosomatics.' In *Handbook of Physiology*, Section I. *Neurophysiology*, Vol. 3, ed. J. Field, H. W. Magoun, and V. E. Hall. Prepared by the American Physiological Society, Washington. Baltimore, Md: Williams & Wilkins; London: Baillière, Tindall & Cox.
Mahler, M. S. (1965). 'On early infantile psychosis.' *J. Am. Acad. Child Psychiat.*, **4**, 554–68.
Main, M. (1973). 'Exploration, play and level of cognitive functioning as related to child–mother attachment.' Dissertation submitted to John Hopkins University for degree of PhD.
Main, M., and Townsend, L. (1982). 'Exploration, play and cognitive functioning as related to security of infant–mother attachment.' *Infant Behavior and Development*.
Main, M., and Weston, D. (1981). 'The quality of the toddler's relationship to mother and father: related to conflict behavior and the readiness to establish new relationships.' *Child Development*, **52**, 932–40.
Main, M., and Weston, D. (1982). 'Avoidance of the attachment figure in infancy: descriptions and interpretations.' In *The Place of Attachment in Human Behavior*, ed. C. M. Parkes and J. Stevenson-Hinde. New York: Basic Books; London; Tavistock Publications.
Martini, H. (1955). *My Zoo Family*. London: Hamish Hamilton; New York: Harper.
Marvin, R. S. (1977). 'An ethological cognitive model for the attenuation of mother–child attachment behavior.' In *Advances in the Study of Communication and Affect*, Vol. 3, The Development of Social Attachments, ed.

T. M. Alloway, L. Krames and P. Pliner. New York: Plenum.

Marvin, R. S., Greenberg, M. T., and Mossler, D. G. (1976). 'The early development of conceptual perspective-taking: distinguishing among multiple perspectives.' *Child Development*, **47**, 511–14.

Mason, W. A. (1965a). 'The social development of monkeys and apes.' In *Primate Behavior*, ed. I. DeVore. New York and London: Holt, Rinehart & Winston.

Mason, W. A. (1965b). 'Determinants of social behavior in young chimpanzees.' In *Behavior of Nonhuman Primates*, Vol. 2, ed. A. M. Schrier, H. F. Harlow, and F. Stollnitz. New York and London: Academic Press.

Mason, W. A., and Sponholz, R. R. (1963). 'Behavior of rhesus monkeys raised in isolation.' *J. psychiat. Res.*, **1**, 229–306.

Matas, L., Arend, R. A., and Sroufe, L. A. (1978). 'Continuity of adaptation in the second year: the relationship between quality of attachment and later competence.' *Child Development*, **49**, 547–56.

Mead, M. (1962). 'A cultural anthropologist's approach to maternal deprivation.' In *Deprivation of Maternal Care: A Reassessment of its Effects*. Public Health Papers No. 14. Geneva: WHO.

Medawar, P. B. (1967). *The Art of the Soluble*. London: Methuen; New York: Barnes & Noble.

Meier, G. W. (1965). 'Other data on the effects of social isolation during rearing upon adult reproductive behaviour in the rhesus monkey (*Macaca mulatta*).' *Anim. Behav.*, **13**, 228–31.

Meili, R. (1955). 'Angstentstehung bei Kleinkindern.' *Schweiz. Z. Psychol.*, **14**, 195–212.

Mićić, Z. (1962). 'Psychological stress in children in hospital.' *Int. Nurs. Rev.*, **9** (6), 23–31.

Miller, G. A., Galanter, E., and Pribram, K. H. (1960). *Plans and the Structure of Behavior*. New York: Holt, Rinehart & Winston.

Moltz, H. (1960). 'Imprinting: empirical basis and theoretical significance.' *Psychol. Bull.*, **57**, 291–314.

Morgan, G. A., and Ricciuti, H. N. (1969). 'Infants' responses to strangers during the first year.' In *Determinants of Infant Behaviour* Vol. 4, ed. B. M. Foss. London: Methuen; New York: Barnes & Noble.

Moss, H. A. (1967). 'Sex, age and state as determinants of mother–infant interaction.' *Merrill-Palmer Q.*, **13**, 19–36.

Murphy, L. B. (1962). *The Widening World of Childhood*. New York: Basic Books.

Murphy, L. B. (1964). 'Some aspects of the first relationship.' *Int. J. Psycho-Anal.*, **45**, 31–43.

Murray, H. A. (1938). *Explorations in Personality*. New York: Oxford University Press.

Nagera, H., and Colonna, A. B. (1965). 'Aspects of the contribution of sight to ego and drive development.' *Psychoanal. Study Child*, **20**, 267–87.

Newson, J., and Newson, E. (1963). *Infant Care in an Urban Community*. London: Allen & Unwin.

Newson, J., and Newson, E. (1966). 'Usual and unusual patterns of child-rearing.' Paper read at annual meeting of British Association for the Advancement of Science, September.

Newson, J., and Newson, E. (1968). *Four Years Old in an Urban Community*. London: Allen & Unwin.

Osofsky, J. D., ed. (1979). *Handbook of Infant Development*. New York: John Wiley.

Pantin, C. F. A. (1965). 'Learning, world-models and pre-adaptation.' In *Learning and Associated Phenomena in Invertebrates*, ed. W. H. Thorpe and D. Davenport. Animal Behaviour Supplement, No. 1. London: Baillière, Tindall & Cassell.

Pelled, N. (1964). 'On the formation of object-relations and identifications of the kibbutz child.' *Israel Ann. Psychiat.*, **2**, 144–61.

Piaget, J. (1924, Eng. trans. 1926). *The Language and Thought of the Child*. London: Routledge & Kegan Paul; New York: Harcourt, Brace.

Piaget, J. (1936, Eng. trans. 1953). *The Origins of Intelligence in the Child*. London: Routledge & Kegan Paul; New York: International Universities Press.

Piaget, J. (1937, Eng. trans. 1954). *The Construction of Reality in the Child*. New York: Basic Books. Also published under the title *The Child's Construction of Reality*. London: Routledge & Kegan Paul, 1955.

Piaget, J. (1947, Eng. trans. 1950). *The Psychology of Intelligence*. London: Routledge & Kegan Paul; New York: Harcourt, Brace.

Piaget, J., and Inhelder, B. (1948, Eng. trans. 1956). *The Child's Conception of Space*. London: Routledge & Kegan Paul; New York: Humanities Press.

Pittendrigh, C. S. (1958). 'Adaptation, natural selection and behavior.' In *Behavior and Evolution*, ed. A. Roe and G. C. Simpson. New Haven, Conn.: Yale University Press; London: Oxford University Press.

Polak, P. R., Emde, R., and Spitz, R. A. (1964). 'The smiling response to the human face: I, Methodology, quantification and natural history; II, Visual discrimination and the onset of depth perception.' *J. nerv. ment. Dis.*, **139**, 103–9 and 407–15.

Popper, K. R. (1934, Eng. trans. 1959). *The Logic of Scientific Discovery*. New York: Basic Books; London: Hutchinson.

Prechtl, H. F. R. (1958). 'The directed head turning response and allied movements of the human baby.' *Behaviour*, **13**, 212–42.

Prechtl, H. F. R. (1963). 'The mother–child interaction in babies with minimal brain damage.' In *Determinants of Infant Behaviour*, Vol. 2, ed. B. M. Foss. London: Methuen; New York: Wiley.

Prechtl, H. F. R. (1965). 'Problems of behavioral studies in the newborn infant.' In *Advances in the Study of Behavior*, Vol. 1, ed. D. S. Lehrman, R. A. Hinde, and E. Shaw. New York and London: Academic Press.

Premack, D., and Woodruff, G. (1978). 'Does the chimpanzee have a theory of mind?' *The Behavioral and Brain Sciences*, **1**, 515–26.

Pribram, K. H. (1962). 'The neuropsychology of Sigmund Freud.' In *Experimental Foundations of Clinical Psychology*, ed. A. J. Bachrach. New York: Basic Books.

Pribram, K. H. (1967). 'The new neurology and the biology of emotion: a structural approach.' *Am. Psychol.*, **22**, 830–8.

Provence, S., and Lipton, R. C. (1962). *Infants in Institutions.* London: Bailey & Swinfen; New York: International Universities Press, 1963.

Prugh, D. G., *et al.* (1953). 'Study of the emotional reactions of children and families to hospitalization and illness.' *Am. J. Orthopsychiat.*, **23**, 70–106.

Pusey, A. (1978). 'Age-changes in the mother–offspring association of wild chimpanzees.' In *Recent Advances in Primatology*, ed. D. J. Chivers and J. Herbert, Vol. 1, pp. 119–23. London: Academic Press.

Rajecki, D. W., Lamb, M. E., and Obmascher, P. (1978). 'Towards a general theory of infantile attachment: a comparative review of aspects of the social bond.' *The Behavioral and Brain Sciences*, **1**, 417–64.

Rapaport, D. (1953). 'On the psycho-analytic theory of affects.' *Int. J. Psycho-Anal.*, **34**, 177–98.

Rapaport, D., and Gill, M. M. (1959). 'The points of view and assumptions of metapsychology.' *Int. J. Psycho-Anal.*, **40**, 153–62.

Reynolds, V., and Reynolds, F. (1965). 'Chimpanzees of the Budongo Forest.' In *Primate Behavior*, ed. I. DeVore. New York and London: Holt, Rinehart & Winston.

Rheingold, H. L. (1961). 'The effect of environmental stimulation upon social and exploratory behaviour in the human infant.' In *Determinants of Infant Behaviour*, Vol. 1, ed. B. M. Foss. London: Methuen; New York: Wiley.

Rheingold, H. L. (1963a). 'Controlling the infant's exploratory behaviour.' In *Determinants of Infant Behaviour*, Vol. 2, ed. B. M. Foss. London: Methuen; New York: Wiley.

Rheingold, H. L. (ed.) (1963b). *Maternal Behavior in Mammals.* New York and London: Wiley.

Rheingold, H. L. (1966). 'The development of social behaviour in the human infant.' *Monogr. Soc. Res. Child Dev.*, **31**, No. 5, 1–17.

Rheingold, H. L. (1968). 'Infancy.' In *International Encyclopedia of the Social Sciences*, ed. David L. Sills. New York and London: Collier/Macmillan.

Rheingold, H. L. (1969). 'The effect of a strange environment on the behaviour of infants.' In *Determinants of Infant Behaviour*, Vol. 4, ed. B. M. Foss. London: Methuen; New York: Barnes & Noble.

Rheingold, H. L., Gewirtz, J. L., and Ross, A. W. (1959). 'Social conditioning of vocalizations in the infant.' *J. comp. physiol. Psychol.*, **52**, 68–73.

Rheingold, H. L., and Keene, G. C. (1965). 'Transport of the human young.' In *Determinants of Infant Behaviour*, Vol. 3, ed. B. M. Foss. London: Methuen; New York: Wiley.

Rickman, J. (1951). 'Methodology and research in psychopathology.' *Br. J. med. Psychol.*, **24**, 1–7.

Robertson, J. (1952). Film: *A Two-year-old Goes to Hospital* (16 mm; 45 mins; sound; guidebook supplied; also abridged version, 30 mins). London: Tavistock Child Development Research Unit; New York: New York University Film Library.

Robertson, J. (1953). 'Some responses of young children to loss of maternal care.' *Nurs. Times*, **49**, 382–6.

Robertson, J. (1958). Film: *Going to Hospital with Mother* (16 mm; 40 mins; sound; guidebook supplied). London: Tavistock Child Development Research Unit; New York: New York University Film Library.

Robertson, J. (ed.) (1962). *Hospitals and Children: A Parent's-Eye View*. London: Gollancz; New York: International Universities Press, 1963.

Robertson, J., and Bowlby, J. (1952). 'Responses of young children to separation from their mothers.' *Courr. Cent. int. Enf.*, **2**, 131–42.

Robertson, J., and Robertson, J. (1967). Film: *Young Children in Brief Separation*, No. 1: 'Kate, aged 2 years 5 months, in fostercare for 27 days.' (Guide booklet.) London: Tavistock Institute of Human Relations; New York: New York University Film Library.

Robson, K. S. (1967). 'The role of eye-to-eye contact in maternal-infant attachment.' *J. Child Psychol. Psychiat.*, **8**, 13–25.

Romanes, G. J. (1888). *Mental Evolution in Man*. London: Kegan Paul.

Rosenblatt, J. S. (1965). 'The basis of synchrony in the behavioral interaction between the mother and her offspring in the laboratory rat.' In *Determinants of Infant Behaviour*, Vol. 3, ed. B. M. Foss. London: Methuen; New York: Wiley.

Rosenblum, L. A., and Harlow, H. F. (1963). 'Approach-avoidance conflict in the mother surrogate situation.' *Psychol. Rep.*, **12**, 83–5.

Rosenthal, M. K. (1967). 'The generalization of dependency behaviour from mother to stranger.' *J. Child Psychol. Psychiat.*, **8**, 117–33.

Rowell, T. (1965). 'Some observations on a hand-reared baboon.' In *Determinants of Infant Behaviour*, Vol. 3, ed. B. M. Foss. London: Methuen; New York: Wiley.

Rutter, M. (1981). *Maternal Deprivation Reassessed* (second edition). Harmondsworth, Middlesex: Penguin.

Ryle, G. (1949). *The Concept of Mind*. London: Hutchinson; New York: Barnes & Noble, 1950.

Sade, D. S. (1965). 'Some aspects of parent–offspring and sibling relations in a group of rhesus monkeys, with a discussion of grooming.' *Am. J. phys. Anthrop.*, **23**, 1–18.

Sameroff, A. J., and Cavanagh, P. J. (1979). 'Learning in infancy: a developmental perspective.' In *Handbook of Infant Development*, ed. J. D. Osofsky, pp. 344–92. New York: Wiley.

Sameroff, A. J., and Chandler, M. A. (1975). 'Reproductive risk and the continuance of caretaking casualty.' In *Review of Child Development Research*, Vol. 4, ed. F. D. Horowitz and others, pp. 187–244. Chicago: University of Chicago Press.

Sander, L. W. (1962). 'Issues in early mother–child interaction.' *J. Am. Acad. Child Psychiat.*, **1**, 141–66.

Sander, L. W. (1964). 'Adaptive relationships in early mother–child interaction.' *J. Am. Acad. Child Psychiat.*, **3**, 231–64.

Sander, L. W. (1969). 'The longitudinal course of early mother–child interaction: cross-case comparison in a sample of mother–child pairs.' In *Determinants of Infant Behaviour*, Vol. 4, ed. B. M. Foss. London: Methuen; New York: Barnes & Noble.

Sander, L. W. (1977). 'The regulation of exchange in the infant–caregiver system and some aspects of the context–concept relationship.' In *Interaction, Conversation, and the Development of Language*, ed. M. Lewis and L. A. Rosenblum. New York: Wiley.

Schachter, S. (1959). *The Psychology of Affiliation: Experimental Studies of the Sources of Gregariousness*. Stanford, Calif.: Stanford University Press; London: Tavistock Publications, 1961.

Schaffer, H. R. (1958). 'Objective observations of personality development in early infancy.' *Br. J. med. Psychol.*, **31**, 174–83.

Schaffer, H. R. (1963). 'Some issues for research in the study of attachment behaviour.' In *Determinants of Infant Behaviour*, Vol. 2, ed. B. M. Foss. London: Methuen; New York: Wiley.

Schaffer, H. R. (1966). 'The onset of fear of strangers and the incongruity hypothesis.' *J. Child Psychol. Psychiat.*, **7**, 95–106.

Schaffer, H. R., ed. (1977). *Studies in Mother–infant Interaction*. London: Academic Press.

Schaffer, H. R. (1979). 'Acquiring the concept of the dialogue.' In *Psychological Development from Infancy: Image to Intention*, ed. M. H. Bornstein and W. Kessen, pp. 279–305. Hillsdale, N.J.: Lawrence Erlbaum.

Schaffer, H. R., and Callender, W. M. (1959). 'Psychological effects of hospitalization in infancy.' *Paediatrics*, **24**, 528–39.

Schaffer, H. R., and Emerson, P. E. (1964a). 'The development of social attachments in infancy.' *Monogr. Soc. Res. Child Dev.*, **29**, No. 3, 1–77.

Schaffer, H. R., and Emerson, P. E. (1964b). 'Patterns of response to physical contact in early human development.' *J. Child Psychol. Psychiat.*, **5**, 1–13.

Schaller, G. (1963). *The Mountain Gorilla: Ecology and Behavior*. Chicago: University of Chicago Press.

Schaller, G. (1965). 'The behavior of the mountain gorilla.' In *Primate Behavior*, ed. I. DeVore. New York and London: Holt, Rinehart & Winston.

Schaller, G. B. (1967). *The Deer and the Tiger*. Chicago: University of Chicago Press.

Schmidt-Koenig, K. (1965). 'Current problems in bird orientation.' In *Advances in the Study of Behavior*, Vol. 1, ed. D. S. Lehrman, R. A. Hinde, and E. Shaw. New York and London: Academic Press.

Schneirla, T. C. (1959). 'An evolutionary and developmental theory of biphasic processes underlying approach and withdrawal.' In *Nebraska Symposium on Motivation*, ed. M. R. Jones. Lincoln, Nebr.: University of Nebraska Press.

Schneirla, T. C. (1965). 'Aspects of stimulation and organization in approach/withdrawal processes underlying vertebrate behavioral development.' In *Advances in the Study of Behavior*, Vol. 1, ed. D. S. Lehrman, R. A. Hinde, and E. Shaw. New York and London: Academic Press.

Schur, M. (1960a). 'Discussion of Dr John Bowlby's paper, "Grief and mourning in infancy and early childhood".' *Psychoanal. Study Child*, **15**, 63–84.

Schur, M. (1960b). 'Phylogenesis and ontogenesis of affect- and structure-formation and the phenomenon of the repetition compulsion.' *Int. J. Psycho-Anal.*, **41**, 275–87.

Schutz, F. (1965a). 'Sexuelle Prägung bei Anatiden.' *Z. Tierpsychol.*, **22**, 50–103.

Schutz, F. (1965b). 'Homosexualität und Prägung.' *Psychol. Forsch.*, **28**, 439–63.

Scott, J. P. (1963). 'The process of primary socialization in canine and human infants.' *Monogr. Soc. Res. Child Dev.*, **28**, 1–47.

Sears, R. R. (1972). 'Attachment, dependency and frustration.' In *Attachment and Dependency*, ed. J. L. Gewirtz. New York and London: Wiley.

Sears, R. R., Rau, L., and Alpert, R. (1965). *Identification and Child Rearing*. Stanford, Calif.: Stanford University Press; London: Tavistock Publications, 1966.

Seay, B., Alexander, B. K., and Harlow, H. F. (1964). 'Maternal behavior of socially deprived rhesus monkeys.' *J. abnorm. soc. Psychol.*, **69**, 345.

Shipley, W. U. (1963). 'The demonstration in the domestic guinea-pig of a process resembling classical imprinting.' *Anim. Behav.*, **11**, 470–4.

Shirley, M. M. (1933). *The First Two Years*. 3 vols. Minneapolis: University of Minnesota Press; London: Oxford University Press.

Sluckin, W. (1965). *Imprinting and Early Learning*. London: Methuen; Chicago: Aldine.

Sommerhoff, G. (1950). *Analytical Biology*. London: Oxford University Press.

Southwick, C. H. (ed.) (1963). *Primate Social Behavior*. Princeton, N. J.,and London: Van Nostrand.

Southwick, C. H., Beg, M. A., and Siddiqi, M. R. (1965). 'Rhesus monkeys in North India.' In *Primate Behavior*, ed. I. DeVore. New York and London: Holt, Rinehart & Winston

Spiro, M. E. (1954). 'Is the family universal?' *Am. Anthrop.*, **56**, 839–46.

Spiro, M. E. (1958). *Children of the Kibbutz*. Cambridge, Mass.: Harvard University Press; London: Oxford University Press.

Spitz, R. A. (1946). 'Anaclitic depression.' *Psychoanal. Study Child*, **2**, 313–42.

Spitz, R. A. (1950). 'Anxiety in infancy: a study of its manifestations in the first year of life.' *Int. J. Psycho-Anal.*, **31**, 138–43.

Spitz, R. A. (1955). 'A note on the extrapolation of ethological findings.' *Int. J. Psycho-Anal.*, **36**, 162–5.

Spitz, R. A. (1965). *The First Year of Life*. New York: International Universities Press.

Spitz, R. A., and Wolf, K. M. (1946). 'The smiling response: a contribution to the ontogenesis of social relations.' *Genet. Psychol. Monogr.*, **34**, 57–125.

Sroufe, L. A. (1979). 'The coherence of individual development.' *American Psychologist*, **34**, 834–41.

Sroufe, L. A. (1982). 'Infant–caregiver attachment and patterns of adaptation in pre-school: the roots of maladaptation and competence.' In *Minnesota Symposium in Child Psychology*, Vol. 16, ed. M. Perlmutter. Minneapolis: University of Minnesota Press.

Sroufe, L. A., and Waters, E. (1977). 'Attachment as an organizational construct.' *Child Development*, **48**, 1184–99.

Stern, D. N. (1977). *The First Relationship: Infant and Mother*. London: Fontana. Open Books.

Stevenson, H. W. (1965). 'Social reinforcement of children's behavior.' In *Advances in Child Development and Behavior*, Vol. 2, ed. L. P. Lipsitt and C. C. Spiker. New York and London: Academic Press.

Stevenson, O. (1954). 'The first treasured possession.' *Psychoanal. Study Child*, **9**, 199–217.

Strachey, J. (1962). 'The emergence of Freud's fundamental hypotheses.' (An appendix to 'The neuro-psychoses of defence'.) *S.E.*, **3**.

Strachey, J. (1966). 'Introduction to Freud's *Project for a Scientific Psychology*.' *S.E.*, **1**.

Tennes, K. H., and Lampl, E. E. (1964). 'Stranger and separation anxiety in infancy.' *J. nerv. ment. Dis.*, **139**, 247–54.

Thomas, H. (1973). 'Unfolding the baby's mind: the infant's selection of visual stimuli.' *Psychological Review*, **80**, 468–88.

Thomas, H., and Jones-Molfese, V. (1977). 'Infants and I scales: inferring change from the ordinal stimulus selections of infants for configural stimuli.' *J. of Experimental Child Psychology*, **23**, 329–39.

Thorpe, W. H. (1956). *Learning and Instinct in Animals*. 2nd edn, 1963. Cambridge, Mass.: Harvard University Press; London: Methuen.

Tinbergen, N. (1951). *The Study of Instinct*. London: Oxford University Press.

Tinbergen, N. (1963). 'On aims and methods of ethology.' *Z. Tierpsychol* **20**, 410–33.

Tinbergen, N., and Tinbergen, E. A. (1982). *About 'autistic' children and how they might be cured*. London: Allen & Unwin.

Tizard, B., and Hodges, J. (1978). 'The effect of institutional rearing on the development of eight year old children.' *J. Child Psychol. Psychiat.*, **19**, 99–118.

Tobias, P. V. (1965). 'Early man in East Africa.' *Science*, **149**, No. 3679, 22–33.

Tomilin, M. I., and Yerkes, R. M. (1935). 'Chimpanzee twins: behavioral relations and development.' *J. genet. Psychol.*, **46**, 239–63.

Tomkins, S. S. (1962–63). *Affect, Imagery, Consciousness*. Vol. I, *The Positive Affects*; Vol. II, *The Negative Affects*. New York: Springer; London: Tavistock Publications, 1964.

Trivers, R. L. (1974). 'Parent–offspring conflict.' *American Zoologist*, **14**, 249–64.

Turnbull, C. M. (1965). *Wayward Servants: The Two Worlds of the African Pygmies*. New York: Natural History Press; London: Eyre & Spottiswoode.

Tustin, A. (1953). 'Do modern mechanisms help us to understand the mind?' *Br. J. Psychol.*, **44**, 24–37.

Ucko, L. E. (1965). 'A comparative study of asphyxiated and non-asphyxiated boys from birth to five years.' *Dev. Med. Child Neurol.*, **7**, 643–57.

Vaughn, B., Egeland, B., Sroufe, L. A., and Waters, E. (1979). 'Individual differences in infant–mother attachment at 12 and 18 months: stability and change in families under stress.' *Child Development*, **50**, 971–5.

Vernon, D. T. A., Foley, J. M., Sipowicz, R. R., and Schulmans, J. L. (1965). *The Psychological Responses of Children to Hospitalization and Illness*. Springfield, Ill.: C. C. Thomas.

Vickers, G. (1965). 'The end of free fall.' *The Listener*, 28 October, p. 647.

Walters, R. H., and Parke, R. D. (1965). 'The role of the distance receptors in the development of social responsiveness.' In *Advances in Child Development and Behavior*, Vol. 2, ed. L. P. Lipsitt and C. C. Spiker. New York and London: Academic Press.

Washburn, S. L. (ed.) (1961). *The Social Life of Early Man*. New York: Wenner-Gren Foundation for Anthropological Research, Inc.; London: Methuen, 1962.

Washburn, S. L. (1968). Letter to the Editor 'On Holloway's "Tools and Teeth".' *Am. Anthrop.*, **70**, 97–100. (Holloway, R. L., 'Tools and teeth: some speculation regarding canine reduction.' *Am. Anthrop.*, **69**, 63–7, 1967.)

Washburn, S. L., Jay, P. C., and Lancaster, J. B. (1965). 'Field studies of Old World monkeys and apes.' *Science*, **150**, 1541–7.

Waters, E. (1978). 'The reliability and stability of individual differences in infant–mother attachment.' *Child Development*, **49**, 483–94.

Waters, E., Wippman, J., and Sroufe, L. A. (1979). 'Attachment, positive affect, and competence in the peer group: two studies in construct validation.' *Child Development*, **50**, 821–9.

Watson, J. S. (1965). 'Orientation-specific age changes in responsiveness to the face stimulus in young infants.' Paper presented at annual meeting of American Psychological Association, Chicago.

Weisberg, P. (1963). 'Social and nonsocial conditioning of infant vocalizations.' *Child Dev.*, **34**, 377–88.

Weiss, P. (1949). 'The biological basis of adaptation.' In *Adaptation*, ed. J. Romano. Ithaca, N.Y.: Cornell University Press; London: Oxford University Press, 1950.

Weiss, R. S. (1982). 'Attachment in adult life.' In *The Place of Attachment in Human Behavior*, ed. C. M. Parkes and J. Stevenson-Hinde. London: Tavistock Publications. New York: Basic Books.

White, B. L., Castle, P., and Held, R. (1964). 'Observations on the development of visually-directed reaching.' *Child Dev.*, **35**, 349–64.

White, B. L., and Held, R. (1966). 'Plasticity of sensorimotor development in the human infant.' In *The Causes of Behavior: Readings in Child Development and Educational Psychology*, 2nd edn, ed. J. F. Rosenblith and W. Allinsmith. Boston, Mass.: Allyn & Bacon.

Whyte, L. L. (1960). *The Unconscious before Freud*. New York: Basic Books; London: Tavistock Publications, 1962.

Williams, G. C. (1966). *Adaptation and Natural Selection*. Princeton, N.J.: Princeton University Press.

Wilson, E. O. (1975). *Sociobiology: the New Synthesis*. Cambridge, Mass.: Harvard University Press.

Winnicott, D. W. (1953). 'Transitional objects and transitional phenomena.' *Int. J. Psycho-Anal.*, **34**, 1–9. Reprinted in *Collected Papers* by D. W. Winnicott. London: Tavistock Publications, 1958.

Wolff, P. H. (1959). 'Observations on newborn infants.' *Psychosom. Med.*, **21**, 110–18.

Wolff, P. H. (1963). 'Observations on the early development of smiling.' In *Determinants of Infant Behaviour*, Vol. 2, ed. B. M. Foss. London: Methuen; New York: Wiley.

Wolff, P. H. (1969). 'The natural history of crying and other vocalizations in early infancy.' In *Determinants of Infant Behaviour*, Vol. 4, ed. B. M. Foss. London: Methuen; New York: Barnes & Noble.

Wolkind, S., Hall, F., and Pawlby, S. (1977). 'Individual differences in behaviour: a combined epidemiological and observational approach.' In *Epidemiological Approaches in Child Psychiatry*, ed. P. J. Graham, pp. 107–23. New York and London: Academic Press.

Yarrow, L. J. (1963). 'Research in dimensions of early maternal care.' *Merrill-Palmer Q.*, **9**, 101–14.

Yarrow, L. J. (1967). 'The development of focused relationships during infancy.' In *Exceptional Infant*, Vol. 1, ed. J. Hellmuth. Seattle, Wash.: Special Child Publications.

Yerkes, R. M. (1943). *Chimpanzees: A Laboratory Colony*. New Haven, Conn.: Yale University Press; London: Oxford University Press.

Young, J. Z. (1964). *A Model of the Brain*. London: Oxford University Press.

Young, M., and Willmott, P. (1957). *Family and Kinship in East London*. London: Routledge & Kegan Paul; New York: The Free Press.

Yovits, M. C., and Cameron, S. (eds.) (1960). *Self-organizing Systems*. Oxford: Pergamon.

Zahn-Waxler, C., Radke-Yarrow, M., and King, R. A. (1979). 'Child rearing and children's pro-social initiations towards victims of distress.' *Child Development*, **50**, 319–30.